国家社会科学基金重大项目成果

主编　杜建录

西夏通志

西夏史纲 ⊙上

杜建录　撰

人民出版社

教育部人文社会科学重点研究基地
宁夏大学西夏学研究院重大项目

总凡例

一、本通志是多卷本西夏通史著作，体裁介于"纪传体"断代史和"章节体"著作之间，并将二者有机结合起来。

二、本通志采用史、志、传、表四种形式。"史"即西夏通史大纲，包括西夏国的建立、发展、衰亡以及政治、经济、军事、文化制度；"志"相当于"正史"中的《志》，包括地理志、经济志、职官志、军事志、部族志、人物志、风俗志、语言志、文献志、文物志，但内容和"正史"中《志》不完全相同，而是根据资料和当代学术的发展，赋予新的内容，如"经济志"中的经济关系、经济制度和社会形态；《文献志》包括了出土文献，不同于"正史"中的《艺文志》；"表"包括《西夏交聘表》《西夏纪年表》《西夏世袭表》《西夏大事年表》等。

三、本通志广泛吸收百年来西夏学研究成果，是西夏历史的客观叙述，不是资料考辨和某种观点的阐述。

四、本通志力求行文流畅，对关键内容注明出处；对异见异辞、相互矛盾的史料，在注文中简要辨析；辨析不清者，两存其说、存疑待考；对当代专家不同的认识，亦加以辨析，有的问题两存其说。

五、本通志主要依据西夏文文献及唐宋夏元时期汉文文献，同时参考其他民族文字文献记载。

六、本通志纪年一律采用年号纪年后注公元纪年，如夏天授礼法延祚元年，即宋宝元元年（1038）。

七、本通志对西夏国主（皇帝）的姓氏采用学界通用的李姓。部族成员，则根据史料记载，或用拓跋氏，或用李氏，或用嵬名氏，不做统一要求。

八、本通志依据《宋史》记载，在西夏国主（皇帝）称谓上，采用庙号加姓名的方式，如夏仁宗李仁孝。亦可简称庙号，如，夏景宗、夏仁宗等。

九、本通志中的地名原则上注明现地名或方位。

目 录

序　一

在西夏陵入选世界文化遗产名录之际，以宁夏大学杜建录教授为首的西夏研究团队，凭借着对学术的执着追求与深厚积淀，又推出一部重磅成果——《西夏通志》。这部多年精心编纂的大型西夏史著作共 11 卷（12 册），包括《西夏史纲》（2 册）《西夏地理志》《西夏经济志》《西夏职官志》《西夏军事志》《西夏人物志》《西夏部族志》《西夏风俗志》《西夏语言志》《西夏文献志》《西夏文物志》，共 400 余万字。首卷《西夏史纲》以全景式的视角，为读者徐徐展开西夏王朝兴衰更迭的历史长卷，其余各卷则从不同维度分别展示西夏历史的一个重要侧面。

《西夏通志》为 2015 年国家社科基金重大项目成果，立项前我和建录教授多次交换意见，立项后我们的交流就更多了，我还参与《部族志》的撰写、《职官志》的审读，书稿付梓前又得以先睹，感到此书的编纂意义重大，功力深厚，贡献良多。

众所周知，宋辽夏金之后的元朝为前代修史时，只修了《宋史》《辽史》和《金史》，未修西夏史，仅在这三史的后面缀以简约的"夏国传""西夏纪""西夏传"，概略地介绍了西夏主体民族党项族和西夏建国后的大事简况，以及各自与西夏的交聘争战。历史资料的稀缺，使得人们对西夏历史和社会的认识模糊不清，感到西夏史在中国历史链条中似乎是个缺环。清代以来，有识之士拾遗补阙，先后编撰《西夏书事》《西夏事略》《西夏纪》等著作，均是对传统典籍中文献资料的编年辑录，不是一部完整的西夏史。20 世纪 80 年代以来，学界推出多部重要的西夏史著作，尤以吴天墀《西夏史稿》影响最为深远。但一方面章节体很难容纳更多的内容，另一方面出土的文献资料特别是西夏社会文书尚未公布和释读，很难弥补元代没有编纂西夏史的缺憾。

为此，《西夏通志》在系统占有资料特别是近年公布考释的西夏社会文书的基础上，将我国古代史书中的纪传史志和近代以来的章节体专史结合起来完成的一部大型西夏史著作，如"西夏史纲"是西夏王朝兴衰更迭的历史长卷；"西夏史志"，相当于"正史"中的《志》，包括地理志、经济志、职官志、军事志、部族志、语文志、文献志、文物志等，但内容和"正史"中《志》不大相同，而是根据资料和当代学术的发展，赋予新的内容，显示出新的活力，如"经济志"中的经济关系、阶级结构和社会形态；"职官志"中蕃汉官名；"军事志"中的战略、战术与战役；"语文志"中的语音和文字；"文献志"已不是传统《艺文志》中的国家藏书，而是所有地下出土文献和传世典籍文献；"人物志"，相当于人物传记；"表"包括世袭、帝号、纪年、交聘、大事、战事、词汇以及名物制度异译对照等。由此可见，《西夏通志》在一定程度上弥补了元朝没有纂修一部西夏史的缺憾。

《西夏通志》的特点是内容丰富而平实。正如首卷《西夏史纲》在凡例中所提出的"本史纲在百年西夏学基础上，系统阐述西夏建国、发展和衰亡过程以及西夏政治、经济、军事和文化面貌，不是资料考辨和某种观点的阐述。"其他各卷也都在各自的凡例中规定，该卷是在前人研究的基础上，进行客观叙述，不是资料考辨和某种观点的阐述。这样明确的自我约定，表明了作者们的科学、客观的治学态度和大众化的表述理念，充分彰显了作者团队严谨的治学态度和致力于学术大众化传播的理念。他们十分注重吸收近些年来在西夏法律、经济、军事、文化诸多方面的最新研究成果，把认真搜罗的相关文献、文物资料展陈于前，将成熟的学术观点归纳于后，没有佶屈聱牙、艰涩难懂的争辩，只是客观地叙述历史，娓娓道来，毫无强加读者之意，却能收平易推介之功，让读者在轻松愉悦的阅读体验中，自然而然地接受西夏历史知识。这种独特的写作风格，真正实现了学术著作的传播，让高深的学术知识走出象牙塔，走进大众视野。

《西夏通志》的另一个特点是系统而全面。全卷不仅多方位地涵盖了西夏历史，即便是每一卷也都能做到在各领域中尽量搜罗各种资料，做到全面系统。如《西夏文献志》收入西夏世俗文献167种，出土西夏佛教文献556种，传统汉文典籍中的西夏文献41种，历代编撰的党项西夏文献21种，还有亡佚的西夏文献25种，共达810种之多，同时对每一种文献都有介绍，为读者提供了翔实的西夏文献盛宴，可谓西夏文献的集大成之作。

《西夏通志》还有一个亮点是多数卷的末尾附有《表》，如《史纲》卷的《世袭表》《帝号表》《纪年表》《交聘表》《大事年表》《西夏学年表》，《地理志》的《党项与西夏地名异译表》，《职官志》的《党项与西夏职官异名对照表》《西夏蕃名官号一览表》《夏汉官职异名对照表》《机构异名对照表》，《语言志》的《词汇表》等。这些《表》以简洁明了的形式，将复杂的历史信息清晰地呈现出来，如《西夏学年表》呈现出百年西夏学发展脉络，《词汇表》以2000条的篇幅分门别类地展示出西夏语的常用词，每条词有西夏文、国际音标和汉译文三项，非常方便读者检索使用。这些附录有的是对正文的补充，有的是对正文的提炼，有的则与正文相呼应，成为各卷不可或缺的有机组成部分，充分体现了作者对各研究领域的深入理解、长期积累以及对读者需求的贴心考量。我想，只有作者对该领域的全面了解和深耕细作才能做出这样既专业，又方便读者的附录，我们应该对作者们为读者的精细考量致以诚挚的感谢。

本书作者团队阵容强大，领衔的杜建录教授为长江学者，他一人担纲了《西夏史纲》《西夏经济志》及部分《西夏军事志》的重担。其他各卷作者均是这些年成长起来的学术带头人和学术骨干，据我所知，他们大多数主持完成两项以上国家社科基金项目，有的主持国家社科基金重大项目和国家社科基金冷门绝学团队项目。这个研究团队经过多年历练，有良好的研究基础与合作传统，十多年前也是由杜建录教授主持的 4 卷本《党项西夏文献研究——词目索引、注释、异名对照》（中华书局 2011 年出版），这个团队的大部分成员就参加了这项基础资料建设工作，使他们在对党项西夏文献整理过程中打下了坚实的基础。他们中有的还参与《西夏文物》整理出版，看得出《西夏通志》是在坚实的基础上厚积薄发，他们的学术积累得到了充分的运用和表达。

他们还有一个特点，就是多熟悉西夏文。随着近代西夏文文献的大量发现，特别是近些年来黑水城出土文献的系统刊布，使西夏文文献成为解读西夏历史文化的重要资料基础。掌握西夏文成为解读西夏历史文化的关键。熟悉西夏文译释的本书作者们凭借这一优势，在研究中可以将汉文史料和西夏文资料以及文物资料充分同时利用，相互印证，有机地融汇在一起，做出特殊的深层次解读，从而取得新的符合史实的客观认识。他们如同穿越时空的使者，借助古老的文字，与历史对话，从而得出更符合史实的客观认识。揆诸各卷内容，都不乏利用新的西夏文资料展现该卷历史内容的实例，这种在中国史研究中大量利用民族文字资料的特殊手段彰显出本书的特点，展现出作者们经过艰苦学习、训练而能熟练应用西夏文的亮丽学术风采。

最后，我要说的是《西夏通志》作者无论研究环境优劣，都能正确把握国家对"冷门绝学"长远战略，以研究西夏历史文化为己任，以彰显其在中华文明中的价值为使命，坚守岗位，坚持学术，默默耕耘、潜心研究，努力发掘西夏文化在中华文明发展中的历史性贡献，用实际行动和优秀成果推动着西夏学的发展。对他们这种难能可贵的学术坚守点赞，对他们的学术品格表示尊敬！

随着西夏陵入选世界文化遗产名录，西夏研究将愈加受到有关部门、学术界和社会的关注和重视。此重要成果的推出无疑将会给方兴未艾的西夏学增添新的热度，对关心西夏的读者们有了认识西夏历史的新途径，为读者打开西夏历史知识的全新窗口，助力大众深刻理解西夏文化在中华文明中的重要地位，对铸牢中华民族共同体意识发挥积极的作用。

史金波

2025 年 7 月 15 日

（史金波　中国社会科学院学部委员　中国社会科学院学部委员工作室专家）

序　二

　　西夏史学史研究表明，西夏学一百多年的发展史，大体经历了两个阶段。第一阶段从20世纪20年代至80年代。从俄国探险家掠走黑水城西夏文献开始，苏联学者因资料上的优势，率先开始了西夏文献的整理研究，出版了一批论著。日本及欧美的学者也开始了西夏文献的研究。这个阶段，我国学者在西夏文文献资料有限的情况下，开始着手对西夏语言文献、社会历史及宗教文化等方面的研究。总体来讲，这一时期国外西夏学特别是俄罗斯西夏文献研究具有十分重要的地位。第二阶段从20世纪七八十年代开始，中国西夏学的研究开始出现了新的变化。70年代开始，西夏陵等一批西夏遗址的考古发掘，90年代以来的俄、中、英、法、日等国藏西夏文献的整理出版，西夏学的主战场逐渐由国外转移到国内，西夏学的内涵从早期的黑水城文献整理与西夏文字的释读，拓展成对党项民族及西夏王朝的政治、经济、军事、地理、宗教、考古、文物文献、语言文字、文化艺术、社会风俗等全方位的研究，完整意义上的西夏学逐渐形成，和敦煌学、简牍学一样，成为一门涵盖面非常广泛的综合性学科。西夏学取得的丰硕成果，表明已开始走出冷门绝学的境地，出现了初步的繁荣局面，学界给予了更多的关注和赞誉。2007年，在北京召开的《中国藏西夏文献》出版座谈会上，史学大师蔡美彪先生曾说，"我深切的感到30年来，我国西夏学、西夏史的研究取得的成绩非常大，甚至可以说，将这 30 年的中国历史学的各个领域比较起来的话，西夏的文献整理和西夏学研究的成绩，应该是最显著的领域之一"（《西夏学》第 3 辑，2008 年）。

西夏学在新的发展进程中，研究机构及学术团队的建立发展壮大，是必要的条件和基础工作。西夏故地在宁夏，宁夏大学一直把西夏学作为重点建设的学科，2001 年，宁夏大学西夏学研究中心被教育部批准为高校人文社会科学重点研究基地，2008 年教育部批准更名西夏学研究院。基地建设二十多年来，他们立足当地，着眼长远，培养队伍，积极开展具有学科发展意义的重点项目研究，已成长为国内外西夏学领域一支有科研实力、能够承担重大项目并起到领军作用的学术团队。在这个过程中，我作为亲历者和见证者，看到杜建录教授带领的基地和团队之所以能取得突出成效，缘于他们坚持正确的学术导向，具有长远的学术眼光，尊重学术发展规律，在推动西夏学学科体系建设方面采取了一系列必要的举措：

一是重视基础建设，组织文献整理、集成和出版。二十多年来，他们以教育部人文社会科学重点研究基地为平台，联合中国社会科学院西夏文化研究中心等单位，整理出版大型文献丛书《中国藏西夏文献》《中国藏黑水城汉文文献》《中国藏黑水城民族文字文献》《西夏文献丛刊》，建设大型西夏文献文物资料数据库；参与承担并完成国家社科基金特别委托项目《西夏文献文物研究》；将西夏文献研究由西夏文延伸到拓跋政权和西夏时期的汉文、西夏文、吐蕃文、回鹘文等多语种文献，拓展了西夏文献研究的深度和广度。

二是倡导"大西夏史"。跳出西夏看西夏，从唐五代辽宋夏金元大背景下研究西夏，推动多学科交叉综合研究，揭示中华民族"多元一体"格局形成的历史轨迹，揭示西夏多元杂糅的文化特点。将西夏学研究拓展到中华民族"三交"史的研究。

三是重视和推进民族史学理论建设。二十多年前建在宁夏大学西夏学研究院的中国少数民族史博士点就设立了中国民族史学理论专业方向。以"多元一体"为核心的史学理论建设推进和指导了西夏研究，专业人员的史学理论素养和分析概括能力明显提高，和近年来习近平总书记提出的铸牢中华民族共同体意识的理论创新思想紧密衔接。

四是重视学术团队建设和拓宽研究视域。宁夏大学西夏学研究已形成了有一定数量、结构配置合理的团队，研究方向涵盖了西夏历史、文化、语言、文献、文物等主要领域，近十多年迅速发展起来的西夏文化和西夏艺术研究，进一步丰富了西夏学的内涵，具有填补空白和创新的学术意义。运用中华民族史观和多学科综合研究方法，成为西夏学新的增长点。

五是重视国际合作研究，提升国际话语权。2010年成立中俄西夏学联合研究所，开展黑水城文献合作研究，形成中俄联合研究机制。连续举办八届国际学术论坛，促进国际西夏学的交流和学术资源共享；利用国家社科基金外译项目等各种途径，组织出版西夏研究外译著作十多种。

这些举措的坚持和落实，使宁夏大学西夏学研究基地积累了经验，扩大了视野，历练了队伍，完成了一系列重大项目，展示了"西夏在中国，西夏学也在中国"的厚实基础。这也正是他们能够承担并高质量完成国家社科基金重大攻关项目《西夏通志》的主要原因。

杜建录担任主编的《西夏通志》2015年获批国家社科基金重大项目，2022年完成结项，2025年正式出版，十年磨一剑，是迄今为止西夏学各个领域研究成果的集大成者。在学术指导思想上，贯穿了中华民族历史观和中华民族共同体意识；在历史资料运用上，充分吸收了迄今国内外发现刊布的各类文字资料及实物资料以及近年考古新发现；在叙述内容上，尽可能涵盖了西夏社会的各个方面和各个领域，力求全方位呈现一个真实、生动、立体的历史上的西夏；在编纂体例上，将我国传统的史志体和近代以来的章节体结合起来，作了有益的探索。从上述意义上看，《西夏通志》不仅是目前西夏学全面的创新性成果，而且是具有中国自主话语权和自主知识体系的学术成果。

在这里，特别要提到的是《西夏通志》所采用的编著体例。在中国悠久的治史传统中，不仅保留了各种记述历史的文献资料，也创造了编著史书的体例，形成了以纪传体（如《史记》为代表的二十四史）为主流以及编年体、纪事本末体等体例的史书编纂方式，与此同时形成的还有志书体例。志基本属于史的范畴，"郡之有志，犹国之有史"（宋·郑兴裔《广陵志·序》），"方志是地方之史"（白寿彝《史学概论》）。志更侧重于资料内容的分类编纂。以历史纵向为主线的"史"和以横向分类为主线的"志"，构成了中国传统史学的主要记述模式。传统史志体例作为中国历史庞大复杂内容的主要载体，数千年来不断改进完善，其功能和作用不可低估。但传统史著体例也有其历史局限性，如以王朝政治史为中心，忽视社会多元性；以儒家史观主导，难避片面性；以人物和事件描述为中心，缺乏历史发展内在联系及因果分析；史料的选择有局限，民间、地方、民族方面的史料缺失等等。上个世纪随着西方史学理论和方法的引入，史著的章节体体例渐成现代历史著作的主要形式，它以历史演进为基本线索，以科学分类和逻辑分章的形式，将传统史志的叙事方式赋予了现代学术规范，具有结构清晰、内容涵盖面广、可以跨学科综合、便于阅读和传授的特点。但史家在运用章节体书写历史中，与传统史著相比，也感到有不足之处，如对人物、典籍、制度、文化等专项内容的描述不够，一般的处理方法是简要地概括在章节的综合叙事中。白寿彝先生主编的12卷《中国通史》作了新的尝试，用传统与现代相融合的创新编纂体例，采用甲、乙、丙、丁四编结构，甲编"序说"整合文献与研究成果，乙编"综述"以时序勾勒朝代脉络，丙编"典志"解析政治经济文化制度变迁，丁编"传记"通过人物纪传体现史实。这种创新体例将专题考据与宏观叙事结合，史料评介、制度分析、人物纪传、考古发现、研究动态等在章节体中不易展开的内容都有了一定的位置呈现。

　　作为以断代史和王朝史为叙述对象的西夏历史，《西夏通志》大胆采用了传统史志体例与现代章节体例相融合的方式，将史、志、传、表作为基本结构，"史"为"西夏史纲"，以纵线时间脉络为主，集中阐述从党项到西夏政权的治乱兴衰和社会各方面的演进；"志"为"西夏史志"，采用传统地理志、职官志、军事志、部族志、语文志、文献志、文物志等分类编纂叙述的方法，但充分运用了新资料，内容更充实，阐释更有新意；"传"即"人物志"，对见于记载的西夏人物逐个立传；"表"包括世袭、帝号、纪年、交聘、大事、战事、词汇以及名物制度异译对照等。全书在中华民族史观的统领下，继承考证辨析的严谨治学方法，以现代学术规范为基本要求，充分吸收传统体例的元素，力求作到史论结合、史志结合、出土文献和实物与典籍文献结合、西夏文文献与汉文文献及其他民族文字文献结合、国内研究与国外研究结合，尽可能吸收国内外研究的新成果。这种编纂体例，虽然带有试验性，但体现了学术上守正创新的精神，体现了构建自主知识体系的积极探索。

经过 10 年的不懈努力，煌煌 12 卷 400 多万字的《西夏通志》终于呈现在读者面前，可以说，《西夏通志》的出版，在西夏学发展史上具有里程碑意义，对于西夏学的过往来讲，是一次全面的总结和收获；对于西夏学的未来来讲，是进一步研究的起点。正如编著者在"序"中所言，《西夏通志》的完成不是收官，而是起点！

陈育宁

2025 年 7 月 6 日

（陈育宁　宁夏大学教授　宁夏大学原党委书记　校长）

序 三

元朝修宋辽金三史，没有给西夏修一部纪传体专史，给后人留下很多缺憾。现存的资料无法编纂一部纪传体《西夏史》，当代章节体的《西夏史》又无法容纳更多内容。鉴于此，2008 年就开始策划编纂多卷本历史著作《西夏通志》，2015 年获批国家社会科学基金重大项目，2022 年完成结项，2025 年正式出版。该多卷本著作体裁介于"纪传体"断代史和"章节体"专史之间，将我国的史论和史志结合起来，在西夏史乃至中国古代史研究体例和方法上都是创新，这是本通志纂修的意义和价值所在。

自明、清以来，封建史家有感于西夏史的缺憾，筚路蓝缕，拾遗补阙，撰写出多种西夏专史，重要的有明代《宋西事案》、清代张鉴《西夏纪事本末》、吴广成《西夏书事》、周春《西夏书》、陈崑《西夏事略》，民国初年戴锡章《西夏纪》等等。这些著作梳理了西夏史资料，特别是参考了当时能见到、现已不存的文献资料，值得我们重视。不过从总体上来看，明、清两代学者对西夏史的研究有较大的局限性：一方面采取的是传统的封建史学观点、方法和体例；另一方面黑水城文献尚未发现，西夏陵等重要考古尚未开展，所使用的资料仅限于传世典籍，因此，这些著作都不能够全面阐释西夏社会面貌。

20 世纪 70 年代以来，西夏史的研究又得到学界的重视，先后出版林旅芝《西夏史》（1975）、钟侃等《西夏简史》（1980）、吴天墀《西夏史稿》（1981）、李蔚《简明西夏史》（1997）、李范文主编《西夏通史》（2005），这些成果各有所长，大大推动新时期西夏史的研究，如果从研究的全面性来看，仍有一定的局限，一是章节体例无法容纳更多历史事实，前四种都在四十万字以内，其中《西夏简史》不足 10 万字，即使由专家集体完成的《西夏通史》也是几十万字；二是地下出土文献尚未完全公布，特别是数千件俄藏西夏社会文书近年才公布，所利用的资料有限。因此，有必要运用新资料、新体例完成一部多卷本的西夏史。

国外西夏研究的重点集中在西夏文献，西夏历史方面的成果相对较少，主要有苏联克恰诺夫的《西夏史纲》（1968），日本冈崎精郎的《党项古代史研究》（1972），美国邓如萍的《白高大夏国：十一世纪夏国的佛教和政体》（1998），《西夏史纲》比较简略，且汉文资料使用上有较多错误；《党项古代史研究》侧重西夏建国前的历史；《白高大夏国：十一世纪夏国的佛教和政体》过分强调西夏佛教的地位，国外的西夏史代表作虽有较高的参考价值，但也不能反映西夏历史全貌。此外，《中国通史》《辽宋西夏金代通史》《剑桥辽夏金史》也都有西夏史的内容。该成果或作为中国通史的一部分，或是辽金西夏断代史的组成部分。

除通史外，文献资料和专史研究也取得了很大成绩，文献资料整理研究方面，相继出版《俄藏黑水城文献》《英藏黑水城文献》《法藏敦煌西夏文文献》《中国藏西夏文献》《中国藏黑水城汉文文献》《斯坦因第三次中亚考古所获汉文文献》《日本藏西夏文文献》《西夏文物》（多卷本）。韩荫晟《党项与西夏史料汇编》，陈炳应《西夏文物研究》，史金波《西夏经济文书研究》《西夏军事文书研究》，史金波等译《天盛改旧新定律令》，杜建录等《党项西夏文献研究——词目索引、注释与异名对照》《西夏社会文书研究》等。所有这些，将西夏历史文献整理研究推向了新阶段。

西夏专史方面，史金波《西夏文化》《西夏佛教史略》《西夏社会》，白滨

《元昊传》《党项史研究》，周伟洲《唐代党项》《早期党项史》，汤开建《党项西夏史探微》，杜建录《西夏经济史》《西夏与周边民族关系史》，李华瑞《宋夏关系史》，杨浣《宋辽关系史》，陈育宁、汤晓芳《西夏艺术史》，韩小忙《西夏美术史》，鲁人勇《西夏地理考》等。这只是百年西夏学论著的一部分，还有大量论著收录在《西夏学文库》《西夏学文萃》两套大型丛书中，不一一列举。这些研究成果，为多卷本《西夏通志》的撰写奠定坚实的基础。

《西夏通志》约四百万字，从内容上看，可分为四部分，一是"西夏史纲"，包括党项内迁与夏州拓跋政权建立、西夏建国与治乱兴衰、西夏人口与社会、西夏农牧业和手工业、西夏通货流通与商业交换、西夏赋役制度、西夏社会形态与阶级结构、西夏文化、西夏遗民等。

二是"西夏史志"，相当于"正史"中的《志》，包括地理志、经济志、职官志、军事志、部族志、语文志、文献志、文物志等，但内容和方法和"正史"中《志》大不相同，而是根据资料和当代学术的发展，赋予新的内容，显示出新的活力，如"地理志"中的地的西夏地图；"经济志"中的经济关系、阶级结构和社会形态；"职官志"中蕃汉官名；"军事志"中的战略、战术与战役；"语文志"中的语音和文字；"文献志"已不是传统《艺文志》中的国家藏书，而是所有地下出土文献和传世典籍文献（含典籍中记载而已佚失的文献），既包括西夏文文献，又包括西夏时期产生汉文文献和其他民族文字文献。

三是"西夏人物志"，相当于人物传记，对目前见于记载的所有西夏人物立传，由于资料不一，每个传记多则近千字，少则数十字。

四是附表，包括《西夏世袭表》《西夏帝号表》《西夏纪年表》《西夏交聘表》《西夏大事年表》《党项与西夏地名异译表》《党项与西夏职官异名对照表》《西夏蕃名官号一览表》《夏汉官职译名对照表》《机构译名对照表》《西夏战事年表》《西夏人物异名对照表》《西夏部族名称异译表》《西夏沿边部族名称异译表》《西夏词汇表》《西夏学年表》等。

为了高质量完成书稿，课题组结合西夏文献资料特点，尽可能多重证据，将地下出土文献和传世典籍文献相结合，西夏文文献和汉文文献及其他民族文字文献相结合，《天盛律令》《亥年新法》《法则》《贞观玉镜将》等制度层面上的资料和买卖、借贷、租赁、军抄、户籍等操作层面上的资料相结合，国内研究和国外研究相结合。例如，《天盛律令》规定"全国中诸人放官私钱、粮食本者，一缗收利五钱以下，及一斛收利一斛以下等，依情愿使有利，不准比其增加。"过去对这条律令不好理解，通过和黑水城出土西夏天盛十五年贷钱文契结合研究，可知一缗收利五钱为日息，一斛收利一斛为年息。

郡为秦汉以来普遍设置的地方机构，相当于州一级，下辖县，有时是州县，有时是郡县。一般情况下县级名称不变，而州郡名称互换，如灵州与灵武郡，夏州与朔方郡，凉州与武威郡，甘州与张掖郡，肃州与酒泉郡。西夏立国后承袭前代，在地方上设州置郡，以肃州为蕃和郡，甘州为镇夷郡。这条资料出自清人吴广成《西夏书事》，由于该书没有注明史料来源，往往为史家所诟病，研究者不敢确认西夏设郡。黑水城出土西夏榷场文书明确记载镇夷郡，为西夏在地方设郡找到了确凿证据，其意义不言自明。

二是考证辨析，对异见异辞、相互矛盾的史料，加以辨正，以求其是；辨析不清者，两存其说、存疑待考。例如，《天盛律令》记载有石州、东院、西寿、韦州、卓啰、南院、西院、沙州、啰庞岭、官黑山、北院、年斜等十二个监军司，有的名称和《宋史》《续资治通鉴长编》记载相同，有的不相同，要逐一考辨清楚。还如，汉文文献中的党项西夏地名、人名、官名、族名，有的是意译，有的是用汉语音写下来，不同的译者往往用字不同，出现了大量的异译；有的在传抄、刊印过程出现讹、衍、误。以上种种现象，造成将一人误做两人，将一地误做两地，将一官误做两官，为此，在全面系统搜集资料的基础上，对汉译不同用字以及讹、衍、误逐一进行甄别和考辨，表列党项与西夏地名、人名、官名、族名异名对照。

三是分三步完成，第一步为按卷编纂"西夏通志资料长编"，将所有出土文献、传世典籍、文物考古资料，按照时间和门类编成资料长编；第二步对搜集到西夏文献资料辨析考证，完成西夏史考异，对当代专家不同的认识，也要加以辨析，有的问题两存其说；第三步在资料长编和文献考异的基础上，删繁就简、去误存真、存疑待考，完成资料详实、内容丰富、观点鲜明的多卷本《西夏通志》。

　　教育部西夏学重点研究基地建设伊始，确立了西夏文献整理出版、西夏文献专题研究以及西夏社会面貌阐释的"三步走"战略。《西夏通志》的纂修是该战略的重要环节，它的完成不是收官，而是起点！

杜建录

2025 年 6 月 1 日

（杜建录　教育部人文社科重点研究基地

宁夏大学西夏学研究院院长　民族与历史学院院长）

凡　例

一、本史纲在百年西夏学基础上，系统阐述西夏建国、发展和衰亡过程以及西夏政治、经济、军事和文化面貌，不是资料考辨和某种观点的阐述。

二、本史纲主要依据唐宋夏元时期汉文文献和出土的西夏文文献和文物考古资料，同时参考其他民族文字文献记载。西夏文文献等民族文字文献采用成熟的译本或译文。

三、本史纲力求行文流畅，对关键内容注明出处；对异见异辞、相互矛盾的史料，在注文中简要辨析；辨析不清者，两存其说、存疑待考；对当代学者不同的认识，亦加以辨析，有的问题两存其说。

四、本史纲纪年一律采用年号纪年后注公元纪年，如夏天授礼法延祚元年，即宋宝元元年（1038）。

五、本史纲对西夏国主（皇帝）的姓氏采用学界通用的李姓。部族成员，则根据史料记载，或用拓跋氏，或用李氏，或用嵬名氏，不做统一要求。

六、本史纲依据《宋史》记载，在西夏国主（皇帝）称谓上，采用庙号加姓名的方式，如夏仁宗李仁孝。亦可简称庙号，如，夏景宗、夏仁宗等。

七、本史纲中的地名原则上注明现地名或方位。

八、本史纲附《西夏世袭表》《西夏帝号表》《西夏纪年表》《西夏交聘表》《西夏学年表》。

总　　论

一

　　元朝修宋辽金三史，没有给西夏修一部纪传体专史，给后人留下很多缺憾。现存的文献资料无法编纂一部纪传体《西夏史》，当代章节体的《西夏史》又无法容纳更多的内容。鉴于此，2008 年就开始着手编纂多卷本《西夏通志》，2015 年获国家社科基金重大项目支持。《西夏通志》的体裁介于"纪传体"断代史和"章节体"论著之间，将我国的史论和史志结合起来，在西夏史研究体例和方法上是一种新的尝试。

　　明、清以来，封建史家有感于西夏史的缺憾，筚路蓝缕，拾遗补阙，撰写出多种西夏专史，重要的有明代祁承爜《宋西事案》，清代张鉴《西夏纪事本末》、吴广成《西夏书事》、周春《西夏书》、陈崑《西夏事略》，民国初年戴锡章《西夏纪》等。这些著作梳理了西夏史资料，特别是参考了当时能见到、现已不存的文献资料，值得我们重视。不过从总体上来看，明、清两代学者对西夏历史的研究有较大的局限性：一是传统的封建史学观点、方法和体例；另一是黑水城文献尚未发现和公布，西夏陵等重要考古尚未开展，所使用的资料仅限于传世典籍，因此，这些著作都不能够全面阐释西夏社会面貌。

20 世纪 70 年代以来，西夏史的研究又得到学界的重视，先后出版林旅芝《西夏史》、钟侃等《西夏简史》、吴天墀《西夏史稿》、李蔚《简明西夏史》、李范文主编《西夏通史》，这些成果各有所长，大大推动新时期西夏史的研究，但仍有一定的局限，一是章节体例无法容纳更多历史事实，前四种都在三四十多万字以内，其中《西夏简史》不到 10 万字，即使由专家集体完成的《西夏通史》也是几十万字；二是地下出土文献尚未完全公布，特别是数千件俄藏西夏社会文书近年才公布，所利用的资料有限。因此，有必要运用新资料、新体例完成一部多卷本的西夏史。

国外西夏研究的重点集中在西夏文献，西夏历史方面的成果相对较少，主要有俄罗斯克恰诺夫的《西夏史纲》（1968），日本冈崎精郎的《党项古代史研究》（1972），美国邓如萍的《白高大夏国：11 世纪夏国的佛教和政体》（1996），《西夏史纲》比较简略，且汉文资料使用上有较多错误；《党项古代史研究》侧重西夏建国前的历史；《白高大夏国：11 世纪夏国的佛教和政体》过多强调西夏佛教。国外的西夏史代表作虽有较高的参考价值，但也不能反映西夏历史全貌。此外，《中国通史》《辽宋西夏金代通史》《剑桥辽夏金史》也都有西夏史的内容，这些成果或作为中国通史的一部分，或是辽宋夏金断代史的组成部分。

除通史外，西夏历史资料和专史研究也取得了很大成绩，研究资料方面：相继出版《俄藏黑水城文献》（1996—2021）、《英藏黑水城文献》（2007）、《法藏敦煌西夏文献》（2007）、《中国藏西夏文献》（2007）、《中国藏黑水城汉文文献》（2008）、《斯坦因第三次中亚考古所获汉文文献》（2005）、《日本藏西夏文文献》（2011）、《西夏文物》（多卷本）；西夏专史方面：史金波《西夏文化》《西夏佛教史略》《西夏社会》《西夏经济文书研究》，白滨《元昊传》《党项史研究》，韩荫晟《党项与西夏资料汇编》，杜建录《西夏经济史》《西夏与周边民族关系史》《西夏史论集》《西夏社会文书研究》《党项西夏碑石整理研究》，李华瑞《宋夏关系史》，杨浣《宋辽关系史》，鲁人勇

《西夏地理考》《西夏地理志》，王天顺《西夏战史》（主编）《西夏地理研究》（主编），杨蕤《西夏地理研究》，韩小忙《西夏美术史》，陈育宁、汤晓芳《西夏艺术史》，周伟洲《唐代党项》《早期党项史》，汤开建《党项西夏史探微》等。这些新资料和专史研究，为完成多卷本《西夏通志》奠定了坚实的基础。

《西夏通志》共 11 卷。第一卷是西夏史纲，包括党项内迁到西夏建国、发展、衰亡全过程的西夏的政治史，以及西夏人口与社会、农牧业和手工业、通货流通与商品交换、赋役制度、典章制度、文化教育、交通地理等。第二至十卷为地理志、经济志、职官志、军事志、部族志、语言志、文献志、文物志、风俗志等，相当于"正史"中的《志》，但内容和方法与"正史"中《志》不尽相同，而是根据资料和当代学术的发展，赋予新的内涵，显示出新的活力，如"西夏经济志"中的经济关系、经济制度和社会形态；"西夏职官志"中的蕃汉官名；"西夏军事志"中的战略、战术与战役；"西夏语言志"中的语音和文字；"西夏文献志"已不是传统《艺文志》中的国家藏书，而是所有地下出土文献和传世典籍文献（含典籍中记载而已佚失的文献），既包括西夏文文献，又包括西夏时期产生汉文文献和其他民族文字文献。人物志相当于人物传记，对目前见于记载的所有西夏人物立传。由于资料不一，每个传记多则近千字，少则数十字。

二

建立西夏国的党项是我国古代羌族的一个分支，南北朝以来，长期居住在今甘、青、川三省毗连地区，以姓为部落，一姓之中复分为小部落。隋朝初年，部落"大者五千余骑，小者千余骑"。① 入唐后部落人口有所增加，"大者万余骑，小者数千骑，不相统一"；"不事产业，好为盗窃，互相凌劫"；

---

① 《隋书》卷八三《党项传》。

"畜牦牛、马、驴、羊，以供其食。不知稼穑，土无五谷。气候多风寒，五月草始生，八月霜雪降。求大麦于他界，醞以为酒"；"无文字，但候草木以记岁时。三年一相聚，杀牛羊以祭天。自周及隋，或叛或朝，常为边患"；"妻其庶母及伯叔母、嫂、子弟之妇"，但"不婚同姓"。①

据此可知，内迁前党项处于原始社会末期的父家长制阶段，男子在部落社会中起主导作用，妇女则降到从属的地位，并在收继婚制下，沦为家族或家庭首领的财产，由具有家长权利的男性及其子弟继承。值得注意的是，随着剩余产品的出现，早期党项对外交换业已发生，"求大麦于他界，醞以为酒"。隋大业五年（609），隋炀帝西巡狄道（今甘肃临洮），党项前来贡方物；② 唐武德二年（619）十一月，党项与吐谷浑并遣使来贡；③ 武德九年（626），又遣使入贡。④ 朝贡的目的是为了交换，而剩余产品和对外交换的出现，必然促使原始社会氏族部落公有制向部落首领私有制演变。这些大大小小的部落首领为了攫取更多的财富，把对外掠夺看作是增加财富的重要手段，也是一件荣耀的事。因而在封建史家的眼中，早期党项是"不事产业，好为盗窃，互相凌劫"。"魏、周之际，数来扰边。高祖为丞相时，中原多故，因此大为寇掠。"⑤

唐朝初年，崛起于青藏高原的吐蕃政权不断向外扩张，在吐蕃的进攻下，包括拓跋、野利等大族在内的党项部落陆续从青藏高原迁移到黄土高原，散处西北地区的庆、灵、盐等州。"安史之乱"前后，又进入银夏地区。党项内迁后，仍以氏族部落为单位，原有部落经过数千里的跋涉，有的比较完整地迁到内地，有的在迁徙过程中分化整合，形成了新的部落。早期党项有"细封氏、费听氏、往利氏、颇超氏、野辞氏、房当氏、米擒氏、拓跋氏，而拓

---

① 《旧唐书》卷一九八《党项羌传》。
② 《隋书》卷三《炀帝纪上》。
③ 《册府元龟》卷九七〇《外臣部·朝贡三》。
④ 《旧唐书》卷二《太宗纪》。
⑤ 《隋书》卷八三《党项传》。

跋最为强族"。① 内迁后减少了往利氏、颇超氏、房当氏、米擒氏，增加了折氏、野利氏等。随着地域的变化和社会的发展，内迁党项在保留相对独立宗族部落的同时，逐渐形成了以地缘为基础的部落联盟，"居庆州者号东山部落，居夏州者号平夏部落"；② 居横山一带者号"南山党项"。

党项内迁后定居的地区，原来都是汉族人民长期过着封建社会生活并创造着封建文明的所在，在汉族先进文明的影响下，不仅加剧了内迁党项由原始社会向阶级社会的过渡，而且使这种过渡沿着奴隶制与封建制两个方向发展。史料显示，西夏建国前后存在大量奴隶，贵族首领把掠夺看成"比进行创造的劳动更容易甚至更荣誉的事情"。③ 他们"或侵暴州镇，或攻掠道途"。④ "攘夺不避于官物，驱掠罔惮于平人，擅兴甲兵，恣行攻劫"。⑤ 同时，党项进入西北内地后，不但没有破坏原有的汉族封建经济关系，而且随着时间的推移，逐渐适应这种经济关系。大中年间（847—859），唐朝镇压了党项羌的反抗后，南山党项"迫于饥寒，犹行钞掠"，乃下诏"于银、夏境内授以闲田"，⑥ "爱受冠带，兼伏征徭"。⑦ 五代宋初这种封建经济关系得到了进一步发展，北宋西北沿边地区的党项熟户不仅进入了封建制，而且还发展到封建租佃制阶段。⑧

西夏境内的党项人在向阶级社会过渡中，既发展了奴隶制，又保存和适应了封建制，从而使奴隶制和封建制这两种经济关系长期存在于西夏社会。尽管随着生产的发展，奴隶制逐步缩小，以私有制为基础的封建经济关系逐步扩大，到李元昊建国时最终确立了封建制度。但奴隶制一直残存下来，与

---

① 《旧唐书》卷一九八《党项羌传》。
② 《旧唐书》卷一九八《党项羌传》。
③ ［德］恩格斯：《家庭、私有制和国家的起源》，人民出版社1972年版，第162页。
④ 《唐大诏令集》卷一二九《洗雪平夏党项德音》。
⑤ 《全唐文》卷七〇〇李德裕《赐党项敕书》。
⑥ 《资治通鉴》卷二四九，唐宣宗大中五年。
⑦ （唐）杜牧：《樊川文集》卷一五《贺平党项表》。
⑧ 漆侠、乔幼梅：《辽夏金经济史》，河北大学出版社1998年版，第258—259页。

西夏政权相始终。在一些偏远地区，甚至长期保留原始氏族制度。

西夏中后期，以大土地占有为基础的土地兼并得到法律的明确保护，《天盛改旧新定律令》卷一五《租地门》规定："诸人卖自属私地时，当卖情愿处，不许地边相接者谓我边接而强买之。""僧人、道士、诸大小臣僚等，因公索求农田司所属耕地及寺院中地、节亲主所属地等，诸人买时，自买日始一年之内当告转运司，于地册上注册，依法为租佣草事。"三十年河东，三十年河西，在土地兼并的大潮下，节亲主占有的土地都成为被兼并的对象。当然失去土地主要是自耕农。

黑水城出土户籍手实，记录梁行监一户 18 口人，有撒 52 石种子地 4 块，约 520 西夏亩（218.4 宋亩）。马 3 匹，2 大 1 小；骆驼 32 头，26 大 6 小。讹移千男一户 7 口人，有撒 27 石种子地 4 块，约 270 西夏亩（113.4 宋亩）。骆驼 3 头，2 大 1 小；牛 10 头，4 大 6 小；羊大小 80 只。反映出除贵族大地主外，还有一定数量的中小地主。①

西夏地主土地往往采取租佃经营的方式，宋英宗治平年间（1064—1066），同知谏院吕诲在一道奏章中曾说："逐部族今所存者，却有外来散户依附其间，或是连亲，或即庸力，混杂居处，例各年深。"② 这些外来"庸力"与前来"连亲"的党项人，就是失去土地的自耕农，他们以租佃的形式耕种地主的土地。俄藏黑水城租地契约是西夏租佃生产的真实写照。寺院地主土地也主要采取租佃的方式，现存的 8 件西夏租地文契，全部是普渡寺土地出租，其中天庆寅年（1194）正月二十九日，梁老房西把自己撒 15 石种子地卖给普渡寺，得到 6 石小麦，10 石杂粮。当天他又从普渡寺包租了一块撒 8 石种子的土地，秋收后交二石八斗小麦、三石六斗杂粮地租，从自耕农变成佃户。除经营田产外，寺院还放高利贷，乾定申年（1224）二月二十五日，立文约人没水何狗狗典借瓦国师糜子一斛，于同年九月一日归还，从中获利

---

① 史金波：《西夏经济文书研究》，社会科学文献出版社 2017 年版，第 457—463 页。
② （宋）赵汝愚编：《宋朝诸臣奏议》卷一二五《吕诲〈上英宗请重造蕃部兵帐〉》。

八斗。① 天庆寅年（1194）普渡寺共贷出粮食282石9斗5升。②

从黑水城出土租地契约文书来看，西夏佃户有自由选择的权利，即一年期满后可以离开或续租。但必须指出，这种自由租佃的权利是有限的：一是部落首领（大地主、大牧主）利用宗族的外衣，对失去土地的个体族帐（家庭）有相当程度的控制权；二是部落兵制下，有严格的兵役登记制度，男孩10—14岁登记为预备役，15—70岁登记为现役，然后以族帐（家庭）为基础组织军抄，一人为正军，一人为负担，还有一人为辅主。③ 平时生产，战时点集出征。这种兵役制度，限制了家族成员的流动，即使流动，也主要在本部落内部。没有人口的自由流动，就没有完全意义上的自由租佃。这样一来，佃户身受贵族地主和封建国家双重剥削，和宋朝的租佃制有较大的不同。尽管如此，土地租佃契约关系在党项西夏社会发展中具有十分重要的意义，失去土地的佃户有一定的人身自由，更为重要的是地主获取的是定额地租，有利于调动佃农的生产积极性，推动生产的发展。

西夏境内还存在为数较多的小土地占有者，法律规定疏浚灌溉渠道的人工是按占田多少来派遣，从1亩至150亩，分别出5—40个工日。④ 西夏的亩，"一边各五十尺，四边二百尺"，合二十五平方丈，即百步亩制，⑤ 不同于宋朝的二百四十步亩制。也即西夏的10亩约合宋朝的4.2亩，150亩约63亩。除京畿兴灵地区外，周边其他地区亦存在大量的小土地占有者，内蒙古黑水古城出土的西夏缴纳税粮文书，记录农户的田亩数有10亩、30亩、70亩、139亩、150亩，折合4.2到63宋亩。西夏文12件土地买卖契约，11件出卖的土地约为22亩到200亩，折合9.2到84宋亩，大部分是二、三十亩，他们都是

---

① 孙寿龄：《西夏乾定申年典糜契约》，《中国文物报》1993年第5期。
② 史金波：《西夏经济文书研究》，社会科学文献出版社2017年版，第282页。
③ 《宋史》卷四八六《夏国传下》。
④ 《天盛改旧新定律令》卷一五《春开渠事门》。
⑤ 白滨：《从西夏文字典〈文海〉看西夏社会》，载《西夏史论文集》，宁夏人民出版社1984年版。

小土地占有者。自耕农是一个最容易分化的阶层，有的为了度过饥荒，出卖一部分土地，变成自耕贫农，有的出卖仅有的一点土地，变成佃农或雇农。西夏小土地占有者在官府与贵族首领的双重压迫下，大量破产沦为佃农和依附民，这样就使得西夏社会沿着封建制的方向发展，而不是向奴隶制方向发展。

西夏农业生产工具较为先进，见于《番汉合时掌中珠》与《文海》二书的农具有犁、耙、镰、锹、镐、子楼、石磙、刻叉、簸箕、扫帚等。《文海》"犁"释"犁铧也，耕用农器之谓也"①。"犁"字西夏文从木，"铧"字从铁，为铁铧木犁。内蒙古曾出楔形犁铧，这种木柄铁农具，如犁、耙、锹、镢在瓜州榆林窟西夏壁画中亦有形象的描绘，其形状类似近代农具，可见西夏的耕作工具已相当先进了。至于农田耕作方法也与宋代北方地区相同，西夏人凭借发达的畜牧业，广泛采用牛耕。文献记载与出土文物证明，唐代党项人进入内地后在物质文化上进入铁器时代，通过对外交换，能够打制简单的铁器。建国后利用境内铁矿资源，设置专门机构，进行冶炼铸造。冶铁业的发展，为农业生产提供了更多的铁农具，特别是铁制犁铧，而发达畜牧业又不缺乏耕垦畜力，因此，在农业生产中普遍使用牛耕，榆林窟西夏壁画《牛耕图》，描绘二牛抬扛，耕者右手扶犁，左手持鞭驱牛，形象生动逼真。牛耕与铁犁的推广为扩大耕地面积和深翻土地提供了条件，提高了劳动生产率，使西夏农业生产水平跃进到一个崭新的阶段。

牲畜牧养是西夏主体民族党项羌族传统的经济生活，开国皇帝李元昊曾自豪地说："衣皮毛，事畜牧，蓄性所便。"②河西马、阿拉善骆驼以及宋夏沿边山界的羊是驰名中原的商品，③宋初在缘边市马，"以陕右诸州最盛，河东

---

① 史金波、白滨、黄振华：《文海研究》，中国社会科学出版社 1983 年版，第 479 页。
② 《宋史》卷四八五《夏国传上》。
③ （唐）元稹《元氏长庆集》卷二三《估客乐》记载："求珠驾沧海，采玉上荆衡，北买党项马，西擒吐蕃鹦。"（上海古籍出版社 1994 年版）

川陕仅居其半"。西夏频繁遣往宋、辽、金的贡使，也大量以马、骆驼作为贡品。牦牛是早期党项主要役畜，内迁后仍在祁连山、贺兰山一带牧养。① 广袤的戈壁草滩主要是国有牧场，大大小小的部落首领既是军事首领，又是官牧首领，广大牧民只有替官府牧养不低于15—20头匹骆驼、马、牛和70只以上山羊，才能获得其所需要的草地牧场这一最基本生产资料。

我国河套与河西地区，自秦汉以来是中原农耕文明和北方游牧文明交错地带，两种生产方式和文化在这里交往交流交融，中原王朝强盛时，筑障边地，将北方民族逐出塞外，从内地移民实边，屯垦生产；衰落时退回内地，北方民族进入边塞，游牧生产，农耕文明和游牧文明的交融相对缓慢。西夏立国后，这一状况大为改变，进入西北数百年的党项人，在先进的中原文明影响下，逐渐学会了农耕，"岁时以耕稼为事，略与汉同"②。农耕区党项人"岁时以耕稼为事，略与汉同"，不特指耕稼方式略与宋朝北方地区一致，而且在生产关系上采取封建租佃的方式。更为重要的是西夏经济上和内地一致，必然带来政治上的以儒治国和对中华传统文化的认同，西夏人称宋为"南朝"，契丹为"北朝"，自认为是"西朝"，是中国大地上的三个兄弟政权。

三

西夏是在部落制基础上建立的封建政权，反映在政区划分上，既保留党项民族的特点，又广泛吸收中原汉族的制度。监军司和府州在区划上相互交叉，县乡里和城堡寨并存；广袤的戈壁沙滩只有监军司统辖大小部落，而无州府郡县机构。州（府）为一级行政区划。史载"赵（李）元昊既悉有夏、银、绥、静、宥、灵、盐、会、胜、甘、凉、瓜、沙、肃，而洪、定、威、

---

① 《天盛改旧新定律令》卷一九《畜利限门》："牦牛在燕支山、贺兰山两地中，燕支山土地好，因是牦牛地，年年利仔为十牛五犊，赔偿死亡时，当偿实牦牛。贺兰山有牦牛处之数，年年七八月间，前内侍中当派一实信人往检视之，已育成之幼犊当依数注册，已死亡时当偿牦牛。"

② （宋）韩琦：《上仁宗论范仲淹攻守之策》，载（宋）赵汝愚编《宋朝诸臣奏议》卷一三三，上海古籍出版社1999年标点本。

怀、龙皆即旧堡镇伪号州，仍居兴州，阻河，依贺兰山为固"。① 这是西夏初期的政区划分，进入后期，地方区划有所变化，"河之内外，州郡凡二十有二。河南之州九：曰灵、曰洪、曰宥、曰银、曰夏、曰石、曰盐、曰南威、曰会。河西之州九：曰兴、曰定、曰怀、曰永、曰凉、曰甘、曰肃、曰瓜、曰沙。熙、秦河外之州四：曰西宁、曰乐、曰廓、曰积石"。②

西夏在都城、陪都及其他重要区域设府，如兴州兴庆府，后更名中兴府，灵州西平府，后更名大都督府，凉州西凉府、甘州宣化府等，府和州同属地方一级区划，但其地位高于州。西夏的州府大体分为上中下末四等，府当属于上州，其地位明显高于一般的州，西夏中后期位列次等司的州府有中兴府、大都督府、西凉府、府夷州、中府州，而灵武郡和甘州城作为大都督府和府夷州的驻地，位列下等司，凉州作为西凉府的驻地，位列末等司。由堡寨号为州的洪、定、威、龙等州，实际上就是一个边城。

西夏的郡有的因袭前代郡望，如灵州灵武郡、盐州五原郡、沙州敦煌郡；③ 有的具有控扼地方的作用，如在甘州设镇夷郡，在肃州设蕃和郡，以加强对该地回鹘、吐蕃等民族的统治。④ 西夏中后期文献多出现府、郡，黑水城出土汉文西夏榷场文书记载，在南边榷场交易的商贩分别来自镇夷郡和西凉府。⑤

县级区划只在府和上州设置，《天盛改旧新定律令》记载的县有华阳县、治远县、五原县、定远县、怀远县、临河县、保静县、富清县、真武县、河西县等，这些县有的在京师界，有的在大都督府界，有的在西凉府界。这是西夏中后期的县域划分。

---

① 《续资治通鉴长编》卷一二○，仁宗景祐四年十二月条；《宋史》卷四八五《夏国传上》记载缺怀州。
② 《宋史》卷四八六《夏国传下》。
③ 《西夏地形图》，载《西夏纪事本末》卷首。
④ 吴天墀：《西夏史稿》，四川人民出版社1980年版，第204页。
⑤ 杜建录、史金波：《西夏社会文书研究》，上海古籍出版社2012年增订本，第223—240页。

夏州拓跋政权首领和僚属的墓志铭记载县下设乡里，① 西夏立国后，这种乡里制度也应该保留下来。当然，州郡县乡里只在农区和半农半牧区设置，在荒漠半荒漠牧区没有州郡县乡区划，由监军司直接管理氏族部落。在宋夏沿边和河西走廊半农半牧区，既设置州郡，又设置监军司，二者均兼理军民，② 所不同的是州郡侧重行政，监军司侧重军政，且管辖范围更广。

西夏的监军司和地方州郡平行，宋人在军赏中，将西夏监军司的正监军和州郡的郡守同等对待。③ 景宗李元昊建国时，在全境"置十二监军司，委豪右分统其众"。西夏后期增加到十八监军司，④ 夏奲都六年，即宋嘉祐七年（1062），西夏宥州向宋延州递送公牒，称"改西寿监军司为保泰军，石州监军司为静塞军，韦州监军司为祥祐军，左厢监军司为神勇军"。⑤ 同时，在灵州西平府设翔庆军⑥。这四个监军司对接的是宋朝边面，夏毅宗谅祚即位后，向宋朝示好，改蕃礼为汉礼，同时将对准宋朝的监军司改名保泰、静塞、祥祐、神勇等名称。《西夏地形图》所记的保太军、静寨军、神勇军、祥祐军、加宁军、清远军、祥庆军、和南军、甘肃军、朝顺军、镇燕军、贺兰军等，⑦ 大都是吉祥的名称，其中保太军、静寨军、神勇军、祥祐军是毅宗谅祚时改

---

① 　相关墓志铭见杜建录：《党项西夏碑石整理研究》，上海古籍出版社 2015 年版。

② 　（宋）郑刚中《西征道里记》："夏国左厢监军司接麟、府沿边地分，管户二万余；宥州监军司接庆州、保安军、延安府地分，管户四万余；灵州监军司接泾、原、环、庆地分，沿边管户一万余，兹其大略也。"

③ 　《宋会要辑稿》兵·军赏一八之七：元丰四年军赏，斩获西夏"大首领谓正监军、伪置郡守之类，四官，赐绢五十疋；次首领谓副监军及贼中所遣伪天赐之类，三官，赐绢三十疋；小首领谓钤辖、都头、正副寨主之类，两官，赐绢二十疋；蕃丁一级转一资，赐绢二十匹"。

④ 　《续资治通鉴长编》卷一二〇，仁宗景祐四年十二月记载："置十八监军司，委酋豪分统其众。"和《宋史·夏国传》不同，《续资治通鉴长编》把后期监军司数误作前期；《续资治通鉴长编》卷三一八，神宗元丰四年十月丙寅条："种谔言，捕获西界伪枢密院都案官麻女喫多革，熟知兴、灵等州道路、粮窖处所，及十二监军司所管兵数。"说明 1081 年（夏太安七年），西夏仍是十二监军司。增至十八监军司是一个过程，《天盛改旧新定律令》只记录十七个监军司。

⑤ 　《宋史》卷四八五《夏国传上》；《续资治通鉴长编》卷一九六，仁宗嘉祐七年六月癸未条："改西市监军司为保泰军，威州监军司为静塞军，绥州监军司为祥祐军，左厢监军司为神勇军"。和《宋史》有出入，待考。

⑥ 　《西夏书事》卷二〇引刘温润《西夏须知》。

⑦ 　"加宁"当即"嘉宁"，"保太"当即"保泰"，"和南"当指"卓啰监军司"。

置的，其他是此后设置的，有的是监军司改名，有的是新设置。军在宋代属州一级行政区划，西夏监军司改名为军，并不是把其改制成地方州一级行政区划，其亦兵亦民部落兵制下军民合一的性质没有改变。

西夏中期开始，为了加强对地方特别是部落豪酋的控制，在地方监军司和州郡之上设置经略司。"经略司者，比中书、枢密低一品，然大于诸司。"① 为中央派出机构，负责监察地方，不是地方最高行政机构，相当于唐代的道。文献明确记载西夏设有东经略司和西经略司，② 位于西夏的左右两厢。《天盛改旧新定律令》记载的东南经略司和西北经略司，③ 可能是指东经略司和西经略司。京畿地区、大都督府及啰庞岭以外的地方重大军政、民政、财政事务须通过经略司上报中书、枢密。

西夏的城有四种类型，有的是州府的驻地，如位列末等司的凉州，当是凉州城，即位列次等司西凉府的驻地；有的是堡寨号为州，实际是城的建制，如龙州、石州等，龙州就是地边 21 种城之一；有的是地位衰落的州，如列为末等司的绥州绥德城；有的是地位重要的堡寨。监军司和州府驻地一般是大城。由堡寨号城者，一般设在要害之处，或是军事据点，或是蕃部酋豪所在，或蕃汉和市交易中心，个别的城由于军事和经济上的缘故，甚至比一般的小州还重要。如夏天授礼法延祚三年，即宋康定元年（1040）九月，宋环庆路副部署任福偷袭西夏白豹城，"凡烧庐舍、酒务、仓草场、伪太尉衙"。④ 太尉是由党项贵族担任的京官，地位相当高，史载西夏官分文武班，"自中书令、

---

① 《天盛改旧新定律令》卷一〇《司序行文门》。
② 《天盛改旧新定律令》颁律表记载参与律令修订的有"东经略使副、枢密承旨、三司正、汉学士赵□"；《金史》卷六一《交聘表中》记载"东经略使苏执礼"；武威西夏墓出土木板题记载，大夏天庆八年（1201）葬"故亡考任西路经略司兼安排官□两处都案刘仲达灵匣"。（陈炳应：《甘肃武威西郊林场西夏墓题记、葬俗略说》，载白滨主编《西夏史论文集》，第546—554页）；《俄藏黑水城文献》黑水城告牒中有西经略司。
③ 《天盛改旧新定律令》卷四《修城应用门》。
④ 《续资治通鉴长编》卷一二八，仁宗康定元年九月壬申条。

宰相、枢使、大夫、侍中、太尉已下，皆分命蕃汉人为之"，① 由此可见白豹城地位之重要。

　　西夏的堡寨也主要集中在地边特别是夏宋沿边地区，这与该地属于定居农耕和半农半牧区有很大关系。景宗李元昊建国前夕在沿边山险之地修筑了300 余处，② 如果加上以后不断修筑和从宋朝手中夺取的，为数就更多了。若保守地按 400 余处估计，则平均每个边州约有 40 余处，西夏沿边堡寨数量之所以如此之众，可能与其分大小两种有关，所谓大寨，即筑城建池、重兵戍守的堡寨，大率"各相去二三十里，每寨实有八百余人，马四百匹"。③ 占地面积一般在 5000 平方米左右，四边或三边开有寨门，有的凿有护寨壕。④ 这种有别于小堡寨的城池就是大寨，有时也称作城，⑤ 如白豹城又作白豹寨，金汤城又作金汤寨。宥谷城，又作宥谷堡，本吐蕃康古城，夏大庆元年，即宋仁宗景祐三年（1036）被景宗李元昊攻占，改名宥谷城，西夏在此存储粮草兵器，号"御庄"。⑥

　　小堡寨大多是夯筑的土围子，具有规模小、数量多的特点，沿边个体族帐多依附堡寨居住，所谓"蕃部各有堡子守隘"，"其城垒皆控险，足以守御"。⑦ 外敌入侵时，老幼退保堡寨，壮者因险设伏，邀击敌兵，入侵者"兵少则难追，多则难行"。⑧ 城堡寨作为军民合一的机构，上承州县和监军司，

　　①　《宋史》卷四八五《夏国传上》。
　　②　《续资治通鉴长编》卷一三二，仁宗庆历元年五月甲戌条：李元昊"始于汉界缘边山险之地三百余处修筑堡寨，欲以收集老幼，并驱壮健，为入寇之谋"；《宋史》卷三二三《马怀德传》记载：延州东路巡检马怀德以所部入夏境，先后"破遮鹿、要册二砦"，"烧荡贼海沟、茶山、安化十七砦三百余帐"，"夷黑神、厥保等十八砦"，"又城绥平，破贼青化、押班、吃当三砦"。仅马怀德一将就破了西夏四十座堡砦，可见元昊在宋朝边界修筑了三百余处堡寨并非妄言。
　　③　《续资治通鉴长编》卷四七一，哲宗元祐七年三月甲午条。
　　④　陈炳应：《西夏文物研究》，宁夏人民出版社 1985 年版，第 102 页。
　　⑤　《续资治通鉴长编》卷二八〇，神宗熙宁十年二月丙戌条：宋神宗诏鄜延路经略司："如西界修小堡寨，更不牒问；若违誓诏，修建城池，当牒问即奏候朝旨。"
　　⑥　《续资治通鉴长编》卷三一六，神宗元丰四年九月乙未条。
　　⑦　《宋史》卷三三五《种谔传》。
　　⑧　《续资治通鉴长编》卷一三〇，仁宗庆历元年正月戊午条。

平时组织所属蕃部生产，同时和邻寨以及所属哨卡、口铺、烽燧组织联防，阻止骑探入界和蕃部族帐叛逃，战时则点集战斗或负责本寨人户坚壁清野。西夏还有一种小寨是简易的栅栏，景宗李元昊为侵耕窟野河西地，"插木置小寨三十余所于道光、洪崖之间"。① 这种具有标识意义的小寨，军事上的防御功能不大。

　　左厢、右厢是以京师为中心来界定，京师的左边是左厢，右边是右厢。西夏建国初期的左厢宥州路是京师左边的银夏绥宥地区，不是专指宥州；右厢甘州路是京师右边的河西甘凉瓜沙地区，不是专指甘州。西夏中后期的左厢或右厢有时是指几个州，有时是指一个州。宋绍圣四年，即夏天祐民安八年（1097），吕惠卿在上言进筑米脂、细浮图等城堡时指出，西夏"左厢石、宥、韦州防拓人马三五万人"，直接指出左厢宥、石、韦三州。② 宋人郑刚中《西征道里记》载："夏国左厢监军司接麟、府沿边地分，管户二万余；宥州监军司接庆州、保安军、延安府地分，管户四万余；灵州监军司接泾、原、环、庆地分，沿边管户一万余，兹其大略也。"③ 这里的左厢监军司专指某个州，而且不包括宥州，反映出西夏左右厢所指比较宽泛。

　　京畿、边中、地边、地中是西夏常用的地理概念，京畿又称京师界，包括中兴府（兴庆府）、南北二县、五州地。④ 南北二县是华阳县和治源县，五州是怀、定、静、永、顺五个小州，均由堡镇号州，故又以郡县相称，如怀远县、定远县、临河县、保静县等。边中是地中、地边的合称，是西夏京畿之外的区域。地中，是指京畿和地边中间地区，地中、地边设州、府、郡、县、监军司、城、堡、寨。其中监军司、转运司在地边地中均设置；踏曲库多在京师及地中设置，卖曲库地中、地边均设置；城寨多设在地边。

---

① 《续资治通鉴长编》卷一八五，仁宗嘉祐二年二月壬戌条。
② 《续资治通鉴长编》卷四九二，哲宗绍圣四年冬十月丙戌条。
③ （宋）郑刚中：《北山集》卷一三《西征道里记并序》，文渊阁四库全书影印本。
④ 《天盛改旧新定律令》卷一四《误殴打争门》。

西夏政区划分特色鲜明，监军司和州府在区划上相互重叠，在职责上军民融合，监军司兼理民政，州府兼理军政。监军司和州往往不分彼此，前引"夏国左厢监军司接麟、府沿边地分，管户二万余；宥州监军司接庆州、保安军、延安府地分，管户四万余；灵州监军司接泾、原、环、庆地分，沿边管户一万余，兹其大略也。"① 这是其一。

其二，设置财赋路，加强财赋的征收和监管。西夏立国初期，地方收入主要归部落首领为代表的各级官府所有，中央财政主要靠青白盐等专卖和对外贸易收入支撑。"元昊数州之地，财用所出，并仰给于青盐"。② 中期以后，随着中央集权的加强，在天盛年间（1149—1169）或此前，开始设置转运司，负责财赋的征收和转运，其中京畿中兴府、大都督府设都转运司，其品级和群牧司、农田司平行，属中等司；西院、南院、寺庙山、肃州、瓜州、沙州、黑水、官黑山、卓啰等地设转运司，其品级和地边城司平行，属下等司。这里需要指出的是，西夏转运司路的设置虽然受宋朝的影响，但和宋朝的路有很大区别。宋代的路是地方最高区划，设帅、漕、宪、仓四个机构，分别掌管军事、财赋、司法、农业，西夏的转运司路则不是一级政区，其军事、司法、农牧业依然由州郡府县和监军司负责。西夏设东、西经略司，京畿地区、大都督府及啰庞岭以外的地方重大军政、民政、财政事务需通过经略司上报中书、枢密，也具有"路"的性质，但远比财赋路管辖的范围要大。西夏区划上的多样性，反映出其在保留本民族制度的基础上，对中原和其他地区制度广泛吸收的特点。

四

夏景宗李元昊建国前夕创建官制，"其官分文武班"，设中书、枢密、三司、御史台、开封府、翊卫司、官计司、纳司、农田司、群牧司、飞龙院、

---

① （宋）郑刚中：《北山集》卷一三《西征道里记并序》，文渊阁四库全书影印本。

② （宋）包拯：《包孝肃奏议》卷九《论杨守素》，文渊阁四库全书影印本。

磨勘司、文思院、蕃学、汉学。"自中书令、宰相、枢使、大夫、侍中、太尉已下，皆分命蕃汉人为之"；[1] 地方上既设州府，又"置十二监军司，委豪右分统其众"，[2] 搭建起西夏官制的基本架构。此后随着社会的发展，机构设置虽有所变化，但大体没有突破这一基本格局。西夏不存在蕃、汉两套官制，[3] 而是自中央至地方阶序化的一套官制，皇帝（国主）居于其顶端。文献中出现的诸多蕃官名号，不过是西夏语的音译而已。

西夏的职官特色鲜明，一是地方州主、城主以及规模较大的寨主往往带朝官衔或使衔，夏天授礼法延祚三年，即宋康定元年（1040）九月，宋环庆路副部署任福偷袭西夏白豹城成功，"凡烧庐舍、酒务、仓草场、伪太尉衙"。[4] 这里太尉衙是白豹城城主衙门，因为带太尉衔，任福等称太尉衙，而不称城主衙，以显示自己的战绩。见于史籍记载的还有指挥使、防御使、刺史、团练使、左右侍禁等数十员，则不分羌汉均可充任。[5] 二是重视财赋征收与监管，在京畿中兴府、大都督府设置为都转运司，和群牧司、农田司平行，属中等司；在沙州、黑水、官黑山、卓啰、南院、西院、肃州、瓜州、寺庙山等地设置转运司，和地边城司平行，属下等司。三是重视官营手工生产管理，将木工院、砖瓦院、纸工院、刻字司、织绢院、造房司、制药司、铁工院、首饰院等纳入职官体系。四是在承袭唐宋官制的同时，保留党项民族特

---

① 《宋史》卷四八五《夏国传上》。
② 《宋史》卷四八五《夏国传上》。
③ 关于西夏存在一套官制还是两套官制，曾在学术界展开激烈的讨论。吴天墀、刘兴全、吴炎等人认为西夏存在番汉两套官制（参见吴天墀：《西夏史稿》，商务印书馆 2010 年版，第 183—200 页；刘兴全、吴炎：《论西夏政权的蕃官问题》，《中央民族学院学报》1989 年第 4 期），而李蔚、史金波、白滨、李范文等人则认为西夏仅有一套官制（参见李蔚：《西夏蕃官刍议》，《西北史地》1985 年第 2 期；史金波：《西夏职官制度》，《历史研究》1994 年第 2 期；李范文：《西夏官阶封号表考释》，《社会科学战线》1991 年第 3 期；白滨：《论西夏使臣的"蕃号"问题》，《中国民族史研究》，中国社会科学出版社 1987 年版）。不过，随着西夏文献不断被解读，现在绝大多数学者已经接受"一套官制"的观点。
④ 《续资治通鉴长编》卷一二八，仁宗康定元年九月壬申条。
⑤ 《续资治通鉴长编》《宋史》及宋人笔记文集有关宋夏争战、交聘记载中，多提到这些官名。

色，如在地方上实行军政合一制度，"置十二监军司，委豪右分统其众"①，大大小小的部落首领，既是军事首领，又是行政首领。

景宗李元昊称帝建国前夕立文武班，"分命蕃汉人为之"，初步建立起官吏选拔任用制度。西夏中期以后，随着社会的进步与中央集权的加强，官吏的选任制度日趋健全，形成了科举、恩荫、世袭以及铨选并存的选官制度。

世袭是党项部落制下的一种选官制度。西夏建国后长期保留党项社会的部落制度，大大小小的部落首领世代承袭，"父死子继，兄死弟袭，家无正亲，则又推其旁属之强者以为族首，多或数百，虽族首年幼，第其本门中妇女之令亦皆信服。"②宋人范纯粹也曾指出："臣观边人之性，以种族为贵贱，故部酋之死，其后世之继袭者，虽雏稚之子，亦足以服老长之众，何哉？风俗使之然也。"③这些世代承袭的部落首领，又世代为各级军政首领，④景宗李元昊"置十二监军司，委豪右分统其众"。⑤"发兵以银牌召部长面受约束"。⑥西夏中期以后，尽管封建中央集权得到进一步加强，但世袭制度仍继续保留下来，《天盛改旧新定律令》卷一〇《官军敕门》规定："国内官、军、抄等子孙中，大姓可袭，小姓不许袭，若违律小姓袭时，有官罚马一，庶人十三杖"。同时混生子亦"不许袭抄、官、军，当以自亲子袭"。"诸人袭官、求官、由官家赐官等，文官经报中书，武官经报枢密，分别奏而得之。"

恩荫察举是比世袭进步的选官制度，它既照顾家世出身，又考察能力才干。夏贞观十二年（1112），崇宗李乾顺"命选人以资格进，凡宗族世家议功议亲，俱加番汉一等，工文学者，尤以不次擢"，⑦就具有恩荫察举性质。当时宗室李仁忠、李仁礼"通蕃、汉字，有才思，善歌咏。始任秘书监，继擢

---

① 《宋史》卷四八五《夏国传上》。
② 《宋史》卷一九一《兵志五》。
③ 《续资治通鉴长编》卷三八九，哲宗元祐元年十月戊戌条。
④ 《西夏书事》卷一五："元昊以官爵縻下，沿边逐族首领管三五百帐，悉署观察、团练之号。"
⑤ 《宋史》卷四八五《夏国传上》。
⑥ 《宋史》卷四八五《夏国传上》。
⑦ 《西夏书事》卷三二。

仁忠礼部郎中、仁礼河南转运使"。夏元德二年（1120），"二人自陈先世功"，崇宗李乾顺乃封仁忠为濮王，仁礼为舒王。①

西夏中期以后，随着社会的发展，开始科举选官，人庆四年（1147），仁宗李仁孝"策举人，始立唱名法"。② 这是史书最早关于西夏科举取士的记载。其实早在夏仁宗开科取士之前，夏景宗建蕃学，"于蕃汉官僚子弟内选俊秀者入学教之，俟习学成效，出题试问，观其所对精通，所书端正，量授官职，并令诸州各置蕃学，设教授训之"。③ 就已经具有科考取士的性质，只不过没有科考之名罢了。西夏的科举分番汉两种，番科考西夏文儒经，汉科考汉文儒经，所谓"番科经赋与汉等，特文字异耳"。④ 西夏后期许多名臣政要乃至国主都是通过科举考试发达的。夏仁宗时名相斡道冲，8 岁以《尚书》中童子举，成年后通"五经"，为蕃汉教授，官至中书宰相。⑤ 第八代皇帝神宗李遵顼，"始以宗室策试进士及第，为大都督府主"。⑥ 夏神宗时吏部尚书权鼎雄亦是进士及第，"天庆（1194—1205）中举进士，以文学名授翰林学士"。⑦ 夏末名臣高智耀，"字显达，曾大父西夏进士第一人"。⑧ 智耀又"登本国进士第，夏亡，隐贺兰山"。⑨ 幼年投靠成吉思汗的西夏皇室子弟察罕，其父曲也怯祖亦"于夏国尝举进士第一人"。⑩ 西夏后期出身科考的既有帝王将相，又有文人学士，甚至还有一门两代进士，不过从《天盛改旧新定律令》来看，这一时期西夏选官的主要途径不是科举，而是铨选。

铨选是在较大范围内考察选拔官吏，根据《天盛改旧新定律令》规定，

---

① 《西夏书事》卷三三。
② 《宋史》卷四八六《夏国传下》。
③ 《西夏书事》卷一三。
④ （元）佚名：《庙学典礼》卷一《秀才免差发》。
⑤ （元）虞集：《道园学古录》卷四，《摛藻堂四库全书荟要》本。
⑥ 《宋史》卷四八六《夏国传下》。
⑦ 《西夏书事》卷四一。
⑧ （元）虞集：《道园类稿》卷二五。
⑨ 《元史》卷一二五《高智耀传》。
⑩ （元）虞集：《道园类稿》卷四二。

中书、枢密都案当于本司正案头及经略、次等司正都案中遣；经略使处都案于中书、枢案正案头及次等司都案、经略本司正案头中遣；次等司都案于中书、枢密、经略使司正案头、中等司正都案以及本司正案头中遣；中等司都案于次等司正案头派正都案及权案头；下等司都案于中等司正案头、中书、枢密司吏等派正都案，于中等司权案头、次等司司吏等派权都案；末等司都案于下等司、本司正案头、次等司司吏等派正都案及权案头，中等司司吏等派权都案。

上述为吏员选派，诸司大人的铨选也有规定，京师诸司大人、承旨及任职人等遣往地边任监军、习判、城主、通判、城守等时，是临时任职则京师现职务保留，如果是正式任职，"则前京师任职处不许有名"。若违律时，有官罚马一、庶人十三杖。"节亲、宰相遣别职上提点时，当报中书、枢密，然后当置诸司上"。"节亲、宰相之外，其余臣僚往为地边正统时，当报中书、枢密、经略司等，然后置诸司上。副统者，当报中书、枢密、经略、正统等处，与次等司传导，然后置诸司上"。①

与西夏同时代的宋朝禁止它官转入中书门下两省及御史台，而由皇帝特别恩授，②《天盛改旧新定律令》没有它官转入中书、枢密的规定，从景宗李元昊建国时以嵬名守全、张陟、张降、杨廓、徐敏宗、张文显辈主谋议，以钟鼎臣典文书、以成逋、克成赏，如定多多马、窦惟吉主兵马，野利仁荣主蕃学③的情况来看，这些重要职位当由皇帝特别恩授。

西夏官员一般任期三年，三年期满后，则根据不同情况确定是否留任或迁转，其中中书、枢密承旨、诸司大人承旨、边中刺史、军主、同判、习判、边中诸司都案、夜禁、铸铁等提点、渠水、捕盗等三年已满当迁转；中书、枢密大人、诸司案头、司吏三年期满后继续留任，不予迁转；中书、枢密都

---

① 《天盛改旧新定律令》卷一〇《司序行文门》。

② 《中国法制通史》（宋代卷），法律出版社 1999 年版，第 108 页。

③ 《宋史》卷四八五《夏国传上》。

案及京师诸司都案，"三年完毕应不应续转，依时节奏报实行"。①

此外，某些专业技术岗位，他人无法替代，因而也需留任，不能迁转，如史院、医人院、乐人院、卜算院等依事设职，勿续转；铁工院、造房司、制药司、首饰院、砖瓦院、纸工院等"有匠人大人者勿续转，非匠人，其余官吏中所遣则当续转"。②

官、职、军是西夏最基本的三种职级体系。其中"官"指官阶，共12品，300多阶，因此西夏有官人犯罪，一次可以降十余官抵罪。而"职"是指"职事官"，即实际职务，所谓"官"有高下，"职"亦有大小，虽然有官人不一定有职位，但"官"与"职"有着大体上相对应的关系，即官高者职务亦高。"军"是指军阶，军阶高亦显示社会地位高，降低军阶也是惩罚犯罪的重要手段。

五

西夏建国初期，在中央设枢密院、翊卫司、飞龙院等机构，枢密院是最高的军事机构，秉承皇帝的旨意，处理军机，统御全国的军事力量，长贰有枢密使、左右枢密使、都枢密使、枢密都招讨使、枢密都承旨、枢密副都承旨、枢密直学士等；翊卫司掌宫廷宿卫，扈从车驾；飞龙院掌御马供养事宜。在地方上置十二监军司，后增加到十八监军司，监军司设都统军、副统军、监军使，由党项豪酋充任，其下设指挥使、教练使、左右侍禁等数十员，则不分番汉，均可充任。

西夏中期以后，又在中央设置殿前司、内宿司、皇城司、马院司，③ 代替了前期翊卫司与飞龙院的职能。地方在监军司之上设经略司，地方重大军务、

---

① 《天盛改旧新定律令》卷一〇《续转赏门》。
② 《天盛改旧新定律令》卷一〇《司序行文门》。
③ 《天盛改旧新定律令》卷一〇《司序行文门》。

政务、财务一般都要报经经略司同意。① 此外，还设统军司、正统司，② 夏光定九年，即金兴定三年（1219）二月，金国"元帅左都监承立，以绥德、保安之境，各获夏人统军司文移来上，其辞虽涉不逊，而皆有保境息民之言"。③ 从机构名称来看，这一时期很可能是枢密院掌调兵权，经略司、皇城司、统军司、正统司、监军司等掌领兵权，相互制约，最终听命于皇帝。

亦兵亦民全民皆兵制是西夏兵制的最大特点，所谓"人人能斗击，无复兵民之别，有事则举国皆来"。④ "其民一家号一帐，男年登十五为丁，率二丁取正军一人。每负赡一人为一抄。负赡者，随军杂役也。四丁为两抄，余号空丁。愿隶正军者，得射他丁为负赡，无则许射正军之疲弱者为之。故壮者皆习战斗，而得正军为多"。⑤ 这种全民皆兵制源自部落社会的部落兵制，元昊"每举兵，必率部长与猎，有获，则环坐饮，割鲜而食，各问所见，择取其长"。⑥ 在部落兵制下，各级军事长官实际上是大大小小的部落首领，所谓"首领各将种落之兵，谓之一溜"。⑦ 夏景宗元昊"置十二监军司，委豪右分统其众"。⑧ 监军司设都统军、副统军、监军使各一员，均由宗族大首领充任。⑨ 统军、监军之下，为统领数百帐乃至上千帐的团练、观察与刺史。⑩

统领百十帐的盈能、副溜、行监、舍监一般为中小首领，其中"盈能、

---

① 《天盛改旧新定律令》规定，马、牛、羊、驼四种官畜患病时，"隶属于经略者，当速告经略处，不隶属于经略者，当速告群牧司"。（卷一九《畜患病门》）边中诸司所属种种官畜、谷物的供给、借领、交还等，当依各自地程远近，"自三个月至一年一番当告中书、枢密所管事处。附属于经者，当经经略使处依次转告，不附属于经略使处，当各自来状"。（卷一七《库局分转派门》）

② （西夏）骨勒茂才：《番汉合时掌中珠》"人事下"，宁夏人民出版社1989年版。

③ 《金史》卷一五《宣宗纪》。

④ 《续资治通鉴长编》卷二一七，神宗熙宁三年十一月乙卯条。

⑤ 《宋史》卷四八六《夏国传下》。

⑥ 《宋史》卷四八五《夏国传上》。

⑦ 《续资治通鉴长编》卷一三二，仁宗庆历元年五月甲戌条。

⑧ 《宋史》卷四八五《夏国传上》。

⑨ 《宋史》卷四八六《夏国传下》载，宋元丰四年"追袭其统军仁多唛丁"，元丰七年"杀其首领仁多唛丁"。显然西夏统军仁多唛丁为党项宗族大首领。

⑩ 《西夏书事》卷一五载："元昊以官爵縻下，沿边逐族首领管三五百帐，悉署观察、团练之号。"

副溜有应派遣时，监军司大人应亲自按所属同院溜顺序，于各首领处遴选。当派遣先后战斗有名、勇健有殊功、能行军规命令"者，小首领的任命须经"所属首领、族父同意，自有二十抄者可设小首领一人，十抄可设舍监一人。彼勇健强悍堪任者亦可擢为首领，盈能等"。由境外"引领本族部来投诚，自共统摄者，若统摄十抄以上，则当为所统摄军首领"。若十抄以下，或"叛逃往敌界复归来投，统摄来归者则不得为首领，可置于旧有首领属下"。①

豪族大酋通过层层的军事组织，实现对部族的控制，并在族内有很高的威望，"西贼首领各将种落之兵，谓之一溜，少长服习，盖如臂之使指。既成行列，举手掩口，然后敢食，虑酋长遥见。"② 夏永安元年，即宋元符元年（1098），宋将折可适俘获西夏天都统军嵬名阿埋与监军妹勒都逋，"其诸族帐首领见捕获此二人，接续扶携老幼争来投降，并欲依附都逋等"③。

为了保证全民皆兵的部落兵制落到实处，西夏实行严格的兵役登记制度，男子年十五成丁，开始服兵役，"年至七十入老人中"。男孩子从十岁开始就要登记注册，若违律，年及十至十四不注册隐瞒时，根据瞒报人数，当事人处以三个月至二年徒刑，若及丁即年十五以上隐瞒不注册时，根据瞒报人数，当事人处以四至八年徒刑。

西夏军队从性质与任务上，可分为皇帝侍卫军、兴灵镇戍军、擒生军、监军司兵四种。④ 皇帝侍卫军由皇帝直接掌握，景宗李元昊建国之初，"选豪族善弓马五千人迭直，号六班直，月给米二石。铁骑三千，分十部。"⑤ 这十部的队长分别是，一妹勒，二浪讹遇移，三细赏香埋，四里里奴，五杂熟屈得鸠，六隈才浪罗，七细母屈勿，八李讹移岩名，九细母嵬名，十没罗埋布。

---

① 《天盛改旧新定律令》卷六《行监溜首领舍监等派遣门》。
② 《续资治通鉴长编》卷一三二，仁宗庆历元年五月甲戌条。
③ 《续资治通鉴长编》卷五〇五，哲宗元符二年正月甲辰条。
④ 本小节参考了陈炳应：《西夏军队的兵种兵员初探》，《固原师专学报》1989 年第 1 期。
⑤ 《宋史》卷四八五《夏国传上》。

景宗"每出入前后环拥，设备甚严"。①

西夏前期"贺兰驻兵五万，灵州五万、兴州兴庆府七万人为镇守"，② 这17万镇守中，"精练者又二万五千，别副以兵七万为资赡，号御围内六班，分三番以宿卫"。③ 一般军队一名正军配备一名负赡，二万五千兴灵兵却配有七万负赡，每名正军配备三名负赡，可见其精锐程度。

擒生军是执行特别突击任务的精兵，景宗李元昊时"分兵为左右厢，诸酋各选精骑，目为生刚捉生"。④ 这当为"擒生军"的前身，后来出于对外战争的需要，将他们扩编到十万人，以备战时点集调遣。⑤ 监军司兵具有边防与镇守地方双重性质，景宗李元昊时设十二个监军司，后增加到十八个监军司。

从皇帝侍卫军、兴灵镇戍军、擒生军、监军司兵的装备、技能以及作战方式上看，西夏的军队又可分为骑兵、步兵、炮兵、水兵与强弩兵，其中骑兵最为重要。由党项"豪强子弟亲信者"组成的精锐骑兵又称"铁骑"或"铁鹞子"，战斗中"以铁骑为前军，乘善马，重甲，刺斫不入。用钩索绞联，虽死马上不坠"。⑥ 他们"百里而走，千里而期，最能倏往忽来，若电击云飞"。⑦ 夏天祐民安三年（1092），西夏在一次攻宋战役中，以"铁鹞子数万迫近洪德砦"，⑧ 说明西夏铁骑的数量是相当可观的。

西夏步兵人数最多，最精锐的步兵由山间部落组成，叫作"步跋子"，"上下山坡，出入溪涧，最能逾高超远，轻足善走"。在山谷深险之处与敌军

---

① （宋）田况：《儒林公议》卷上；《天盛改旧新定律令》卷一二《内宫待命等头项门》对侍卫待命的职责作了详细的规定；传世的西夏符牌中有"内宿待命"和"后门宫寝待命"等腰牌。

② 《宋史》卷四八五《夏国传上》。

③ 《宋史》卷四八六《夏国传下》。

④ （宋）田况：《儒林公议》卷上西夏的擒生军相当于宋朝西北沿边的捉生军，《续资治通鉴长编》卷一二三，仁宗宝元二年四月丁卯条记载："环庆钤辖高继嵩言，今元昊将举兵寇延安，请令石、隰州发五关塞捉生兵，夜济大河，入定仙岭铁茄平，设伏掩袭。从之"。显然，捉生军是完成急难险重任务的生力军。

⑤ 《宋史》卷四八六《夏国传下》。

⑥ 《宋史》卷四八六《夏国传下》。

⑦ 《宋史》卷一九〇《兵志四》。

⑧ 《续资治通鉴长编》卷四七九，哲宗元祐七年十二月壬申条附注。

作战，"多用'步跋子'以为击刺掩袭之用"。①

西夏"有炮手二百人，号'泼喜'，陛立旋风炮于骆驼鞍，纵石如拳。"②水军设在大河两岸，人数虽少，但比较活跃。夏天赐礼盛国庆二年，即宋熙宁三年（1070），宋朝令吕公弼设防，以阻西夏水军于石州渡河。③夏天祐民安二年，即宋元祐六年（1091），"西界水贼数十人俘渡过河，射伤伏路人"。④西夏出产良弓，夏景宗与宋军交战中，始纵铁骑冲击宋军，"继以步奚挽强注射，锋不可当。"⑤夏崇宗李乾顺时，根据晋王嵬名察哥建议，单独设置强弩军，"平居则带弓而锄，临戎则分番而进"。⑥

西夏军队的战具分国家配备与自备两种，"凡正军给长生马、驼各一。团练使以上，帐一、弓一、箭五百、马一、橐驼五，旗、鼓、枪、剑、棍棓、抄袋、披毡、浑脱、背索、锹钁、斤斧、箭牌、铁爪篱各一。刺史以下，无帐无旗鼓，人各橐驼一、箭三百、幕梁一。兵三人同一幕梁。幕梁，织毛为幕，而以木架。"⑦汉文文献的这段记载过于简略，从西夏文文献来看，至少在西夏中期，正军以外的辅军乃至负担兵都配给战具，而且由于兵种与任务不同，所配战具也不尽相同。如只给正军配备官马，独诱、臣僚、帐门后宿、内宿后卫、神策内外侍配备甲胄。⑧牧、农主的披、甲、马原则上由个人自备，"以五十只羊、五条牛计量，实有则当烙印一马。有百只羊、十条牛则当寻马一及披、甲之一种，有二百只羊、十条牛者，则当由私寻披、甲、马三种，当在册上注册。"⑨使军的"披、甲、马三种，畜当按等级搜寻，披、甲

①　《宋史》卷一九〇《兵志四》。
②　《宋史》卷四八六《夏国传下》。
③　《宋会要辑稿》方域八之二七。
④　《续资治通鉴长编》卷四六四，哲宗元祐六年八月癸丑条。
⑤　《宋史》卷二九二《王尧臣传》。
⑥　《西夏书事》卷三一。
⑦　《宋史》卷四八六《夏国传下》。
⑧　《天盛改旧新定律令》卷五《军持兵器供给门》。
⑨　《天盛改旧新定律令》卷五《季校门》。

二种毋须注册，按牧农主法当著于列队溜上，有损失无力偿修则不偿，但官马应作记号，永久注册"。①

牧、农主、使军以外的军马，主要来源于国有牧场与有官人犯罪时缴纳的罚马。"诸人有受罚马者，当交所属司，隶属于经略者当告经略处。经略使当行所属司，军卒无马者当令申领，于殿前司导送，册上当著为正编。若军卒无马者不申领，则当就近送于官之牧场，群牧司当行之，牧册上当著。"②

兵器甲胄的质地和规格务求一律，"披、甲、袋，应以毡加褐布、革、兽皮等为之"；枪，"杆部一共长十一尺"；甲，"胸五，头宽八寸，长一尺四寸"。配备或自备的武器装备由本人保管使用，不得损坏、丢失、转借、出卖、交换。损毁必须在规定的期限内赔偿，补偿官马"一律当印从驹至有齿之良马。膘弱、塌脊者，齿不合格及老马等不得印验。若违律者，有官罚马一，庶人十三杖"。

西夏全民皆兵的义务兵制，"居不縻饮食，动不勤转饷"。③"建官置兵，不用食禄，每举众犯边，一毫之物，皆出其下，风集云散，未尝聚养"。④当然，这里的"未尝聚养"与"不縻饮食"指的是平时，战时还是有给养的。横山地区多马宜稼，西夏在这里窖藏的粮食，就是用来供给攻宋军队的，所谓"缘边与贼山界（横山）相接，人民繁庶，每来入寇，则科率粮糗，多出其间"。⑤西夏的常备军与特种部队是要靠政府供给的，皇帝侍卫军就"月给米二石"。⑥

西夏统治者非常重视军法的制定与运用，景宗李元昊袭封之初，即"明号令，以兵法勒诸部"。⑦崇宗贞观年间（1101—1113）修成的军事法典《贞

---

① 《天盛改旧新定律令》卷五《军持兵器供给门》。
② 《天盛改旧新定律令》卷二〇《罪则不同门》。
③ 《宋史》卷三一七《钱即传》。
④ 《续资治通鉴长编》卷一三四，仁宗庆历元年十一月乙亥条。
⑤ 《续资治通鉴长编》卷一三二，仁宗庆历元年五月甲戌条。
⑥ 《宋史》卷四八五《夏国传上》。
⑦ 《宋史》卷四八五《夏国传上》。

观玉镜将》，仁宗天盛年间（1149—1169）颁行有大量军事法内容的《天盛改旧新定律令》。从这两部法律来看，西夏军法涉及边防守备与用兵行师诸多方面，如"州主、城守、通判弃城，造意等有官无官，及在城中之正副溜中无官等，一律以剑斩"。① 点集不到者徒六年，"两度不往，徒十年，三度不往者，无期徒刑"。② 正副将阵亡，护卫、首领、押队、亲随俱斩，"满门充牧农人"。"队人一律杖二十，面上刺字，终身监禁"。③ 西夏重俘获，轻首级，"战胜而得首级者，不过赐酒一杯，酥酪数斤"。但"得大将，覆大军，则其首领往往不次拔而用之"。④

六

宗族是具有血缘联系的共同体，它贯穿于党项社会和西夏历史全过程。党项内徙前"每姓别自为部落，一姓之中复分为小部落，大者万余骑，小者数千骑，不相统一。有细封氏、费听氏、往利氏、颇超氏、野辞氏、房当氏、米擒氏、拓跋氏，而拓跋最为强族。"⑤ 唐朝初年在吐蕃的压迫下，党项拓跋等部陆续迁往陇右庆州等地，"安史之乱"前后，拓跋等部落又陆续迁往银夏地区。党项羌的两次大迁徙，加剧了部族的分化与整合，内徙前的细封氏、费听氏、往利氏、颇超氏、野辞（律）氏、房当氏、米擒氏、拓跋氏八大部，内徙后逐渐演变成细封氏、费听氏、折氏、野利氏、拓跋氏五大部，少了往利、颇超、房当、米擒四个，多了一个折氏，拓跋氏仍为强族。同时又出现了许许多多新的部族，如庆、灵之间的大虫族，庆州北面的野鸡族，丰州的藏才族等。⑥

---

① 《天盛改旧新定律令》卷四《弃守大城门》。
② 《天盛改旧新定律令》卷六《发兵集校门》。
③ 陈炳应：《贞观玉镜将研究》，宁夏人民出版社1995年版，第89页。
④ 《梁溪集》卷一四四《御戎论》，文渊阁四库全书影印本。
⑤ 《旧唐书》卷一九八《党项羌传》。
⑥ 《新五代史》卷七四《党项传》。

更为重要的大迁徙带来了民族大融合，五代宋初有的党项融汇到吐蕃里面，有的吐蕃融汇到党项羌里面，以致宋人往往搞不清他们的族属，所谓"党项、吐蕃风俗相类，其族帐有生户、熟户，接连汉界，入州城者谓之熟户；居深山僻远，横过寇略者谓之生户。其俗多有世仇，不相来往，遇有战斗，则同恶相济，传箭相率，其从如流。虽各有鞍甲，而无魁首统摄，并皆散漫山川，居常不以为患"①。尽管如此，党项、吐蕃分布各有特点，大致庆、灵至银、夏、绥、宥以及麟、府、鄜、延诸州，以党项族帐为主，泾、原、秦、渭、河、湟诸州以吐蕃为主。除吐蕃外，西夏境内还有匈奴人、鲜卑人、回纥人、吐谷浑人、柔然人，他们的民族身份逐渐淡化，演变成西夏的一个姓氏。②

党项宗族不论大小都有首领，豪族大姓一般称之为大酋长、大首领，中小部族则称之为首领。在一个豪族大姓内，往往有一个或数个大首领和若干首领、副首领。至道三年（997）二月，"泥巾族大首领名悉俄，首领皆移、尹遇、崔保罗、没佶，凡五人来贡马"。名悉俄等五人均为泥巾族的大小首领。咸平二年（999）十一月，"藏才八族大首领皆赏罗等来献名马"③。显然，在八族大首领之下，至少还有八个首领。这些大大小小的家族首领皆世代承袭，"父死子继，兄死弟袭，家无正亲，则又推其旁属之强者以为族首，多或数百，虽族首年幼，第其本门中妇女之令亦皆信服。"④ 宋人范纯粹也曾指出："臣观边人之性，以种族为贵贱，故部酋之死，其后世之继袭者，虽雏稚之子，亦足以服老长之众，何哉？风俗使之然也。"⑤ 西夏谚语"哥哥继承

　①　《宋史》卷二六四《宋琪传》。
　②　匈奴见于《义同·尊敬篇》中，与族姓一起排列。《文海》92·142 西夏文匈奴释为族姓；屠寄《蒙兀儿史记》卷三《成吉思可汗本纪下》记载："克兀剌孩城，获其太傅鲜卑讹答"；俄 Дх2822《杂字·番姓名》第 42 个姓氏即为"回纥"；西夏的恶恶氏即历史上的"柔然"。（聂鸿音：《西夏文献中的"柔然"》，《宁夏师范学院学报》2010 年第 5 期）
　③　《宋史》卷四九一《党项传》。
　④　《宋史》卷一九一《兵志五》。
　⑤　《续资治通鉴长编》卷三八九，哲宗元祐元年十月戊戌条。

家族，弟弟到处游宿"①，也说明了这个问题。

大小首领既是世袭的部族头领，又是各级机构首领，在西夏社会政治经济生活中，起着非常重要的作用，对外代表本部族，对内统领所属族帐，西夏政权正是通过他们实现对部族的统治。这种具有特殊地位的首领一般都有"首领印"，传世的西夏"首领印"大多是二字印，印文为西夏文九叠篆书"首领"二字，印背刻受印者姓名及年款，有的干脆刻上"首领某某某"，如天盛四年的两方印，背款一刻"首领酩玉嵬名势"，一刻"首领罗缚勒"。天盛五年印背刻"正首领酩西兀"，天盛十八年印背刻"首领酩布小狗山"，乾祐十二年印背刻"首领哲慧成"②。这些正好印证了文献关于首领、大首领的记载。

党项部落都有自己的武装力量，越是强宗大族，拥有和控制的武装力量也就越大越强。"原州属羌明珠、灭藏二族，兵数万，与元昊首尾，隔绝邻道"③。"西贼首领各将种落之兵，谓之一溜"④。秉常为母族所篡，诸梁擅兵，大酋数十名，拥兵汹乱⑤。赵德明遣万子等四军主领族兵攻西凉府⑥。大大小小的宗族首领，实际上是各级军事首领，元昊"置十二监军司，委豪右分统其众"⑦。既然宗族有着强大的军事力量，因此，要想建立和巩固西夏政权，必须加强对豪族大姓的控制，漆侠先生对此有非常精辟的论述，指出联络豪右、结婚大族为拓跋李氏建国的基本国策⑧。西夏建国后仍长期与豪族大姓联合专政。元昊联姻野利大族，"拽利王旺荣、天都王刚浪者，皆元昊妻之昆弟

---

① 陈炳应：《西夏文物研究》，宁夏人民出版社 1985 年版，第 350 页。
② 参见白滨：《西夏官印、钱币、铜牌考》，载《西夏文物》，文物出版社 1988 年版。
③ 《续资治通鉴长编》卷一三八，仁宗庆历二年十月戊辰条。
④ 《续资治通鉴长编》卷一三二，仁宗庆历元年五月甲戌条。
⑤ （宋）苏轼：《经进东坡文集事略》卷四〇《代滕甫论西夏书》。
⑥ 《续资治通鉴长编》卷六八，真宗大中祥符元年三月戊辰条。
⑦ 《宋史》卷四八五《夏国传上》。
⑧ 漆侠、乔幼梅：《辽夏金经济史》，河北大学出版社 1998 年版，第 208—212 页。

也，与元昊族人嵬名山等四人为谋宁令，共掌军国之政。"① 元昊之后，外戚没藏讹庞专权，"朝廷岁赐谅祚金帛，四族常分其半，首领入贡，辄货易图利，故四族盛强"。②

党项宗族还是一个经济实体，在这个经济实体内，既有农奴劳动，又有奴隶劳动，包含着封建制与奴隶制两种经济成分。党项内徙后，唐王朝即授以庆、灵一带田土，令部落"住坐"生息，后来随着生产的发展与社会的进步，原来归氏族部落公有的土地逐渐被宗族首领私人所占有。宋神宗元丰四年（1081）九月讨伐夏国敕榜曰："其先在夏国主左右，并嵬名诸部族同心之人，并许军前拔身自归，及其余首领能相率效顺，共诛国仇，随功大小，爵禄赏赐，各倍常科。许依旧土地住坐，子孙世世，常享安荣。"③ 敕榜许党项首领"依旧土地住坐"，明确反映出宗族首领对土地的占有。宋英宗治平年间（1064—1066），同知谏院吕诲在一道奏章中曾说："逐部族今所存者，却有外来散户依附其间，或是连亲，或即庸力，混杂居处，例各年深。"④ 这些前来"庸力"与"连亲"的党项人，更是宗族首领的依附民，他们身受官府与宗族首领的双重压迫。

七

兼容并蓄和蕃汉杂糅是西夏社会风俗的最大特点，其境内汉人和定居农耕的党项人饮食以谷物为主，从事畜牧的党项人、回鹘人和吐蕃人以肉奶为主。其服饰既有皮、毛之类的游牧民族服饰，也有麻布、绢帛等汉地传统的服饰。统治者接受中原文化，对不同阶层在衣着颜色、图案、装饰上有着严格的规定，鸟足黄（石黄）、鸟足赤（石红）、杏黄、绣花饰金以及日月、团

---

① （宋）司马光：《涑水纪闻》卷五。
② （宋）张方平：《乐全集》卷三六《谥曰康穆程公神道碑铭并序》，刘渊阁四库全书影印本。
③ 《续资治通鉴长编》卷三一六，神宗元丰四年九月乙巳条。
④ （宋）赵汝愚：《宋朝诸臣奏议》卷一二五《吕诲〈上英宗请重造蕃部兵账〉》。

龙、凤凰图案，为皇帝和后妃御用，节亲主、诸大小官员、僧人、道士等一律不得使用，倘若违律，徒二年。① "民庶青绿，以别贵贱"。② 文化杂糅还表现在宫廷建筑上既有汉族传统的鸱吻、四足兽，也有佛教色彩很浓的摩羯、迦陵频伽、覆钵形的莲花座等。

汉文化的长期浸润，游牧民族的抢婚习俗受到限制，自由恋爱和"父母之命""媒妁之言"并存，法律规定缔结婚姻要有说媒、纳礼、食价、婚价、嫁妆、迎媳等"六礼"程序。虽然和中原汉族一样，婚后男子有"七出"的权利，但女子有独特的"三不出"权利。

西夏多种文字并存，早期党项有语言而无文字，内迁后，逐渐接受汉语，使用汉文。西夏建国前夕，创制了自己的文字，被尊为"国字"。作为官方文字，西夏文（党项文）广泛运用于官署文书、法律条令、审案记录、买卖文契、官私账目、文学著作、历史书籍、字典辞书、碑刻、印章、符牌、钱币等，大量的汉文典籍、佛经被译成西夏文。与此同时，汉文一直是西夏的通用文字，古藏文、回鹘文也在西夏广泛使用。多种语言相互融合，特别是汉语借词和语法习惯融入了党项语。如汉文的"瑞雪"，党项语也是"瑞雪"，而不是倒装的"雪瑞"。

西夏壁画以敦煌莫高窟、榆林窟、东千佛洞为代表，题材多为佛像、说法图、经变图、菩萨像，佛教故事有原生故事，也有唐僧取经之类的当地民间传说故事。一些社会生产、生活场景有时也被绘入洞窟壁画中。壁画的装饰图案有金刚杵等佛教法器，也有龙、凤、团花、宝相花、卷草、卷云等图案，尤喜用龙凤装饰藻井。此外，西夏壁画还有供养人、施主人的图像，并在旁边留下姓名。

西夏人擅长歌舞，上自宫廷贵族，下到寻常百姓；大至出兵征战、使臣交聘、佛事法会，小至日常婚丧嫁娶，都有歌舞音乐。除具有党项民族特点

---

① 《天盛改旧新定律令》卷七《敕禁门》。
② 《宋史》卷四八五《夏国传上》。

的番乐外，还有来自内地的汉乐。政府机构中专设"番汉乐人院"。[①] 西夏灭亡后，被称为"河西乐"的"西夏乐"，成为元朝音乐的组成部分。

西夏人的亲属以"节"区分辈分高低和亲疏等次，曾祖父母、祖父母、父母、未出嫁的姑，平辈未成婚的兄弟、未出嫁的姐妹、儿子、儿媳、孙子、孙女等构成一个大家族，但构成社会最基层的族帐是小家庭，仅包括户主、配偶及未成年孩子。西夏家庭强调孝敬，子女孝顺父母，晚辈孝顺长辈，夫妻互敬，兄弟互助，姐妹互爱。西夏的人名丰富多样，既有汉族常用的仁、忠、德、荣、茂、昌、宝、福、乐等文字，也有狗、猪、驴等贱名，有的以弥药、汉、羌等族称为名，有的用禅定、般若、塔、金刚等具有浓郁宗教色彩为名。和汉族讲究行辈、避尊者讳的习惯不同，党项人喜欢父子、母子、兄弟连名，父名麻藏达家茂，母名梁氏小宝，儿子起名达家宝，既包含父名中的达家，又包含母名中的宝。

西夏蕃汉杂糅的背后是蕃、汉礼的交替使用，蕃礼是用党项自身固有习俗制度规范协调统治秩序，汉礼是用中原汉族的礼仪制度规范调节统治秩序，不同礼仪制度代表不同的文化倾向与不同的利益集团。景宗元昊为建立政权，强调蕃性，凸显党项特征，舍弃自唐以来的李姓、改姓嵬名，下令秃发，衣皮毛，制蕃字、立蕃学。毅宗亲政后，与宋修好，请求宋朝以公主下嫁，并派使臣上书表示仰慕中原衣冠，求改用李姓、求赐书籍、废蕃礼，行汉仪。毅宗去世后梁太后掌控朝野大权，一改毅宗做法，提倡蕃礼。惠宗喜汉文化，对入夏汉人以礼相待，亲政后力主行汉礼，改善与宋关系。崇宗早期，听政的小梁太后紧步大梁太后后尘，继续推行蕃礼。小梁太后去世后，崇宗亲政，开始着手发展汉文化。于贞观元年（1101）建立国学，设弟子员三百，立养贤务以廪食之。[②] 仁宗即位后，进一步推进汉学教育，人庆元年（1144）在皇宫内建立小学，凡宗室子孙 7 岁至 15 岁都可以入学，专门请教授讲课，仁宗

---

① 《天盛改旧新定律令》卷一〇《司序行文门》。
② 《宋史》卷四八六《夏国传下》。

和皇后罔氏也时常前往训导。同时令各州县立学校，弟子员增至三千人。第二年，又建立大汉太学，仁宗亲临太学祭奠先圣先师孔子。人庆三年（1146）尊孔子为文宣帝。

在发展儒学教育的同时，仿照中原地区开科取士，名相斡道冲，幼时聪颖好学，8岁时以《尚书》中童子举，精通"五经"，译《论语注》，作《论语小义》20卷，又作《周易卜筮断》。儒家思想更成为西夏制定法律、规范制度的指导思想，文学作品《圣立义海》《西夏谚语》也处处贯穿着儒家的道德精神，甚至国师鲜卑宝源的著作《贤智集》也没有离开儒家的处事之道。西夏的蕃汉礼之争，最终汉礼即儒学思想占主导地位，即使推行蕃礼，也是外蕃内汉，景宗元昊将《孝经》《尔雅》等儒家经典及《四言杂字》等汉字蒙学书籍译成西夏文，他所用来凸显本民族特点的文字，成为传播儒家文化的工具。

西夏寺庙林立、僧侣众多、信徒广布，佛教文化渗透到社会各个方面，超度亡灵、追荐先人等要作法事。身体有恙，也会印施佛经，以求痊愈。天盛十九年（1167），太师上公总领军国重事秦晋国王任得敬就因疾病缠身，药石无效，而印施《金刚般若波罗蜜经》。西夏也流行道教，景宗元昊出征常携《太乙金鉴诀》，以推演敌情。[1] 其子宁明从道士修辟谷术时走火入魔，"气忤而死。"[2] 民间常通过利用《六壬课秘诀》《六十四卦图歌》等书以占吉凶祸福，也有施刻《太上洞玄灵宝天尊说救苦经》，悬挂《玄武大帝图》等道家图像以避凶求福。

党项人"笃信机鬼，尚诅祝"。[3] "所居正寝，常留中一闲，以奉鬼神，不敢居之，谓之'神明'，主人乃坐其旁。"[4] 生病后医巫并用，甚至往往

---

① 《宋史》卷四八五《夏国传上》。
② 《续资治通鉴长编》卷一六二，仁宗庆历八年正月辛未条。
③ 《宋史》卷四八六《夏国传下》。
④ （宋）沈括：《梦溪笔谈》卷一八。

"不用医药，召巫者送鬼"，"西夏语以巫为'厮'也；或迁他室，谓之'闪病'"。① 人死后请巫者送葬，行军作战要占卜，战败三日，复至其地，缚草人草马射之，谓"杀鬼招魂"。②

作为一个多民族政权，西夏在继承发展党项自身固有文化习俗的同时，广泛吸收境内外其他民族文化尤其是儒家文化和佛教文化。儒家文化是西夏主流文化，规范着君臣、父子、夫妇等行为，维护着社会秩序，佛教文化渗透到西夏各个阶层，它和儒家文化、巫术迷信相互补充，共同构建起西夏社会的精神家园。

辽宋西夏金是我国北方民族社会形态重大转折时期，此前，无论秦汉之匈奴，抑或隋唐之突厥，都是部落制下的游牧社会，游牧经济文化和农耕文化在河套到河西走廊一带你来我往，处于长期的"拉锯"状态。中原王朝强大时北逐匈奴，移民河套与河西廊，农耕文化占主导地位；中原王朝衰微时，北方民族进入该地区，游牧文化占主导地位。"拉锯"中的农耕文化和游牧文化在这一地区交往交流交融相对缓慢。进入辽宋西夏金时期，这种情况急遽发生变化，无论契丹建立的辽朝，还是党项建立的西夏和女真建立的金朝，都是包括汉族在内的多民族政权，其文化在多元杂糅的基础上，占主导地位的是中华传统文化，最有意义的是三个政权都自认为是中国，而不是夷狄。正如习近平总书记在全国民族团结进步表彰大会上的讲话中指出的，宋辽夏金，都被称为"桃花石"。这种文化上的认同，是历史上中华民族共同体的重要体现。

---

① 《辽史》卷一一五《西夏外纪》。
② 《宋史》卷四八六《夏国传下》。

一、党项大迁徙与夏州拓跋政权的建立

建立西夏国的党项羌历史上有两次大迁徙，第一次是唐朝初年从青藏高原的东部东迁到陇右庆州，第二次是"安史之乱"后从陇右庆州北迁到鄂尔多斯南缘的平夏地区。党项羌两次大迁徙特别是第一次大迁徙的意义重大，他们不仅从发生战乱的地方迁走，更重要的是他们迁居的地方是汉族人民长期过着封建社会生活并创造着封建文明的所在。党项人民在这里定居下来，无论地理条件抑或历史条件，对他们吸收汉族封建文明，发展生产与繁殖人口，都是极为有利的。因此，党项羌内迁后人口繁殖得很快，特别是最为强族的拓跋部完整地从松州地区迁到庆州，后又从庆州迁到平夏，和唐朝建立起密切的关系。唐中和元年（881），拓跋部大首领拓跋思恭因助唐镇压黄巢起义有功，被唐僖宗任命为夏州节度使，成为名副其实的藩镇，从而走上了建立西夏国的道路。从这个意义上讲，没有大迁徙，就没有党项经济社会的发展，也没有后来的西夏国。

（一）青藏高原上的党项

1. 党项名称及拓跋部族源

党项为我国古代西北羌族的一支，其历史活动可以追溯到南北朝后期，但党项一词正式出现于隋唐，大体中原汉族及其建立的隋、唐、宋诸朝称其为党项，少数民族及其建立的政权称其为唐古或唐古特。公元735年古突厥文《毗伽可汗碑》东面二十四行记毗伽可汗17岁时曾与唐古特（Tangut）人作战，这是最早关于唐古特的记载。美国学者邓如萍女士认为，唐古特源于党项的党（Tang）加上蒙古语复数词尾（-ut）。① 岑仲勉先生直接将唐古特（Tangut）译作党项。② 于阗文和粟特文文献也将党项称为Tangut。③ 波斯人拉施特《史集》与《蒙古秘史》将西夏称为唐兀惕（Tankgut）。与宋朝同时代的辽、金政权以及后来的元朝，亦称党项为唐古、唐括或唐兀。唐括（又作唐适）即唐古，④ 为"唐兀惕"与"唐古特"的急读。⑤

这里需要指出的是，《辽史》有的地方称唐古，有的地方称党项，或以为"契丹为了区分两种性质不同的党项部落，采用了两种不同的译名，将那些顺服归化了的党项部落称之为唐古，将那些尚未顺服归化的党项部落则仍称之为党项"。这种推测不无道理，不过契丹称为"唐古"的为其境内党项，称为"党项"的主要为宋朝境内党项，从一个侧面反映了宋、辽两国对党项的不同称谓。由上述可见，唐古特、唐兀惕、唐古、唐兀等应是党项的异译，很可能是北方与中亚诸族沿袭了内地汉族对党项的称谓。

西夏党项人自称"番"或弥药、弥人。番，西夏文音"弥"。《文海》"番"释："此者党项也，弭药也，番人之谓。"⑥ 歌颂党项羌祖先的《夏圣根赞歌》开头几句是"黔首石城漠水畔，红脸祖坟白河上，高弥药国在彼方"。⑦ 西夏文类书《圣立义海》第四卷"山之名义"释文曰："番国三大山，

---

① 　R·W·邓内尔、索介然：《唐古特是什么民族？——论唐古特的族源和族名》，《亚洲史学报》第18卷第1期。

② 　岑仲勉：《突厥集史》下册，中华书局1958年版，第914页。

③ 　黄盛璋：《和田塞语七件文书考释》，《新疆社会科学》1983年第3期。

④ 　金朝境内有一支女真部落亦名唐括。

⑤ 　汤开建：《契丹境内党项部落的分布》，《宁夏社会科学》1990年第2期。

⑥ 　史金波、白滨、黄振华：《文海研究》，中国社会科学出版社1983年版，第543页。

⑦ 　陈炳应：《西夏文物研究》，宁夏人民出版社1985年版，第346页。

冬夏降雪，日照不化，贺兰山、积雪山、胭脂山。"无论"高弥药国"还是"番国"，都是以党项族称来命名，它和辽朝称"契丹国"一样，反映出党项（弥药）在西夏的主体地位。

党项自称弥药在唐宋人的记述中也有反映。阎立本《西域图》称："吐国（谷）浑之南，白兰之北，弥罗国也。"① 弥罗，即弥药同音异译。乐史《太平寰宇记》卷三六曰：灵州"北至碛岭弥娥川水一千里"。江苏吴县文庙有南宋王致远摹刻天文地理帝王绍运平江四图，其地理图在贺兰山居延海右近有"碛南弥娥州"一名。② 这里的"弥娥"二字当是党项自称番（弥）的音译。

吐蕃与党项族源相近，居地相连，在语言文化上有着非常密切的联系，故在沿边少数民族中，吐蕃称党项为弭药（Minyag）。《旧唐书》卷一九八《党项传》说：拓跋部内徙后，"其故地陷于吐蕃，其处者为其役属，吐蕃谓之弭药"。松赞干布曾娶弭药王之女为妻，③ 后来"弭药"一词又延伸到吐蕃对党项建立的西夏国的称呼。夏太安十一年，即宋元丰七年（1084），"董毡遣人以蕃书来，已回蕃书，约令引兵深入摩灭缅药家。"④ 次年十二月，西蕃阿里骨差首领赍到文字，译称"蕃家王子结施揽哥邦彪篯阿里骨文字，送与熙州赵龙图，探得缅药家瞰点集人马，告汉家边上做大准备，早奏知东京阿舅官家著"。⑤

综上所述，西夏主体民族党项羌族主要有两种称呼，一为中原汉族对其称作党项，并由此音转出唐古、唐古特、唐兀等；二为党项自称"弭药"或"弥人"，与党项有密切关系的吐蕃也称其为"弭药"。正因为对党项有两种不同的称呼，往往同一民族对其有两种不同的记述，如唐代既有"党项"称谓，又有"弥娥"记述。于阗文文献称党项为唐古特（Tangut），但宋代于阗使者

---

① （元）戴表元：《剡源文集》卷四《唐画〈西域图〉记》。
② 韩儒林：《关于西夏民族名称及其王号》，载白滨编：《西夏史论文集》。
③ 巴卧·祖拉陈哇著，黄颢译：《贤者喜宴》，《西藏民院学报》1981 年第 2 期。
④ 《续资治通鉴长编》卷三四三，神宗元丰七年二月庚辰条。
⑤ 《续资治通鉴长编》卷三六三，神宗元丰八年十二月丙子条。

称其为"缅药"。①

《旧唐书》卷一九八《党项羌传》称，党项羌，汉西羌之别种也，"其种每姓别自为部落，一姓之中复分为小部落，大者万余骑，小者数千骑，不相统一。有细封氏、费听氏、往利氏、颇超氏、野辞氏、房当氏、米擒氏、拓跋氏，而拓跋最为强族"。西夏王国就是号称"强族"的拓跋氏建立的。由于鲜卑族也有一个拓跋部，并且一度统治过党项，由此引起党项拓跋部是源自东北的鲜卑族，还是源自羌族的争议，并从唐代以来形成截然不同的两种观点。②

汉魏六朝之际，是我国古代各民族大分化、大改组、大融合时期，特别是北部草原地区，诸族分散离合的情况尤为剧烈和复杂，当时党项居地处于鲜卑吐谷浑领地之中，也即党项诸部一度附属于吐谷浑政权，因此鲜卑拓跋部一部分融合到党项羌族之中，或者党项羌族一部分融合到拓跋部中而改称拓跋氏，都是有可能的。西夏文《杂字》番姓中有西壁一姓，汉文史料也记载西夏有西壁氏，西夏人翻译《类林》时，就用上述两个西夏字翻译"鲜卑"这一族称。说明西夏时期的"鲜卑"已经从一个族称演变成党项族的一个姓氏，成为党项族的一部分。③ 因此，即使建立西夏国的拓跋部出自鲜卑拓跋部，经过几百年的融合，早已同党项族融为一体，失去了鲜卑族的特征。④ 融

---

① 《续资治通鉴长编》卷四七五，哲宗元祐七年七月癸巳条载：熙河兰岷经略使范育言："于阗进奉般次、和尔济勤克伊实密陈，中途尝为缅药所掠，乞闻朝廷差般次同黑汗王所发兵攻灭缅药。"

② 《元和姓纂》《辽史》《金史》认为出自鲜卑，《隋书》《旧唐书》《宋史》则认为出自羌族。近人唐嘉弘：《关于西夏拓跋氏的族属问题》（《四川大学学报》1995年第2期）、《再论西夏拓跋氏族属问题》（《中国民族史研究》（二），中央民族学院出版社1989年版），汤开建：《关于西夏拓跋氏族源的几个问题》（《中国史研究》1986年第4期），吴天墀：《论党项拓跋氏族属及西夏国名》（《西北史地》1986年第1期）等认为拓跋氏出自鲜卑族。李范文：《试论党项族的来源与变迁》（社会科学战线编辑部编《民族史论丛》1980年）、《再论西夏党项族的来源与变迁》（《首届西夏学国际学术会议论文集》），史金波：《西夏境内民族考》（《庆祝王钟翰先生八十寿辰学术论文集》，辽宁大学出版社1993年版）、周伟洲：《唐代党项》（三秦出版社1988年版）、《党项西夏史论》（甘肃文化出版社2017年版）、漆侠、乔幼梅：《辽夏金经济史》（河北大学出版社1998年版）等认为属于羌族。

③ 史金波：《西夏境内民族考》，载《庆祝王钟翰先生八十寿辰学术论文集》，辽宁大学出版社1993年版。

④ 漆侠、乔幼梅：《辽夏金经济史》，河北大学出版社1998年版，第195页。

入党项部落的鲜卑人以鲜卑为姓，而王族拓跋氏并未姓鲜卑，恰好说明拓跋部不是来自鲜卑。

2. 早期党项的社会生活

《隋书》最早记录了内迁前党项的社会生活状况："每姓别为部落，大者五千余骑，小者千余骑。织犛牛尾及羖羘毛以为屋。服裘褐，披毡以为上饰。俗尚武力，无法令，各为生业，有战阵则相屯聚。无徭赋，不相往来。牧养犛牛、羊、猪以供食，不知稼穑。其俗淫秽蒸报，于诸夷中最为甚。无文字，但候草木以记岁时。三年一聚会，杀牛羊以祭天。"①

新旧《唐书》也有类似的记载，只是比《隋书》记载详细："俗皆土著，居有栋宇，其屋织犛牛尾及羊毛覆之，每年一易。俗尚武，无法令赋役。其人多寿，年一百五六十岁。不事产业，好为盗窃，互相凌劫。尤重复仇，若仇人未得，必蓬头垢面，跣足蔬食，要斩仇人而后复常。男女并衣裘褐，仍披大毡。畜犛牛、马、驴、羊，以供其食。不知稼穑，土无五谷。气候多风寒，五月草始生，八月霜雪降。求大麦于他界，醖以为酒。妻其庶母及伯叔母、嫂、子弟之妇，淫秽烝亵，诸夷中最为甚，然不婚同姓。老死者以为尽天年，亲戚不哭；少死者则云夭枉，乃悲哭之。死则焚尸，名为火葬。无文字，但候草木以记岁时。三年一相聚，杀牛羊以祭天。"②

没有农耕，没有赋税徭役，没有文字法令，以畜牧为生，是这一时期党项人社会生活最显著的特点，"俗皆土著"说明每个部落有各自相对固定的地域，"居有栋宇"不是居住在土木结构的房屋中，而是居住在木架上蒙盖毡毯的帐篷里。"妻其庶母及伯叔母、嫂、子弟之妇"，这种在封建史家眼中的"淫秽烝亵"习俗，实际上是北方民族为了防止财产外流的婚制，不只在羌人中存在，匈奴、突厥、吐蕃莫不如此。汉代王昭君出塞，嫁与匈奴呼韩邪单

---

① 《隋书》卷八三《党项传》。
② 《旧唐书》卷一九八《党项羌传》。

于，呼韩邪单于去世后，按照匈奴习俗，被呼韩邪单于长子收继为妻。

这一时期的党项人部落林立，较大的部落"有细封氏、费听氏、往利氏、颇超氏、野辞氏、房当氏、米擒氏、拓跋氏，而拓跋最为强族"。① 他们都是以氏族血缘为单位，每个氏族部落之下，有许多小氏族，平时"各为生业"，只有对外战争时才相屯聚。这种社会组织形式，大体处于原始社会末期的父家长制阶段，男子的劳动在社会上起决定性作用，成为氏族部落的主要成员，妇女则降到从属的地位，在收继婚制下，被当作家族的私有财产，由具有家长权利的男性及其子弟继承。

促使原始氏族社会瓦解，父权家庭制形成的原因是剩余产品的积累和战争掠夺。虽然早期党项居地气候多风寒，土无五谷，不知耕稼，但畜牧生产较为发达，利用剩余畜产品对外交换业已出现，"求大麦于他界，醖以为酒"。隋大业五年（609），隋炀帝西巡狄道（今甘肃临洮），党项前来进贡方物。② 唐武德二年（619），党项与吐谷浑并遣使朝贡。③ 唐武德九年（626），又遣使朝贡。④ 朝贡的目的主要是物品交换。部落首领为了获得更多的财富，除进行交换外，对外掠夺是另一重要途径。因此，在封建史家眼中，早期党项羌是"不事产业，好为盗窃，互相凌劫"。⑤ "魏周之际，数来扰边"。⑥ 唐高祖武德年间（618—626），党项寇掠更加频繁。当然，党项寇边不完全是其内部阶级分化的缘故，也包括隋唐统治者民族压迫引起的反抗。

3. 早期党项与周边的关系

《隋书》记载："党项羌者，三苗之后也。其种有宕昌、白狼、皆自称猕

---

① 《旧唐书》卷一九八《党项羌传》。
② 《隋书》卷三《炀帝纪上》。
③ 《册府元龟》卷九七〇《外臣部·朝贡三》。
④ 《旧唐书》卷二《太宗纪》。
⑤ 《旧唐书》卷一九八《党项羌传》。
⑥ 《隋书》卷八三《党项传》。

猴种。东接临洮、西平，西拒叶护，南北数千里，处山谷间。"① 这段文字扼要地记述了早期党项的居住范围，"东接临洮、西平，西拒叶护，南北数千里，处山谷间"，是《隋书》作者追述隋以前党项部落的居地。隋代临洮郡，即今甘肃南部洮水上游的临潭县，西平为今青海东部的西宁市。"东接临洮、西平"，"其意即指党项部落的居地东界接近临洮、西平二郡之地。如以今天的地理概念来讲，即党项部落的东部界线在北起青海湖东侧，南至积石山（今阿尼玛卿山）一线"。② 叶护为西突厥的别称，在今新疆境内的于阗、龟兹、焉耆诸地。"西拒叶护"，则是党项部落的西界大致接近阿尔金山一带。

两唐书《党项传》的记载也与《隋书》大体相同，"党项羌，在古析支之地，汉西羌之别种也"。析支又作赐支，"南接蜀、汉徼外蛮夷，西北接鄯善、车师诸国"。③ 其地望与《隋书·党项传》中记载的党项居地基本相合，即东南至积石、河曲之地，西北接近西域。

这里要特别指出的是早期党项的居地一度处在吐谷浑行国领地之中。吐谷浑，本为辽西鲜卑徒河涉归之子，涉归有两个儿子，庶长曰吐谷浑，少曰若洛廆。涉归死后，若洛廆代统部落，是为慕容氏，吐谷浑与之不和，"遂西度陇，止于甘松（山名，今四川松潘县境）之南，洮水之西，南极白兰山，数千里之地，其后遂以吐谷浑为国氏焉"。④ 到吐谷浑子吐延（317—329）时，已拓土到白兰，此后不断向外发展，大致第六世前后达到强盛。《魏书》指出："兼并羌氏，地方数千里，号为强国"。⑤ 其地"东至垒（叠）川，西邻于阗，北接高昌，东北通秦岭"。⑥ 可见早期党项完全处于吐谷浑行国领地之中，换言之，包括党项在内的羌、氐被吐谷浑征服。

---

① 《隋书》卷八三《党项传》。
② 汤开建：《隋唐时期党项部落的迁徙》，载宁夏文物管理委员会、宁夏文化厅文物处编：《西夏史论丛》第1辑，宁夏人民出版社1992年版。
③ 《后汉书》卷八七《西羌传》。
④ 《隋书》卷八三《吐谷浑传》。
⑤ 《魏书》卷一〇一《吐谷浑传》。
⑥ 《梁书》卷五四《河南传》。

　　鲜卑吐谷浑与羌、氐人民长期生活在一起，必然会出现相互融合，以致唐宋时期有人认为"吐谷浑者，今之文扶羌是也"。① 现代学者也指出，"鲜卑人羌化了，因之吐谷浑实际上是羌族国家"，"羌族在青海建立起吐谷浑国，是社会发展中的一个光辉标志"。② 说吐谷浑羌化了，就是吐谷浑鲜卑大量吸收和融汇了羌族的文化与血缘，同时，这种吸收与融汇是双向的，亦即羌族也大量吸收了吐谷浑鲜卑的文化与血缘。经过历史长河的洗礼，到了周隋之际，今青海湖一带的党项基本上融汇到吐谷浑鲜卑中去，故从此他们从史书中消失。当然，这其中也包含迁徙的原因。而松州一带的吐谷浑鲜卑则被党项所融合，建立西夏王国的拓跋部，实际上是被羌化的鲜卑人，③ 他们已与党项羌没有多大的区别，故两唐书的作者及后世学者把他们看作为党项羌。

　　党项在与吐谷浑鲜卑融合的同时，宕昌、邓至灭国后也被吸收进来。每一次融合与吸收，都给党项增添了新鲜血液，早期党项正是在这种民族大融合中发展壮大起来的，并逐渐摆脱了吐谷浑的直接统治，与其有了明确的边界线。《旧唐书·党项羌传》曰："自周氏灭宕昌、邓至之后，党项始强。其界东至松州（今四川松潘县北），西接叶护，南杂春桑、迷桑等羌（今青海南部果洛藏族自治州境内），北连吐谷浑。"阎立本《西域图》亦称："吐国（谷）浑之南，白兰之北，弥罗国也。"④ 弥罗为弥药同音异译，即党项也。可见至少从北周时开始，党项就摆脱了吐谷浑的控制。

　　另外，我们还应该注意到，与北周以前相比较，党项部落东部边界线的南端由今甘肃省南部临潭县南移到四川省北部的松潘县，东部边界的北端也随之南移，即党项在青海湖一带消失。到了隋唐之际，逐渐在积石山至松州一带形成新的聚落中心。

---

① （宋）吕祖谦：《宋文鉴》卷五三《上皇帝书》。
② 范文澜主编：《中国通史》第四册，人民出版社2004年版，第4—5页。
③ 唐嘉弘：《关于西夏拓跋氏的族属问题》，《四川大学学报》1995年第2期。
④ （元）戴表元：《剡源文集》卷四《唐画〈西域图〉记》。

在考察了早期党项的地望与四邻情况后，我们就能比较清楚地看到这一时期党项与外界联系的特点。首先，早期党项被吐谷浑兼并，居地完全处于吐谷浑行国领地之中，他们与鲜卑吐谷浑相互融合，并在民族融合中发展壮大起来。魏周以后，虽然摆脱了吐谷浑的直接统治，但仍与其结成比较亲密的关系，经常联合起来进扰边境。[①] 隋大业四年（608），隋炀帝对吐谷浑发动了规模空前的征讨，使吐谷浑汗国"故地皆空，自西平临羌城以西，且末以东，祁连以南，雪山以北，东西四千里，南北二千里，皆为隋有"。[②] 隋朝在这一地区置鄯善、且末、西海、河源四郡。吐谷浑可汗慕容伏允被迫南逃到积石、河曲一带党项部落避难。唐朝初年，党项大首领拓跋赤辞和吐谷浑王室通婚，帮助吐谷浑可汗慕容伏允抗唐，这都在一定程度上反映出早期党项与吐谷浑的友好关系。

其次，早期党项同中原王朝建立起密切的关系。《隋书》记载：北周天和（566—571）初，杨文思治冀州，"党项羌叛，文思率州兵讨平之"。[③] 表明在北周乃至更早，党项就开始移居中原王朝边境。公元6世纪末期，隋朝统一了中国，结束了长期的南北分裂割据局面，人民生活得到暂时的安定，党项人民也愿意和汉族人民过和平生活。隋开皇四年（584），党项"千余家归化"。次年，其大首领拓跋宁丛等各率部众到旭州内附，被隋文帝授为大将军，"其部下各有差"。隋开皇十六年（596），党项虽一度进攻会州，但被隋朝军队打败后，纷纷内附，遣子弟入朝谢罪，表示"愿为臣妾"，"自是朝贡不绝"。[④] 唐朝建立后，党项与中原的关系进一步得到加强，唐贞观三年（629），在南会州都督招谕下，党项酋长细封步赖举部内附，太宗降玺书抚慰，步赖因此入朝，宴赐甚厚，以其地为轨州，拜步赖为刺史。其他党项酋长闻风而动，

---

① 《隋书》卷八九《阴世师传》及卷八三《吐谷浑传》。
② 《隋书》卷八三《吐谷浑传》。
③ 《隋书》卷四八《杨文思传》。
④ 《隋书》卷八三《党项传》。

"相次率部落皆来内属，请同编户"。太宗厚加抚慰，列其地为岷、奉、岩、远四州，"各拜其首领为刺史"。[1] 唐贞观五年（631），"诏遣使开其河曲地为六十州，内附者三十四万口"。[2] 唯独居住在松州的党项大首领拓跋赤辞与吐谷浑结为姻亲，相互联合起来抵抗唐朝。唐贞观八年（634），唐大将李靖率大军攻讨吐谷浑，拓跋赤辞屯狼道坡以拒唐军。不久，唐军击败吐谷浑，可汗慕容伏允逃至沙漠中自缢身死，在这种情况下，"赤辞从子思头密送诚款，其党拓跋细豆又以所部来降，赤辞见其宗党离，始有归化之意"。[3] 后经岷州都督刘师立遣使劝说，赤辞与思头遂率众降附，唐朝将其地列为懿、嵯、麟等三十二州，以松州为都督府，任命归附部落首领为刺史，以拓跋赤辞为西戎州都督，赐皇姓李。于是，从今青海积石山以东的党项居地，全部列入了唐王朝的版图，[4] 党项与唐朝的关系进一步密切。

其三，早期党项虽然与西界部族有一定的联系，但其对外联系与发展的重点不在西部，而是在东部，魏周至隋唐，西部边界一直维持在叶护，没有能再前进一步，就充分说明了这一点。另据《隋书·女国传》载：女国在葱岭之南，"数与天竺及党项战争"。据今人研究，女国位于今天的后藏，[5] 而党项能够多次和它发生战争，似乎早期党项的活动范围一度延伸到南山（昆仑山）附近，但没有在一地区稳定下来。党项向东面的联系与发展是卓有成效的，如前所述，北周前后大批党项徙居松州，此后旭州、会州、金城等地都有党项陆续迁来。早期党项积极向东发展，逐渐靠近中原王朝，既表明他们向往中原的文明生活，又反映出中华文化的凝聚力与向心力，同时，也为唐代党项大迁徙奠定了坚实的基础。

---

① 《旧唐书》卷一九八《党项羌传》。
② 《唐会要》卷九八《党项羌》。
③ 《旧唐书》卷一九八《党项羌传》。
④ 《新唐书》卷二二一《党项传》。
⑤ 吕思勉：《中国民族史》，中国大百科全书出版社 1987 年版，第 217 页。

（二）党项内迁及其与唐朝关系的加强

1. 党项内迁的背景

党项羌的内徙是唐朝与吐蕃争夺西域控制权失败的直接产物。李唐王朝建立后，十分重视经营西部边疆，为了确保丝绸之路的畅通，在招抚党项羌的同时，又花费大量的精力处理吐谷浑问题。唐贞观九年（635），唐太宗以"肆情拒命，抗衡上国"，"剽掠边鄙，略无宁息"，"上书傲狠，拘我使人"为由，派大将李靖、侯君集等率突厥、契苾及汉兵征讨吐谷浑。唐军入境后，与吐谷浑战于库山，可汗慕容伏允兵败西走，随后又自杀，其子慕容顺率领部众归降，被唐朝立为新可汗。

唐朝这次讨伐，给吐谷浑以极大的打击，从此吐谷浑归附唐朝。慕容顺被贵族杀死后，其子诺曷钵于公元635年底即可汗位，被唐朝封为河源郡王、乌地也拔勒豆可汗。诺曷钵亲唐，多次亲自到长安入朝。唐贞观十年（636），唐太宗将弘化公主许嫁诺曷钵，4年后成婚。高宗李治即位后，又封诺曷钵为驸马都尉，以宗女金城县主嫁其长子，金明县主嫁其次子，可谓亲上加亲。

就在唐朝招附党项、吐谷浑，打开通往西域道路的前后，吐蕃奴隶主政权从青藏高原上崛起，并不断向外扩张，与唐朝展开了争夺古青海及西域的斗争，使这一地区的民族关系逐渐复杂化。当时唐朝想利用吐谷浑和党项羌作为前沿阵地，遏制吐蕃的北上。如上所述，唐朝大力招抚党项和吐谷浑，贞观十年将弘化公主许配给吐谷浑大首领诺曷钵，而在同年拒绝了吐蕃赞普松赞干布的请婚，就充分说明了这一点。

这一许一拒，激怒了吐蕃，也给吐蕃找到了用兵的借口。史载弄赞怒，"遂与羊同连，发兵以击吐谷浑。吐谷浑不能支，遁于青海之上，以避其锋。其国人畜并为吐蕃所掠，于是进兵攻破党项及白兰诸羌，率其众二十余万，顿（屯）于松州西境，遣使贡金帛，云来迎公主。又谓其属曰：'若大国不嫁公主与我，即当入寇。'遂进攻松州。"① 唐太宗乃遣吏部尚书侯君集等率五万大军进抵松州，夜袭吐蕃营帐，斩首千余。同时这场连年不解的战争，遭到许多吐蕃大臣的反对，松赞干布遂决定退兵，"以使者来谢罪，固请婚"。在吐蕃大军的威胁下，唐朝清楚地看到单纯依靠吐谷浑及党项捍御边疆已不可能，于是只好继弘化公主嫁给吐谷浑可汗诺曷钵之后，又将文成公主嫁给松赞干布，与吐蕃和亲。

文成公主与松赞干布的联姻，使唐太宗时期唐、吐蕃、吐谷浑、党项羌暂时友好相处，这一方面使唐朝得以腾出手来，东征高丽，西平突厥；另一方面，也使得吐谷浑、党项羌继续在原居住地生存下来。

唐太宗李世民死后，吐蕃势力益炽，唐显庆三年（658），吐谷浑大臣素和贵投奔吐蕃，在他的引导下，吐蕃大规模进犯吐谷浑，诺曷钵无力抵御，带着弘化公主及数千族帐逃到河西凉州，请求唐朝出面保护。唐朝以凉州都督郑仁泰为青海道行军大总管，率部进驻鄯州（今青海省乐都县），以苏定为安集大使，负责解决吐谷浑与吐蕃之间的矛盾。但当时吐蕃势力相当强大，不仅不退出吐谷浑领地，而且又进兵西域，直接威胁到唐王朝在西域的统治。在这种情况下，高宗、武后决定用武力帮助吐谷浑复国，以保证丝绸之路的畅通。

唐咸亨元年（670），唐朝以右威卫大将军薛仁贵为逻娑道行军大总管，以阿史那道贞、郭待封为副，率10万大军西征吐蕃。副帅郭待封"耻居薛仁贵下"，每每违背主帅军令，以致唐军在大非川被吐蕃40万大军围歼。大非川之役后，吐蕃乘胜占据全部吐谷浑领地及大部分党项羌居地。吐谷浑可汗诺曷钵率领部分族帐内迁至灵州，唐朝专门设立安乐州以处之。党项羌正是在唐朝与吐蕃争夺西域失败的情况下，和吐谷浑一样，被迫向内地迁徙的。

---

① 《旧唐书》卷一九六《吐蕃传》。

2. 党项的内迁

吐蕃攻占吐谷浑后，与其毗邻的党项羌部落为了免遭奴役，开始向内地迁徙。从公元7世纪中后期到8世纪中后期近百年中，党项羌大规模的迁徙共有两次。

第一次迁徙大致从唐咸亨元年（670）开始。两唐书对这次迁徙是这样记载的："其后吐蕃强盛，拓跋氏渐为所逼，遂请内徙，始移其部落于庆州，置静边等州以处之。"由于以"其后"代替了内迁的时间，因此研究者对这次迁徙的时间往往产生歧异，有认为在唐贞观十二年（638），有认为在开元年间（713—741）。我们认为把它定在咸亨元年（670）比较妥当。这是因为：

其一，《资治通鉴》卷二二〇载："贞观以后，吐蕃浸盛，党项、拓跋诸部畏逼，请内徙。"明确指出这次内徙的时间既不是在贞观年间，也不是在开元年间，而是在"贞观以后"。另据《新唐书·地理志》，"静边州都督府，贞观中置，初在陇右，后侨治庆州之境。"这里的"后"也当以贞观年间为界线的。

其二，拓跋氏内徙的原因是"渐为吐蕃所逼"，在松州地区生存不下去。我们在党项羌内徙的背景中谈到，唐贞观十二年（638），吐蕃破党项、白兰诸羌，"率众二十余万，屯于松州西境"，声言要迎娶公主。由于这场战争持续了一年，遭到了吐蕃贵族的反对，不久赞普松赞干布便决定撤兵，加之唐朝答应与其联姻，此后唐蕃关系一度保持友好局面。由此可见，贞观年间松州地区一直牢牢地控制在唐朝手中，有大唐王朝作后盾，拓跋氏不存在在这一地区生存不下去的问题。

其三，党项羌的每次内徙都是经过唐王朝的允许并且在其帮助下完成的。就唐朝来看，贞观年间李世民一直在利用吐谷浑及党项羌阻遏吐蕃，不可能在这种情况下将其内徙，失去中间缓冲地带，使"边患"独当。再说当时唐朝也有能力守住松州乃至西域，决不会轻易放弃这一地区。直到唐咸亨元年

（670），唐军在大非川惨败，失去了古青海及西域，再没有能力保护吐谷浑及拓跋氏在原居地生存，这才同意并帮助他们内迁的。显然，拓跋氏与吐谷浑内迁的时间是一致的，即都在唐咸亨元年（670）左右。

　　咸亨元年党项部落迁徙的规模是比较大的，除拓跋部外，同时迁往庆州的还有野利部、把利部、破丑部。① 这些党项部落进入庆州地区后，很快又向外发展。《新唐书·陆余庆传》："圣历（698—699）初，灵、胜二州党项诱北胡寇边"，说明咸亨年间迁往庆州的党项部落当时已扩散到灵、胜二州。

　　"安史之乱"后，仍有党项部落从原松州都督府管辖下的羁縻州向西北内地迁徙。《新唐书·地理志》载："禄山之乱，河陇陷吐蕃。乃徙党项州，所存者于灵、庆、银、夏之境。"这些党项羁縻州有懿、盖、嵯、诺、嶂、祐、台、桥、浮、宝、玉、位、儒、恤、西戎、西泡、乐容、归德等。另外，唐天授三年（692），内附的十州党项也一并迁到灵夏地区。②

　　这里需要指出的是党项故地被吐蕃攻陷后，"其处者为其役属，吐蕃谓之弭药"。③ 随着时间的推移，这些党项人逐渐成为吐蕃部落，他们有时以羌人的名义出现，有时干脆称吐蕃部落，藏文献中记载吐蕃四大董族中，"董木雅"是其中最重要的一支。④ "又有雪山党项，姓破丑氏，居于雪山之下，及白狗、春桑、白兰等诸羌，自龙朔已后，并为吐蕃所破而臣属焉"，⑤ 成为吐蕃的奴部。《新唐书·吐蕃传》曰：吐蕃"出师必发豪室，皆以奴从"。可见这些被其役属的"弭药"，随着吐蕃占据河陇也深入到内地。吐蕃王朝崩溃

---

　　① 《新唐书》卷二二一《党项传》："庆州有破丑氏族三，野利氏族五，把利氏族一。"应是同拓跋氏一起迁入。

　　② 汤开建：《隋唐时期党项部落的迁徙》，载《西夏文史论丛》第1辑，宁夏人民出版社1992年版。

　　③ 《旧唐书》卷一九八《党项羌传》。

　　④ 张云：《党项名义及族源考证》，载《首届西夏学国际学术会议论文集》，宁夏人民出版社1998年版。

　　⑤ 《旧唐书》卷一九八《党项羌传》。

后，"奴多无主，遂相纠合为部落"，"吐蕃微弱者反依附之"。① 他们或归附唐朝，迁居内地；或散处河西秦陇，成为宋代沿边蕃部的重要组成部分。

3. 党项第二次大迁徙

唐天宝十四年（755），唐朝爆发了安禄山、史思明的叛乱，朝廷尽发河陇戍军入卫京师，西北边防空虚，吐蕃乘机攻占河西、陇右之地。"数年间，西北数十州相继沦没，自凤翔以西，邠州以北，皆为左衽矣。"② 党项和吐蕃的居地再次相互交错，吐蕃"密以官告授之，使为侦道，故时或侵叛"。③ 唐上元二年（761）二月，奴剌、党项寇宝鸡，烧大散关，南侵凤州，大掠而还。④ 唐广德元年（763），"吐蕃帅吐谷浑、党项、氐、羌二十余万众，弥漫数十里"，自周至东渡渭水，攻陷长安，"剽掠府库市里，焚闾舍"，都城长安"萧然一空"。⑤ 次年（764），六州胡仆固怀恩叛唐，"引吐蕃、回纥、党项数十万南下，京师大恐，子仪出镇奉天"，⑥ 怀恩退走。唐永泰元年（765）二月，党项寇富平，焚定陵殿。九月，仆固怀恩再次引诱吐蕃、吐谷浑、党项、奴剌数十万众入寇，后因仆固怀恩中途病死灵州而告退。

在吐蕃、吐谷浑和党项连续不断地进攻中，朔方节度使郭子仪认为，"党项、吐谷浑部落散处盐、庆等州，其地与吐蕃滨近，易相胁，即表徙静边州都督、夏州、乐容等六府党项于银州之北、夏州之东，宁朔州吐谷浑住夏西，以离沮之"。⑦ 代宗采纳郭子仪的建议，召静边州大首领拓跋朝光等五个刺史入朝，晓以利害，厚加赐赠，令他们回去后，带上部落从庆州迁往银州（治今陕西米脂县西北）以北、夏州（治今陕西靖边县白城子）以东的平夏地区。

---

① 《资治通鉴》卷二五〇，唐懿宗咸通三年十二月条。
② 《资治通鉴》卷二三三，唐代宗广德元年。
③ 《旧唐书》卷一九八《党项羌传》。
④ 《资治通鉴》卷二二二，唐肃宗上元二年。
⑤ 《资治通鉴》卷二三三，唐代宗广德元年。
⑥ 《旧唐书》卷一二〇《郭子仪传》。
⑦ 《新唐书》卷二二一《党项传》。

同时野利、把利、破丑、折磨等部落也相继北迁绥、延及银、夏诸州。

破丑夫人墓志文

党项两次大迁徙的背景、目的不尽相同，但就客观效果来看，还是有许多共同的地方。首先，两次迁徙都是把党项羌从发生战乱的地方迁走。尽管经过千里跋涉之后，原有的牲畜、人口、财产受到一定的损失，但能够在一个相对安定的环境下致力于生产，比经常处于战争和奴役的威胁下，终日民不聊生，毕竟得多失少。尤其是这些内徙党项居住地区，原来都是汉族人民长期过着封建社会生活并创造着封建文明的所在。党项羌人民在这里定居下来，无论地理条件抑或历史条件，对他们吸收高度的封建文明，发展生产与繁殖人口，都是极为有利的。所以党项羌内徙以后，人口繁殖得很快，形成了著名的东山与平夏两大部落，还有居住在南山的"南山党项"（即宋代的横山羌）。

其次，党项羌的两次大迁徙都是在唐政府的帮助下完成的，特别是"最为强族"的拓跋部在唐朝帮助扶持下，比较完整地从松州地区迁到庆州，后又把其中的一部分与其他党项迁到平夏。这不仅比较完整地保存了拓跋部的有生力量，而且密切了他们与唐朝的关系，唐中央政府对拓跋部首领的高官册封，以及拓跋部首领助唐"讨乱"，正是这一关系的生动写照。它表明了拓跋部首领与唐中央真正建立起一种依附关系，或者叫友好关系。同时拓跋部首领利用唐朝后期边政废弛，不能对周边少数民族进行有效控制之机，积极发展壮大自己的势力，在"平叛""讨贼"战斗中，逐渐强大起来，最终走上了建立西夏王国的道路。①

4. 内迁党项的分布

党项的大迁徙，除了唐政府有组织开展外，大量是自发逐水草迁徙，如《拓跋守寂墓志铭》记录拓跋立伽从庆州迁移到银州。唐开元十一年（723），唐朝镇压六胡州，迁其余部江淮地区后，部分未迁的胡人和党项相继进入六胡州。开元十六年（728），唐朝在原六胡州置宥州。"元和时复置宥州，护党项"。② 永泰（765—766）后，党项再次东迁，进入绥、延等州，一部分甚至渡过黄河，进入石州（今山西离石），后因不堪地方苛捐赋税，又迁回河西。"马邑州（党项羁縻州），开元十七年置，在秦、成二州山谷间，宝应元年徙于成州之盐井故城。"③ 从贞观年间党项内迁到宋朝初年三百多年间，进入西

---

① 史卫民：《党项族拓跋部的迁移及其与唐五代诸王朝的关系》，《内蒙古大学学报》1981 年增刊。
② 《新唐书》卷二二一《党项传》。
③ 《新唐书》卷四三下《地理志》。

北的党项和吐蕃各自形成了自己的活动范围，党项主要居住在庆、灵、盐、夏、绥、银、宥、延、胜等州。当然这一地区除汉族和党项外，还有吐蕃、吐谷浑、突厥等，始终是一个多民族聚居区。我们通过几个主要州郡党项人的分布情况来看：

（1）在庆州一带的有：

芳池州都督府，寄在庆州怀安县界，管小州十，并党项野利氏种落。①

宜定州都督府，领州七：党州、桥州、乌州、西戎州（贞观五年以拓跋赤辞部落置，初为都督府，后为州）、野利州、米州、还州。

安化州都督府，领州七：永和州、威州、旭州、莫州、西沧州、琼州、儒州（本西盐州，贞观五年以拓跋部置，治故后魏洪和郡之蓝川县地）。② 庆州怀安县，古居近党项蕃部，唐开元十年（722）检逃户初置，故以怀安为名。③

（2）在银州一带的有：

静边州都督府，旧治银郡界内，管小川（当作州）十八；归德州，寄治银州界，处降党项羌。

（3）在夏州一带的有：

云中都督府，党项部落寄在朔方县界，管小州五：舍利州、思壁州、阿史那州、绰部州、白登州，户一千四百三十，口五千六百八十一。

呼延州都督府，党项部落寄在朔方县界，管小州三：贺鲁州、那吉州、跌跌州，户一百五十五，口六百五。④ 此外还有桑乾都督府、定襄都督府，不多引证。这是东迁后党项诸部分散诸地情况，所谓小州，即羁縻州，统辖范围和权力不出部落。

---

① 《旧唐书》卷三八《地理志一》。
② 《新唐书》卷四三《地理志七》。
③ （唐）李吉甫：《元和郡县图志》卷三《庆州怀安县》。
④ 《旧唐书》卷三八《地理志一》。

宋代以灵州为中心，党项诸部分布的情况是：

（1）在黄河南岸，灵州城下管蕃部三，傍家外生族巡检司使移香一族，媚家族巡检使保尾一族，越邦族巡检使罗香一族；清远镇管蕃部九：青天门一族、泥悉逋一族、罗泥一族、罗泥磨废一族、噤埋一族、嗓偖移一族、封家一族、宗家一族、越邦一族。

（2）在黄河北岸，昌化镇管蕃部一，吐蕃村巡检使委尾一族；保静镇管蕃部六，吐蕃村巡检使委尾一族，右厢巡检使成悉逋等一族，右厢务下义征使罗庆等一族，右厢巡检使务下义征杨尉尉等一族，鬼悉涡巡检使庚子等一族；临河镇管蕃部三，小父儿义征使喱悉逋一族，鬼悉涡巡检副使庚子一族，鬼悉涡巡检使埋逋一族。①

（3）在灵州"北至碛岭弥娥川水一千里"，亦即在黄河北的贺兰山一带也有党项人的踪迹，从"弥娥水"一词就可以知道。② 此外，在通远军，"四面并是蕃部"，"东南至蕃部独家族一十五里，西南至蕃部掠利族一十三里，东北至蕃部鼻家族一十里，西北至蕃部傍家族一十五里"。③ 然而无论通远军的"四面"，还是前述的吐蕃巡检使、阿史那州等类记载，不一定都是党项人，有些明显是非党项人的蕃族，如阿史那州很可能是此前突厥人的孑遗，有的可能是吐蕃人。

由此可见，自唐中叶以来，党项诸部是以庆、盐、银、夏等州为中心，分散在今陕甘宁边界一带的。这个地区，不仅有党项诸部，还有吐蕃、回鹘诸族，甚至有突厥的遗族。汉族在这个地区也占有一定比重，大约自汉代建立朔方郡，移民戍边，以加强边防，虽不断迁移流动，毕竟保留了不少汉民。因此，这个地区的居民情况，正如《太平寰宇记》作者乐史所说的，是"蕃汉相杂"的。各族究竟有多少人口，依夏州户口统计看，北宋初年汉户为

---

① 《太平寰宇记》卷三六《关西道·灵州》。
② 《太平寰宇记》卷三六《关西道·灵州》。
③ 《太平寰宇记》卷三七《关西道·通远军》。

2096 户，蕃户为 19290 户，① 蕃户占户数约为 90%，而汉户仅 10%。夏州是党项东迁后最为集中的一个地区，谓之"平夏部"，这里的蕃户主要是党项户，如果以夏州的党项户作为估计的基础，加上银、盐、灵、庆、会等州的党项人，不少于五六万户、三十几万口，其中除灵州有大量汉族外，其他地区党项人占绝大多数。②

5. 唐朝后期与党项的关系

党项羌经过多次迁移，逐渐各有地分，由客居变成"土著"，居庆州者号"东山部落"，居夏州者号"平夏部落"，居南山者号"南山部落"（即宋代横山羌）。唐永泰元年（765）后，还有一部分党项羌东迁到石州（今山西省离石县），"以就水草"，30 多年后，即唐贞元十五年（799），由于"永安城镇将阿史那思昧扰其部落，求取驼马无厌，中使又赞成其事，党项不堪其弊，遂率部落奔过河。"③ 此外，还有党项羌渡过黄河进入漠南，成为后来契丹辽朝统治下的部落。

从有关资料来看，唐朝后期党项羌同中原王朝关系的一个很重要的特征就是暴力事件不断。他们或不断对毗邻的汉族地区进行骚扰，掳掠人畜；或起来反抗唐王朝的弊政。据不完全统计，从唐永泰元年（765）吐蕃、回纥、吐谷浑、党项联合入寇王畿开始，到唐乾符元年（874）党项、回纥寇天德军为止，党项"寇边"重大事件约有十五次以上，其中引导吐蕃入寇的就有五次，有的反抗斗争长达四十年之久。

这一时期党项羌之所以叛服不常，大肆骚扰边境，首先因为"安史之乱"后，唐朝政治腐败，中央权力削弱，天下尽分裂为藩镇。但吐蕃势力却不断增大，先是攻占河西陇右，随后又越陇进入关中，一度攻克都城长安，逗留

---

① 《太平寰宇记》卷三七《关西道·夏州》。
② 漆侠先生最先注意到这一情况。
③ 《旧唐书》卷一九八《党项羌传》。

十五日方退。接着双方在陇山东西进行了长达二十余年的拉锯战。唐贞元三年（787），又占据了灵、盐、夏等西北重镇。吐蕃的强盛，唐朝的衰落以及对党项羌控制的松弛，势必会影响到党项羌的倾向。加之党项羌历来是唐蕃争夺的中间势力，这样一部分党项贵族必然要叛唐附蕃。但由于吐蕃处于落后的奴隶制阶段，一方面诱导党项"寇掠"唐朝边境，另一方面又"略党项杂畜"。① 党项羌首领则根据斗争形势的变化，时而叛唐附蕃，寇掠边地；时而与唐和好，反对吐蕃的掠夺，试图在两大势力的夹缝中求得生存与发展。

其次，党项羌扰边叛唐是唐朝边将残暴统治的必然结果。党项羌徙居庆、盐、银、夏地区以后，除向政府"兼服征徭"外，② 还直接遭到唐朝边将的暴虐统治，备受额外剥削与压迫。如元和（806—820）中，夏绥银节度使田缙"盗没军粮四万斛，强取羌人羊马"，"党项苦之，屡引西戎犯塞。元和末，大兵入寇"，"盖田缙始生国患。"③ 太和（827—835）、开成（836—840）之际，"藩镇统领无绪，恣其贪婪，不顾危亡，或强市其羊马，不酬其直，以是部落苦之，遂相率为盗，灵、盐之路小梗。"④ 对此连当朝宰相杜佑也不得不承认，"党项小藩，杂处'中国'，本怀我德，当示抚绥。间者边将非廉，亟有侵刻，或利其善马，或取其子女，便赂方物，征发役徒。怨苦既多，叛亡遂起。"⑤ 可见党项羌的扰边、反抗，很大程度上是由唐朝边将的残暴统治引起的。

其三，中唐以后党项频繁扰边，还与唐朝后期处置党项失策有关。唐朝后期对党项羌采取"分而治之"的策略，将其部落分别隶属于西北各边州，目的是分化瓦解其力量，不至于形成与中央对抗势力。但党项羌以游牧为主，迁徙无常，往往在一处寇掠之后，就逃亡他处。在政治统一的情况下，这种问题并不难解决。但唐朝后期藩镇割据，镇将们为了扩大势力，对扰掠后逃

---

① 《资治通鉴》卷二二五，唐代宗大历十三年八月条。

② 《全唐文》卷七五〇，杜牧《贺平党项表》。

③ 《新唐书》卷二一〇《田缙传》。

④ 《旧唐书》卷一九八《党项羌传》。

⑤ 《全唐文》卷四七七，杜佑《论边将请击党项及吐蕃疏》。

到本镇境内的党项部落"不为擒送，以此无由禁戢"。① 针对这种情况，朝廷根据李德裕的建议，以充王李歧为灵、夏等六道元帅兼安抚大使，以御史中丞李回为副，兼统诸镇党项，但实际上效果并不显著。

其四，党项扰边还与其自身社会发展有关。中唐以后，散处的党项羌部落虽然"并无魁首统摄"，但由于畜牧业的发展以及牲畜私有制的萌芽，却已经同汉族进行商品交换了，从唐贞元三年（787）"禁商贾以牛、马、器械于党项部落贸易"② 的禁令来看，至少在中唐乃至更早，党项羌就开始与中原贸易。到元和（806—820）中，更是"部落繁富，时远近商贾，赍缯货入贸羊马"。太和（827—835）初，数扰边境，"然器械钝苦，畏唐兵精，则以善马购铠，善羊贸弓矢。"③ 可见党项羌不仅在经济上和内地进行交流，而且在军事装备上也依赖于内地的供给。但是，唐朝为了达到控制党项羌的目的，严禁以器械与党项部落进行贸易，加之一些奸商、藩镇"乘其利，强市之，或不得直"。④ 往往引起党项羌人民的强烈不满和武装反抗。850 年（大中四年），银夏地区党项羌反抗斗争愈来愈大，唐宣宗被迫下诏："或闻从前帅臣，多怀贪克，部落好马，悉被诛求，无故杀伤，致令怨恨。从今以后，必当精选清廉将帅，抚驭羌戎"。同时规定"除禁断兵器外，任以他物，于部落往来博易"。⑤ 承认党项各部反抗是由唐政府经济封锁和边将贪暴造成的。

还有内迁党项畜牧业的发达和对外贸易的发展，部落大姓为了增殖个人财富，对外掠夺是不可避免的事，所谓"见利则锐敏争进"，"不利则鸟惊鱼散"。⑥ 从某种意义上讲，这是党项羌社会发展到一定阶段的必然产物。

---

① 《资治通鉴》卷二四七，唐武宗会昌三年八月条。
② 《旧唐书》卷一九八《党项羌传》。
③ 《新唐书》卷二二一《党项传》。
④ 《新唐书》卷二二一《党项传》。
⑤ 《唐大诏令集》卷一三〇，宣宗《平党项德音》。
⑥ 《资治通鉴》卷二四六，唐武宗会昌元年八月条。

唐朝后期，尽管党项羌不时扰边，但总的来说，他们与中央政府保持着隶属关系，和中原地区政治、经济往来十分密切，其首领被唐朝册封为都督、刺史之类的头衔，并受唐朝边将节制，听命于唐政府的调遣，助唐"讨乱"。在经济上党项马是驰名中原的商品，中唐诗人元稹《估客乐》诗说："求珠驾沧海，采玉上荆衡；北买党项马，西擒吐蕃鹦。"①　就是生动的写照。同时，党项羌有时还充当唐蕃贸易的中介人，德宗贞元间（785—804），唐朝就通过党项购买吐蕃牛数万头，以作边地屯垦之用。②

（三）夏州拓跋政权建立与发展

1. 夏州拓跋政权的建立

在党项诸部中，拓跋部最为强族，因此最受唐王朝的重视。拓跋赤辞归附后，立即被任命为西戎州都督，赐皇姓李，这在早期党项诸部中是独一无二的，无疑大大提高了拓跋部在党项羌中的地位和声望。在党项羌大迁徙浪潮中，拓跋部又比较完整地从松州地区迁往庆州地区，后又迁到平夏，成为平夏部落中最大的一支，被唐朝授以高官，继续保持其在党项羌中的强族地位。唐玄宗时拓跋赤辞从子拓跋思头（思泰）任静边州都督，拓跋思头子拓跋守寂因助唐平定安史叛乱，被封为容州刺史、天柱军使、西平公。后又赠灵州都督。拓跋守寂子拓跋乾晖曾任银州刺史，拓跋乾晖就是后来占据宥州的拓跋思恭的祖父。

拓跋思恭占据宥州不久，唐朝爆发了以黄巢为首的农民大起义，唐广明元年（880）十二月，起义军攻克都城长安。次年（中和元年）正月，唐僖宗在奔蜀途中，下诏调集各路兵马镇压起义军，党项大首领、宥州刺史拓跋思恭也在被征调之列。拓跋思恭接到诏令后，立即率所部蕃汉军队南下。为了

---

① （唐）元稹：《元氏长庆集》卷二三《估客乐》，上海古籍出版社 1994 年版。
② 《资治通鉴》卷二三二，唐德宗贞元三年六月条。

表彰拓跋思恭积极行动，僖宗特授其为夏州节度使，复赐姓李，封夏国公，按此为拓跋氏得节度之始。同年十二月，唐朝又赠夏州节度为定难节度。[①] 从此夏州地区获得了定难军的称号，统辖银、夏、绥、宥四州之地，拓跋李氏成为名副其实的地方藩镇，夏州拓跋政权由此正式确立。

拓跋守寂墓志铭

　　经过黄巢农民起义军的沉重打击，唐王朝进一步衰落，号令不出国门，藩镇之间的混战更加严重，除了旧藩镇外，在镇压农民起义过程中又出现了一批新的藩镇。当时北方势力较大的藩镇有宣武镇的朱全忠（朱温），魏博镇的罗绍威，河东镇的李克用，凤翔镇的李茂贞等。在强藩角逐的形势下，力

---

　　① 《资治通鉴》卷二五四，唐僖宗中和元年十二月条。

量弱小的定难军拓跋氏为了保存和扩大割据势力,在对外交往上审时度势,同中原政权保持较密切的关系。当时强藩"怒则以力而相并","喜则连横以叛上",而定难军拓跋李氏始终与中央保持友好的关系,不仅没有直接和唐中央政府对抗,而且还多次出兵帮助唐朝讨伐叛镇。拓跋思恭曾率部协助唐军征讨王重荣、李克用等叛军,思恭弟思孝、思谏也服从中央政府调遣,参加了征讨王行瑜、李茂贞的战役。

唐乾宁三年(896),保大节度使(领鄜、坊、丹、延四州)李思孝退休,其弟李思敬袭位。因保大节镇紧邻关中,为了消除隐患,唐政府下令将思敬调往武定军(今陕、甘、川三省交界地区,领洋、果、阶、扶四州),思敬也同意移镇。这一方面反映出夏州拓跋政权还没有能力与唐中央政府直接对抗,同时也反映出其与中央政府的关系比较协调。

为了确保对平夏地区的统治,拓跋李氏政权特别注意三个方面:一是搞好与唐朝的关系,服从中央调遣。二是始终保持父子、兄弟相继,由拓跋贵族牢牢掌握节镇的控制权。其他藩镇往往是乌合之众,主帅则由军队任意拥立。三是特别重视保存实力。拓跋李氏虽多次助唐平叛,但并未殊死作战,而是伺机进退,从中渔利。大顺(890—891)初,河东李克用叛,唐政府调镇国、保大、定难、凤翔等镇军渡河讨伐。双方在赵城开战,镇国节度使韩建与唐将张浚先后告败,在战局不利的情况下,拓跋思恭与保大、静难、凤翔诸军相继渡退兵。结果既无兵力损失,又有尊王之名,可谓一举两得。唐文德元年(888),拓跋思恭乘关中战乱,率军攻取鄜延地区,迫使唐朝封其弟思孝为保大节度使,使拓跋李氏政权控制区域一度扩大到夏、绥、银、宥、盐、鄜、坊、丹、延九州之地,兵力发展到三万骑以上。其后,虽然因唐朝把李思敬调往洋州而削弱了其力量,但直到唐朝灭亡,拓跋政权首领李思谏仍握有银、夏、绥、宥、盐、延六州之地,成为雄踞西北的一支不可忽视的力量。

2. 五代时期夏州拓跋政权

后梁开平元年（907），唐朝叛将朱温称帝，建立后梁，加封夏州节度使李思谏为检校太尉兼侍中，拓跋政权与后梁正式建立臣属关系。当时邠宁节镇杨崇本、鄜延节镇李周彝、凤翔节镇李茂贞都和后梁争战，只有夏州节镇李思谏和灵武节镇韩逊臣附后梁。① 拓跋政权之所以这样迅速地与后梁建立臣属关系，与其所处的政治环境有很大的关系。当时拓跋李氏所居的银夏地区，东面是河东李克用，北边是新兴的强族契丹，东南是刚刚建立的后梁。这几个军事、政治集团不仅实力雄厚，而且都有吞并银夏地区的打算，拓跋政权随时都面临着被吞并的危险。在这种情况下，拓跋李氏只有寻找其中一个力量最强大的集团为靠山，才有能力与其他割据势力作斗争，保住其在银夏地区的统治地位。

后梁开平二年（908），李思谏去世，军中遵思谏遗命，推其子李彝昌为留后，不久被后梁正式封为节度使。次年三月，夏州都指挥使高宗益杀掉李彝昌，将吏共诛宗益，推彝昌族父李仁福为帅。四月，后梁又以仁福为定难节度使。乾化三年（913），后梁又封夏州节度使、检校太尉、太保兼侍中、同平章事李仁福为陇西郡王，按此为夏州拓跋李氏封王之始。此后，李仁福一直为后梁捍卫西北边陲，与中原王朝保持密切的关系。直到922年李存勖进攻后梁京师，后梁政权崩溃在即，李仁福还应诏贡马五百匹助战，依然保持君臣关系不辍。

后唐灭梁后，李仁福因曾臣梁抗唐，心怀恐惧，为了保持自己的割据地位，不至于被新兴的后唐王朝吞掉，或者不愿与其发生正面冲突，立即向过去的对手作出友好的姿态，遣宥州刺史李仁裕去贺庄宗李存勖登极，以此表示自己的归顺之意。后唐为了扩大势力，也不计前嫌，于同光二年（924）四

---

① 《新五代史》卷四〇《韩逊传》。

月，封李仁福为检校太师兼中书令、夏州节度使，晋爵朔方王，承认了拓跋李氏在夏州的统治。此后一直到李仁福卒，后唐政府不断给他加官晋爵，以笼络其心，李仁福也一意奉承，双方基本保持了十年相安无事的局面。当然，在这相安无事的背后，也出现过令双方不愉快的事。后唐天成三年（928）七月，贬刑部侍郎马缟为绥州司马，曹州刺史成景宏为绥州司户参军。据清人吴广成考证，"河西自李氏世袭，绥、宥诸州不归十道，故终五代诸姓，不复铨除。明宗此举，或欲示其威权，而李氏从违，新旧两史并不载。"① 可以想见，拓跋李氏不会痛快地接受唐政府派遣官吏的。不过，明宗这一举措确实是"欲示威权"，或者是试探拓跋李氏的态度，它为几年以后铲除拓跋政权的行动作了思想上的准备。

后唐长兴四年（933）李仁福卒，将吏推其子李彝超权知州事，并按惯例上书后唐朝廷，请求正式册封。如前所述，李仁福与后唐为了各自的利益才相互承认的，表面上李仁福尊后唐为中央，后唐授仁福高官，但实际上后唐对割据多年且势力越来越大的拓跋李氏一直不放心，加之边将多言仁福潜通契丹，更是时时刻刻提防拓跋政权与契丹联合起来，"并吞河右，南侵关中"。② 因此，一直在寻找机会将其消灭。

李仁福亡故后，后唐明宗认为时机成熟了，他决定用"调虎离山"的办法来消除这一隐患。不同意李彝超继承夏州节度使，而是将其与延州节度使安重进对调。又命邠州节度使药彦稠、宫苑使安从益统领五万大军护送安重进赴任。夏州拓跋政权经过唐末五代之际的发展，已经逐渐壮大起来，不愿意也不可能再出现像唐朝调防李思敬那样的事件。因此，李彝超根本不买后唐明宗的账，他一方面上书明宗，托辞他本人愿意移镇延州，只"缘三军百姓拥隔，未遂赴镇"；另一方面积极布置防务，遣兄阿罗王守青岭门，调发党项诸族以自救。

---

① 《西夏书事》卷二载吴广成考证。
② 《资治通鉴》卷二七八，后唐明宗长兴四年二月条。

不久，安重进大军进围夏州城，李彝超闭城固守。夏州城为匈奴赫连勃勃所筑，马面宽而密，攻城士卒遭到正面和两翼马面的夹击，无法近城。乃掘地道至其城，但城基坚如铁石，"攻凿不能入"。① 李彝超又调发周边党项一万余骑抄掠粮道，官军无所食，"死者甚众"。② 加之李彝超扬言"结契丹为援"。在这种情况下，明宗只好下令撤兵。随后李彝超上表谢罪，明宗正式封其为定难军节度使、检校司空兼检校司徒，既而修贡如初。这场削弱异己的斗争，就这样以后唐政府失败而告终。

李彝超粉碎了后唐政府的吞并活动，对夏州拓跋政权产生了重大影响，正如清人吴广成所评论的，"此李氏显据夏州之始"。③ 从此以后，拓跋政权首领对中原王朝的态度发生了根本性的转变。它一反过去俯首称臣的态度，"自是夏州轻朝廷"，④ "傲视中原，阴结叛臣"，⑤ 只在名义上臣属于中原王朝。正如《宋史》所说的"虽未称国，而王其土久矣"。⑥《故大宋国定难军管内都指挥使康公墓志铭》称李彝超为"府主大王"，⑦ "府主大王"有着国君般的权力，是银夏地区的主公和大王。夏州拓跋政权军事力量的发展壮大，使其成为一个名副其实的地方割据政权，同时，这个割据政权又带有部族性。这就使得后唐明宗以后历代中原皇帝既想消灭它，但又不好下手，只好采取"羁縻"政策，尽量维持比较友好的关系，以保相安无事。此后历朝皇帝对其态度与前代大不一样，已不是拓跋政权主动归附，而是中原统治者主动拉拢它投靠自己。后唐清泰二年（935），李彝超卒，后唐即封其弟李彝殷为节度使。后晋天福元年（936），晋高祖石敬瑭以皇基初造，诏"加官及封邑，示普恩也"。后晋天福八年（943），又给李彝殷加官检校太师。吴广成对此评论

---

① 《册府元龟》卷四三八《将帅部·无功条》。
② 《旧五代史》卷一三二《李彝超传》。
③ 《西夏书事》卷二，吴广成按语。
④ 《资治通鉴》卷二七八，后唐明宗长兴四年五月条。
⑤ 《册府元龟》卷一六六《帝王部·招怀条》。
⑥ 《宋史》卷四八六《夏国传下》。
⑦ 杜建录：《党项西夏碑石整理研究》，上海古籍出版社 2015 年版，第 108—113 页。

道："李氏自后唐入晋，非有大功可纪，而晋爵拜官，书不胜书。前贤谓乱世之爵赏不足以服人，适足以骄人，其以此夫。"① 这种无功而"晋爵拜官"，恰恰反映出对拓跋政权的羁縻。

后周广顺元年（951），周太祖郭威新立，主动晋封李彝殷为陇西郡王。然而彝殷不买后周的账，没有上表祝贺，反而遣使表附北汉。就是在这种情况下，后周还是极尽拉拢之能事，遥封了一大堆官号。如后周显德元年（954）正月，封李彝殷为检校太尉加太师、侍中兼中书令、同平章事，晋爵西平王。后周显德四年（957），李彝殷弃汉归周，周世宗大为高兴，立即加秩太保，"益食邑六百户，实封三百户"。更为有趣的是后晋天福八年（943），绥州刺史李彝敏叛乱，事败后投奔延州避难，但后晋不仅没有将其保护起来，反而主动缚送夏州处斩。所有这些不仅说明了中原王朝对拓跋政权的态度，而且也反映出双方关系的实质。

总之，五代夏州拓跋政权对外关系中，一切以发展自己为前提，至少是以不损害自己利益为前提。后周初年，夏州李彝殷与麟州刺史杨训嗣一同投附北汉，后周广顺二年（952），杨训嗣为属羌所围，求救于李彝殷。但彝殷认为削弱麟州杨氏对自己有利，不赴援。后来，李彝殷见周世宗柴荣整军备武，大有统一中国之势，又反过来弃汉附周。诸如此类，不一一枚举。故封建正统史家评曰："夏州当五代之时，自开平迄显德，终始五十三年，暮楚朝秦，充然无复廉耻。"② 岂不知这种"暮楚朝秦"是拓跋政权在当时为求生存、求发展的必然结果，它使拓跋氏始终牢牢地控制着银夏地区，为宋代西夏称帝建国创造了极为有利的条件。

3. 宋朝初年与夏州拓跋政权的关系

宋建隆元年（960）正月，夏州节度使、西平王李彝兴（避宋太祖名讳，

---

① 《西夏书事》卷二，吴广成按语。
② 《西夏书事》卷二，吴广成按语。

改殷为兴）获悉赵匡胤代周建宋，立即派银州防御史李光俨奉表入贺，宋太祖大为高兴，给彝兴加官太尉。李彝兴之所以一反五代后期对中原王朝的态度，主动向宋朝靠拢，与当时中原王朝国力增强有着密切的关系。

早在后周时期，世宗柴荣雄才大略，在采取了一系列恢复和发展生产措施的同时，又对政治、军事作了一番整顿，特别是在军事方面，基本上把五代骄兵悍将飞扬跋扈的局面扭转过来。举兵南征北伐，力图统一中国。到后周显德二年（955），先后攻取后蜀的秦、凤、阶、成四州，后唐的淮北、江北十四州及北方契丹的瀛、莫二州，使国力大为增强。公元960年赵匡胤黄袍加身，建立北宋王朝，不但继承了后周的皇位，而且也继承了周世宗柴荣留下的强兵良将与经济实力。追随周世宗鞍前马后的宋太祖赵匡胤聪睿英武，李彝兴也早有所闻。这一切都使得善于根据形势变化调整对外政策的夏州拓跋政权首领迅速作出投靠宋朝的决定。

夏州拓跋政权对新建立的宋朝的友好态度，使宋太祖喜出望外，立即授以高官。宋人陈师道曰："宋初职备三公者，内则赵普，外惟彝兴，彝兴以藩镇领之，尤异数也。"① 一语道破了两者之间的特殊关系。正因为夏州拓跋政权很快与宋朝建立外交关系，为以后双方的友好往来奠定了基础，从此到李继捧献出四州八县之地，双方一直保持比较密切的关系。

一是贡使往来不断。建隆元年（960）正月，李彝兴遣使贺宋太祖登基。宋建隆三年（962）四月，李彝兴闻知宋朝缺乏战马，遣使以良马三百匹入献。赵匡胤为了嘉奖彝兴，亲自让工匠为彝兴特制一个玉带。并召夏使问道："汝帅腹围几何？"使者回答说彝兴腹围甚大。太祖说："真福人也"。遂遣使以带赐之，彝兴感服。② 宋乾德元年（963），彝兴又遣使献犛牛。

二是多次助宋抗击和讨伐北汉。建隆元年（960）三月，北汉主联合代北

---

① 《西夏书事》卷三引陈师道语。
② （宋）彭百川：《太平治迹统类》卷二。

诸部扰掠麟州，彝兴奉太祖诏，遣部将李彝玉会诸镇兵御之，刘钧遂退去。①
按此为夏州拓跋政权第一次助宋抗汉。此后，北汉主刘钧多次遣使持币约以
兵助，彝兴不纳。太祖得知后，厚赉之。彝兴死后，其子光睿（后避太宗讳
改为克睿）仍采取臣宋抗汉的策略。宋开宝八年（975），北汉主刘继元数出
兵寇宋，并遣使招诱拓跋政权，光睿不从。刘继元怒而发兵，遣万余骑渡河
抄掠银州，被光睿打退。宋太平兴国元年（976）九月，宋以侍卫指挥使党
进、宣徽北院使潘美等率兵讨伐北汉。定难节度使李光睿也率部到达天朝、
定朝两关，遣使说等黄河封冻后，渡河向北汉发起进攻。十月，攻克北汉吴
堡寨，斩首七百级，获牛羊、铠甲数千，俘寨主侯遇以献。宋太平兴国四年
（979）三月，宋朝再度大举北伐，定难节度留后李继筠遣银州刺史李克远、
绥州刺史李克宪率蕃汉兵沿黄河列塞，以张军势。

　　三是世受宋朝册封。宋乾德五年（967）九月，定难节度使李彝兴卒，宋
太祖废朝三天，赠太师，追封夏王。十月，授彝兴子李光睿为定难军节度使。
宋太平兴国元年（976）十二月，宋太宗即位，李克睿（光睿）因抗击北汉有
功，加官检校太尉。宋太平兴国七年（982）李克睿卒，授其子李继筠为检校
司徒、定难节度观察留后。除了节度使外，有时甚至连刺史都要宋朝任命，
如宋开宝三年（970）九月，绥州羌乱，刺史李光琇子李丕禄讨平之，节度使
光睿令丕禄权知州事。宋太祖闻报后，诏授本州刺史。

　　尽管夏州拓跋政权和宋朝保持着友好关系，但在这种友好关系的背后，
已经隐藏着一种不安定的因素。宋初厉行专制主义中央集权，特别注意削弱
地方割据势力，而夏州拓跋政权具有地方和民族两重性，因此在处理上慎而
又慎，基本上维持原来的"羁縻"方式。然而，客观现实不能不对夏州割据
政权产生影响。

　　《西夏书事》卷三曰：开宝五年（972）春三月，"光睿闻太祖解诸将兵

---

① 《宋史》卷四八五《夏国传上》。

权，罢藩镇节度，内不自安。遣使贡献，表请入朝，诏不许。"这件事反映出两个问题，一是世居银夏的拓跋政权在试探宋朝的态度；二是宋太祖采取"先南后北"的统一方略，需要有个相对安定的北部边境，宰相赵普与赵匡胤在讨论统一策略时就说得很清楚："太原当西北二边，使一举而下，则边患我独当之。何不姑留以俟削平诸国，彼弹丸黑子之地，将何所逃！"① 因此，除不取北汉外，还令夏州拓跋李氏、府州折氏、麟州土豪杨氏、丰州大族藏才氏、灵州土豪冯氏得以世袭，以安定其部落。显然，在这种统一方略和民族政策下，宋太祖自然不会允许光睿入朝。

但到了宋太平兴国元年（976）以后，情况则有所变化。一方面宋朝基本上统一了南方，开始把经略重点向北转移；另一方面用阴谋手段夺取帝位的太宗赵光义为了转移统治集团内部矛盾，积极对外用兵，"谋取燕蓟，又内徙李彝兴（当为李继捧）、冯晖，于是朝廷始旰食矣！"② 其实，内徙李继捧早在太宗即位初就已出现端倪。宋太平兴国三年（978），定难节度使李光睿卒，太宗改变五代至太祖时的惯例，授其子李继筠为检校司徒、定难军节度观察留后，而不任命为节度使。③ 显然，这是费了一番苦心的。如前所述，夏州拓跋政权带有民族及地方两重性，赵光义不好直接下手，只能等待时机。

宋太平兴国五年（980）十月，李继筠卒，十一月其弟衙内指挥使李继捧出任定难军留后。随后的一年多时间里，夏州政局出现动荡，拓跋家族内部一部分势力反对李继捧袭位，试图取而代之，其中影响最大的是银州刺史李克文（李继捧叔父）。宋太平兴国七年（982）三月，李克文上书宋朝，提出"继捧不当承袭，请遣使与偕至夏州，谕继捧令入朝"。④

---

① 《续资治通鉴长编》卷九，太祖开宝元年七月丙午条。
② 《宋史》卷三一八《张方平传》。
③ 《宋史》卷四八五《夏国传上》。
④ 《续资治通鉴长编》卷二三，太宗太平兴国七年五月癸巳条。李克文提出兄死后弟不当继承，显然是个借口，在夏州拓跋政权发展史上，兄弟可以相互承袭的。《宋史》卷四八五《夏国传上》记载：五代时定难节度使李彝超卒，其弟李彝殷袭位。《墓志铭》记录李彝殷为李彝超兄。

宋代开封繁塔李光文捐施题刻

李克文的这一请求对宋太宗来说正中下怀，他错误地认为消灭夏州拓跋政权的时机已经成熟，于是立即遣中使持诏，命李克文权知夏州，以西京作坊使尹宪同知州事，召李继捧来京。李继捧接诏后，面有难色，但前有李克文威逼，后有宋兵压境，无奈之下只好带上家属出发。

同年五月，李继捧等一行到达汴京开封，朝见于崇德殿。太宗运用手段，轻而易举地使夏州节度留后李继捧举家来朝，喜出望外，赐白金千两，帛千匹，钱百万。身不由己的李继捧只好"自陈诸父昆弟多相怨怼，愿留京师，遂献其所管四州八县。"① 太宗乃授继捧为彰武军节度使（虚衔），随后遣使押解拓跋李氏缌麻以上亲族全部赴阙，包括权知夏州李克文与绥州刺史李克宪。李克文见大势所趋，挚其家属入京，"以唐僖宗所赐其祖思恭铁券及朱书御札来上"。② 太宗宴之崇德殿，嘉奖备至，授澧州刺史，赏赍无算。李克宪接到诏书后，"偃蹇不奉诏"，太宗又遣通事舍人袁继忠持诏晓以利害。克宪迟疑久之，乃随袁继忠入京。③ 太宗授单州刺史，与克文并赐第京师。至此，夏州拓跋李氏政权一度中断。

① 《续资治通鉴长编》卷二三，太宗太平兴国七年五月己酉条。
② 《宋史》卷四八五《夏国传上》。
③ 《续资治通鉴长编》卷二三，太宗太平兴国七年十一月己酉条。

二、夏太祖到夏景宗　西夏国的建立

西夏国的建立是由李继迁、李德明、李元昊祖孙三代人完成的，这一过程可分为两个阶段，第一阶段的方略是联络豪族、结好契丹，恢复拓跋李氏世居的四州八县"故土"；第二阶段是在恢复"故土"的基础上，进一步对外扩张，占据河套平原与河西走廊，并将政治中心由鄂尔多斯台地迁往河套平原。这一方略由李继迁谋划并付诸实施，只不过他在攻取灵州，继续向西发展的过程中，被凉州吐蕃大首领潘罗射中，奔还灵州三十九井，数月后因伤重而亡。其子孙李德明、李元昊继承他的遗愿，北收回鹘锐兵，西掠吐蕃健马，最终征服凉州吐蕃和甘州回鹘，夺取整个河西，奠定西夏立国的疆域基础。

李继迁、李德明在位时只封授王号，其帝号为后世追封。宋大中祥符五年（1012），李德明追上李继迁孝光皇帝，李元昊追谥神武皇帝，庙号太祖，墓号裕陵。李德明卒后，元昊追谥光圣皇帝，庙号太宗，墓号嘉陵。①

（一）拓跋李氏建国方略

1. 联络党项豪族大姓

李继捧举家入朝后，定难军都知蕃落使李继迁因与权知夏州李克文意见

---

① 《宋史》卷四八五《夏国传上》。

不一，便率部离开夏州，回到故地银州。不久，宋朝持诏使节来护送李氏缌
麻以上亲族赴阙，李继迁得知"五州地尽归朝廷"，他反对献出领地，认为
"吾祖宗服食兹土逾三百年，父兄子弟，列居州郡，雄视一方"，岂能轻易离
开这块土地，应诏入京受人摆布！因此与其弟李继冲、亲信张浦商定，决计
走避漠北。当时宋朝大兵压境，为了摆脱宋军的控制，李继迁诈称乳母病亡，
需要出葬郊外，将兵器藏在棺中，和数十人出城后往东北方向奔去，到达离
夏州三百里左右的地斤泽。① "收部曲散亡者，劫西羌种落"，② 起兵抗宋。

　　当时摆在李继迁面前的一个关键问题是，他究竟利用、依靠什么力量同
宋朝抗争，借以实现其建立独立王国的野心？拓跋李氏贵族在银夏地区有着
深厚的根基，特别是拓跋思恭获得夏州定难节度使以来，拓跋部大首领成为
党项族独一无二的共主，在平夏党项中有着深远的影响。李继迁在漠北安顿
好家室后，利用其祖先这一影响号召党项族，"出其祖彝兴像以示戎人，戎人
皆拜泣"③，纷纷归附李继迁。不过，李继迁集团清楚地认识到，迫使宋朝让
步，恢复世居的故土，重建夏州拓跋政权，不是拓跋一个部落所能完成的，
必须得到银夏地区豪族大姓的支持。所谓"联络豪右，卷甲重来"。联络豪右
就是联络党项豪族大姓，党项东迁后，依然保留原来的氏族部落，这些大大
小小的部落首领往往领几十、几百甚至几千个族帐（一个族帐为一户），每个
宗族部落都有自己的武装力量，成为一个个独立的实体。"联络豪右"也就是
把这些分散的强宗大族，集合在拓跋氏贵族的周围，形成党项贵族们的地方
政权，同宋政权对抗。如果作更深层次的考察，就可以看到，党项社会由分
散的部落社会向统一的宗法封建社会过渡的趋势，需要一个强有力的政权为
之催生。党项的氏族贵族（亦即强宗大族的首领）渴望建立政权，由此来扩
展自己的政治经济力量。正是在这样的社会历史条件下，李继迁便和党项

① （宋）王偁：《东都事略》卷一二七《西夏传》。
② （宋）曾巩：《隆平集》卷二〇《夏国赵保吉传》。
③ 《续资治通鉴长编》卷二五，太宗雍熙元年九月记事。

"豪右"结合起来了。紧密地依靠党项"豪右"，以"豪右"作为党项贵族统治的根基。

史称"继迁复连娶豪族，转迁无常，渐以强大，而西人以李氏世著恩德，往往多归之"。① 李继迁的后嗣也是以联姻的方式联络豪右，"德明娶三姓，卫慕氏生元昊，咩迷氏生成遇，讹藏屈怀氏生成嵬"。② 李德明子李元昊共七娶，除契丹兴平公主外，其余六娶为米母氏（又作卫慕）、索氏、都罗氏（早死）、咩迷氏、野利氏和没啰氏，③ 也都是大族。李继迁及其后嗣联姻豪右的结果，在强化党项贵族专政的同时，也强化了拓跋氏族系在党项贵族中的统治地位。当然，一些后族利用外戚的地位，擅权专政，这也是不可避免的。

用通婚的办法联络豪右，实质是给豪右以相应的政治地位，使其在建立党项的新政权中发挥作用。宋雍熙二年（985）二月，李继迁设伏诱杀夏州都巡检使曹光实，假借其旗帜，袭破银州，获取大量军械物资，于是部落族帐纷纷投附。当时有人建议李继迁自称定难节度、西平王，以"号令蕃众"。李继迁的汉人谋士张浦则认为："自夏州入觐，无复尺疆。今甫得一州，遽尔自尊，恐乖众志。宜先设官授职，以定尊卑，预署酋豪，各领州郡，使人自为战，则中国疲于备御，我得尽力于西土矣！"④

张浦的这一建策是非常高明的，要李继迁不要称王"自尊"，以乖众志。而要"设官授职，以定尊卑"，从反抗宋统治过程中建立自己的一套森严的等级制度和秩序。让各地酋豪首领"各领州郡"，把他们推到反宋斗争的第一线，为党项新政权拼死卖命。李继迁采纳了张浦的建策，自称定难军留后，以张浦、刘仁谦为都押牙，李大信、破丑重遇贵为蕃部指挥使，李光祐、李光允为团练使，折八军为并州刺史，折御乜为丰州刺史，折罗遇为代州刺史，

---

① 《宋史》卷四八五《夏国传上》。
② 《宋史》卷四八五《夏国传上》。
③ 《续资治通鉴长编》卷一六二，仁宗庆历八年春正月辛未条。
④ 《西夏书事》卷四。

嵬悉咩为麟州刺史，"其余除授有差"，初步建立起政权。

2. 结好契丹辽国

李继迁重建夏州拓跋政权第二个策略是依辽为援。李继迁逃往地斤泽，经过几年的对宋作战，虽偶获小胜，但屡遭重创，有时几乎搞到全军覆没的地步。李继迁在屡屡失败后，自感势孤力单，这时他想起了北方的辽朝，要从宋朝手中夺回银夏绥宥四州八县，就必须取得辽朝的支持。而当时辽宋战争打得正为激烈，辽朝也希望通过西夏来制宋。太平兴国四年（979）六月，北宋灭掉北汉，随后挥师北伐，力图收复燕云十六州。雍熙三年（986），又第二次北伐辽朝。虽然两次北伐都失败了，但和五代相比，强大的宋朝出现以及中原和南方的统一，对辽朝是一个极大的威胁，特别是雍熙三年（986）正月到四月间，宋军第二次北伐节节胜利，连克沿途州县，在这个节骨眼上，夏辽结盟自然是一拍即合。

《西夏书事》卷四载：雍熙三年（986）二月，"继迁见诸部溃散，谋于众曰：'吾不能克复旧业，致兹丧败，兵单力弱，势不得安。北方耶律氏方强，吾将假其援助，以为后图。'乃遣张浦持重币至契丹请附。"辽圣宗一时没有主意，西南招讨使韩德威说："河西为'中国'右臂，向年府州折氏与银夏共衡刘汉，致大兵援应无功，今李氏来归，国之利也，宜从其请。"辽圣宗遂决定接纳。同年四月，也即宋辽战争最激烈的时候，辽朝遣侍中萧里得持诏授李继迁为定难军节度使、银夏绥宥等州观察处置使、特进、检校太师、都督夏州诸军事，继迁弟李继冲为副使。十二月，李继迁为了进一步加深同辽朝的关系，取得辽朝更大的支持，亲自率五百骑到边境向辽朝求婚，声称"愿婚大国，永作藩辅"。当时适逢辽将耶律盼与宋军作战失利，辽圣宗"欲使继迁牵制宋兵"，于是答应以公主下嫁。

有辽一代将公主下嫁藩邦邻族为数寥寥，而刚刚与辽朝结盟交好的李继迁首次提出"请婚"，辽圣宗马上就应允，可见出于共同的目的，夏辽关系一开始就不同于一般，三年后即辽统和七年（989）三月，辽圣宗履行诺言，将宗室耶律襄的女儿封为义成公主，下嫁李继迁，并赐马三千匹作为陪嫁。①

李继迁从辽统和四年（986）与辽朝结盟，到辽统和二十一年（1003）中流矢身亡，前后总共十七年中，为了赢得抗宋战争的胜利，谨事辽朝，每年向辽朝派出的进奉、贺正旦、贺生辰等使节不绝于途。辽统和八年（990）三月，继迁向辽朝奉献的贡品有"细马二十匹，毡马二百匹，驼一百头，锦绮三百匹，织成锦被褥五合，苁蓉、矾石、井盐各一千斤，沙狐皮一千张，兔鹘五只，犬子十只。"② 自此以后，"每岁八节贡献"，平均一个半月就贡献一次，其纳贡次数之勤，在以后其他时期是少有的。辽朝对李继迁每次例赐金腰带、细衣、马、羊、弓箭、马具、酒果等物品。《契丹国志》卷二一载：西夏进奉时，"契丹回赐除羊外，余并与新罗国同。惟玉带改为金带，劳赐人使亦同"。表明辽朝对西夏的重视程度已略高于其他进奉邻邦。

作为辽朝的藩属，李继迁每当对宋作战或打了胜仗，都要遣使向辽朝禀报、告捷。如辽统和八年（990）九月，"李继迁献宋俘"，十一月"献捷契丹"，十二月"下宋麟、鄜等州，遣使来告。"③ 这种频繁的遣使告献，除了表示亲密外，还带有向辽朝显示胜利，借此得到辽朝的重视，以巩固夏辽联盟。因此有的献捷纯属谎言，辽圣宗也不加追究。如上述下麟、鄜等州一事，实际上这一时期的李继迁主要在平夏和宋朝周旋，从未深入到宋朝的鄜延和麟府地区。辽统和十九年（1001）七月，李继迁"奏下宋恒、环、庆三州"，④ 亦属伪妄之词。有意思的是辽朝也不追究李继迁献捷的真假，显然，辽朝也是利用李继迁的报捷来壮大自己的声威。

总之，终李继迁一代，夏辽结盟、交聘、朝贡以及相互缔结婚姻，都带

---

① 《辽史》卷一一五《西夏外纪》。
② （宋）叶隆礼：《契丹国志》卷二一。
③ 《辽史》卷一三《圣宗纪四》。
④ 《辽史》卷一一五《西夏外纪》。

有明显的政治意图和权衡利弊得失，① 在某种意义上，双方都围绕对宋和战展开，西夏假辽以抗宋，辽朝联夏以制宋。李继迁自结好辽朝则"兵势稍振"，和辽公主结婚后，部落慑服。对于辽朝来说，李继迁的归附，不仅使"诸夷皆从"，而且也达到了牵制宋朝的目的。辽朝之所以在统和十七年（999）、统和十九年（1001）、统和二十年（1002）、统和二十一年（1003）、统和二十二年（1004）连续向宋朝发动大举进攻，固然与宋太宗雍熙三年（986）宋朝歧关沟大败后"积弱"之势形成有关，但也与这一时期李继迁连年攻掠边郡，牵制住宋朝部分兵力，解除其南下后顾之忧有很大关系。

辽朝"联夏制宋"的目的还表现在想方设法把李继迁引向对宋战场，它与宋朝利用吐蕃大首领潘罗支以制夏的方略如出一辙。如辽统和十八年（1000）九月，李继迁出兵夺取宋朝运往灵州的粮饷，辽圣宗闻知后，即于十一月授李继迁的儿子李德明为朔方节度使。朔方的中心在灵州，是宋朝西北的一个军事重镇，当时还在宋朝手中，辽朝的封授表面上支持李继迁尽快攻取灵州，其实质是把西夏引向对宋主战场，激化夏宋矛盾，自己从中渔利。

正因为李继迁与辽朝结盟友好是出于共同对付宋朝的目的，因此，辽圣宗一直担心其怀有二心，投靠宋朝。宋端拱元年，即辽统和六年（988）五月，宋太宗采用宰相赵普"以夷制夷"方略，授李继捧为定难军节度使，赐名赵保忠，使攻李继迁。继捧至边后，上言继迁悔过归款，请宋朝授以官职。李继迁也上书辽朝，说他和李继捧有怨，"乞与通好"，辽圣宗怕他被李继捧拉拢过去，所以没有答应。② 这件事发生后，辽圣宗认为有必要采取切实的措施笼络住李继迁，因此在两个月后赶快让义成公主与继迁成婚。

宋淳化二年，即辽统和九年（991）七月，李继迁经不住李继捧和宋军的攻讨，同时也为了取得经济上的利益，投附宋朝，被授以银州观察使，赐姓

---

① 白滨：《论西夏与辽的关系》，载《中国民族史研究》第一辑，中央民族学院出版社 1987 年版，第 176 页。
② 《辽史》卷一二《圣宗纪三》。

名赵保吉。十二月，辽圣宗听说李继迁降附宋朝，遣招讨使韩德威"持诏谕之"。[①] 韩德威到银州后，李继迁托言西征不见，遂纵兵大掠而还。李继迁就此专门遣使向辽圣宗申诉，圣宗赐诏抚慰。[②] 宋至道三年，即辽统和十五年（997），宋朝归还四州八县之地，授继迁为定难军节度使、夏绥银宥等州观察处置押蕃落使。次年二月继迁以得银夏绥宥诸州告于辽朝，辽圣宗对继迁降宋受抚很不高兴，但因为有过教训，没有遣使问责。

李继迁虽投宋，但劫掠如故，夏辽在共同对付宋朝的基础上，仍保持着贡使往来，但远远没有以前那样亲密了。不久李继迁被吐蕃大首领潘罗支射死，宋辽也结盟于澶州城下，夏辽结盟抗宋进入到一个新的历史阶段。

（二）西夏立国基础的奠定

1. 攻取灵州

宋至道二年（996）正月，李继迁于浦洛河击溃押运宋军，俘获四十万粮草。五月，又进围灵州，屯兵不去。宋太宗大为震怒，决定大规模讨伐，亲自部署诸将，李继隆出环州，丁罕出庆州，范廷召出延州，王超出夏州，张守恩出麟州，五路进攻，直抵平夏。李继迁利用宋朝粮运艰难，队伍步调不一，采取灵活机动的游击战术，使宋军找不到主力作战，结果被拖得疲惫不堪，无功而还。

宋至道三年（997）宋太宗驾崩，子真宗赵恒即位后，"方在谅暗，姑务宁静"，一些大臣也要求"屈己含垢，以安万人"。[③] 李继迁以此为契机，再次遣牙校李光祚到宋朝修贡，表求夏州，于是宋真宗答应了李继迁的要求，命内侍押班张崇贵为册封使，授李继迁为夏州刺史、充定难军节度使、夏绥

---

① 《辽史》卷一一五《西夏外纪》。
② 《辽史》卷一三《圣宗纪四》。
③ 《续资治通鉴长编》卷四二，太宗至道三年十二月辛丑条。

银宥静等州观察处置押蕃落使，复赐姓名。加食邑千户，实封三百户。① 在李继迁的不懈努力下，归属宋朝长达十五年之久的夏绥银宥静等州领土，又重新回到拓跋李氏手中。但这时的李继迁已不满足对"故土"的恢复，而是在恢复"故土"之后，又进一步对外扩张，把军事斗争的矛头直接对准宋朝西北重镇灵州。

李继迁之所以把对外扩张的矛头对准灵州，与当时拓跋政权周边环境密切相关。银夏地区的南面是鄜延和关中，五代以来中原王朝为了固潼关之势，确保京师的安全，在这里屯有重兵，夏州拓跋势力很难进入这一地区，即使进入这一地区，也是立不住脚的。唐朝末年，把拓跋思恭的弟弟保大节度使（领鄜、坊、丹、延）拓跋思孝调往武定军，以及李继迁不愿接受鄜州节度使一职，就清楚地说明了这一点。银夏东北与大辽帝国接壤，李继迁采取联辽抗宋方略，不仅无力而且也不愿意和契丹发生正面冲突。此外，李继迁虽有吞并麟、府之志，但由于受到亲宋的折氏、杨氏坚决抵御，也很难得手。

这样，李继迁只能向西发展，攻取灵州。一方面灵州与银夏相连，散处着大量的党项、吐蕃族帐，不相统一，比较容易被李继迁兼并过去；另一方面唐、宋立国的形势大不相同。大唐国力强盛，河西走廊、西域以及中亚的一部分均在其版图。灵州是唐朝的腹地，兵强马壮，粮草充足，安史之乱后，唐肃宗就是依托灵州登上皇位的。中唐以后，随着经济中心的东南移，宋朝最终定都汴京开封，唐朝的京畿关中成为次边，灵州就更为边远，夏州拓跋部李继迁进攻灵州时，宋廷内部弃守争议中清楚地反映了这一点。主守的理由有四：一是灵州"地方千里，表里山河，水深土厚，草木茂盛，真放牧耕战之地"，如果被李继迁攻占，就会据富饶之地而坐大，不能控制。二是灵州介于夏州拓跋势力和凉州吐蕃、甘州回鹘之间，将戎狄一分为二，不能对宋朝构成心腹大患。如果放弃灵州，戎狄合二为一，其患未可量也。三是河西

---

① 《宋史》卷四八五《夏国传上》。

陇右是宋朝沿边市马之地，一旦被李继迁势力控制，就无法保证战马供给。①
四是"灵州乃必争之地，苟失之，则缘边诸州亦不可保"。②

　　主弃的理由主要有二：一是"灵武居绝塞之外，宜废之以休中国飞輓之
费"。③ 二是河外五镇相继被李继迁夺取，灵州孤绝，"但缮完而自保，未尝出
一兵，驰一骑，敢与寇校"，存之无益而劳民伤财。知制诰杨亿明确提出"弃
去灵武，退守环、庆，卒免戍于绝域"④。兵部尚书张齐贤上言，"取灵州军民
置于萧关、武延以来，据险就水建一寨，侨置灵州，羁系蕃汉土人之心"。⑤

　　正当赵宋君臣议论纷纷，举棋不定的时候，李继迁大集蕃部，一举攻克
灵州，易名西严府。他认为灵州北控河朔，南引庆凉，据诸路上游，扼西陲
要害。若缮城浚壕，练兵积粟，一旦纵横四出，关中将莫知所备，"遂都于灵
州"。⑥ 将政治中心由平夏地区的夏州统万城迁到河套平原的灵州。但作为都
城，灵州有它致命的弱点，即"地居四塞，我可以往，彼可以来"，利战不利
守。而灵州西北面怀远镇西北有贺兰之固，黄河绕其东南，灵州为其障蔽，
形势利便。为此，宋天圣元年（1023）李德明升灵州怀远镇为兴州，又将都
城由灵州西平府迁往兴州（元昊更名兴庆府）。迁都河套平原特别是最终定都
兴州兴庆府（今宁夏银川），在西夏立国史上意义重大，它不仅考虑到当时的
政治形势和经济发展状况，而且还考虑到军事防御能力以及交通条件等各个
方面，为西夏立国奠定了坚实基础。

　　首先，从政治上来看，西夏自李继迁起兵抗宋到李元昊称帝建国，是封
建社会制度确立的关键时期，而在这一时期，把都城由社会经济发展相对落
后的银夏地区迁到封建文明程度较高的河套平原，无疑对封建制度的确立与

---

①　《续资治通鉴长编》卷四四，真宗咸平二年六月戊午条。
②　《续资治通鉴长编》卷五〇，真宗咸平四年十二月丁卯条。
③　《续资治通鉴长编》卷四四，真宗咸平二年六月戊午条。
④　《续资治通鉴长编》卷五〇，真宗咸平四年十二月丁卯条。
⑤　《续资治通鉴长编》卷五〇，真宗咸平四年十二月丁卯条。
⑥　《宋史》卷四八五《夏国传上》。

社会的进步，有着重要的推动作用。李继迁曾明确指出："其人习华风，尚礼好学，我将藉此为进取之资，成霸王之业。"①

其次，将政治中心进一步由河东灵州迁到河西兴州，加快了向西发展，占据河西走廊的步伐。河西对宋夏双方都极为重要，宋朝若失去河西，西夏就会联合西凉吐蕃与甘州回鹘，对宋造成西、北两面夹击之势，使其顾此失彼，难以应付。若归属宋朝，一方面可与宋形成掎角之势，从南、北两面夹击西夏；另一方面，"西蕃既已禀命，缘边兵势自雄，则鄜、延、环、庆之浅蕃，原、渭、镇戎之熟户，自然齐心讨贼，竭力圣朝"。② 特别是宋真宗咸平年间确立"以夷制夷"方略，授西凉吐蕃大首领潘罗支为盐州防御使兼灵州西面都巡检使，使攻李继迁，直接威胁到西夏在兴灵平原的统治。因而，李继迁占据灵州后，立即发兵西凉府。宋咸平六年（1003），李继迁虽然被潘罗支射杀，但德明承袭其父战略意图，继续经略河西，毕世经营，精神全注于此，到李元昊建国前最终攻取整个河西走廊。

其三，从军事角度来看，都城不仅是军事最高指挥中心所在，而且是国防保卫的最终对象。兴庆府西北有贺兰之固，黄河绕其东南，灵州为其障蔽。这种优越的军事地理形势，使兴庆府的安全得到了较为可靠的保障。夏太安八年，即宋元丰四年（1081），宋朝发动规模空前的五路大进攻，计划经灵州直捣兴庆府，一举消灭西夏，但被阻在灵州城下，没能再前进一步。夏天祐垂圣元年，即辽重熙十九年（1050），辽朝发大军攻夏，在兴庆府周围遭到顽强抵抗，大败而还。夏应天四年（1209），蒙古大军围中兴府（兴庆府），筑堤引水灌城，终未能破。随后又数次发兵围城，直到夏宝义元年（1226）才攻克中兴府，灭亡西夏。

宋朝大军不能深入到兴庆府城下，所向披靡的蒙古铁骑对小小的西夏国数次用兵不下，显然与兴庆府"易守难攻"的地理形胜有一定的关系。也正

---

① 《西夏纪》卷三。
② 《续资治通鉴长编》卷四九，真宗咸平四年十月丁未条。

因为兴庆府"易守难攻"，安全有一定的保障，才有可能使西夏将更多的兵力投入前线。在全国约五十万军队中，"自河北至午腊蒻山七万人，以备契丹；河南洪州、白豹、安盐州、罗落、天都、惟精山等五万人，以备环、庆、镇戎、原州；左厢宥州路五万人，以备鄜、延、麟、府；右厢甘州路三万人，以备西蕃、回纥；贺兰驻兵五万、灵州五万人、兴州兴庆府七万人为镇守"。[①]都城兴庆府只驻 7 万军队，占总兵力的七分之一，即使加上贺兰、灵州驻军，也不过是三分之一。这种攻防比较合理的兵力部署，使西夏有能力频频南下，取得对宋战争的主动权。

2. 占据河西走廊

唐末吐蕃王朝衰落，已无力控制进入内地的吐蕃部落，他们散处于西北沿边，其中进入河西走廊的吐蕃以凉州为中心，建立潘罗支政权，还有一部分在河湟流域建立唃厮啰政权。李继迁占据灵州之前就开始试探性地进攻河西吐蕃，攻占灵州后，与河西吐蕃的战争由小打小闹变为直接征服。当时宋朝为了制服李继迁，采取"以夷制夷"方略，授河西吐蕃大首领潘罗支为盐州防御使兼灵州西面都巡检使，使攻李继迁。在宋朝的册封与支持下，河西吐蕃潘罗支政权一时名声大震，多次遣使宋朝，约定出兵攻讨继迁日期。形势对李继迁十分不利，为了改变这种状况，李继迁于占据灵州的当年十月，遣使携带官告、印信诱降潘罗支。潘罗支斩一使，执一使，奏闻宋朝。次年（1003）二月，李继迁又遣使送铁箭给潘罗支，表示愿意结好，再次遭到潘罗支的坚决拒绝。[②]

李继迁见诱降不成，又采取偷袭手段，宋咸平六年（1003）十二月，李继迁尽发五州兵丁，大会诸族于盐州。同时扬言我与西凉向来无事，只因万山等族才与其结怨。今河西六谷吐蕃众盛，难以用兵，不再进取。河西吐蕃

---

① 《宋史》卷四八五《夏国传上》。
② 《宋史》卷四九二《吐蕃传》。

闻听后，乃放松戒备，李继迁遂暗中发起突袭，迅速攻占西凉府，宋知凉州、殿直丁惟清战死。朔方节度使、河西六谷吐蕃大首领潘罗支见势不妙，暂伪降李继迁。继迁谋士张浦认为，潘罗支倔强有年，未挫兵锋，遽而降顺，诈也。不若乘其诡谋未集，一战擒之，诸蕃自伏。李继迁不听浦言，受降不疑。未几，潘罗支暗集六谷诸豪及者龙族数万人，合击李继迁，"继迁大败，中流矢遁死"。①

李继迁中流矢身亡后，西夏征服河西吐蕃的战争并没有因此而中止，其子德明继续推行向西发展，吞并河西的方略，毕世经营，精神全注于此。宋景德元年（1004）六月，李德明利用李继迁溃败时，投附吐蕃者龙族的迷丹嘱、日布结罗丹二族为内应，突然向者龙族发起大举进攻。潘罗支闻讯后，急忙率百余骑驰援，正准备合击时，李德明内应反戈，杀潘罗支于帐下，并煽动者龙十三族中的六族投夏，潘罗支政权的副首领折逋喻龙钵也"归德明部下"。西凉府听说潘罗支遇害，便率宠龙、兰州、宗哥等部攻者龙六族，六族全部逃窜到山谷。众豪酋共同商议立潘罗支弟厮铎督为六谷都首领，从此河西吐蕃势力大为削弱。

宋大中祥符元年（1008）三月，李德明再遣万子等四军主进攻西凉府。西夏兵到达西凉后，见六谷吐蕃势力强盛，没有敢下手，而转攻甘州回鹘，又没得手。宋大中祥符四年（1011）九月，德明遣军校苏守信攻西凉样丹族，又被六谷大首领厮铎督打败。德明在屡屡失利的情况下，仍坚持不懈地对西凉用兵，直到宋大中祥符八年（1015），才把六谷大首领厮铎督打败，攻占西凉府，派西凉人苏守信领兵七千、马五千戍守。至此西夏正式占据西凉地区，河西吐蕃大首领厮铎督率残部投靠河湟吐蕃唃厮啰，一度作为唃厮啰的部属和宗哥蕃部首领，同西夏作战以及向宋朝贡奉，后来可能和唃厮啰发生矛盾，厮铎督又率者龙族分离出来。天圣四年（1026）元月，还以者龙族首领的身

---

① 《宋史》卷四九二《吐蕃传》。

份与拽钦波遣使贡马宋朝，此后不久，便被西夏彻底征服。①

　　在进攻凉州吐蕃的同时，李继迁也开始和甘州回鹘争夺丝路贸易的控制权。为了争取主动，宋咸平四年（1001）四月，甘州回鹘遣枢密使曹万通向宋朝贡奉玉勒名马、独峰及无峰骆驼、宾铁剑甲、琉璃器等名贵物品。曹万通自言"本国东至黄河，西至雪山，有小郡数百，甲马甚精习，愿朝廷命使统领，使得缚继迁以献"。宋真宗遂降诏书，说"贼迁凶悖，人神所弃。卿世济忠烈，义笃舅甥。继上奏封，备陈方略，且欲大举精甲，就覆残妖，拓土西陲，献俘北阙。可汗功业，其可胜言！嘉叹所深，不忘朕意。今更不遣使臣，一切委卿统制。"② 并特授曹万通为左神武军大将军。按此为回鹘联宋攻夏之始。

　　甘州回鹘与宋朝达成联合讨击李继迁的协议后，由于西夏把进攻的重点放在宋朝西北重镇灵州与河西吐蕃统治中心西凉，因此，双方没有立即发生大规模争战，直到宋景德元年（1004）李德明杀死西凉六谷吐蕃大首领潘罗支后，才把甘州回鹘推向对西夏斗争的前沿。潘罗支死后，其弟领厮铎督袭位，李德明继续发兵西凉六谷吐蕃，厮铎督援结回鹘为备，李德明无功而还。

　　为了报复甘州回鹘连结吐蕃抗夏，宋大中祥符元年（1008）正月，李德明截留回鹘贡宋物品，又遣张浦率数千骑侵扰回鹘，夜落纥可汗出兵迎战，张浦败还。三月，德明又遣万子等四军主率族兵再攻甘州回鹘，又被回鹘大败。《宋史·回鹘传》对此有生动的记述："回鹘设伏要路，示弱不与斗。俟其过，奋起击之，剿戮殆尽。其生擒者，回鹘驱坐于野，悉以所获资粮示之，曰：'尔辈狐鼠，规求小利，我则不然。'遂尽焚而杀之，惟万子军主挺身走。"打败万子等四军主后，甘州回鹘夜落纥可汗遣使到宋朝报捷，宋真宗赐可汗香药、金带、弓剑，又赏可汗母宝物公主黄金器，③ 嘉其抗夏之功。八

---

①　参见杜建录：《潘罗支与河西吐蕃》，《宁夏大学学报》1991 年第 1 期。
②　《宋史》卷四九○《回鹘传》。
③　《续资治通鉴长编》卷六九，真宗大中祥符元年五月壬午条。

月，"回鹘夜落纥又言赵德明来侵，率众拒战，德明屡败，乘胜追之，越黄河"。①

甘州回鹘联宋以抗夏，西夏德明则结辽以攻回鹘。《辽史·圣宗纪五》有这样一段记载，辽统和二十六年，即宋大中祥符元年（1008），"十二月，萧图玉奏讨甘州回鹘，降其王耶剌里，抚慰而还"。萧图玉上奏攻讨回鹘的时间，显然是当年十一、二月间，即李德明屡次用兵回鹘失败后，辽朝才应邀参战的。辽朝这次出兵，也没有攻克甘州，取得预期的目的，只是以和平的方式"抚慰而还"。次年（1009）四月，李德明再次遣张浦领精兵 2 万攻甘州，回鹘夜落纥可汗见西夏来势凶猛，壁城拒守，双方相持了 10 多天，夜落纥可汗乘夏人不备，遣部将符守荣发起夜袭，张浦败退。十二月，李德明又大集蕃部，准备进攻回鹘，因"恒星昼见，德明惧而还"。②

西夏在大中祥符初年屡次用兵回鹘失利后，对攻取河西方略进行了调整，把斗争重心从甘州回鹘又转到西凉吐蕃上，以图占据西凉，隔绝甘州回鹘与宋朝交通道路。史籍没有详细记载德明再次攻占西凉府的时间，但从宋大中祥符元年（1008）三月，夏人至西凉，见六谷众盛，不敢攻，到宋大中祥符六年（1013），西夏军主苏守信固守西凉，甘州回鹘不敢过西凉到北宋朝贡③的情况来看，西夏最迟在宋大中祥符五年（1012）底已再度攻占西凉府，并派重兵把守。甘州回鹘为了解除西夏的威胁，确保甘州安全及打通丝路，与西夏反复争夺西凉。宋大中祥符八年（1015），"忠顺保德甘州回鹘外生（甥）可汗王臣夜落纥言，臣在州与九宰相诸部落不住与西凉府人苏守信斗杀，见今人户平安。"④ 既而苏守信死，其子罗麻（莽）领西凉府事，部落不服，甘州回鹘可汗夜落纥乘机出兵西凉，"攻破其族帐百余，斩级三百，夺其马牛羊

---

① 《续资治通鉴长编》卷六九，真宗大中祥符元年八月庚寅条。
② 《宋史》卷四八五《夏国传上》。
③ 《宋会要辑稿》蕃夷四载："宝物公主于大中祥符六年二月疾亡，为苏守信劫乱，奏报迟违，所贡遗物续次附进。"
④ 《宋会要辑稿》蕃夷四之六。

甚众"。① 罗麻弃城逃跑，"于是凉州属于回鹘"。

甘州回鹘攻占西夏统治的凉州后，势力东抵黄河岸边，使李德明几乎失去了在河西立足之地，但西夏并没有因此放弃对河西的经略。宋天禧元年（1017）八月，逃到沙漠中的罗麻派人到凉州，约投降回鹘的旧部为内应，并请求李德明出兵增援，谋取凉州，回鹘结六谷诸部拒之。此后双方都感到力竭，保持了近十年的和平相处局面。宋天圣四年（1026）原臣属于辽朝的回鹘萨兰部叛，辽圣宗遣魏国公萧惠率兵攻讨。一直在寻找用兵回鹘机会的李德明立即"点集蕃众，遣之西出"，积极配合辽军行动。萧惠攻甘州三日不能克，部属阻卜诸族又发生倒戈，便急忙收兵，夏兵也随之撤退。夏辽联合用兵甘州失利后，李德明与回鹘又保持了一段和平关系，直到宋天圣六年，即辽太平八年（1028），李德明才再度遣子李元昊攻甘州。元昊采取突袭战术，一举攻克甘州，夜落纥归顺王仓促出奔，元昊置兵戍其地而还。

李元昊攻占甘州时，西凉府仍在回鹘人手中。李德明常谋恢复，一直没能得手，至此坚守西凉府的回鹘失去了大本营。元昊采取声东击西的战术，先遣蕃部攻环庆，把北宋王朝的注意力吸引到陇右，并使西凉回鹘人放松戒备，然后发起突袭，回鹘戍军一战即溃，弃城逃跑。

西夏占据甘、凉二州后，并没有立即向西推进，一举攻占瓜、沙、肃诸州，究其原因大致有这么几个方面：一是当时甘、凉城外散居的吐蕃、回鹘族帐还没有全部归附，他们仍和北宋王朝保持着一定的联系，元昊汲取原来凉州得而复失的教训，着手在甘、凉建立政权，以甘州为镇夷郡，设宣化府，以加强对这一地区回鹘、吐蕃的镇抚与统治。二是宋明道元年（1032）九月克凉州，十月李德明卒，李元昊即位之初，主要忙于处理西夏内部事务。三是攻取甘、凉后，李元昊认为南下攻宋的后顾之忧主要是河湟吐蕃，因此一度把向西进攻的重点放在唃厮啰政权上，直到宋景祐三年，即夏大庆元年

① 《续资治通鉴长编》卷八八，真宗大中祥符九年十二月辛卯条。

（1036）打败河湟吐蕃，才乘势攻占瓜、沙、肃三州。从此，西夏控制了整个河西地区，完成了李继迁以来北收回鹘锐兵，西掠吐蕃健马的夙愿。这时西夏的境土，东据黄河，西至玉门，南临萧关，北抵大漠，奠定了立国的疆域版图。诚如清人吴广成所说的，"盖平夏以绥、宥为首，灵州为腹，西凉为尾。有灵州则绥、宥之势张，得西凉则灵州之根固"。①

3. 和好宋朝

李继迁中流矢后，伤势日重，他自度生命垂危，便召来儿子李德明和心腹安排后事。他先对德明说："尔当倾心内属，如一两表未蒙听纳，但连表上祈，得请而已。"② 接着对张浦等心腹说：公等一起征战，谊同兄弟，孺子幼长兵间，备尝艰苦。今付以灵、夏之众，虽不能与南北争衡，公等尽力辅佐，识时审务，是能够负荷旧业，为先人光，吾死而无憾！李继迁为何在临终前一反常态，要德明依附宋朝，确立对宋和好的基本国策呢？

一是他在几年前就定下向西发展方略，"西掠吐蕃健马"，"北收回鹘锐兵"，只有同宋朝和好，才能集中精力向西用兵。二是他看到党项政权羽翼还没有丰满，其势力还不足以和宋、辽争雄，暂时称臣讲和，以屈求伸。三是当时西夏境内灾荒，拓跋政权内部一度出现不安定的因素。如宋咸平六年（1003）九月，夏州教练使安晏与其子安守正归降宋朝，且言夏境艰难，惟劫掠以济。又将夏、银、宥州等丁壮者徙于河外，"众益咨怨，常不聊生"。③ 十月，银州牙校挈族归顺。④ 十一月，环州上言，李继迁部下突阵指挥使刘赟等以继迁残虐，蕃部灾旱，率其属来归。⑤ 在这种情况下，只有和好宋朝，才能取得经济上的利益和度过灾荒，同时，也才能够阻止部属的叛逃。四是当时

① 《西夏书事》卷七，吴广成评语。
② 《续资治通鉴长编》卷六四，真宗景德三年九月丁卯条载张崇贵奏语。
③ 《续资治通鉴长编》卷五五，真宗咸平六年九月壬辰条。
④ 《续资治通鉴长编》卷五五，真宗咸平六年十月丙午条。
⑤ 《续资治通鉴长编》卷五五，真宗咸平六年十一月癸巳条。

宋朝已确立"以夷制夷"方略，除了授吐蕃大首领潘罗支为盐州防御使兼灵州西面都巡检使，与其结成攻夏联盟外，还"遣使谕秦陇以西诸戎，使攻李继迁"。① 这种"以夷制夷"方略已取得了明显的效果，李继迁本人就是被潘罗支射成重伤的。为了能使李德明"负荷旧业"，必须对宋讲和，破坏二者之间的联盟。这样不仅可以减轻河西吐蕃与沿边蕃部的压力，而且也有利于对其用兵，可谓一箭双雕。

就北宋而言，也同样需要同德明和睦相处。宋真宗即位不久，便从自身利益出发，大力贯彻太宗时已开始实行的"守内虚外"政策，以安定国内统治秩序为主要任务。宋景德元年（1004），宋辽"澶渊之盟"成立，两国关系出现重大转折，在赵宋统治者看来，每年用三十万两匹银绢交换来的和平是廉价的，② 这不能不对夏宋关系产生影响。为了进一步推行"姑务羁縻，以缓争战"③ 的政策，便迫不及待地对西夏进行招抚。以上种种因素，构成了夏宋讲和的基础。

经过一年多的谈判，宋朝正式让鄜延钤辖张崇贵向西夏提出议和条件：（1）归还李继迁时占据的灵州疆土；（2）居地必须限于平夏范围之内，换言之，西夏政权不准向外扩张领土；（3）遣子弟宿卫京师，即送亲属作为人质；（4）送还被俘的宋朝官吏；（5）解散蕃汉军队；（6）释放被俘的宋朝兵民；（7）如果边境上发生纠纷，要服从宋政府的处理。④ 德明答应履行上述七项条件后，宋朝满足德明要求的五件事：（1）授德明为定难军节度使，封西平王；（2）赐金帛缗钱四万贯匹两，茶二万斤；（3）发给德明内地节度使薪俸；（4）允许西夏进入内地贸易往来；（5）宋朝撤销禁止青白盐内销的禁令。

李德明认为如果全部答应宋朝的议和条件，等于将西夏政权局限在平夏

① 《续资治通鉴长编》卷五〇，真宗咸平四年十二月丁未条。
② 吴天墀：《西夏史稿》，四川人民出版社 1983 年增订本，第 27 页。
③ 《续资治通鉴长编》卷六三，真宗景德三年五月庚申条。
④ 《续资治通鉴长编》卷六〇，真宗景德三年六月辛卯条。

范围，完不成李继迁向西拓展疆土的遗愿。因此，又遣张浦和张崇贵面议，表示不同意归还灵州和送子弟入质，宋朝则坚持先归还灵州疆土及遣子弟入质，方能议和。这样，双方的谈判一度出现僵持局面，宋朝"以赵德明誓约未定，即命向敏中自知永兴军府改为鄜延都部署、兼知延州，使经略之"。① 边界气氛骤然紧张起来。

尽管谈判一度出现僵局，但双方的努力并没有中断。李德明频频向宋朝遣使，既表示对和谈的诚意，又取得了经济上的实惠。在德明的软磨硬拖下，赵宋君臣有些急不可待，宋真宗再次令向敏中招谕李德明。既而向敏中等建议："候其亲弟到阙，并得誓章，则先许五事悉愿与之，姑务羁縻，以缓争战可也。"② 也即放弃归还灵州疆土的条件。和李德明讲和是宋真宗的意愿，他考虑到"德明空接续进奉，肆其徼求，在彼固无亏损，而我渐失机会，复赐敏中等诏，令亟图之"。③

李德明则抓住宋朝急于约和的心理，在宋朝作了较大让步，放弃归还灵州疆土条件的情况下，还不满足，多次遣人转告向敏中，说"遣亲弟宿卫，上世未有此例，其他则愿遵承"。④ 并说准备以良马、骆驼千计入贡，辞意恳切。宋真宗本着"远方之俗，本贵羁縻"，下诏向敏中等，"如德明再遣人至，果不欲令亲弟宿卫，则所乞回图往来及放行青盐之禁，朝廷并不许，然不阻其归顺之志也"。⑤ 即从求同存异的原则出发，可以就相互承认的条款达成协议。至此，议和才有了一些眉目。《续资治通鉴长编》卷六三载李焘对这件事的按语："五月十九日诏，以要约三事付敏中，令与德明议，至此月（八月）十九日，敏中始复奏，首尾凡九十日。盖此事必再三往返。故非一时可决耳。"

---

① 《续资治通鉴长编》卷六一，真宗景德二年九月丁未条。
② 《续资治通鉴长编》卷六三，真宗景德三年五月庚子条。
③ 《续资治通鉴长编》卷六三，真宗景德三年五月庚子条。
④ 《续资治通鉴长编》卷六三，真宗景德三年八月戊子条。
⑤ 《续资治通鉴长编》卷六三，真宗景德三年八月戊子条。

　　宋景德三年（1006）九月初，西夏接受宋朝最后的方案，宋真宗则以"德明累表归顺，词意精确"，① 降诏抚慰之。中旬，鄜延钤辖张崇贵回到开封面见真宗，说德明遣牙校刘仁勖来进誓表，请藏盟府。"又言所乞回图及放青盐之禁，虽宣命未许，然誓立功效，冀为异日赏典也。"② 十月，宋朝以内侍左右班都知、鄜延钤辖张崇贵为德明旌节官告使，太常博士赵湘为副使，前往西夏封李德明为定难军节度使、夏绥银宥静等州管内观察处置押蕃落使、西平王，食邑六千户，实封二千户，薪俸和内地节度使相同。同时赐德明袭衣、金带、金勒鞍马、银万两，绢万匹，钱两万贯，茶两万斤。经过一年多的讨价还价，双方终于就部分议和条款达成一致，"景德约和"成立。

　　"景德约和"后，李德明一直对北宋保持友好关系，"每岁旦、圣节、冬至皆遣牙校来献不绝"。③ "贡奉之使，道路相属。"④ 宋景德三年（1006）十一月，遣使贡御马二十五匹，散马七百匹，骆驼三百头，以谢朝命。次年三月，献马五百匹，骆驼二百头，谢给俸廪。宋制，贡物谢恩只给来使缯帛，宋真宗因德明贡奉频繁，特加赐德明袭衣、金带、器币。五月，德明嫡母罔氏卒，遣都押牙贺承珍至汴京告哀，真宗命殿中丞赵稹为吊赠兼起复官告使。六月，贡马五百匹，助修章穆皇后陵园。德明为了迎接宋使，整修境内驿路馆舍，以待宋使，宋朝因此提高押赐德明冬服使人的级别。⑤ 宋大中祥符元年（1008），真宗东封泰山，德明遣使来献。宋大中祥符四年（1011）二月，遣使入贡。四月，贡马贺祀汾阴。诸如此类，不胜例举。

　　李德明之所以频频遣使，与宋朝保持亲密友好关系，一是集中精力用兵西凉吐蕃和甘州回鹘，避免两面受敌；二是获得和平发展环境，取得经济上的利益。德明每次派往宋朝的使者，不仅能得到大量的赏赐，而且还可以大

---

① 《续资治通鉴长编》卷六四，真宗景德三年九月癸卯条。
② 《续资治通鉴长编》卷六四，真宗景德三年九月丁卯条。
③ 《宋史》卷四八五《夏国传上》。
④ 《续资治通鉴长编》卷六五，真宗景德四年三月庚申条。
⑤ 《续资治通鉴长编》卷六七，真宗景德四年十月庚申条。

做生意。"景德约和"刚一成立，他就请求"进奉使赴京，市所须物"，① 真宗答应其要求。这些贡奉使节入京后，"纵其为市"，②"出入民间如家"，③ 任其交易所需之物。大中祥符年间（1008—1016），为了进一步羁縻李德明，宋政府还规定"夏州进奉外，有以私物贸易，久而不售者，自今官为收市。"④ 更促使西夏接连不断地遣使前来做保本生意。⑤ 元祐年间苏轼曾说："（西夏）每一使至，赐予、贸易，无虑得绢五万余匹，归鬻之其民，匹五六千，民大悦。一使所获，率不下二十万缗。"⑥ 实际上不止元祐年间（1086—1093），其他年间的贡使贸易亦大抵如此。

宋景德四年（1007），宋朝应赵德明的请求，在保安军设置榷场，以缯帛、罗绮易驼马、牛羊、玉、毡毯、甘草，以香药、瓷漆器、姜桂等物易蜜蜡、麝脐、毛褐、羱羚角、硇砂、柴胡、苁蓉、红花、翎毛。非官市者，还"听与民交易"。⑦ 除政府在边境设置榷场进行大宗贸易外，还有未经政府许可，民间私设榷场贸易，所谓"边鄙小民，窃相交易"。⑧ 友好的年代，宋政府尽量少惹是生非，对此采取宽容态度，"量加觉察可也"。⑨

和平的环境也使社会生产得到了飞速的发展，大片荒地变成良田，当时的盛况恰如边帅范仲淹所描述的："朝聘之使，往来如家。牛马驼羊之产，金银缯帛之货，交受其利，不可胜计。塞垣之下，逾三十年，有耕无战。禾黍云合，甲胄尘委。养生葬死，各终天年"。⑩ 呈现出一派和平友好、欣欣向荣

---

① 《续资治通鉴长编》卷六五，真宗景德四年三月癸丑条。
② 《宋史》卷一八六《食货志下八》。
③ （宋）苏舜钦：《苏子美集·赠太子太保韩公行状》。
④ 《续资治通鉴长编》卷七二，真宗大中祥符二年十月庚戌条。
⑤ 《续资治通鉴长编》卷四〇五，哲宗元祐二年九月丁巳条；宋人苏轼说："西夏每一使至，赐予、贸易无虑得绢五万余匹，归鬻之其民，匹五六千，民大悦。一使所获率不下二十万缗钱。"这虽然是说夏崇宗年间的事，但从一个侧面反映出德明时期的盛况。
⑥ 《续资治通鉴长编》卷四〇五，哲宗元祐二年九月丁巳条。
⑦ 《宋史》卷一八六《食货志下八·互市舶法》。
⑧ 《续资治通鉴长编》卷三六五，哲宗元祐元年二月壬戌条。
⑨ 《续资治通鉴长编》卷七二，真宗大中祥符二年十一月乙卯条。
⑩ （宋）范仲淹：《范文正公集·文集》卷一〇《答赵元昊书》。

的局面。

4. 用兵河湟吐蕃唃厮啰

河湟吐蕃首领唃厮啰（996—1065）系吐蕃赞普后裔，[1] 本名欺南陵温篯逋，篯逋即赞普也。史载他出生于高昌，被客居高昌的哈喇额森（即何郎业圣）携至多僧城，豪族耸昌厮均又把他带到移公城，打算利用他为旗帜，在河州建立政权。"河州人谓佛'唃'，谓儿子'厮啰'，自此名唃厮啰。"[2]

嗣后，吐蕃的豪族李立遵、温逋哥二人将唃厮啰劫往廓州，拥为赞普，李立遵自立为相，挟唃厮啰以令诸部。后双方失和，唃厮啰徙居邈川（今青海省乐都），以温逋哥为相。温逋哥谋叛被诛后，唃厮啰又转至青唐（今青海省西宁市），以青唐为大本营，据有汉陇西、南安、金成三郡之地，东西2000余里，正北及东北至夏国界，西过青海（今青海湖），南至成、阶等州，成为割据一方的强部。

河湟吐蕃唃厮啰政权兴起时，正值西夏开国皇帝李元昊继位初期，元昊为了称帝建国，解除对宋用兵的后顾之忧，便发动了对河湟吐蕃的大规模进攻。夏广运二年，即宋景祐二年（1035），元昊遣苏奴儿将兵二万五千攻唃厮啰，想乘唃厮啰新迁青唐之机，一举消灭。面对西夏的猛烈攻势，唃厮啰调兵遣将，在青唐北部的猫牛城（又作牦牛城，宋夺取后改为宣威城）迎击夏兵，西夏大败，主将苏奴儿被俘。元昊惊闻苏奴儿战败，亲率大军进入湟水流域，再度攻打猫牛城。唃厮啰将士枕戈待旦，坚守城池达一个月之久，元昊见强攻不下，便进行诈和，等城门打开后，纵兵大肆杀掳。接着乘胜攻打青唐、安二、宗哥、带星岭诸城。唃厮啰知寡不敌众，坚守鄯州不出，暗中派人侦察清楚元昊的动向，并派部将安子罗率众截断夏兵的退路。元昊率大军渡过宗哥河（今湟水）时，"插旗帜识其浅"，准备撤退时从浅处过河。唃

---

① 参见吴天墀：《唃厮啰与河湟吐蕃》，载《宋史研究论文集》，河南人民出版社1984年版。

② 《宋史》卷四九二《吐蕃传》。

厮啰派人偷偷地将旗帜移到深水处，以误夏人。继而夏兵溃退，"士视帜渡，溺死十八九，所卤（掳）获甚众"。① 这次元昊出兵河湟流域达二百余日，终因劳师袭远，后勤供应不给，又遭唃厮啰奇计，士卒饥溺而死者大半，最后只好撤出河湟流域。

元昊在宗哥河溃败后，对唃厮啰的地位和实力有了新的认识，对河湟吐蕃由过去单方面用武力征服转变为恩威兼施，分化瓦解，伺机而动。夏大庆元年，即宋景祐三年（1036），元昊"复举兵攻兰州诸羌，侵至马衔山，筑城凡川"，② 留兵镇守，以绝吐蕃与宋朝相通道路。同时采取离间的办法，招诱唃厮啰家族成员背叛。唃厮啰凡三娶，前两个妻子均为李立遵之女，生子瞎毡、磨毡（即磨角毡），又娶乔氏，生子董毡。李立遵死后，李氏失宠，被斥为尼，安置在廓州。其子瞎毡也遭囚禁，后来瞎毡结母党暗中携母出逃。瞎毡据河州，磨毡据邈川，各抚其众，"厮啰不能制"。元昊侦知二子怨父，便用重金贿赂离间，又引诱吐蕃诸豪酋叛附，原来因叛乱被唃厮啰杀死的温逋哥的儿子伊实洛鲁拥众万余人叛归西夏，并结为婚姻。唃厮啰因此势蹙，只好率亲信部属从宗哥西迁历精城，元昊分化瓦解吐蕃的策略初见成效。

夏天授礼法延祚元年，即宋宝元元年（1038），景宗李元昊称帝建国，夏宋关系顿趋紧张，宋朝任命唃厮啰为保顺军节度使，仍兼邈川大首领，派左侍禁鲁经抄小道出使唃厮啰，要求其出兵背击西夏。同时赠帛二万匹，并答应攻下西夏后，即授银、夏等州节度使。唃厮啰承诺出兵西凉，但因西凉有备而止。③ 夏天授礼法延祚三年，宋康定元年（1040），夏宋战争打得正为激烈，宋朝又派刘涣出使青唐。当时西夏势力已深入到河州以北，所以刘涣只好"出古渭州（今甘肃陇西），循末邦山至河州国门寺，绝河，逾廓州至青堂

---

① 《宋史》卷四九二《吐蕃传》。
② 《宋史》卷四八五《夏国传上》。
③ 《续资治通鉴长编》卷一二三，仁宗宝元二年六月丙寅条。

（唐）"。① 唃厮啰对刘涣的到来给予热情的接待，表示要"得其誓书与西州地图以献"。② 由于当时西夏国力强盛，戒备甚严，唃厮啰虽有联宋攻夏之心，"终不能有大功"。

（三）李元昊称帝建国

1. 李元昊其人

西夏开国皇帝李元昊生于宋真宗景德元年（1004），小字嵬理，意为惜富贵，党项语"惜为嵬，富贵为理"。③ 母卫慕氏，党项豪门大族。史载元昊圆面高准，身高五尺余，性雄毅，多大略，善绘画。年少时喜欢穿长袖绯衣，头戴黑漆冠，身佩弓箭。平时步卒从卫，张遮青盖伞；外出时乘马，两旗手前面导引，百余骑随后扈从，浩浩荡荡，气派非凡。元昊善于创造，娴于韬略，他通晓佛学，懂蕃汉文字，喜好读书，尤其喜读法律和兵书。"案上置法律，常携《野战歌》《太乙金鉴诀》"。宋天圣六年（1028），24岁的李元昊带兵袭破甘州，回鹘夜落纥可汗仓皇出逃，完成李继迁以来的夙愿。李德明大为高兴，立元昊为太子，封其母卫慕氏为后。

李元昊认为依附宋朝得不偿失，④ 曾劝其父李德明不要臣宋，所谓"衣皮毛，事畜牧，蕃性所便，英雄之生，当王霸耳，何锦绮为？"⑤ 主张"习练干戈，杜绝朝贡，小则恣行讨掠，大则侵夺封疆"，但李德明一方面满足于从宋

---

① （宋）沈括：《梦溪笔谈》卷二五。
② 《宋史》卷三二四《刘涣传》。
③ 《宋史》卷四八五《夏国传上》。
④ 《续资治通鉴长编》卷一二四，仁宗宝元二年九月丁巳条记载：直集贤院富弼上言："昔者元昊常劝德明勿事中朝，且谓所得俸赐只以自归，部落实繁，穷困颇甚，苟兹失众，何以守邦，不若习练干戈，杜绝朝贡，小则恣行讨掠，大则侵夺封疆，上下俱丰，于我何恤。时德明以力未甚盛，不用其谋。"
⑤ 《宋史》卷四八五《夏国传上》。

朝取得的经济利益,① 另一方面因为"力未甚盛,不用其谋".②

　　宋明道元年（1032）十月,李德明卒,李元昊袭位。十一月,宋朝派工部郎中杨告为旌节官告使,礼宾副使朱允中为副使,授元昊为检校太师兼侍中、定难军节度使、夏绥银宥静等州观察处置押蕃落使、西平王。当宋朝使者到达时,元昊故意"迁延不出迎",先给宋使来个下马威。接受宋使宣诏时,又遥立不跪拜,经宋使杨告再三催促,才勉强跪拜受诏。拜起后对左右说:"先王大错,有如此国,而犹臣拜于人耶!"继而在大厅宴请宋使,"设席欲自尊,（杨）告婉折以礼,始以客位让".③ 更为有意思的是元昊大规模锻打兵器,让宋使听出"若千百人锻声".④ 这种明目张胆的做法,其目的可想而知。

2. 称帝建国的准备

　　宋天圣十年（1032）李德明卒,子李元昊继位后,外倚契丹,内申号令,以兵法勒诸都,加快了称帝建国的步伐。为了使建设中的国家机构能够对内统治和对外战争发挥最大的功效,他一方面有意继承和发扬原来某些适宜于战斗生活的特点,"每举兵,必率部长与猎,有获,则下马环坐饮,割鲜而食,各问所见,择取其长".⑤ 另一方面模仿宋朝在政治、经济、军事、文化等方面一系列的改革,积极准备称帝建国,与赵宋王朝分庭抗礼。⑥

　　（1）政治方面：废除唐、宋两朝所赐的李、赵姓氏,改姓嵬名氏,自号

---

　　① 德明在世时告诫元昊:"吾久用兵,疲矣。吾族三十年衣锦绮,此宋恩也,不可负"。（《宋史》卷四八五《夏国传上》）
　　② 《续资治通鉴长编》卷一二四,仁宗宝元二年九月丁巳条载富弼奏语。
　　③ 《西夏书事》卷一一。
　　④ （宋）沈括:《梦溪笔谈》卷二五。
　　⑤ 《宋史》卷四八五《夏国传上》。
　　⑥ 《梦溪笔谈》卷二五载:"景祐中,党项首领赵德明卒,其子元昊嗣立,朝廷遣郎官杨告入蕃吊祭。告至其国中,元昊迁延遥立,屡促之,然后至前受诏。及拜起,顾其左右曰:'先王大错,有国如此,而乃臣属于人'。"

嵬名吾祖。① 吾祖，党项语称，又作兀卒，"华言青天子也，谓中国为黄天子"。② 元昊在正式称帝前"自称兀卒已数年"，③ 这个兀卒（青天子）虽然等同于皇帝，但在文化上接近北方民族的可汗或单于，因为元昊君臣清楚，贸然称帝，肯定得不到宋朝的支持，于是在正式称帝前先称青天子（兀卒），并且和宋朝皇帝的"黄天子"相对应，为正式称帝制造舆论基础。宋明道二年（1033），李元昊以避德明名讳为由，改"明道"为"显道"，开始使用自己的年号。宋景祐元年（1034），改年号开运，有人建议开运是"石晋败亡年号也，乃改广运元年"。④

（2）文化方面：秃发易服，秃发是鲜卑族系的习俗，党项早期居地和鲜卑吐谷浑相交叉，吐谷浑的文化对党项产生了很大影响，加之历史上鲜卑文化比较发达，建立过许多政权。拓跋部内徙后，构造了其先出自鲜卑的传说。元昊下令党项人秃发，耳戴重环，"三日不从令，许众杀之"，并且自己带头秃发。⑤ 太子任上的元昊喜穿绯衣，袭位后"始衣白窄衫，毡冠红裹，顶冠后垂红结绶"。文武官员服饰有别，文官头裹幞头，身穿紫衣或绯衣，手执笏板；武官按照等级分别头戴金帖起云镂冠、银帖间金镂冠、黑漆冠、身穿紫色左掩大襟衫、腰束金涂银带、垂蹀躞、佩解结锥、短刀、箭袋，便服为绣团花的紫黑色掩襟衫，束腰带。"民庶青绿，以别贵贱"。⑥

1036 年（夏大庆元年），李元昊命令大臣野利仁荣仿汉字创制党项文字，后人称西夏文字，设立蕃学，教授西夏文，将《孝经》《尔雅》《四言杂字》译成西夏文，令国人学习。西夏文（党项文）创制后，原来的汉文继续使用，和西夏文（党项文）、吐蕃文（古藏文）一样，为法定的通用文字。

---

① 《宋史》卷四八五《夏国传上》。
② 《续资治通鉴长编》卷一二二，仁宗宝元元年九月己酉条。
③ 《续资治通鉴长编》卷一二二，仁宗宝元元年九月己酉条。
④ 《宋史》卷四八五《夏国传上》。
⑤ 《续资治通鉴长编》卷一一五，仁宗景祐元年十月丁卯条。
⑥ 《宋史》卷四八五《夏国传上》。

西夏武士木板画

改革礼乐是李元昊另一重要文化举措，早期党项附唐受封后，就开始接触到中原地区的礼乐制度，不过当时在青藏高原，制度简单，击缶为节。党项内迁后特别是拓跋思恭受封夏州节度使后，情况大为改观，唐朝按照节度使等级赐赠全套鼓吹，共有三驾，全部使用金钲、节鼓、大鼓、小鼓、铙鼓、羽葆鼓、中鸣、大横吹、小横吹、觱篥、桃皮茄、笛等乐器。入宋以后，李德明又尊崇宋朝的礼乐制度。李元昊建国时认为唐宋音乐太缛繁，乃裁礼之九拜为三拜，革乐之五音为一音。

（3）**职官方面**：仿照唐宋设中书省、枢密院、三司、御史台、开封府、翊卫司、官计司、受纳司、农田司、群牧司、飞龙院、磨勘司、文思院、蕃学、汉学。《宋史·夏国传》记载："自中书令、宰相、枢使、大夫、侍中、太尉已下，皆分命蕃汉人为之。"应是自中书令、宰相、大夫、侍中、太尉及以下，皆命蕃汉人为之，而不是这些高级职务由党项人担任，中下级职务汉族才可担任。李继迁时的汉人谋士张浦，李元昊时的张元，都是担任过中书令之类的职务，为西夏国的建立和巩固作出了重要的贡献。①

（4）**军事方面**：将全国划分为左厢神勇、石州祥祐、宥州嘉宁、韦州静

---

① 《续资治通鉴长编》卷一五〇，仁宗庆历四年六月戊午条记载宋人富弼上言："自契丹侵取燕、蓟以北，拓跋自得灵、夏以西，其间所生豪英，皆为其用。得中国土地，役中国人力，称中国位号，仿中国官属，任中国贤才，读中国书籍，用中国车服，行中国法令，是二敌所为，皆与中国等。"

塞、西寿保泰、卓啰和南、右厢朝顺、甘州甘肃、瓜州西平、黑水镇燕、白马强镇、黑山威福 12 个监军司，共有兵力 20 万（后增为 30 多万）。具体布防情况是"自河北至午腊蒻山七万人，以备契丹；河南洪州、白豹、安盐州、罗落、天都、惟精山等五万人，以备环、庆、镇戎、原州；左厢宥州路五万人，以备鄜、延、麟、府；右厢甘州路三万人，以备西蕃、回纥。贺兰驻兵五万、灵州五万人、兴州兴庆府七万人为镇守。"[①]

3. 建立大白高国

夏天授礼法延祚元年，即宋宝元元年（1038）十月，时年 30 岁的李元昊认为称帝建国条件已经成熟，遂于兴庆府筑坛受册，即皇帝位，国号大夏，史称西夏，西夏文译作大白高国。[②] 改大庆二年为天授礼法延祚元年。元昊自称大夏始文英武兴法建礼仁孝皇帝，改名曩霄，身后庙号为景宗。随后元昊"自诣西凉府祠神"。元昊清楚宋朝是不会承认他称帝建国的，但还是很有策略地以臣子身份向宋仁宗奉上表章。次年遣使上表宋朝：

> 臣祖宗本出帝胄，当东晋之末运，创后魏之初基。远祖思恭，
> 当唐季率兵拯难，受封赐姓。祖继迁，心知兵要，手握乾符，大举

---

① 《宋史》卷四八五《夏国传上》。

② 西夏何以"夏"为国名，其解释有三：王静如认为是借"禹称大夏，或用赫连勃勃昔称大夏之故地"，（《西夏国名考》，载《西夏研究》，国立中央研究院历史语言研究所 1932 年）。李范文"疑'大夏'是由大夏之名而来"，（《西夏国名辨》，载《西夏研究论集》，宁夏人民出版社 1983 年版）。李志清认为拓跋部久居平夏，承袭历代赐封的"夏王""夏国王""大夏国王"而来，（《西夏诸名称音义辨析及族源探索》，载《西夏文史论丛》，宁夏人民出版社 1992 年版）。"大白高国"又译作"白上国"，宋人译称"邦面令"或"邦泥定"。对"白高"或"白上"的解释尚无定论，罗福苌、罗福成兄弟提出"白河之上流"说，（《西夏国书略说》，载《国立北平图书馆馆刊》4 卷 3 号，1933 年）。王静如主张"白人""白弥"说，（《西夏国名考》，载《西夏研究》，国立中央研究院历史语言研究所 1932 年）。唐嘉弘、吴天墀认为与西夏人"尚白"习俗有关，（唐嘉弘：《关于西夏拓跋氏的族属问题》，载《四川大学学报》1955 年第 2 期；吴天墀：《西夏称"邦泥定"即"白上国"新解》，载《宁夏大学学报》1983 年第 3 期，《论党项拓跋氏族属及西夏国名》，载《西北史地》1986 年第 1 期）。王民信认为"白高"是一个民族名称，犹如契丹、女真，（《再谈白高国》，载《国家图书馆学刊》2002 年"西夏研究"专号）。李志清不同意"白上"为"白河上流"与"尚白"说，考证出"大白上国"即"拓跋上国"，（《西夏诸名称音义辨析及族源探索》，载《西夏文史论丛》，宁夏人民出版社 1992 年版）。

义旗，悉降诸部。临河五郡，不旋踵而归；沿边七州，悉差肩而克。父德明，嗣奉世基，勉从朝命。真王之号，夙感于颁宣；尺土之封，显蒙于割裂。臣偶以狂斐，制小蕃文字，改大汉衣冠。衣冠既就，文字既行，礼乐既张，器用既备，吐蕃、塔塔、张掖、交河，莫不从伏。称王则不喜，朝帝则是从，辐辏屡期，山呼齐举，伏愿一垓之土地，建为万乘之邦家。于时再让靡遑，群集又迫，事不得已，显而行之。遂以十月十一日郊坛备礼，为世祖始文本武兴法建礼仁孝皇帝，国称大夏，年号天授礼法延祚。伏忘皇帝陛下，睿哲成人，宽慈及物，许以西郊之地，册为南面之君。敢竭愚庸，常敦欢好。鱼来雁往，任传邻国之音；地久天长，永镇边方之患。至诚沥恳，仰俟帝俞。谨遣弩涉俄疾、你斯冈、卧普令济、嵬崖妳奉表以闻。①

　　表章追述了他的祖先出于帝室，现在称帝建国是合法的，请求宋朝予以承认，"许以西郊之地，册为南面之君"。景宗李元昊的这一举措，给宋朝统治集团以极大的刺激，立即引起了强烈的愤懑，"朝廷即议出兵，群臣争言小丑，可即诛灭"。只有右正言吴育的头脑清楚，他上言"元昊虽名藩臣，其尺赋斗租不入县官，穷漠之外，服叛不常，宜外置之，以示不足责。且彼已僭舆服，夸示酋豪，势不能自削，宜援国初江南故事，稍易其名，可以顺抚而收之"。宰相张士逊扣下吴育的奏折，对同僚笑道："人言吴正言心疯，果然"。② 为此，吴育再次上奏：圣人统御四方，夷夏不同，远方夷狄向化臣附，当待以外臣之礼，羁縻而已。奏上，再次被宰相张士逊扣压。

　　在一片讨伐声中，宋仁宗下诏削夺赐给李元昊的姓名官爵，关闭榷场，中断和市。同时在边界张贴布告，募能捕杀元昊者，即授定难军节度使。元昊部落首领"能帅族归顺者，等第推恩"。③

---

① 《宋史》卷四八五《夏国传上》。
② 《续资治通鉴长编》卷一二三，仁宗宝元二年三月丙午条。
③ 《续资治通鉴长编》卷一二三，仁宗宝元二年六月壬午条。

面对宋朝的讨伐，为了争取主动，李元昊又派人"赍嫚书，纳旌节，及以所授敕告并所得敕榜，置神明匣"，送到宋朝延州边境上。"嫚书"指责宋朝背信弃义，"持命之使未还，南界之兵噪动，于鄜延、麟府、环庆、泾原九处入界"。又指责对夏国两面三刀，"既先违誓约，又别降制命，诱导边情，潜谋害主"，且使者带回的诏书，"乃与界首张悬敕旨不同"。谴责宋朝不承认元昊称帝是毫无道理的，"蕃汉各异，国土迥殊，幸非僭逆，嫉妒何深！况元昊为众所推，盖循拓跋之远裔，为帝图皇，又何不可！""嫚书"还借辽朝的势力威胁宋朝，"元昊与契丹联亲通使，积有岁年，炎宋亦与契丹玉帛交驰，傥契丹闻中朝违信示赏，妄乱蕃族，谅为不可"。[①] 最后表明，夏国愿意同宋朝和好，"伏冀再览菲言，深详微恳，回赐通和之礼，渎行结好之恩"。[②] 显然，元昊送"嫚书"的目的是把战争责任推到宋朝身上，争取本国统治集团和党项人民的支持，同时一箭双雕，争取辽朝的同情和支持。

（四）西夏立国前后与宋战和

1. 景宗李元昊对宋战争

李元昊上书宋朝，要求承认他称帝建国，不过是外交手腕而已，西夏国的建立必须以强大的军事力量和战争胜利为基础。在政治、军事、外交上的准备工作做好后，李元昊不失时机地向宋朝发动了一系列大规模的进攻。

景宗李元昊建国前，就开始对宋朝西北边境作了一些试探性的进攻。夏开运元年，即宋景祐元年（1034）二月，元昊领兵进攻宋朝府州，从此揭开了对宋战争的序幕。七月，以庆州马岭寨党项杀牛族为前锋，到环庆一带大肆杀掠。十月，再攻庆州，俘宋环庆路都监齐宗矩。此后又多次发兵进攻环庆、泾原，但都被宋军打退。经过几年试探性的进攻，元昊基本上摸清了宋

① 《续资治通鉴长编》卷一二五，仁宗宝元二年十二月壬子条。
② 《续资治通鉴长编》卷一二五，仁宗宝元二年十二月壬子条。

朝沿边各地的防御情况。麟府路有坚决向宋的折氏家族捍御，且"备御完固"；环庆路"边寨排密，近者三十里，远者四五十里，列据要害。蕃部素不知其山川道路，兼有宿将刘平、赵振等人为之守御"；泾原路有镇戎军、渭州两城，"壁垒坚固，屯兵亦众，所置蕃落弓箭手，甲骑精强"；而熙河一带有吐蕃瞎毡"牵制兵势，所以元昊不轻犯其境"。相比之下，唯有鄜延路"地阔砦疏，自承平至安远约二百里，自长宁至黄河一百里，并无城砦"。[①] 士兵寡弱，又无宿将。因此，元昊选定鄜延路为进攻宋朝的突破口。

夏天授礼法延祚二年，即宋宝元二年（1039）十一月，宋保安军诸族巡检刘怀忠拒绝元昊诱降，"毁印斩使"，元昊遂"点其军作五头项，每头项作八溜，共四十溜"人马，对保安军作报复性进攻。沿途胁迫熟户，毁坏蕃落，"七百里中兵烽不绝"。保安军诸族巡检刘怀忠战死，鄜延钤辖卢守勤急忙派巡检指挥使狄青领兵出战。狄青"临阵披发，带铜面具，往来奋击"，元昊见形势不妙，连忙撤兵退回。元昊从保安军撤退后不久，又进攻延州东北的承平砦，双方相持了六天。因宋环庆兵破后桥堡，元昊怕失去退路，这才从承平撤围。

景宗李元昊初战不利，但进攻延州的决心不变。夏天授礼法延祚三年，即宋康定元年（1040）正月，他声称将攻延州，宋知延州兼鄜延环庆路经略安抚使范雍"闻之甚惧"，上书朝廷要求增兵。为麻痹宋军，元昊又派使者前来通和，范雍信以为真，不再为备。当宋军防守松懈下来后，元昊率大军发起突袭，一举攻克延州北面要塞金明寨，俘获寨主李士彬父子及所属蕃兵数万人，随后乘胜南下，包围了延州。这时范雍慌了手脚，一面下令闭城固守，一面派人调发驻守庆州的鄜延环庆路副都部署刘平和驻守保安军的鄜延副都部署石元孙等合兵增援。经过几天急行军，刘平、石元孙与驻守保安军附近的鄜延都监黄德和、巡检万俟政、郭遵等合兵万余，然后向延州方向进发。

----

① 《西夏书事》卷一三。

行至三川口（今陕西省安塞县东），便陷入了元昊事先设好的埋伏圈。由于黄德和临阵脱逃，致使宋军全线崩溃，主帅刘平、石元孙等力竭被俘。延州城被围困七天，适逢天降大雪，元昊粮尽，这才引兵退回。

三川口战败，使骄矜轻敌的宋朝统治集团认识到这场战争的严重性，不得不积极备战，或修筑城寨，加强防御；或联络唃厮啰，以牵制西夏。参知政事宋庠坚请于潼关别添使臣兵甲，严设守备，^① 遂诏兴版筑，置楼橹战具。继而"关中士民嗟怨，谓朝廷弃之矣"。统治者逐渐认识到此举无益于边备，而徒失民心，"悉命撤毁之"。^② 与此同时，"诏唃厮啰速领军马，乘元昊空国入寇，径往拔去根本，若成功，当授银夏节度"。另赐袭衣金带与两万绢帛，仍密令以起兵日报缘边经略安抚司，以便出师接应。"唃厮啰虽被诏，然卒不能行也。"^③

宋朝另一备战措施是调整边帅，撤销范雍知延州兼鄜延、环庆安抚使职务，任命户部尚书夏竦为陕西都部署兼经略安抚使，韩琦与范仲淹为副使，韩琦驻泾州，负责泾原路，范仲淹驻延州，负责鄜延路。范仲淹到延州后，积极整顿防务，招抚缘属熟户，修复残破城寨，分州兵为六将，每将三千人，分部教之，量敌众寡出兵抵御，夏人相戒说："无以延州为意，今小范老子腹中自有数万兵甲，不比大范老子（范雍）可欺也"。^④ 从此，元昊把进攻重点从鄜延路转向泾原路。

在制服西夏方略上，韩琦与范仲淹的主张不尽相同，韩琦主张集中兵力，深入进攻，寻找西夏主力进行决战。范仲淹则反对深入夏境的进攻战，主张持久的防御战，进筑横山，蚕食西夏，在防务巩固的前提下再求进攻。两府大臣大多支持攻策，宋仁宗也认为，持久防御，屯兵运粮，人力、物力、财

---

① （宋）田况：《儒林公议》卷上。
② （宋）田况：《儒林公议》卷上。
③ 《续资治通鉴长编》卷一二六，仁宗康定元年二月庚寅条。
④ 《续资治通鉴长编》卷一二八，仁宗康定元年八月庚戌条。

力耗费太大，幻想一举解决问题。遂下诏鄜延、泾原两路会师，于庆历元年（1041）正月进讨。范仲淹再次上书，请求留下鄜延路，一则加紧备战，以牵制西夏东部兵马，二则"示以恩意，岁时之间，或可招纳"。① 夏竦也力主两路进讨，派尹洙没能说服范仲淹，乃上奏宋仁宗，请求差近臣监督鄜延路进兵，同入夏境。宋仁宗"诏以竦奏示仲淹"。② 就在赵宋君臣议论纷纷，不知如何进讨时，李元昊又向宋朝发动了第二次大规模攻势。

夏天授礼法延祚四年，即宋庆历元年（1041）春天，元昊于折姜会点兵，准备攻渭州。正在巡边的韩琦闻讯后，急忙赶往镇戎军，集合军队一万八千，令行营总管任福统领出击。韩琦的作战计划是，任福自怀远城趋德胜寨，再向南到羊牧隆城，迂回敌后，可战则战，不可战则据险设伏，以逸待劳，等夏军退兵时进行伏击，可保全胜。临行前韩琦再三叮嘱，"苟违节制，有功亦斩"。

元昊这次大举进攻，造成直下渭州（今甘肃省平凉市）的势头，但目的并不在于夺取渭州，而是想消灭主战派韩琦统帅的泾原路主力。元昊到怀远砦停留了一下，打听到任福带兵西来，遂命大军星夜向西南方向的羊牧隆城开拔，在羊牧隆城以南、瓦亭川以东摆好阵势，等待宋军。又派偏将带数千骑越过六盘山，做直趋渭州的迹象，以引诱宋军。

任福出镇戎军后，带领轻骑数千直奔怀远城捺龙川，遇镇戎军西路巡检常鼎等与夏兵战于张家堡，乃挥兵参战，杀夏兵数百人。夏兵佯败，抛弃羊马骆驼，沿好水川北岸向西逃去。任福听说夏兵人数不多，更加轻敌，"诸将及士卒贪虏获，分道争进"，沿好水川猛追，遂投入了元昊十万伏兵的包围中。夏兵左右夹击，宋军一战即溃，任福阵亡，将校士卒死者万余人。③ 好水川战后，元昊谋士张元于界上寺壁题诗一首："夏竦何曾耸，韩琦未是奇。满

---

① 《续资治通鉴长编》卷一三〇，仁宗庆历元年正月丁巳条。
② 《续资治通鉴长编》卷一三一，仁宗庆历元年二月辛巳条。
③ 《宋史》卷四八五《夏国传上》。

川龙虎韬，犹自说兵机。"① 可见当时的西夏是何等的藐视宋朝。

宋朝在两次大败的震撼下，下令"陕西诸路总管司严边备，毋辄入贼界，贼至则御之"。② 从此，在战略上采取守势，不敢轻言向西夏发动进攻了。同时陕西前线的人事与体制也作了一些调整。四月，韩琦因好水川之败，降官一级，改知秦州，范仲淹因擅自与元昊通书招纳而贬知耀州。朝廷派资政殿学士陈执中为同陕西经略安抚招讨使、知永兴军，陕西经略安抚使招讨使夏竦仍判永兴军，共同负责陕西边事。但二人意见不合，于边事无补。十月宋廷解除夏竦、陈执中边帅职务，分陕西为秦凤、泾原、鄜延、环庆四路，以韩琦知秦州、王沿知渭州、范仲淹知庆州、庞籍知延州，各兼本路马步军都部署，经略安抚招讨使。

李元昊从好水川退回后，经过几个月的休整，转攻麟府路。七月，围麟州（治今陕西省神木县），城中素乏水，夏兵以此围困。知州苗继宣取沟中污泥饰城垛，元昊仰视说："谍谓我无庸战，不三日，汉人当渴死。今尚有余以圬堞，谍绐我也"。乃斩谍而去。

从麟州撤围后不久，又攻府州（治今陕西省府谷县），不能破，乃"纵兵四掠，刈禾稼，发窖藏"。③ 接着转攻丰州（治今陕西省府谷县西北），知州王余庆，兵马监押孙吉战死，城遂陷。④

在陕西沿边四路中，泾原路自镇戎军至渭州，沿泾河大川直抵泾、邠二州，"略无险阻，虽有城寨，多居平地"，⑤ 利于骑兵奔冲。加之泾帅王沿不习边事，缺乏军事才能。因此，用兵麟府失利后，夏景宗把下一个大规模进攻的目标锁定在泾原路。

夏天授礼法延祚五年，即宋庆历二年（1042）九月，张元向元昊建议，

---

① （宋）周煇：《清波杂志》卷二。
② 《宋史》卷一一《仁宗纪三》。
③ 《续资治通鉴长编》卷一三三，仁宗庆历元年八月戊子条。
④ 《宋史》卷一一《仁宗纪三》。
⑤ 《续资治通鉴长编》卷一三九，仁宗庆历三年正月丙子条。

宋朝精骑并聚诸边，关中少备，若重兵威胁边城，使不得出战，可乘间深入。东阻潼关，隔绝两川贡赋，则长安在掌中矣。元昊接受了其建议，于天都山点集左右厢兵马十万，分作东西两路，一路出刘璠堡（今宁夏海原县西南），一路出彭阳城（今宁夏彭阳县），向镇戎军（今宁夏固原）合围而来。

消息传到渭州（今甘肃平凉），泾原路安抚招讨使兼知渭州王沿派本路副总管葛怀敏领兵抵抗。这一次元昊仍采取诱敌深入、聚而歼之的战术，把宋军主力吸引到定川砦（今宁夏固原西北），然后派兵迂回到定川砦后，烧毁定川河上木桥，截断宋军退路，把宋军牢牢地围困在定川砦及其外围。葛怀敏发觉中计，准备结阵向镇戎军转移，行至古长城边，但过壕道路已被夏兵截断。这时元昊发起猛攻，葛怀敏以下九千余将士及六百余匹战马全部覆没。

定川砦战后，元昊乘胜挥师南下，直抵渭州，在幅员六七百里的地面上，"焚荡庐舍，屠掠居民而去"。[1] 在一片胜利声中，他还用诏书的形式告谕关中百姓，内有"朕今亲临渭水，直据长安"之语，[2] 得意之情跃然纸上。

2. 夏宋和约的成立

景宗李元昊在对宋作战的同时，经常派出和谈使者，一是战争给新建立的西夏国带来了经济上的困难，他想乘战胜之机，向富裕而软弱的宋王朝进行勒索，攫取经济上的利益；二是缓兵之计，通过派遣使人，放出和谈信息，以麻痹宋军，争取更大的军事胜利。

三川口战后，宋朝新任边帅韩琦主战，范仲淹主和，宋仁宗想尽快结束战争，下令泾原路进讨，鄜延路负责牵制。元昊听说泾原师出有期，为了麻痹宋军，于夏天授礼法延祚三年，即宋康定元年（1040）正月，遣番骨被等四人向泾原路都监桑怿提出，于本月二十八日设誓归顺。[3] 泾原统帅韩琦认

---

① 《续资治通鉴长编》卷一三七，仁宗庆历元年十一月癸巳条。
② 《西夏书事》卷一六。
③ 《续资治通鉴长编》卷一三一，仁宗庆历元年二月辛已条。

为，"无故请和，诈也"，下令沿边戒严。与此同时，元昊在鄜延路也放出和谈空气，释放被俘的塞门寨寨主高延德，让他去见鄜延路统帅范仲淹，表达"休兵息民之意"。① 范仲淹"察元昊未肯顺事，且无表章"，不便向仁宗皇帝呈报，便写了一封长达数千言的书信，遣监押韩周和高延德一起送给元昊。信中回顾了德明时双方"逾三十年，有耕无战"的友好历史，接着晓以恩威利害，规劝元昊停止战争，取消帝号。②

韩周一行三人进入夏境后，迎接他们的夏人态度诚恳，"礼意殊善"。③ 两天以后，传来了好水川大捷的消息，夏国官吏便傲慢起来了。韩周一行到了夏州，元昊不予接见，等待了 40 多天后，才让大臣野利旺荣回信给范仲淹，"共二十六纸，语极怨尤不逊"，又将"要求数事"的札子交给韩周，派人同韩周一起到延州。范仲淹看了书信，偷录了副本，当着夏使的面将书信焚毁。然后他把元昊信中求通和语摘出，连同韩周带回的札子一并上报枢密院，转呈仁宗。

这件事在宋廷内部引起了一场轩然大波，"大臣皆谓仲淹不当辄与元昊通书，又不当辄焚其报"。参知政事宋庠干脆提出将范仲淹斩首，而御史中丞杜衍出面说情，说"仲淹本志，盖忠于朝廷，欲招纳叛羌尔，何可深罪！"宰相吕夷简与知谏院孙沔也都替仲淹辩解。宋仁宗"乃薄其责"，贬范仲淹知耀州，④ 两国议和暂告一段落。

范仲淹被贬后，庞籍代知延州，上言"诸路皆传元昊为西蕃所败，野利族叛。黄鼠食稼，天旱，赐遗、互市久不通，饮无茶，衣帛贵，国内疲困，思纳款。"⑤ 宋朝因被陕西战争拖得精疲力竭，也希望尽快结束战争，于是两

---

① 《续资治通鉴长编》卷一三〇，仁宗庆历元年正月条。
② 《续资治通鉴长编》卷一三〇，又见《范文正公集·答元昊书》。
③ 《续资治通鉴长编》卷一三一，仁宗庆历元年四月条。
④ 《续资治通鉴长编》卷一三一，仁宗庆历元年四月癸未条。
⑤ 《续资治通鉴长编》卷一三八，仁宗庆历二年十二月条。

国之间展开了一场错综复杂的间谍战，互相探寻媾和途径。^① 宋知青涧城种世衡派僧人王嵩持蜡书行间野利旺荣，元昊将计就计，遣教练使李文贵以野利旺荣的名义报信给种世衡，当时种世衡已调离青涧城，庞籍疑有诈，便扣留了李文贵。几个月后元昊果然大举进攻镇戎军，葛怀敏等败于定川砦。

定川再度惨败的消息传到汴京后，宰相吕夷简感到震恐，发出了"一战不及一战"的感叹，^② 养兵百万，竭天下之财力、物力、人力，而阻挡不住西夏的锐意进攻，数年之间，"三经大战，军覆将死，财用空虚，天下嗷嗷，困于供给"。^③ 沿边之兵连年不解，"所以罄天地之所生，竭万民之膏血，而用不足也"。^④ 民族矛盾势必加重阶级矛盾，民变兵变接连不断，"一年多如一年，一火强如一火"。^⑤ 欧阳修上奏指出："从来所患者外藩，今外藩叛矣；……所忧者水旱，今水旱作矣；所仰者民力，今民力困矣；所急者财用，今财用乏矣。"^⑥ 形成了北宋中期的社会危机，宋朝不想再打下去，需要对西夏妥协。

西夏毕竟国小人少，财力不足，从实力来讲，本不足以与北宋抗衡，只是宋朝消极防御，将三十万大军分屯陕西四路，分命四个文臣主持，不相统一，加之武备不修，才陷入被动挨打的局面。^⑦ 经过几年的战争实践，宋朝逐渐加强对西夏的防御，修筑城寨，整顿部伍，招抚蕃部，组织蕃兵。夏天授礼法延祚四年，即宋庆历元年（1041）五月，诸路各置招抚蕃落司，以知州、通判或主兵官兼领之，开始大规模修复被元昊攻破的熟户藩篱。缘边将帅纷纷召熟户首领，称诏犒赏，籍其兵马人数，授以大小官职，使各缮堡垒，人置器甲，以备调发。仅知青涧城种世衡就募到五千蕃兵。^⑧ 地处沿边的熟户，

---

① 白滨：《元昊传》，吉林教育出版社 1988 年版，第 112 页。
② （宋）田况：《儒林公议》卷上。
③ 《续资治通鉴长编》卷一三九，仁宗庆历三年二月乙卯条。
④ 《续资治通鉴长编》卷一三六，仁宗庆历二年五月甲寅条。
⑤ （宋）欧阳修：《欧阳文忠公集·再论置兵御贼札子》。
⑥ 《续资治通鉴长编》卷一三六，仁宗庆历二年五月甲寅条。
⑦ 王曾瑜：《宋朝兵制初探》，中华书局 1983 年版，第 332 页。
⑧ 《续资治通鉴长编》卷一三五，仁宗庆历二年三月丁卯条。

为了保卫自身的和平生活，免除经常遭受俘杀劫掠的灾难，他们积极配合正规军队作战，终于发挥了阻挡西夏统治者入侵的重大作用。正如后来苏轼所说："宝元、庆历中，赵元昊反，屯兵四十余万，招刺宣毅、保捷二十五万人，皆不得其用，卒无成功。范仲淹、刘沪、种世衡等专务整辑蕃汉熟户、弓箭手，所以封殖其家、砥砺其人者非一道。藩篱既成，贼来无所得，故元昊复臣。"①

就西夏而言，元昊虽然取得了三大战役的胜利，但战争给西夏带来的后果是相当严重的。首先，使其在经济上受到重大的损失。陕西之战前，元昊每年可以得到银万两、绢万匹、钱两万贯的赏赐，这是西夏一项重要的经济来源。另外，沿边榷场、和市也是统治者和党项人民获得生活必需品的重要场所。战争爆发后，宋朝关闭榷场，断绝和市，停止岁赐，使西夏境内的粮食、绢帛、布匹、茶叶以及其他生活日用品奇缺，物价昂贵，"一绢之直为钱二千五百"，② 人民生活困难。就统治阶级而言，"元昊向得岁赐而不用，积年而后叛。今用兵数岁，虽战屡胜，而所攻不克，田里所掠，不办一日之费，向来之积费已尽矣。"③

其次，战争加重了西夏人民的负担，引起了人民的不满，从而加深了国内阶级矛盾。元昊每次出征，都要驱赶党项和其他各族人民负担各种杂役，"老弱妇女，举族而行"。④ 农业生产荒废，沿边城堡有战无耕，满目疮痍。《宋史·夏国传》对此明确指出："元昊虽数胜，然死亡创痍者相半，人困于点集，财力不给。"广大人民以"十不如"歌谣的形式来表达对这场战争的不满。

其三，战争也加深了西夏内部各种矛盾。一方面由于战争"所获器械鞍

① 《宋史》卷一九〇《兵志四》。
② 《续资治通鉴长编》卷一三八，仁宗庆历二年十二月条。
③ （宋）陈师道：《后山谈丛》卷一，《西夏史稿》最先引用。
④ 《续资治通鉴长编》卷一三一，仁宗庆历元年二月丙戌条载韩琦语。

马，皆归元昊，其下胥怨，无所厚获"；①另一方面元昊"苦战倚山讹，山讹者，横山羌，平夏兵不及也。"②以致"横山界蕃部点集最苦，但汉兵未胜，戎人重土，不敢背'贼'，勉为驱驰尔"。③另外，宋朝边将刘拯、王沿、葛怀敏、种世衡对横山羌帅野利旺荣、野利遇乞兄弟进行离间，加深了元昊对野利氏家族的猜忌和相互矛盾。统治集团内部出现裂痕和善战的横山羌厌战，势必对元昊的和战政策产生一定的影响。

除此而外，这一时期宋、辽、夏三国关系的新变化，也是促使夏宋议和的重要原因。元昊对宋用兵是倚契丹为外援的，契丹统治者也有意利用夏宋对立的形势来向宋朝进行讹诈。宋庆历二年（1042），辽兴宗耶律宗真乘宋朝在陕西战场连年失败，制造挑衅借口，向宋朝提出割让晋阳和瓦桥关以南十县领土的要求。一身患二疾的赵宋王朝经不住辽朝的压力，几经交涉，答应每年在30万"岁币"的旧额之外，增加银10万两，绢10万匹，"半以代关南租赋，半以为谢弹遏西戎之意。"④契丹本来就不愿看到西夏力量过分强大，宋朝增加"岁币"更有助于它对西夏态度的变化，由声援西夏对宋用兵转变为劝谕其停止战争。加之这一时期夏辽之间的部落纠纷愈演愈烈，两国关系急剧恶化，元昊感到处境孤立，为了避免两面受敌，必须和宋朝讲和。

夏天授礼法延祚五年，即辽重熙十一年，宋庆历二年（1042）底，辽朝派同知析津府耶律敌烈、枢密院都承旨王惟吉到西夏，谕令元昊罢兵，同宋朝讲和，元昊即请辽朝遣使到宋朝代为说项。辽使到汴京后对宋仁宗说："北朝曾封德明夏国王，许令自置官属。自元昊袭爵，遣人进奉，每辞见宴会，并坐矮殿。今南北事同一家，已令元昊请罪归款，其封册典制能如北朝，以优礼怀来之，彼亦洗心自新矣。"⑤

---

①　《续资治通鉴长编》卷一三九，仁宗庆历三年正月乙卯条。
②　《宋史》卷四八六《夏国传下》。
③　《续资治通鉴长编》卷一三九，仁宗庆历三年正月乙卯条。
④　《续资治通鉴长编》卷五〇六，哲宗元符二年二月条载章惇语。
⑤　《西夏书事》卷一六，又见《续资治通鉴长编》卷一三八，仁宗庆历二年十二月条。

宋仁宗明白了辽使为西夏游说的意思，诏令庞籍负责招纳元昊，其原则为"元昊苟称臣，虽仍其僭号亦无害；若改称单于、可汗，则固大善"。[①] 也即关键在于称臣，其他都好商量。庞籍考虑到元昊新取得定川砦战役的胜利，"若遣人说之，彼益偃蹇矣"。为了不失大国体面，便把原先扣押的李文贵召来，让他回去告诉元昊，"若诚能悔过从善，称臣归款"，朝廷可以比之前更加优待。李文贵点头称是，说野利旺荣的意思是用小国事大国之礼，庞籍说"此非边帅所知也"，并强调夏主遣使奉表称臣，方敢向朝廷引见。

"元昊固欲和，而耻先言之。"[②] 当李文贵回来向他报告了和庞籍的谈话内容后，非常高兴，赶忙释放被囚禁的宋朝奸细王嵩，待之以礼。元昊考虑到"初叛时朝廷诛其使者，不敢遽自陈请"，乃以野利旺荣等人的名义写信，让王嵩和李文贵带给庞籍。在这封书信中，元昊仍称帝号，且有"如日方中，止可顺天西行，岂可逆天东下"等语，态度十分强硬。庞籍阅后，嫌其言语不逊，不敢复信，特请求朝廷决定。宋仁宗认为可以复信，但在对野利旺荣的称谓上颇费了一番脑筋。野利旺荣在西夏官居太尉，庞籍说太尉是天子上公，如果称旺荣为太尉，那么等于承认元昊称帝了，"今其书自谓宁令或谟宁（意为天大王），皆虏官，中国不能知其义，称之无嫌也。"[③] 可见在官名称谓上，赵宋君臣颇有自欺欺人的味道。

通过王嵩与李文贵投石问路后，元昊确知"许和有绪"，乃正式遣六宅使、伊州刺史贺从勖携带国书出使宋朝。贺从勖到延州对庞籍说："契丹使人至本国，称南朝遣梁适侍郎来言：'南北修好已如旧，惟西界未宁，知北朝与彼为婚姻，请谕令早议通和。'故本国遣从勖上书，缘本国自有国号，无奉表体式，其称兀卒，盖如古单于、可汗之类。若南朝使人至本国，坐蕃宰相上。

---

① 《续资治通鉴长编》卷一三八，仁宗庆历二年十二月条。
② 《续资治通鉴长编》卷一三八，仁宗庆历二年十二月条。
③ 《续资治通鉴长编》卷一三八，仁宗庆历二年十二月条。

兀卒见使人时，离云床问圣躬万福。"①

庞籍听了贺从勖这番话后，明白西夏不愿以臣子身份向宋朝上表，所以先让保安军签书判官邵良佐打开元昊来信，开头称"男邦泥定国兀卒曩霄上书父大宋皇帝"，"邦泥定"为西夏自号"白上国"的党项语称，"兀卒"，乃青天子也，"曩霄"是元昊新改的名字。可见元昊对宋用的是以子事父礼，而不是君臣之礼。

宋仁宗给庞籍交代，只要元昊称臣，即"奉表削僭号"，② 其他条件都好商量。现在元昊虽"奉书"而不称臣，"名体未正"，因而表示不敢向皇帝呈报。夏使贺从勖赶忙用缓和的口气说："子事父，犹臣事君也。使从勖得至京师，而天子不许，请归更议之。"表明在这个问题上有商量的余地。为了不却来使，使和谈能够继续下去，庞籍将这一情况报告给朝廷。并说元昊这次遣使来，"辞气稍顺"，让贺从勖入京觐见，然后再派使者到西夏申谕，"彼必称臣"。③ 宋仁宗同意了庞籍的意见，让夏使贺从勖进京。同时下令夏使所过郡邑，加礼迎候，各州通判于驿站设宴款待。庞籍乃派邵良佐陪同贺从勖赴汴京开封。

贺从勖一行快到汴京时，右正言田况上言："自昊贼叛命以来，屡通书，今名分未定，若止称元昊使人，则从勖未必从，若以伪官进名，则是朝廷自开不臣之礼，宜且令从勖在馆而就问之。"④ 仁宗遂令将贺从勖引到都亭西驿馆，让承受使前去将他带来的书信取来，呈交给中书省。资政殿学士富弼闻知后上言：元昊臣契丹而不臣我朝，"若契丹谓元昊本称臣于两朝，今既于南朝不称臣，渐为敌国，则以为独尊矣。"⑤ 仁宗认为言之有理，便令枢密院出面招谕贺从勖，提出如下议和条件：

---

① 《续资治通鉴长编》卷一三九，仁宗庆历三年正月条。
② 《续资治通鉴长编》卷一三九，仁宗庆历三年正月条。
③ 《续资治通鉴长编》卷一三九，仁宗庆历三年正月条。
④ 《续资治通鉴长编》卷一四〇，仁宗庆历三年三月乙酉条。
⑤ 《续资治通鉴长编》卷一四〇，仁宗庆历三年四月己亥条。

（1）带来的书信有一字犯圣祖名讳，不能进呈皇帝；（2）元昊对宋称男，虽表示情意恭顺，"然父子亦无不称臣之礼"。今后进奉表章，仍称旧名，朝廷可以考虑册封元昊为夏国主，"赐诏不名"；（3）允许夏国自置官属，夏使至宋，宴坐朵殿，而宋使至夏，"一如接见契丹使人礼"；（4）宋朝每年岁赐银二万两、绢二万匹、茶三万斤，逢元昊生日与十月一日赐之，可在边界指定地点承领；（5）允许复开保安军榷场；（6）允许西夏对宋奉正旦及贺乾元节；（7）西夏在沿边修筑的寨栅可以维持原状。①

贺从勖听了枢密院的"谕令"，不敢当面争执。随后，仁宗下令邵良佐假官著作郎，和贺从勖一起到西夏商议。邵良佐到夏国后，元昊俨然以战胜者自居，高傲地坐在殿上，对参见的宋使邵良佐责问道："朝廷既欲议和，何须往问北朝?"脸色十分难看。夏国有个大臣也挖苦讽刺说："今兹用兵，如富者与贫者赌博，贫者只宜常胜。使富者胜，贫者必匮。"②讥讽宋朝赔款（岁赐）约和。根据宋朝提出的议和条件，元昊于夏天授礼法延祚六年，即宋庆历三年（1043）六月派大臣如定聿舍、张延寿偕同宋使邵良佐到汴京，向宋朝"要请凡十一事，其欲称男而不为臣，犹执前议也"。③

面对西夏的强硬态度和要请的十一事，宋朝统治集团内部展开了一场激烈的争论。宰相晏殊及两府大臣多厌战，"欲姑从之"。④韩琦则坚持不可，多次在仁宗面前相争不下。仁宗诏令两府再议，"琦持不可益坚，（晏）殊变色而起"，不欢而散。几位有影响的谏官也力主不可，尤其对元昊改称"吾祖"一事不能接受。

谏官蔡襄说："元昊始以'兀卒'之号为请，及邵良佐还，乃欲更号'吾祖'，足见羌贼悖慢之意也。'吾祖'，犹言我翁也。今纵使元昊称臣，而上书

① 《西夏书事》卷一六。
② （宋）龚鼎臣：《东原录》，文渊阁四库全书影印本。
③ 《续资治通鉴长编》卷一四二，仁宗庆历三年七月乙酉条。
④ 《续资治通鉴长编》卷一四二，仁宗庆历三年七月癸巳条。

于朝廷自称曰'吾祖'，朝廷赐之诏书，亦曰'吾祖'，是何等语耶！"

　　谏官余靖说元昊改称"吾祖"，是在侮玩朝廷。"古外域称单于、可汗之类，皆中外共知。若从其俗，固无嫌。今昊贼无端譔此名目，且彼称陛下为父，却令陛下呼为我祖，此非侮玩而何？贼又言九州十三县是其故土，况灵、盐、绥、宥，皆朝廷旧地，若辨封域，犹当归之国家。"

　　谏官欧阳修也从文字上分析说："夫吾者，我也；祖者，俗所谓翁也。今匹夫臣庶尚不肯妄呼人为父，若欲许其称此号，则今后诏书须呼'吾祖'，是欲使朝廷呼蕃贼为我翁矣，不知何人敢开口？且蕃贼譔此号之时，故欲侮玩'中国'而已。"①

　　宋朝内部争论不休，夏使又不肯让步，邀求无厌，时间一拖近两个月过去了。元昊见信使迟迟不归，怀疑被宋朝羁留，便暗中点集兵马，并遣使请求辽朝出兵南伐，正好这时如定聿舍和宋使张子奭、王正伦一起回来了，出兵之事遂罢。这次宋使张子奭把价压得很低，要西夏称臣，归还"前所侵延州地"，②岁赐之数不超过十万。元昊对张子奭也很不客气，强要他"应许给赐至二十五万，始放还"。经过双方激烈的讨价还价，到十一月，元昊基本上同意称臣及将"吾祖"名号改为"兀卒"，张子奭也原则上答应岁给二十万。元昊这才将他放还，同时附表要求每年向宋朝出售十万石青盐。

　　尽管双方都有些妥协，但离正式签约还有较大的距离。一是元昊不肯归还攻占的延州堡寨；二是宋朝嫌元昊邀求太多，尤其在青盐入境上不肯让步。如欧阳修上言："昨如定等回，但闻许与之数，不过十万，今子奭所许，乃二十万，仍闻'贼'意未已，更有过求。先朝与契丹通和，只用三十万，及刘六符辈来，又添二十万。今昊贼一口已许二十万，则他日更来，又须二三十万。"③谏官孙甫说："西盐五、七万石，其直不下钱十余万贯，况朝廷已许岁

　　① 《续资治通鉴长编》卷一四二，仁宗庆历三年七月癸巳条。
　　② 《西夏纪》卷一〇引《韩魏公家传》。
　　③ 《续资治通鉴长编》卷一四五，仁宗庆历三年十一月辛卯条。

给之物二十万。今又许卖盐，则与遗北敌物数相当"，恐引起契丹的贪欲。再说盐是宋朝的大利，"西戎之盐，味胜解池所出，而其产无穷。既开其禁，则流于民间，无以堤防矣。"①

宋使张子奭回来一个月后，即夏天授礼法延祚六年，宋庆历三年（1043）十二月，夏景宗李元昊又派张延寿使宋，"虽肯上表称臣，而书中年用甲子，国号止易一字"②。同时仍要求市青盐、贸易，又变本加厉地将岁赐数额提高到三十万。宋朝押伴使任颛一一据理批驳，张延寿也不甘示弱，屡向押伴任颛要索。后任颛报请仁宗皇帝批准，只答应开设榷场和增加五万岁赐，其余一概不许。张延寿回去后，元昊见目的没有达到，发兵攻秦州，1000 多属户族帐被"焚掠殆尽"，企图以武力迫使宋朝让步。

正当夏宋议和相持不下的时候，夏辽关系发生了重大变化。西夏怨辽朝接受北宋 20 万贿赂，不帮助他向宋朝讹诈，同时两国因边境党项问题，矛盾越来越尖锐，以致发展到兵戎相见。辽朝向西夏宣战，使夏、宋一年多议而不决的和谈，立刻有了转机。元昊既得罪辽朝，也就不敢再同宋朝闹僵，便于夏天授礼法延祚七年，即宋庆历四年（1044）五月，遣大臣尹与则和杨守素入宋上誓表（议和保证书）。表文写道：③

　　两失和好，遂历七年，立誓自今，愿藏盟府。其前日所掠将校民户，各不复还。自此有边人逃亡，亦无得袭逐，悉以归之。臣近以本国城寨进纳朝廷，其栲栳、镰刀、南安、承平故地及它边境蕃汉所居，乞画中央为界，于界内听筑城堡。朝廷岁赐绢十三万匹，银五万两，茶二万斤；进奉乾元节回赐银一万两，绢一万匹，茶五千斤；贺正贡献回赐银五千两，绢五千匹，茶五千斤；仲冬赐时服银五千两，绢五千匹，及赐臣生日礼物银器二千两，细衣着一千匹，

---

①　《续资治通鉴长编》卷一四五，仁宗庆历三年十一月辛卯条。
②　《西夏书事》卷一七。
③　《续资治通鉴长编》卷一五二，仁宗庆历四年十月己丑条。

杂帛二千匹。乞如常数，无致改更，臣更不以它事干朝廷。今本国
自独进誓文，而辄乞俯颁誓诏，盖欲世世遵承，永以为好。倘君亲
之义不存，或臣子之心渝变，使宗祀不永，子孙罹殃。

从表章可以看出，元昊以对宋称臣来换取土地、岁赐。宋仁宗有些骑虎
难下，先以誓表"言辞不顺"为由，留夏使不遣，后经谏官余靖劝说，才将
他们放回。大致一个多月后（即七月），辽朝遣使以伐西夏告宋，并提出如果
"元昊乞称臣，幸无亟许"。这样就给赵宋君臣出了一个难题，经过大臣们反
复商讨，决定暂不册封元昊，派余靖出使辽朝，动用外交辞令，说一些婉转
而两可的话，既不得罪辽朝，又不沮元昊归款。坐山观虎斗，使两败俱伤，
从中渔利。谏官吴育就说得很清楚："今二蕃自斗，斗久不解，可观形势，乘
机立功。"① 富弼也说："若二寇自相杀伐，两有所损，此朝廷之福，天所
假也。"②

由于元昊和辽朝反目为仇，急于和宋朝和好，九月，再遣杨守素至宋请
颁誓诏。同时宋使余靖也从辽朝把信息传回来，说契丹并"无龃龉之意"，建
议朝廷赶快册封，"使元昊得以专力东向，与契丹争锋"。又详细分析各种利
害关系，认为"封册元昊在二敌胜负未分以前，则元昊有以为恩，契丹无以
为词"。③ 在这种情况下，宋仁宗决定先赐元昊誓诏："朕临制四海，廓地万
里，西夏之土，世以为胙。今乃纳忠悔咎，表于信誓，质之日月，要之鬼神，
及诸子孙，无有渝变。申复恳至，朕甚嘉之，俯阅来誓，一皆如约。所宜明
谕国人，藏书祖庙。"④ 从此，双方议和有了文字依据。

夏辽河曲之战，元昊获得全胜，并以胜向辽请和。辽朝害怕宋朝得知实
情，乃出榜幽州，妄称"躬驱锐旅，往复危巢，方迮贼庭，乞修觐礼"。⑤ 其

---

① 《宋史》卷二九一《吴育传》。
② 《续资治通鉴长编》卷一五一，仁宗庆历四年八月条。
③ 《续资治通鉴长编》卷一五二，仁宗庆历四年九月条。
④ 《续资治通鉴长编》卷一五二，仁宗庆历四年十月庚寅条。
⑤ （宋）田况：《儒林公议》卷下。

实宋朝间谍早已将实况弄清楚，于是宋仁宗认为不能再耽误机会，立即对元昊进行册封。

夏天授礼法延祚七年，即宋庆历四年（1044）十二月，宋遣祠部员外郎张子奭等人为册封使前往夏国，但这中间又出现了一段小插曲。张子奭一行出发不久，宋仁宗听说辽使将至，立即下令张子奭等停止前进，"候契丹使至别议"。富弼得知后，立即上奏，深言其不便。"若敌使未至而子奭先去，则天下共知事由我出，不待契丹许而后行也。今若候敌使至，别无难意，而后方令子奭遂行，则是自以讲和之功归于契丹。直待得契丹许意，方敢遣使封册，'中国'衰弱，绝无振起之势，可为痛惜。万一敌使知我尚未封册，词稍不顺，不可却拒元昊而曲就契丹。如此，则是朝廷不敢举动，坐受契丹制伏，而又前后反覆，大为元昊所薄矣。"① 接着富弼又分析契丹新被元昊打败，"山前、山后，非常困弊，必不敢止我此行"，请求仁宗"不候敌使到阙，速令子奭行封册之恩"。② 仁宗认为富弼说的有道理，遂命张子奭火速赶往西夏，正式册封元昊为夏国主。其册文曰：③

> 咨尔曩霄，抚爰有众，保于右壤。惟尔考服勤王事，光启乃邦，洎尔承嗣，率循旧物。向以称谓非正，疆候有言，鄙民未孚，师兵劳戍。而能追念前昔，自归本朝，腾章累请，遣使系道，忠悃内奋，誓言外昭，要质天地，暴情日月。朕嘉尔自新，故遣尚书祠部员郎张子奭充册礼使，东头供奉官、阁门祗候张士元充副使，持节册命尔为夏国主，永为宋藩辅，光膺宠命，可不谨欤！

宋使张子奭宣读册文之后，又向元昊颁赐礼物，计有银 2 万两，绢 2 万匹，茶 3 万斤；御衣、黄金带、银鞍勒马；"天下乐"晕锦装饰的漆书竹简册；镀金银印，方二寸一分，文曰"夏国主印"；镀金银牌等。

---

① 《续资治通鉴长编》卷一五三，仁宗庆历四年十二月乙未条。
② 《续资治通鉴长编》卷一五三，仁宗庆历四年十二月乙未条。
③ 《续资治通鉴长编》卷一五三，仁宗庆历四年十二月乙未条。

在进行册赐仪式的同时，双方还就议和过程中提到的一些问题达成协议，如，元昊对宋称臣，奉行宋朝的历法；宋称元昊为夏国主，颁赐书改为诏书；允许西夏自置官属；西夏使者到汴京，可以在驿舍进行贸易，宴请时坐朵殿；宋朝使者到西夏，元昊以宾客礼相待；置榷场于保安军及镇戎军高平砦；不许青白盐贸易等等。不过有的条款徒具空名，如宋使入夏，被拦在宥州馆舍，不允许前往都城兴庆府，"元昊帝其国中自若也"。①

（五）西夏前期与辽关系

1. 李德明时期的夏辽盟好关系

宋景德元年，即辽统和二十二年（1004），宋辽"澶渊之盟"成立，两国关系缓和，这样就为李德明同时结好宋、辽创造了条件。辽统和二十三年（1005），李德明已袭位一年了，由于没有得到大国的册封，党项部族多怀观望，有的还投附宋朝。在这种情况下，李德明和亲信部下认为，自先王李继迁被西凉吐蕃所害，蕃众惊疑，若不假借契丹威慑，恐人心不能安定。于是李德明遣使向辽朝贡献方物，请求册封。辽圣宗满口答应，还说"此吾甥也，封册当时至"。当时德明准备同时向辽、宋请封，夏宋议和正紧锣密鼓地进行，为了免除辽朝的疑虑，随后又伪称下宋朝青城，遣使向辽"告捷"。辽圣宗尽管对德明这种"持首鼠之两端"的做法很不满意，但出于传统的"联夏制宋"政策，还是许封册德明，以为臂使之需。同年七月遣使持节封德明为西平王，并赐车骑衣币等物。② 十月，德明遣使谢册封，圣宗"谕以善事公主，克光先烈"。辽圣宗之所以让李德明"善事公主，克光先烈"，不仅仅是义成公主没有生育的缘故，关键在于向李德明打招呼，要像李继迁时代那样，保持对辽朝的臣附和友好。

---

① 《宋史》卷四八五《夏国传上》。
② 《辽史》卷一四《圣宗纪五》。

　　李德明在位期间，为图自身的发展，谨慎处理同辽朝的关系。在诸如沿边党项归属等非常敏感的问题上，尽量照顾到辽朝的利益，以免事态的进一步扩大。辽开泰二年（1013）五月，居于辽朝西南地区的党项部落因不堪繁重的赋役，纷纷逃亡到黄河北岸的模郝山，只有曷党、乌迷两部尚居故地，遣使约归夏州，德明不敢纳。但由于地理民族方面的缘故，仍有不少党项人以各种方式流入西夏，圣宗为了阻断辽境党项部落和西夏私相连结的道路，便下诏德明说："今党项叛，我欲西伐，尔当东击，毋失犄角之势。"① 德明遵诏出兵境上接应，为此，辽圣宗于八月遣引进使李延弘来赐德明及义成公主车马。

　　西掠吐蕃健马，北收回鹘锐兵，是李继迁晚年就定下的方针，李德明袭位后，频频发兵西蕃。辽太平六年（1026）六月，回鹘阿萨兰部叛辽，圣宗派魏国公萧惠征诸路兵讨伐。李德明对此表现出极大的热心，主动点集蕃众，"遣之西出"，帮助辽朝讨伐。后因萧惠攻甘州三日不克，所部阻卜又发生叛乱，夏辽联军相继撤回。

　　当然，李德明时期辽夏两国相继与宋朝达成"澶渊之盟"与"景德和约"，特别是李德明奉行和好宋朝的外交政策，这样就使得夏辽关系失去了共同对付宋朝的基础，因此，李德明对辽朝不像继迁那样言听计从，双边不愉快的事情时有发生。

　　辽开泰七年（1018）七月，吐蕃可汗并里尊向辽朝提出朝贡时路途迂远，圣宗让其假道西夏，并里尊遣使转告李德明，但德明不答应，并里尊借此为由停止向辽朝贡奉。辽圣宗本来就嫉恨李德明结好宋朝，于是更加深了对其不满，便于辽开泰九年（1020）五月以狩猎为名，亲统五十万大军攻凉州（甘肃武威）。李德明也不示弱，竟"帅众逆拒"，打败了辽朝的大规模进攻。② 辽圣宗本来是想教训一下西夏，不料碰了一个大钉子，西夏打败了辽朝

---

① 《辽史》卷一五《圣宗纪六》。
② 《宋史》卷四八五《夏国传上》。

大军后，谨封堠，严点集，同时又停止向辽朝贡奉。辽朝"恐为边患"，主动表示愿同西夏讲和，李德明也给辽朝面子，同意与辽和好如初。通过这一事件，辽圣宗认识到对李德明完全进行打压已行不通了，便采取竭力笼络的策略，在辽统和二十八年（1010）封李德明为夏国王的基础上，又于辽太平元年（1021），遣金吾卫上将萧孝诚赍玉册金印，授李德明为尚书令，晋大夏国王。①

夏辽凉州之役，在双方关系史上具有较为重大的转折意义，正如清代学者吴广成指出的："自继迁跳梁，德明款附，虽有逆顺之分，然其心总易视'中国'，畏视契丹，非惟资其援助，抑亦惮其兵威也。契丹知其然，一切不稍假借，故其势常尊。今一战不胜而愿与之平，且称为大夏，是其不竞直与宋同。"②尽管西夏在对辽关系上，并没有取得像吴广成所说的与宋朝对辽相同的地位，但双方关系及相互地位确实发生了前所未有的变化。两年后即辽太平二年（1022）九月，辽朝遣堂后官张克恭贺大夏国王李德明生辰，这是以前没有过的事情。辽太平五年（1025）十一月，西夏遣使贡于辽，辽圣宗以德明势日渐强盛，厚赐使者遣还。从这些交往及礼仪中，可以窥见夏辽关系变化之实质。

辽太平八年（1028），李德明立子元昊为太子，加快了立国的步伐。德明深知若要称帝建国，必须得到大辽帝国的支持，因此于辽太平九年（1029）二月，遣使辽朝为元昊请婚，辽圣宗欣然允诺。两年后圣宗故去，其子耶律宗真即位，是为兴宗。兴宗继续推行圣宗时制定的"联夏制宋"方针，对原来许给元昊的婚事很快付诸实施。辽景福元年（1031）十二月，封宗族女子为兴平公主，"下嫁夏国王李德昭（明）子元昊，以元昊为夏国公、驸马都尉"。③成婚时兴宗派大队人马护送公主前往夏国，元昊也派数万军队前去迎

---

① 《宋史》卷四八五《夏国传上》。
② 《西夏书事》卷一〇，吴广成评语。
③ 《辽史》卷一八《兴宗纪一》。

接，场面十分隆重。辽景福二年（1032）十月，夏国王李德明卒，元昊遣使至辽报哀，辽兴宗以婚好之谊，遣宣徽南院使、朔方节度使萧从顺、潘州观察使郑文阁持诏册封元昊为夏国王，并赐良马三十匹，精甲二具。

兴平公主下嫁元昊，为夏辽两国之间的第二次和亲，这是自李继迁以来夏辽盟好关系发展的必然结果。辽朝再次远嫁公主的主观目的是借婚姻关系进一步巩固夏辽联盟，继续联夏制宋。但由于宋、辽、夏三国对峙形势的变化，这次联姻没有达到预期的目的，它反而为以后夏辽破盟播下了一颗不幸的种子。可以说元昊与兴平公主的结婚，是夏辽第一次联盟中的最后辉煌，此后两国之间不断出现磨擦，以致发展到兵戎相见。

2. 夏辽破盟

从 1032 年景宗元昊即位到 1044 年夏宋"庆历和约"成立，前后总共十多年时间，是夏辽第一次联盟的最后阶段，也是双方逐渐破盟的阶段。在这一阶段中，夏辽之间的往来是比较冷清的，这一方面是景宗李元昊忙于建国大计和建国后对宋作战；另一方面是由于双方关系不是很融洽。但这一时期夏宋关系紧张，两国之间有共同对付宋朝这个基础，因此双边关系并没有马上转坏，仍保持着稀疏的贡使往来，特别是在夏宋交战上，辽朝一直站在偏向西夏的"中立"立场。每当夏景宗李元昊以伐宋所获来献时，辽朝毫不犹豫地收下，或集兵于幽州，以声援西夏。

在更多的场合，辽朝默许景宗元昊假其声威来讹宋，如夏天授礼法延祚二年（1039），西夏在给宋朝的"嫚书"中声称："元昊与契丹联亲、通使，积有岁年，炎宋亦与契丹玉帛交驰，倘契丹闻'中朝'违信示赏，妄乱蕃族，谅为不可。"[①] 对此辽朝没有表示任何异议。在整个夏宋陕西之战期间，宋朝一直担心"元昊潜结契丹，互为犄角"，使一身患二疾，不可并治，这除了受

---

① 《续资治通鉴长编》卷一二五，仁宗宝元二年十二月壬子条。

夏辽历来结盟抗宋的影响外，也与当时辽朝的态度有密切的关系。

不过上述只是问题的一个方面，在夏辽互为声援的背后，双方关系越来越微妙，两国时刻都在提防对方。辽朝于云中路置西南两招讨司、西京兵马都部署司、南北大王府、乙室王府、山金司，① 以控制西夏，惮其强也。西夏自景宗李元昊建国之初，就加强了对辽朝的防御，"自河北至午腊蒻山七万人，以备契丹"，② 所设的兵力与首都兴庆府相等，为诸路布防人数之冠。

在军事上防范的同时，辽朝还在经济上对西夏进行限制。夏辽自结盟交好以来，双方之间通过各种渠道进行商品交换，其中有一种为贡使贸易，即西夏政府利用频繁使辽的机会，在沿途大作生意。李继迁、李德明时期夏辽亲密无间，辽朝也以此来维系和西夏的友好关系，景宗李元昊即位以后情况就不同了。夏显道二年，即辽重熙二年（1033）十二月，辽兴宗下诏禁夏使在沿途私市金铁。③ 这对缺乏铁矿而又急于锻造兵器的西夏来说，无疑是当头棒喝，引起了元昊的极大不满，积怨就这样开始了。到夏天授礼法延祚五年，即辽重熙十一年（1042），"契丹主虑其盛"，除禁止私市金铁外，甚至禁止西夏派人到吐谷浑、党项羌居住的地方买马，并在"沿边筑障塞以防之"。④

要说夏辽之间的裂痕从辽朝禁止向西夏出口金铁开始，那么兴平公主的早死则在这道裂痕上重重地划了一刀。兴平公主 1031 年和李元昊结婚，1038年死去，在西夏仅仅生活了七年。这桩由德明和辽兴宗为加强两国关系而包办的婚姻，一开始就注定是苦涩的。二人感情一直不好，史载"李元昊与兴平公主不谐，公主薨，遣北院承旨耶律庶成持诏问之。"⑤ 对于兴平公主的死因，辽兴宗很是怀疑，专门遣北院承旨耶律庶成持诏书诘问夏景宗元昊。在这个问题上，元昊也感到于心有愧，所以当宋朝向辽朝宣告要讨伐西夏时，

①　《辽史》卷四六《百官志二》。
②　《宋史》卷四八五《夏国传上》。
③　《辽史》卷一一五《西夏外纪》。
④　《辽史》卷一一五《西夏外纪》。
⑤　《辽史》卷一一五《西夏外纪》。

他害怕宋辽南北合兵，专门伏击了宋朝府州折继闵护送冬服的队伍，将缴获的衣物与战俘献给辽朝，以求得辽朝的谅解与支持。辽兴宗虽然没有举兵发难，但这件事一直影响着他对西夏的态度。[①]

这一时期促使夏辽交恶并导致战争还有两个重要的直接因素：一是夏景宗对辽朝背信弃义，坐受宋朝增加岁币的做法大为不满，同时他还使辽兴宗在宋辽交涉中对宋朝的许诺不能兑现，使兴宗威信扫地；二是西夏诱纳辽朝境内的岱尔（又作呆儿即鞑靼）族及党项部落，对夏辽急剧恶化的关系无疑是火上浇油。

夏景宗元昊建国后接连对宋朝发动了一系列攻势，宋朝屡遭失败，疲于奔命，西夏也困于点集，双方都逐渐产生了结束这场战争的愿望。辽兴宗清楚地看到了这一点，并试图利用当时的形势，借机向宋朝敲诈一下。夏天授礼法延祚五年，即辽重熙十一年（1042）初，辽兴宗乘宋朝和西夏作战失败之机，聚兵幽州，然后派南院宣徽使萧英、翰林学士刘六符携国书到汴京，向宋朝索取晋阳及瓦桥关以南十县之地，同时责问宋朝伐夏、疏浚水泽以及增加戍兵之故。其国书还写道："李元昊于北朝久已称藩，累曾尚主，克保君臣之道，实为甥舅之亲，设罪合加诛，亦宜垂报。"[②] 这纯粹是挟夏讹宋，实际上宋朝早就遣使将伐夏之事报告给辽朝。但懦弱的赵宋王朝唯恐"一身患二疾"，赶忙派知制诰富弼携带国书出使辽朝，提出联姻与增加岁币两个条件供辽选择，辽兴宗选定增加岁币。随后富弼报请宋仁宗同意，又向辽朝提出"若契丹能令夏国复纳款，则岁增金帛二十万，否则十万"。[③] 经过辽朝君臣商议，愿意宋朝在 30 万岁币旧额之外，每年新增加 20 万，一半是代替瓦桥关以南十县地的租赋，另一半是用来"弹遏"西夏的佣金。

辽朝之所以多收宋朝十万岁币，满口答应"弹遏"西夏，一则考虑到西

---

① 《续资治通鉴长编》卷一七七，仁宗至和元年九月条附《王拱辰别录》。

② 《续资治通鉴长编》卷一三五，仁宗庆历二年三月己巳条。

③ 《续资治通鉴长编》卷一三七，仁宗庆历二年七月癸亥条。

夏急于和宋朝约和，加之自己态度的转变，夏景宗会识时务地向宋朝纳款称藩；二则对宋朝包揽夏事，轻率许诺，可以显示大辽帝国的威势。如在回宋朝国书中说："梁适口陈夏台之事，已差右金吾卫上将军耶律祥、彰武军节度使王惟吉，赍诏谕元昊令息兵。况其先臣德昭（明），北朝曾封夏国主，仍许自置官属，至元昊亦容袭爵。自来遣人进奉，每辞见燕会，并升坐于矮殿。今两朝事同一家，若元昊请罪，其封册礼待，亦宜一如北朝。"① 在辽兴宗看来，似乎"指呼之间，便令元昊依旧称臣"。②

夏景宗李元昊对辽朝背信弃义，在没有征求西夏意见的情况下，大包大揽西夏臣属宋朝一事是非常愤怒的。但他又认为无论如何，这件事也为他正式向宋约和提供了口实，同时也想给辽朝一个难看，所以在接到辽兴宗的诏谕后，强压住内心的怒火，立即于天授礼法延祚六年（1043）四月派六宅使、伊州刺史贺从勖到宋朝议和。贺从勖首先冠冕堂皇地表白了一通与宋议和的来由，"契丹使人至本国，称南朝遣梁适侍郎来言，南北修好已如旧，惟西界未宁，知北朝与彼为婚姻，请谕令早议通和，故本国遣从勖上书。"但在给宋仁宗的国书中，称男邦泥定国兀卒曩霄上书父大宋皇帝，而不称臣，"与契丹书中事体相违"。③ 与此同时，西夏还以宋朝同意讲和，遣使到辽朝贡驼马致谢。自尊自大的辽兴宗这时还蒙在鼓里，以为夏景宗真的答应对宋称藩了。碰巧宋使余靖也在辽朝，他便把夏景宗的表章拿给余靖看，以见夏国畏服之意。④ 既而兴宗得知夏景宗不肯臣宋，十分恼火，他"既以强盛夸于'中国'，深耻之。"⑤ 感到有损宗主国的威严，当时宋使余靖也说："今来贼昊不肯称臣，则是契丹之威不能使西羌屈伏。"⑥

---

① 《续资治通鉴长编》卷一四二，仁宗庆历三年七月癸巳条。
② 《续资治通鉴长编》卷一三九，仁宗庆历三年二月乙卯条载余靖语。
③ 《续资治通鉴长编》卷一四二，仁宗庆历三年七月癸巳条。
④ 《续资治通鉴长编》卷一五四，仁宗庆历五年正月丙子条。
⑤ （宋）田况：《儒林公议》卷下。
⑥ 《续资治通鉴长编》卷一三九，仁宗庆历三年二月乙卯条。

七月，由于夏景宗李元昊对宋不肯称臣，夏宋和谈一度陷入僵局，夏景宗又给辽朝出了一个难题，遣使请辽朝出兵南伐。辽朝收受了宋朝的岁币，满足经济实惠，自然不会出兵的，这样就更加深了相互的不满与怨恨。据宋使富弼后来回忆说："契丹始与元昊相约，以困'中国'，前年契丹背约，与'中国'复和，元昊怒契丹坐受'中国'所益之币，因此有隙，屡出怨辞。契丹恐其侵轶，于是压元昊境筑威塞州以备之。而呆儿族累杀威塞役兵，契丹又疑元昊使来，遂举兵西伐。"①

在夏辽两国关系中，一直潜藏着一个不安定的因素，即毗邻西夏的辽朝西部边境内居住着众多的党项及其他部族，随着西夏的崛起与强盛，他们经常举族投附夏国，这就是所谓的党项叛逃问题。在夏辽关系恶化前，西夏对此采取非常慎重的态度，基本上不予接纳。天授礼法延祚六年，即辽重熙十二年（1043）八月，居住在辽朝境内夹山一带的岱尔族不服从辽朝的约束，辽兴宗发兵讨伐，但没有结果，于是命夏景宗出兵合击。当时夏辽关系已经很紧张，但由于西夏还没有和宋朝达成和约，国内财力困乏，想通过攻掠岱尔族来捞取好处，遂发兵响应。结果辽夏联军打败了岱尔族，"掳获颇多"，然而辽兴宗却独吞了胜利果实，不分给西夏，使夏景宗大失所望，这等于给本来就急剧恶化的辽夏关系加了一把火。为了报复辽朝的背信食言和贪婪不公，夏景宗派兵侵掠辽朝境内的党项羌，辽朝遣延昌宫使高家奴前去交涉，夏景宗置之不理。②

夏天授礼法延祚七年、即辽重熙十三年（1044）正月，夏景宗李元昊因辽朝大肆备战，遣使入贡，借以探听辽朝内部情况及对西夏的态度。四月，在西夏的多次招诱下，辽山西部族节度使屈烈等率五大部族投夏。辽兴宗立即遣使责还，而夏景宗拒不遣还。五月，辽兴宗以其西境党项部落叛，遣南面招讨使罗汉奴率部讨击。党项向西夏求援，景宗元昊即发兵助战，杀死辽

---

① 《续资治通鉴长编》卷一五一、仁宗庆历四年八月甲午条。
② 《辽史》卷一一五《西夏外纪》。

招讨使萧普达等。辽兴宗大怒，"诏征诸道兵会西南边以讨元昊"。景宗元昊听到辽朝集兵讨伐的消息，遣使到阻卜求援，而阻卜酋长乌八将夏使执送于辽，并提出愿助辽讨夏。这时辽兴宗已进驻永安山，遣延昌宫使高家奴以伐夏告于宋朝。① 辽夏大战已不可避免了。六月，夏景宗为了避免两面受敌，遣尹与则、杨守素二人到汴京向宋朝贡献，并上誓表，给一年多议而不决的夏宋和谈画上了句号。

3. 夏辽河曲之战

夏天授礼法延祚七年、即辽重熙十三年（1044）七、八月间，辽兴宗已做好征讨西夏的一切准备工作。九月，在夹山之侧的九十九泉（今内蒙古卓资县北）集合大军，以皇太弟重元、北院枢密使韩国王萧惠为先锋，东京留守赵王萧孝友殿后。就在即将要发起大举进攻时，突然国内发生骚动，原来夏景宗为了阻止辽军，暗中派人进入辽境，将辽朝准备过冬的粮草"焚之殆尽"，使辽军惊恐万状，大军集而不发。十月，经过内部整顿之后，辽兴宗亲帅十万大军出金肃城（今内蒙古准噶尔旗西北），遣皇太弟天齐王重元为骑军大元帅，领兵7000出南路；北院枢密使韩国王萧惠统兵六万出北路；仍以东京留守赵王萧孝友殿后。西夏与辽朝隔黄河相望，历来无城堡可守，辽朝三路大军渡过黄河后，长驱四百里，没有遇到任何阻击。辽兴宗遂据得胜寺南壁，以捕捉战机。当时西夏左厢主力埋伏于贺兰山北侧，辽北路统帅萧惠侦知这一情况后，即遣殿前副检点萧迭里得、护卫经宿直古迭率部掩袭。夏景宗率大军迎战，将辽军重重围住，辽将直古迭英勇无比，"左右驰射，跃马直击中坚，夏众不能挡，大溃而退"。②

夏景宗伏击失败后，率残部退守贺兰山，见辽军越聚越多，考虑到自己在兵力上的劣势，不能硬拼，只能缓兵，以退为进。于是遣使向辽兴宗请降，

① 《辽史》卷一九《兴宗纪二》；同书卷一一五《西夏外纪》。
② 《西夏书事》卷一七。

兴宗恐其有诈，遣右夷离堇萧滴冽前去"觇其诚伪"。萧滴冽向夏景宗晓以祸福，夏景宗请求"退师十里，俟收叛党以献，且进方物"。辽兴宗得到回报后，便命北院枢密使萧革率部纳降，契丹大军随之进驻河曲。夏景宗亲率党项诸部待罪，萧革奉兴宗的旨意，先责夏景宗"纳叛背盟之故"，随后赐夏景宗酒，许以悔过自新。在鼓乐声中，夏景宗折箭为誓。纳降礼毕，景宗元昊与辽北院枢密使萧革各还营帐。①

辽兴宗与夏景宗约和后，准备班师回国，辽韩国王萧惠则进言："元昊忘奕世恩，萌奸计，车驾亲临，不尽归所掠。天诱其衷，使彼来迎，天与不图，后悔何及？"② 辽兴宗从其请。次日凌晨，萧惠便向西夏不宣而战，夏景宗后退三十里以避其锐，萧惠则穷追不舍，这样一共退了三次近百里地，"每退必赭其地，辽马无所食，因许和"。③ 这时夏景宗又故意拖延数日，估计辽军马饥士疲，不堪战斗，突然向其发起猛攻。萧惠督军迎战，夏景宗寡不敌众，被辽军重重包围，正在危急之时，忽然狂风大作，飞沙迷眼，不善于在沙漠地带作战的辽军一下子乱了阵脚。夏景宗乘机纵兵急攻，辽军大败，"蹂践而死者不可胜计"。④ 接着夏景宗乘胜挥师得胜寺南壁的辽军大本营，辽军再败，兴宗"单骑突出，几不得脱"。⑤ 此役西夏共俘辽朝近臣数十人，获辎重器物如山。

河曲之战后，夏景宗李元昊不失时机地遣使同辽朝讲和。夏景宗之所以取得胜利后主动向辽朝讲和，主要考虑到这么几点：其一，西夏连续同宋朝进行了五六年的战争，国内财力困乏，百姓疲于点集，需要有一个相对安定的外部环境，致力于休养生息，发展生产。其二，河曲之战的胜利，既有必然性也有偶然性，就综合国力来说，西夏远远弱于辽朝，而辽兴宗向来狂妄

① 《辽史》卷一九《兴宗纪二》。
② 《辽史》卷九三《萧惠传》。
③ 《宋史》卷四八五《夏国传上》。
④ 《辽史》卷九三《萧惠传》。
⑤ 《辽史》卷一〇九《罗衣轻传》。

自大，如果不给他一个台阶下，有可能再次发兵来报复。其三，在夏、辽、宋三维关系中，西夏的力量最为弱小，只有联辽才能抗宋和讹宋，取得经济上的利益。况且一打一拉，趁战胜求和，更能显示和提高西夏的地位。

辽兴宗也因长途出击，兵覆将死，供给困难，无力马上再发起大规模的进攻，现夏景宗元昊遣使求和，乐意顺着台阶下，便答应与西夏讲和。然而这个虚荣心极强的皇帝，为了掩盖他吃败仗的事实，派人在幽州地界张贴榜文，大肆吹嘘其对夏作战的胜利，说什么"元昊曩自先朝求为钜援，据一方之裂壤，迨二世以袭封"。又说"鸮音易变，犬态多端，忘牢养之深恩，恃狂悖之凶性，擅诱边俗，巧谍欢邻。罪既贯盈，理当难赦，是用躬锐旅，往覆危巢，方尔贼庭，乞修觐礼"。① 其实宋朝间谍早就看到"其舆尸重伤者，自西相继而至"，可谓欲盖弥彰。

清人吴广成在评论这场战争以及夏景宗战胜请和一事说："曩霄此举，直以待宋者待契丹矣！是时辽主以十万众直逼贺兰，志吞平夏，而曩霄乞降以骄其师，退兵以示之弱，直待契丹士困马疲，成功一战，而乘其全胜之势，即作请和之举，使契丹不得不从，与前之款宋者若出一辙，岂非玩二国于股掌上乎？然宋之许和，尚有契丹为之先容，若契丹之和，直自与和耳，其不竟更出宋下矣噫！"②

（六）统治集团内部斗争和景宗李元昊之死

1. 皇族和后族的斗争与野利集团覆灭

景宗李元昊继承其祖李继迁确定的联络党项豪族大姓的建国方略，设十二监军司，"委豪右分统其众"。"每举兵，必率部长与猎，有获，则下马环坐

---

① 《西夏纪事本末》卷一八《南壁偾军》。
② 《西夏书事》卷一七吴广成按语。

饮、割鲜而食，各问所见，择取其长。"① 这种带有部落社会军事民主的作风，充分调动了部落大姓的积极性，为西夏建国后对宋、辽战争的胜利起到了重要的作用，特别是野利部功勋最为显著。野利部落是早期党项八大部落之一，和拓跋部一起迁入陇右，羁縻野利部的芳池州都督府就侨置在庆州怀安县境内，管"党项野利氏种落"。②"安史之乱"后，唐朝将芳池州野利部迁往绥、延二州，野利部进入横山地区，逐渐形成了著名的六州党项。③ 入宋以后，野利部落发展更迅速，成为夏宋沿边最强大的部落，其势力东起横山西至天都山，是景宗李元昊对宋朝战争的重要力量。元昊"苦战倚山讹，山讹者，横山羌，平夏兵不及也"。④

夏景宗李元昊联姻野利部，内则封野利氏为宪成皇后，外则委任野利旺荣、野利遇乞分掌左右厢兵，负责对宋和战。⑤ 左厢主帅野利旺荣，又作野利刚浪凌，号野利大王，统东部横山地区人马；右厢主帅野利遇乞，号天都大王，统西部天都山地区人马。西夏建国初期攻陷延州金明寨，生擒"铁壁相公"李士彬；设伏三川口，大败宋朝援兵，主将刘平、石元孙力竭被俘；攻取塞门寨，执寨主高延德；伏兵好水川，主将任福阵亡，"将校士卒死者万三百人"。⑥ 定川砦再败宋军，主将葛怀敏等九千余将士全部覆没，随后直抵渭州，"幅员六七百里，焚荡庐舍，屠掠居民而去"。⑦ 这些胜利的取得，都离不开野利部将士的冲锋陷阵。

---

① 《宋史》卷四八五《夏国传上》。
② 《旧唐书》卷三八《地理志一》。
③ 《新唐书》卷二二一《党项传》："六州部落曰：野利越诗、野利龙儿、野利厥律、儿黄、野海、野窦等。"
④ 《宋史》卷四八五《夏国传上》。
⑤ 庆历年宋夏议和期间，西夏起初以野利旺荣的名义和宋朝边帅谈，双方达成共识后，才以元昊的名义上书宋朝。
⑥ 《宋史》卷四八五《夏国传上》。
⑦ 《续资治通鉴长编》卷一三七，仁宗庆历二年闰九月癸巳条。

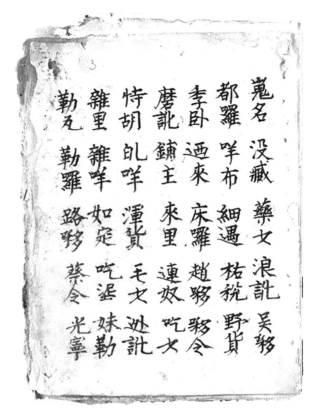

西夏汉文《杂字》番姓部

　　在宋人看来，如果能使夏景宗君臣猜忌，是制服西夏的最好手段。① 夏天授礼法延祚五年，即宋庆历二年（1042），知延州范仲淹因为和景宗元昊私相通信一事被罢官，继任者庞籍征得朝廷同意，令知保安军刘拯招附西夏边帅野利旺荣，提出如果能率所部人马投宋，即封授灵夏疆土。在泾原路，主帅

---

　　① 《宋史》卷三三五《种世衡传》："世衡在青涧城，元昊未臣，其贵人野利刚浪㖫、遇乞兄弟有材谋，皆号大王。亲信用事，边臣欲以谋间之"。

王沿等遣僧人持书及金宝面见野利遇乞，① 均无结果。种世衡则遣王嵩携蜡书入夏，再次离间野利旺荣。王嵩向野利旺荣说："朝廷知王有向汉心，命为夏州节度使，俸钱月万缗，旌节已至。"并在蜡书上画枣及龟，寓意早归。野利旺荣见蜡书后大为震惊，为了表明自己清白，亲自押解王嵩去见景宗元昊，"元昊颇疑刚浪凌贰己"，留在兴庆府不遣，② 后找借口将其处死。处死野利旺荣后，景宗元昊又找借口处死天都大王野利遇乞。③

　　宋朝的离间计扑朔迷离，各种文献记载不一，但有一点是肯定的，即夏景宗李元昊确实诛杀了两位能征善战的野利部大首领。从表面上看，这一事件是宋朝边将巧施离间计的结果，但问题没有那么简单，这只是表面现象。透过现象看本质，元昊建立的是封建君主国，而不是部落酋长国，他在打天下时需要联络豪族共同作战，一旦战争取得胜利，新建的封建政权稳固了，就开始加强以君权为中心的中央集权，削弱部落首领特别是豪族大姓首领的权力，功名显赫的野利部自然首当其冲。换言之，这件事的实质是夏景宗加强中央集权的手段，只是这个手段是血腥的，不像同时代宋朝"杯酒释兵权"那么温和，此为其一。其二，国主和部落大姓之间的斗争，往往表现为帝后之间的斗争，皇帝为了加强中央集权，往往重用汉人，采用汉礼，后族为了维护自己的特权，往往重用部族首领，采用蕃礼，形成了西夏历史上的蕃汉礼之争。

---

　　① 《续资治通鉴长编》卷一三八，仁宗庆历二年十二月条："仲淹既去，庞籍代知延州，乃言：诸路皆传元昊为西蕃所败，野利族叛，黄鼠食稼，天旱，赐遗、互市久不通，饮无茶，衣帛贵，国内疲困，思纳款。遂令知保安军刘拯为书，赂蕃部破丑使达旺荣。言旺荣方总灵、夏兵，倘阴图内附，即当以西平茅土分册之。而泾原路王沿、葛怀敏亦遣僧法淳持书及金宝以遗遇乞。会刚浪凌诈使浪埋、赏乞、媚娘等三人诣青涧城请降，种世衡知之，曰：'与其杀此三人，不若因以为间。'命监商税，出入有骑从，甚宠。"《宋史》卷四八五《夏国传上》："公方持灵、夏兵，倘内附，当以西平茅土分册之"。

　　② 《续资治通鉴长编》卷一三八，仁宗庆历二年十二月条。

　　③ 《续资治通鉴长编》卷一六二，仁宗庆历八年正月辛未条记载，野利旺荣和野利遇乞是一同被处死的：元昊"纳没哆皆山女，营天都山以居之。野利之族宣言，吾女嫁二十年，止故居，而得没哆女，乃为修内。曩霄怒，会有告遇乞谋以宁令哥娶妇之夕作乱，曩霄遂族遇乞、刚浪凌、城逋等三家"。

2. 景宗元昊被弑身亡

景宗李元昊凡七娶，[①] 一曰米母氏，又作卫慕氏，元昊舅女，夏广运元年（1034）有人告其舅卫慕山喜谋反，被元昊族灭。二曰索氏，传闻景宗李元昊攻吐蕃牦牛城战死，索氏不悲反喜，李元昊战胜归来，索氏惧而自杀。三曰都罗氏，早死。四曰咩迷氏，生子阿理，被李元昊冷落，出居王亭镇，后传阿理谋反，和母咩迷氏一并处死。五曰野利氏，野利遇乞侄女，身材修长，足智多谋，李元昊敬畏之，封宪成皇后，使其统领后宫。野利皇后生三子，长子宁明，性格温和，喜好方术，修炼辟谷术走火入魔，气忤而死。次子宁令哥，性格相貌和景宗李元昊类似，深受其父元昊喜爱，宁明哥死后，被立为太子。三子薛埋，早死。六曰耶律氏，辽朝兴平公主，这是一桩政治联姻，两人关系不和谐，公主没有生育。七曰没㖫氏，没㖫皆山女，李元昊于天都山修离宫居之。[②] 另外，还有外室没藏氏。

景宗李元昊诛杀野利旺荣和野利遇乞后，感到愧对开国功臣，下令访问遗口，找到野利遇乞妻没藏氏，后来野利皇后发现二人私通，乃令遇乞妻出家为尼，号没藏大师。当时没藏氏已有身孕，夏天授礼法延祚十年，即宋庆历七年（1047）二月，景宗李元昊携没藏氏外出巡游，到达两岔河行营，没藏氏产子，[③] 元昊大喜，乃起名宁令两岔，又作宁令谅祚。宁令，党项语欢喜意。[④] 元昊将谅祚寄养其舅没藏讹庞家，由汉人毛惟昌、高怀正二人妻哺乳之。没藏部落是党项大族，讹庞为其长，没藏氏生产皇子后，元昊以其兄讹庞为国相。利欲熏心的没藏讹庞为了攫取更大的权力，阴谋废掉太子宁令哥，

①　《宋史》卷四八五《夏国传上》记载元昊五娶，一曰大辽兴平公主，二曰宣穆惠文皇后没藏氏，三曰宪成皇后野力氏，四曰妃没㖫氏，五曰索氏，漏都罗氏和卫慕氏（咩米氏），兹从《续资治通鉴长编》。
②　《续资治通鉴长编》卷一六二，仁宗庆历八年正月辛未条；《宋史》卷四八五《夏国传上》记载五娶。
③　《宋史》卷四八五《夏国传上》。
④　宁令，又有"大王"意，如"谟宁令"即"天大王"。

将自己的外甥宁令谅祚立为太子。

这时的太子宁令哥和母后野利氏因受到野利旺荣与野利遇乞事件的牵连，已被景宗李元昊冷落，没藏讹庞抓住这一点，经常借关心之名挑拨太子和元昊的关系。太子宁令哥感到继承皇位无望，悲愤之下，闯进皇宫，一剑削去元昊的鼻子，然后仓皇逃入没藏讹庞家。没藏讹庞以弑父罪名处死太子宁令哥。①

不久，景宗李元昊因鼻创过重而亡，享年四十六岁。景宗元昊在位十七年，②改元开运一年，广运二年，大庆二年，天授礼法延祚十一年。谥曰武烈皇帝，庙号景宗，墓号泰陵。

景宗元昊临终前遗言立其弟委哥宁令为帝。党项豪族首领和国相没藏讹庞共议继位，众人准备按景宗的遗嘱，立其弟委哥宁令。唯独没藏讹庞不同意，他提出拓跋氏自考祖以来，父死子继，今没藏氏为先帝育有一子，方期周岁，③理当承袭。于是乃立李谅祚为帝，尊没藏氏为宣穆惠文皇太后。

---

① 《续资治通鉴长编》卷一六二，仁宗庆历八年正月辛未条。
② 《宋史》卷四八五《夏国传上》记载元昊在位十七年，显然是从 1031 年李德明薨，元昊继位开始，而不是从 1038 年正式称帝建国开始。
③ 《续资治通鉴长编》卷一六二，仁宗庆历八年正月辛未条记载谅祚是遗腹子；《宋史》卷四八五《夏国传上》记载，谅祚"庆历七年丁亥二月六日生，八年戊子正月，方期岁即位"。从谅祚能够顺利即位来看，应是已经一岁，而不是在名不正言不顺的母腹中。故从《宋史》。

三、夏毅宗到夏惠宗　内外交困中发展

夏天授礼法延祚十一年（1048）正月，夏景宗李元昊被弑身亡，权臣没藏讹庞立年仅周岁的元昊幼子谅祚为帝，尊谅祚母没藏氏为太后，从此西夏开启了国主年幼，母后听政，外戚专权的时代。没藏家族之后，接连是大小梁太后听政，外戚梁氏家族专权。毅宗李谅祚享年 21 岁，惠宗李秉常享年 26 岁，是两位短命的国主，亲政的时间都不长。

蕃汉礼之争是这一时期西夏内政最突出的特点，后族专权时提倡蕃礼，重用番人，以维护党项贵族首领的利益；国主亲政后提倡汉礼，重用汉人，以巩固和加强封建皇权。这一时期夏辽再度交兵，夏宋战争再起，特别是宋神宗在位期间，抱着"富国强兵"的思想，在改革内政的同时，积极对外用兵，大力推行步步为营，蚕食西夏领土的方略。而西夏一方面为了保住横山一带生命线，另一方面摄政的梁太后与专权外戚穷兵黩武，以不断对外战争来转移国内矛盾，从而使景宗以后的西夏，一度处于内忧外患的困境中。

（一）夏毅宗时的内政与外交

1. 擅权外戚没藏讹庞侵耕宋地

夏天授礼法延祚十一年（1048）正月，西夏发生内乱，景宗被太子宁令哥刺死，权臣没藏讹庞立年仅周岁的李谅祚为帝，是为夏毅宗。没藏讹庞以国舅的身份，和太后共掌国政，对内排除异己，对外挑衅宋、辽，使西夏国的政局一度处于动荡之中。宋仁宗天圣（1023—1031）初，麟州屈野河西因职田官司，久不能决断，转运司乃奏河西田为禁地，官私不得耕种。当时有宋朝百姓偷偷来耕种，夏人则夺其耕牛，说"汝州官犹不敢耕，汝何为至此"？从此屈野河西地成为闲田，但当地老百姓还要纳税，"谓之草头税"。① 后来夏人逐渐到这里来耕种，起初还不敢深入，景宗李元昊即位后，开始在屈野河西插木桩，置小寨30余所，并盗种寨旁田土，到夏宋庆历议和时，已侵入宋境十余里。夏延嗣宁国元年（1049），权相没藏讹庞看中屈野河西田腴利厚，令民播种，"岁东侵不已"，② 由景宗时侵耕10里发展到侵耕40余里，距屈野河仅20里，离麟州城也只有40里。腐朽的宋朝麟州长吏为了"岁满得迁官"，欺下瞒上，夏人如此肆意侵耕，也不上报朝廷。

夏福圣承道三年，即宋至和二年（1055），宋河东管勾军马司贾逵巡边，发现夏人严重过界侵耕，问责知麟州王亮。王亮赶忙上奏朝廷，朝廷以殿直张安世、贾恩为同巡检，专门负责处理屈野河西地界纠纷。宋朝边将多次要求归还侵地，没藏讹庞置之不理，"迫之则格斗，缓之则归耕"，③ 软硬不吃。张安世等迫于无奈，便和河东经略使庞籍向西夏发了一道措辞严厉的文牒，听政的没藏太后见公牒后，认为事态比较严重，乃遣宠臣李文贵到屈野河西视察。李文贵经过实地勘察，回来后报告说，讹庞所耕皆汉土，"乃召还讹庞，欲还所侵地"。但她的懿旨还没有来得及贯彻，西夏国内发生政变，没藏太后宠信的李文贵和吃多已两人争风吃醋，李文贵先下手杀死吃多已和没藏太后，没藏讹庞接着族灭李文贵。这样，归还侵耕宋朝疆土之事自然就不了了之。

---

① 《续资治通鉴长编》卷一八五，仁宗嘉祐二年二月壬戌条。
② 《宋史》卷四八五《夏国传上》。
③ 《宋史》卷四八五《夏国传上》。

太后和其近臣死亡后，没藏讹庞更加有恃无恐，当时他除了调发数万军队屯聚屈野河西外，"又自鄜延以北发民耕牛，计欲尽耕屈野河西之田"，因为当时国内有不同议论，加之为了引诱宋人，讹庞突然把大队人马召回，只有"银城以南侵耕者犹自若，盖以其地外则蹊径险狭，杉柏丛生，汉兵难入；内则平壤肥沃，宜粟麦，故敌不忍弃也"。①

西夏人马撤退后，河东经略使兼知并州庞籍命并州通判司马光前去处理侵耕事。司马光到达麟州，约当地长吏一起商议，知州武戡、通判夏倚等告诉他，屈野河以西直抵界首五六十里，没有堡障斥堠，因此夏人才肆意侵耕，游骑往往直抵城下，或过城东。去年他们在河西筑一小堡，又上报河东经略司，请求于河西再筑二堡，因今年春天以来，夏骑徧满河西，经略司说等夏兵散退后再议。现在夏兵已经退去，如果乘机于州西 20 里左右增筑二堡，"敌来耕则驱之，已种则蹂践之；敌众盛则入堡以避。如是，则堡外三十里之田敌必不敢种矣，是州西五十里之内无患也"。②

司马光听后，认为"果能成此二堡，以为麟州耳目藩蔽，于事诚便"。便回到并州向庞籍作了详细的汇报，庞籍也同意这个意见，因为乘机筑堡，时间紧迫，没有顾得上"取旨俟报"，即令麟州修筑二堡。夏䂞都元年，即宋嘉祐二年（1057）五月五日深夜，宋朝管勾麟府军马公事郭恩、知麟州武戡以及走马承受公事黄道元等带领步骑 1400 余人悄悄出了麟州城，直奔屈野河西。这支"前无探候，后无策应，中无部伍，但赏酒食，不为战备"的筑堡大军，③ 半道陷入夏人埋伏，宋军溃败，郭恩、黄道元及府州宁府寨兵马都监刘庆等被俘，使臣、军卒死者三百九十二人，主将郭恩不肯投降，自杀身亡。④

此前没藏讹庞侵耕 40 余里，距屈野河"犹余二十里为闲田"，到断道坞

---

① 《续资治通鉴长编》卷一八五，仁宗嘉祐二年五月庚辰条。
② 《续资治通鉴长编》卷一八五，仁宗嘉祐二年五月庚辰条。
③ （宋）司马光：《司马光奏议》卷二《论屈野河西修堡状》。
④ 《续资治通鉴长编》卷一八五，仁宗嘉祐二年五月庚辰条；《宋史》卷四八五《夏国传上》；《宋史》卷三二六《郭恩传》。

战胜，无复顾忌，干脆"明指屈野河中央为界，或白昼逐人，或夜过州东，剽窃赀畜，见逻者则逸去，既渡水，人不敢追也"。① 至此，宋朝屈野河以西至西夏边境60余里田土，全部被没藏讹庞占据侵耕。

面对没藏讹庞侵耕不已，宋朝软硬均无效，兵覆将死，举手无措，只好采取传统的经济制裁措施。早在夏福圣承道四年，即宋嘉祐元年（1056）二月，因讹庞不肯定屈野河西地界，知并州兼河东经略使庞籍说："若非禁绝市易，窃恐内侵不已，请权停陕西缘边和市，使其国归罪讹庞，则年岁间可与定议"。② 遂报请朝廷同意，悬榜于边，禁绝宁星和市。但由于当时法禁疏阔，公开的和市贸易虽被禁止，而"夏人与边民窃相贸易，日夕公行"，边禁的效果不是很明显。

次年八月，即断道坞之败不久，庞籍再次派殿中丞孙兆到西夏商议屈野河西划界，孙兆按照庆历旧例，提出以横阳河为府州界，然后三分，许一分给夏国。随后庞籍将孙兆的方案上奏朝廷，并说如果西夏方面不接受，"即绝之，请严禁陕西和市"。仁宗诏从之，并下令定新立封堠里数，绘图上报。按孙兆议定的三分许一，"盖当时夏人侵界六十里，只令退四十里也"。③ 应该说宋朝是作了很大的让步，然而利令智昏的没藏讹庞新取得断道坞胜利，根本不愿退出侵耕之地，宋仁宗遂下诏"西人如驱牛马于沿边私籴民谷，令所在禁绝之"。当时有蕃部属户犯禁，庞籍"斩于犯处，妻孥皆送淮南编管，一境凛然，无敢犯者"。④

不久，庞籍因屈野河西筑堡致败一事，被宋仁宗贬知青州，由梁适接任知并州兼河东经略使职务，梁适至边，仍禁绝官私贸易。自陕西、河东禁绝私市，给西夏国内带来了严重的经济困难，一绢之直数千，官民怨声载道。

---

① 《续资治通鉴长编》卷一八五，仁宗嘉祐二年二月壬戌条。
② 《续资治通鉴长编》卷一八五，仁宗嘉祐二年二月甲戌条。
③ 《续资治通鉴长编》卷一八六，仁宗嘉祐二年八月壬申条引《吕诲疏》第七卷。
④ （宋）司马光：《司马光奏议》卷三五《论西夏札子》。

夏奲都五年，即宋嘉祐六年（1061），夏宋屈野河西地界纠纷出现了重大转折。一是宋朝的经济制裁取得了明显的效果，如果再坚持下去，讹庞的专权统治也就维持不住了。二是夏毅宗谅祚私通没藏讹庞的儿媳梁氏，讹庞父子患之，准备于密室暗杀谅祚，被梁氏告密，于是毅宗谅祚举兵族灭讹庞，开始亲政。

毅宗亲政后，为了恢复和市，度过国内经济上的困难，派大臣辄移吕宁、拽浪獠黎和宋太原府代州钤辖苏安静再次商议屈野河西划界，这次西夏的态度比较积极，基本上答应退出讹庞所侵耕的田土。是年六月，双方达成协议，明确两国在沿边设置的堡寨、封堠地望，约定"自今西界人户，毋得过所筑堠东耕种"，"麟州界人户，更不耕屈野河西。其麟府州不耕之地，亦许两界人户就近樵牧，即不得插立梢圈，起盖庵屋，违者并捉搦赴官及勒住和市。两界巡捉人员，各毋得带衣甲器械过三十人骑。"① 此外，宋朝划界代表苏安静还向西夏提出了"要以违约则罢和市"。② 自此长达几十年的夏宋屈野河西地界纠纷，才算平息下来。

2. 辽夏再度交兵

夏天授礼法延祚十一年（1048）正月，景宗李元昊被刺身亡，年仅周岁的李谅祚即位，国内政局动荡。一直准备对西夏进行报复的辽兴宗认为是一个难得的机会，次年（夏延嗣宁国元年，即辽重熙十八年）七月，再度三路伐夏，以韩国王萧惠为南路行军都统，以耶律敌鲁古③为北路行军都统，辽兴宗自己亲率中路。

八月，中路辽军渡过黄河，袭取西夏东部要塞唐龙镇。南路大军战舰粮船绵亘数百里，主帅萧惠认为西夏主力迎战辽兴宗统帅的中路军，无暇顾及

---

① 《续资治通鉴长编》卷一九三，仁宗嘉祐六年六月庚辰条。
② 《宋史》卷四八五《夏国传上》。
③ 《辽史》卷一一五《西夏纪》作"耶律敌古"。

南路。因此，既入夏境，"侦候不远，铠甲载于车，军士不得乘马"，① 空手徒步而行。数日后夏兵从天而降，辽军乱作一团，士卒来不及披甲就落荒而逃，主帅萧惠被夏兵追射，几不得脱身。北路行军都统耶律敌鲁古率阻卜军直趋贺兰山，与扼守险要的三千夏军相遇，辽军首战失利，乌古敌烈部都详稳萧慈氏奴等战死。主帅耶律敌鲁古大呼奋击，才反败为胜，"获李元昊妻及其官僚家属"。②

这次战役，辽夏双方互有胜负，战后没藏太后与外戚没藏讹庞自不量力，不但没有主动与辽朝讲和，反而向辽朝发起反攻。夏天祐垂圣元年，即辽重熙十九年（1050）二月，遣大将洼普等攻辽金肃城（今内蒙古鄂尔多斯市东胜区东），被辽南面林牙耶律高家奴打败。三月，又派兵进屯三角川，准备偷袭辽朝，却反被辽军所图，丧失辎重器械无数。五月，辽兴宗再次发兵西夏，萧蒲奴等长驱直入，夏人闭城不战，辽军大肆俘掠而还。③

在辽军接连不断的打击下，没藏太后于同年八月"遣使乞依旧称臣"，辽兴宗不允。十二月，又以夏毅宗的名义再次上表，辽兴宗仍不理睬。次年（夏天祐垂圣二年，即辽重熙二十年）二月，辽朝遣使索党项降户，西夏则"乞代党项权进马驼牛羊等物，又求唐隆镇，仍乞罢所建城邑"。辽兴宗诏答之。④ 辽夏之间这种若即若离的交涉，大致持续了两年多时间，直到夏福圣承道元年，即辽重熙二十二年（1053），两国关系才恢复正常。

3. 夏毅宗李谅祚亲政后的制度变革

夏福圣承道四年（1056）十一月，没藏讹庞将年仅九岁的女儿许配给毅宗谅祚，没藏一门二后，讹庞既是国舅又是国丈，独断专行，不把小皇帝谅

---

① 《辽史》卷九三《萧惠传》。
② 《辽史》卷二〇《兴宗纪》。
③ 《辽史》卷一一五《西夏纪》。
④ 《辽史》卷一一五《西夏纪》。

祚放在眼里。毛惟昌、高怀正二人妻子是毅宗谅祚的乳母，和谅祚走得比较近，引起讹庞的猜忌，以高怀正放高利贷、毛惟昌偷穿盘龙服为借口，直接将二人族灭。① 为了掌握没藏讹庞的动静，毅宗和讹庞儿媳梁氏私通，讹庞父子十分恼怒，密谋除掉毅宗。夏奲都五年（1061）四月，梁氏密告讹庞谋反，夏毅宗先下手为强，密伏兵厅后，召没藏讹庞前来议事，然后一举拿下，族灭其全家。随后赐死皇后小没藏氏，立梁氏为后，以梁氏弟梁乙埋为家相。② 至此，没藏家族专政结束，夏毅宗谅祚亲政。

　　夏毅宗亲政后，清除没藏讹庞党羽，起用汉族谋士景询等人，变革政治制度。一是改胡服为汉服，易蕃礼为汉礼。夏奲都五年，即宋嘉祐六年（1061）上书宋朝，"自言慕中国衣冠，明年当以此迎使者"，宋仁宗诏许之。③ 这是对专权后族没藏氏否定大汉衣冠的否定，是西夏社会螺旋式发展的表现。

　　二是读宋朝书籍，学中原文化。景宗元昊时就引进中原地区的图书，并将其中的《孝经》《尔雅》《四言杂字》等译成西夏文。毅宗谅祚时这些图书已不能满足学习中原汉文化的需要，多次上书宋朝，或求太宗御制诗章、隶书石本，或进马五十匹，求《九经》《唐史》《册府元龟》及朝贺仪。宋仁宗"诏赐《九经》，还其马"。④

　　三是更州军，备官职。夏奲都六年，即宋嘉祐七年（1062），西夏宥州向宋延州递送公牒，称"改西市监军司为保泰军，威州监军司为静塞军，绥州监军司为祥祐军，左厢监军司为神勇军"。⑤ 同时，在灵州西平府设翔庆军。⑥ 这四个监军司对接的是宋朝边面，夏毅宗谅祚即位后，改蕃礼为汉礼，同时

---

① 《续资治通鉴长编》卷一六二，仁宗庆历八年正月辛未条。
② （宋）沈括：《梦溪笔谈》卷二五。
③ 《宋史》卷四八五《夏国传上》。
④ 《续资治通鉴长编》卷一九六，仁宗嘉祐七年四月己丑条。
⑤ 《续资治通鉴长编》卷一九六，仁宗嘉祐七年六月癸未条。《宋史》卷四八五《夏国传上》将"绥州"记作"石州"，西夏绥州失守后，将监军司移到石州，《宋史》记载在时间上有误。
⑥ 《西夏书事》卷二〇引刘温润《西夏须知》。

将对准宋朝边面的监军司改保泰、静塞、祥祐、神勇等传统祥和的名称，应是向宋朝示好的表现。宋朝地方州一级大体分府、州、军、监四种类型，军设在军事重地，如对准西夏天都山边面设镇戎军（今宁夏固原市原州区）。毅宗改监军司为军虽然在名称上借鉴了宋朝，但其既理军政又理民政的军民合一性质没有变。①

四是不用宋赐赵姓，改用唐赐李姓。夏奲都六年，即宋嘉祐七年（1062），毅宗上书宋朝，请求下嫁公主，仁宗"诏答以昔尝赐姓，不许"。② 次年（夏拱化元年，即宋嘉祐八年），宋仁宗驾崩，夏毅宗谅祚遣使吊唁，"表辄改姓李"，③ 宋赐诏诘问，令守旧约。④ 毅宗既不用嵬名姓氏，也不用宋赐赵姓，而是用唐赐李姓，不仅仅是对宋朝不愿下嫁公主的回应，更重要的是表达和赵宋对等交聘，宋是承唐五代而来，西夏也是自唐五代而来。宋夏庆历议和，西夏答应在交聘中称臣，国主李元昊称兀卒（青天子）而不称吾祖，和宋朝使人相见用宾客礼。由此换取宋朝每年十五万三千匹丝绸、七万二千两银、三万斤茶，共计二十五万五千的岁赐。但宋使每至西夏，都被"馆于宥州，终不复至兴、灵，而元昊帝其国中自若也"。⑤

景宗元昊避而不以宾客礼接见宋使，旨在向境内民众传递宋夏是兄弟之国，而不是宗主国和附属国的关系。毅宗谅祚亲政后，试图把这种理念传递到宋朝，挑战宋人的底线。夏拱化元年，宋嘉祐八年（1063）正月，西夏进奉使人不称蕃号，而直接称宣徽南院使。⑥ 宋朝君臣认为这是天子上公，不能直白地用汉语称呼，而用西夏语称，这样就形成了西夏职官制度史上的"蕃

---

① 《天盛改旧新定律令》卷一〇《司序行文门》记录，夏仁宗天盛年间设虎控军、威地军、大通军、宣威军，每个军设安抚、同判，显然具有鲜明的军事色彩，不同于一般的州郡，也不同于设二正、一副、一同判、四习判的监军司。

② 《续资治通鉴长编》卷一九六，仁宗嘉祐七年四月己丑条。

③ 《续资治通鉴长编》卷一九九，仁宗嘉祐八年七月壬子条。

④ 《宋大诏令集》卷二三四《赐夏国主今后表章如旧制称赐姓诏》。

⑤ 《宋史》卷四八五《夏国传上》。

⑥ 《续资治通鉴长编》卷一九八，仁宗嘉祐八年正月己酉条。

官名号"。由此可见，宋人在西夏使人的称谓上有点自欺欺人。

宋人的担忧还表现在对西夏改制的认识，鄜延路接到谅祚改监军司为军后，向朝廷报告说："谅祚举措，近岁多不循旧规，恐更僭拟朝廷名号，渐不可长。乞择一才臣下诏诘问，以杜奸萌"。朝廷采纳了鄜延路的建议，以赐赠西夏国主谅祚生日礼物的名义，遣供备库副使张宗道出使西夏。张宗道进入夏境后，西夏陪同官要在他前面行马，入座时，陪同官又要居东。张宗道据理力争，陪同官说，"主人居左，礼之常也，天使何疑焉？"。张宗道说："宗道与夏主比肩以事天子，夏主若自来，当为宾主。尔陪臣也，安得为主人！当循故事，宗道居上位。"在宗道坚决要求下，西夏陪同官乃让其居上位。西夏陪同官又说："二国之欢，有如鱼水。"宗道说："然。天朝，水也；夏国，鱼也。水可无鱼，鱼不可无水。"① 一语道破了西夏在经济上对宋朝的依赖，宋朝是用二十五万五千岁赐，换取了两国交聘中的宗主国地位。

夏毅宗谅祚亲政后，起用投附西夏的汉族士人、尊崇汉文化、改革政治制度，最终目的是加强封建皇权，而不是和好宋朝。因此，对外仍奉行侵宋政策。夏拱化二年，即宋治平元年（1064），他以宋朝侮辱夏国使节为由，集兵十万攻掠秦凤等路，驱胁熟户 80 余族，杀弓箭手数千，掠人畜以万计。夏拱化三年，即宋治平二年（1065）正月，又派兵深入庆州（今甘肃庆阳市庆城县），攻王官城。三月，遣右枢密党移赏粮出兵保安军（今陕西志丹县），围顺宁寨（今陕西志丹县北），相持半月而还。十一月，发兵德顺军（今甘肃静宁县），杀属户数千，掠牛羊数万。夏拱化四年，即宋治平三年（1066），大举进攻大顺城（今甘肃庆阳市北），夏毅宗亲临城下督战，被宋军射伤后乃引兵退回。

夏拱化五年，即宋治平四年（1067），宋知青涧城种世衡对西夏发起突袭，一举攻占绥州（今陕西绥德县），俘获右厢监军嵬名山。夏毅宗为了报

---

① 《续资治通鉴长编》卷一九六，仁宗嘉祐七年六月癸未条。

复，以会议为名，诱杀知保安军杨定、都巡检侍其臻，① 宋夏边界气氛又骤然紧张起来。一个月后，夏毅宗李谅祚卒，西夏进入了新的历史阶段。

毅宗谅祚是西夏历史上短命的皇帝，享年二十一岁，在位二十年，其中亲政七年。改元延嗣宁国一年，天祐垂圣三年，福圣承道四年，䫉都六年，拱化五年。谥昭英皇帝，庙号毅宗，墓号安陵。

（二）夏惠宗时期的政治　宋夏战争再起

1. 梁太后擅权

夏拱化五年（1067）毅宗谅祚病故，年仅七岁的秉常继承父位，是为惠宗。母后梁氏以恭肃章宪太后的身份摄政，太后弟梁乙埋为国相，形成以梁太后为首的母党集团，开始西夏历史上第二次国主年幼，母后听政，外戚专权的时代。梁氏集团为了取得党项贵族的支持，一改毅宗李谅祚时期的汉礼，恢复蕃礼；对宋连续发动战争，以转移统治集团内部矛盾和提高自己的威信；重用佞臣都罗马尾和罔萌讹，② 排除异己，国相嵬名浪遇，精通兵法，"老于军事，以不附诸梁，迁下治而死"。③

夏太安二年（1075）正月，年已16岁的惠宗李秉常亲政，但实权仍操在太后与梁乙埋手中。惠宗也是一个十分喜好儒家文化的君主，经常向俘获的汉人访询宋朝礼仪制度，招诱宋朝乐人倡妇。④ 夏太安六年（1079）正月，下令废除蕃仪，复行汉礼。这一举措遭到梁太后和梁乙埋的竭力反对。为了寻找支持，借以削弱梁氏母党势力，秦人李清劝惠宗秉常以河南地归宋，⑤ 梁太后得知后，与罔萌讹等人以饮宴为名，诱杀李清，诛其妻子和亲从近百人，

---

① 《宋史》卷四八五《夏国传上》。
② （宋）沈括：《梦溪笔谈》卷二五《杂志二》。
③ （宋）沈括：《梦溪笔谈》卷二五《杂志二》。
④ 《续资治通鉴长编》卷三一二，神宗元丰四年四月庚辰条记鄜延路上言。
⑤ 《宋史》卷四八六《夏国传下》。

将惠宗秉常囚禁在宫城五里外的木寨。同时发银牌点集诸路兵马，控制河梁要塞，断绝都城兴庆府与外界的联系。"诸大酋数十，各拥兵汹乱"。① 北宋趁机发动了规模空前的五路大进讨，大敌当前，统治集团内部在一致对外的旗帜下又团结起来。夏太安九年（1082）闰六月，梁太后与梁乙埋虽恢复夏惠宗的帝位，但实际权力仍掌握在太后手中。夏太安十一年（1084）二月，梁乙埋死，其子梁乙逋继立为相，梁氏家族继续把持朝政，同年十月梁太后也死去，梁乙逋失去靠山，地位开始动摇，但软弱的惠宗却不能很好地利用皇族力量诛灭梁氏，而是在皇族与后族的激烈矛盾中，终日忧愤，难以自拔，夏天安礼定元年（1085）七月故去，终年二十六岁。

惠宗秉常在位二十年里，朝政由母后梁氏集团把控，郁郁寡欢，一无所成。改元乾道一年，天赐礼盛国庆五年，大安十一年。谥康靖皇帝，庙号惠宗，墓号献陵。

2. 宋夏战争再起

西夏惠宗李秉常在位（1068—1086）与北宋神宗在位（1067—1085）的时间基本一致，这一时期宋神宗抱着"富国强兵"的思想，在改革内政的同时，积极对外用兵，大力推行英宗治平年间就确立的进筑山界，蚕食西夏领土的方略。而西夏一方面为了保住沿边山界要害之地，另一方面摄政的梁太后与外戚梁乙埋穷兵黩武，以不断对外战争来转移统治集团内部矛盾。因此，相互争战便成为这一时期宋夏关系的主要内容。

夏天赐礼盛国庆二年，即宋熙宁三年（1070）四月，西夏发兵围绥德城，

---

① 苏轼《经进东坡文集事略》卷四《代腾甫论西夏书》。《续资治通鉴长编》卷三一二，神宗元丰四年四月壬申条记载：宋神宗批付泾原经略使卢秉，"近累得边奏谍报：'夏国变故，秉常遇弑，诸梁擅兵，大酋数辈，各怀从就，上下汹乱，兴州左右新旧行邪造逆之臣与秉常故时亲党，各拥兵自固，斩绝河津，南北阻隔，未测胜负所归。'若信如谍报，则诸路当一体测见形迹，然本路绝不闻问，卿可速选委边吏侦实以闻。并下秦凤、环庆、熙河、河东经略司"。这是鄜延路种鄂奏言秉常被母后和梁乙逋所害，请求朝廷乘机发兵，直捣西夏巢穴。宋神宗因此批付泾原经略使卢秉，实际上秉常被梁氏囚禁，并没有杀害。

十日不克。又在离绥德城四里处筑八堡，各留二三百人戍守。知延州郭逵遣燕达等人在一天之内攻克两个大堡，其他堡的戍兵见状皆逃去。这时在庆州荔原堡北筑闹讹堡的夏人听说绥德城外筑堡失败，亦停工不筑。但宋庆州蕃部巡检李宗谅因闹讹堡地近其地，恐"害其细作"，乃率千余众与夏人战于闹讹。知庆州李复圭命李信等前去助战，李信则按兵不动，李宗谅寡不敌众，以致全军覆没。随后，李信在李复圭的督责下，这才领兵 3000 人出战，但又被夏兵打败。

李宗谅和李信相继战败后，李复圭为了推卸责任，"复出兵邪州堡，夜入栏浪和市，掠老幼数百。又袭金汤，而夏人已去，惟杀其老幼一二百人，以功告捷，而边怨大起矣。"① 八月，西夏起倾国之师，围大顺、柔远、荔原、淮安、东谷、西谷、业乐等城寨，"兵多者号三十万，少者二十万，围或六、七日，或一、二日"。② 游骑直抵庆州城下，九天后才退去，一度造成陕右大震的局面。

当时宋政府派韩绛宣抚陕西，韩绛与种谔谋取横山，以断西夏右臂。知延州郭逵力言不可，他说"此举不惟无功，恐别生他变，贻朝廷忧"，但宋神宗不听。韩绛乃命种谔为鄜延钤辖，节制四路将领，率兵二万出无定河进筑啰兀。种谔出兵前，下令制青巾二万，以备横山降羌之用。③

夏天赐礼盛国庆三年，即宋熙宁四年（1071）正月，西夏都枢密使哆腊听说种谔将至，引兵屯啰兀城北马户川以阻扼，种谔派部将高永能迎战，打败哆腊，"遂城啰兀，凡二十九日而毕。大小四战，斩首一千二百，降口一千四百。"④ 种谔在筑啰兀城的同时，又派兵进筑永乐川、赏捕岭，分遣都监赵璞、燕达筑抚宁故城以及荒堆三泉、吐浑川、开光岭、葭芦川，各相距四十

---

① 《宋史》卷四八六《夏国传下》。
② 《续资治通鉴长编》卷二一四，神宗熙宁三年八月条。
③ 《续资治通鉴长编》卷二一八，神宗熙宁三年十二月丙子条。
④ 《续资治通鉴长编》卷二一九，神宗熙宁四年元月己丑条。

余里。啰兀位于故抚宁县北之滴水崖，崖石峭拔，高十余丈，下临无定河，扼横山冲要，自种谔筑城后，西夏"日聚兵为报复计"。①

同年二月，梁乙埋点集十二监军司兵，发起声势浩大的反攻。当时种谔在绥州节制诸军，准备写信召大将燕达增援，竟"战悸不能下笔，顾转运判官李南公等涕泗不已。"② 议还未定，西夏已攻陷抚宁堡，随后又围顺宁寨，克啰兀城。于是宋朝"新筑诸堡悉陷，将士千余人皆没"，③ 神宗乃下诏班师。

西夏虽取得啰兀之役的胜利，但横山沿边数百里之地，庐舍焚弃，老少流离。春耕既废，宋朝又绝岁赐、互市，国内财力匮乏，西夏乃遣人至延州议和，同时再次提出以塞门、安远二寨换绥州。宋神宗答诏说："所言绥州，前已降诏，更不令夏国交割塞门、安远二寨，绥州更不给还，今复何议！止令鄜延路经略司定立绥德城界至外，其余及诸路，并依见今汉蕃住坐，耕作界至，立封堠，掘壕堑，内外各认地分樵牧耕种，贵彼此更无侵轶。俟定界毕，别进誓表，迴班誓诏，恩赐如旧。"④ 随后两国经过多次商议，原则上就沿边界至达成一致。夏天赐礼盛国庆四年，即宋熙宁五年（1072）八月，西夏上誓表，宋朝恢复和市，同时下诏陕西、河东经略司，"自今约束当职官吏等各守疆场，无令侵掠及不得收接逃来人口"。⑤ 自此到夏大安八年，即宋元丰四年（1081）十年间，宋夏两国基本上保持着和平关系。

当然，宋夏之间的和平是不稳定的，当时宋朝派王韶经营熙河，从熙宁四年（1071）至熙宁七年（1074）三年间，收复了熙、河、洮、岷、叠、宕等州，幅员两千余里，受抚吐蕃三十余万帐。在此基础上设置熙河路，于西夏右厢地区建立了一道进可攻退可守的战略防线，使西夏统治者一直处于高度紧张状态。如夏天赐礼盛国庆五年，即宋熙宁六年（1073），西夏以宋朝城

---

① 《宋史》卷一五《神宗纪》。
② 《续资治通鉴长编》卷二二一，神宗熙宁四年三月丁亥条。
③ 《宋史》卷四八六《夏国传下》。
④ 《续资治通鉴长编》卷二二六，神宗熙宁四年九月庚子条。
⑤ 《续资治通鉴长编》卷二三七，神宗熙宁五年八月条。

武胜，又复河州洮西地，恐兵从西蕃入，修凉州城及旁近诸寨为守计。夏大安三年，即宋熙宁九年（1076），夏惠宗亲政，惧宋朝兵入界，"用梁乙埋言，点集人骑出入麟、府二州间，以示兵威"。① 至于双方互派间谍刺探军情以及小规模的武装冲突更是不绝于书。

夏大安八年，即宋元丰四年（1081），西夏国内发生政变，惠宗秉常被梁氏所囚，一直准备对西夏用兵的宋神宗认为这是一个难得的机会，立即发动了规模空前的五路大进攻。任命熙河经制使李宪（宦官）为五路统帅，从熙河路出发，种谔从鄜延出发，高遵裕从环庆出发，王中正从麟府出发，刘昌祚从泾原出发。宋军的作战方略是：（1）泾原、环庆两路先会师攻取灵州，然后直捣西夏都城兴庆府；（2）麟府、鄜延两路会师夏州，再取怀州，最终也以进攻兴庆府为目的；（3）河湟吐蕃大首领董毡派出的蕃兵因赴兴灵道路阻远，可率部进攻凉州，牵制一部分西夏兵力。② 总之，企图一举消灭西夏，"图人百年一国"。③

泾原路刘昌祚受环庆经略使高遵裕的节制，大军出发前，西夏认为"环庆阻横山，必从泾原取葫芦河大川出塞"，④ 因此，将河南主力调往泾原前线。但是高遵裕的环庆兵没有来泾原，只有刘昌祚的五万泾原兵北上，在到达离堪哥平十五里的磨脐隘，与扼守隘口的三万夏兵狭路相逢。主帅刘昌祚带头冲杀，夏兵大败，追奔二十余里。是役共斩西夏监军梁格嵬等大首领十五级，小首领二百一十九级。自是宋军一路畅通无阻，经鸣沙直抵灵城下。⑤ 高遵裕的环庆兵由环州洪德寨、白马川出发，攻占清远军后便"留连兵马，为苟止之计"，经宋神宗督促，才继续前进，但行军速度相当缓慢。泾原军到达灵州城下时，高遵裕又嫉妒刘昌祚独揽头功，派李临、安鼎到前线对刘昌祚说，

---

① 《西夏书事》卷二四。
② 《宋会要辑稿》兵八之二四。
③ 《续资治通鉴长编》卷三一五，神宗元丰四年八月丁丑条。
④ 《续资治通鉴长编》卷三一七，神宗元丰四年十月乙丑条。
⑤ 《续资治通鉴长编》卷三一八，神宗元丰四年十月辛巳条。

他已派人入城招安，先不要攻城。等高遵裕的环庆兵到达时，西夏已做好防御准备，以致围城十八天却无法攻下。① 夏人决黄河七级渠水，淹灌宋军营垒，又抄绝宋军粮道，士卒因冻溺饥饿而死者极多，高遵裕的八万七千环庆兵，溃退下来时只剩一万三千多人。

种谔统领的九万三千余鄜延兵从绥德出发，沿无定河西进，最初进展比较顺利，连破银、石、夏诸州，到达夏州索家平时，军粮逾期不至，"三军无食，皆号泣不行"，② 士卒逃散者达三万余人。适逢天降大雪，死者又十之二三，其余士卒不战而全线溃退。

六万麟府兵渡过无定河，循水西行，沿途全是沙湿地区，士马多遭陷没。主帅王中正是个宦官，既不习军事，又生性怯懦，"所至逗留，恐贼知其营栅之处，每夜二更辄令军中灭火，后军饭尚未熟，士卒食之多病，又禁军中驴鸣"。③ 进抵宥州奈王井，军粮告竭，士卒死者两万余，遂带兵退到保安军顺宁寨。

李宪统帅的熙河军攻占西夏重镇西市城后，又直趋兰州，在汝遮谷打败西夏数万阻兵，遂克兰州。然后东进占领龛谷，于十月"营于天都山下，焚夏之南牟内殿并其馆库，追袭其统军仁多唛丁"。④ 随着获知其他各路失利的消息，便于十一月撤回熙河路。

起初，西夏听说宋朝将大举进攻，"梁太后问策于廷，诸将少者尽请战，一老将独曰：'不须拒之，但坚壁清野，纵其深入，聚劲兵于灵、夏而遣轻骑抄绝其馈运，大兵无食，可不战而困也'。"⑤ 梁太后采纳了这种纵敌深入，抄绝粮运的战术，终于打败了来势凶猛的宋朝大军。但由于贯彻坚壁清野、退保兴灵的战略，前线空虚，使宋军得以顺利占据银、夏、宥、石诸州及大量

---

① 《续资治通鉴长编》卷三一九，神宗元丰四年十一月乙酉条。
② 《续资治通鉴长编》卷三二〇，神宗元丰四年十一月癸卯条。
③ 《续资治通鉴长编》卷三一九，神宗元丰四年十一月甲申条。
④ 《宋史》卷四八六《夏国传下》。
⑤ 《宋史》卷四八六《夏国传下》。

堡寨，以致"横山之地，沿边七八百里中，不敢耕者，至二百余里"。①

五路进讨失利后，李宪奏请再发大军，集中主力于泾原一路，"自熙宁寨进置保（堡）障，直抵鸣沙城，以为驻兵之地，如此，则灵州不攻自拔，河外贼巢必可扑灭。"② 种谔则主张经营横山，巩固与扩大在这一地区的占领，把它作为进攻西夏的前沿阵地。知延州沈括也请"城古乌延城，以包横山，使夏人不得绝沙漠"。③ 由于当时宋朝"师老民困"④，宋神宗没有采纳李宪大规模进筑的主张，但对经营横山却颇感兴趣。夏大安九年，即宋元丰五年（1082）七月，他遣给事中徐禧和内侍押班李舜举到陕西与沈括、种谔具体商议。徐禧至边后，和沈括商定先筑银、夏、宥三州交界处的永乐城，经神宗批准后，即发蕃汉兵民版筑，凡十四天而成，诏赐名"银川砦"。

"永乐接宥州，附横山，夏人必争之地。"⑤ 城刚筑就，西夏就起倾国之师来攻。夏兵号称三十万，弥天漫野，看不清边际。徐禧以兵七万阵于城外，当时夏兵还没有布好阵，部将高永能请求乘机出击，徐禧则说"王师不鼓不成列"。既而西夏铁骑渡河，有人建议乘其"半济击之"，徐禧又不听。夏兵渡过无定河，宋军一战即溃，大将曲珍领残兵逃入永乐城内，夏人遂将城团团围住，游骑掠米脂，又占据水寨。曲珍与士卒昼夜血战，"城中乏水已数日，凿井不得泉，渴死者大半"。⑥ 沈括派出的援军及馈饷全被西夏大军所阻隔，既而天降大雨，夏兵乘夜急攻，永乐城乃陷，自徐禧以下将校死者数百人，士卒死者万余人。

宋自熙宁用兵以来，凡得葭芦、吴保（堡）、义合、米脂、浮图、塞门六堡，而灵州、永乐之役，官军、熟羌、义保死者六十万人，钱、粟、银、绢

---

① （宋）吕祖谦：《宋文鉴》卷五五，苏轼《因擒鬼章论西羌夏人事宜》。
② 《续资治通鉴长编》卷三二一，神宗元丰四年十二月戊寅条。
③ 《宋史》卷四八六《夏国传下》。
④ 《宋史》卷四六七《李宪传》。
⑤ 《宋史》卷四八六《夏国传下》。
⑥ 《宋史》卷四八六《夏国传下》。

以万数者不可胜计。宋神宗临朝痛悼，而夏人亦困弊。① 因此，双方都有恢复和平的愿望。夏大安九年，即宋元丰五年（1082）十月，西夏都统军昂星嵬名济乃移书泾原路请和，刘昌祚将其书上报朝廷，神宗谕令按惯例于鄜延路通话。次年（1083）正月，乃遣使至鄜延路请和，但延州以没有接到朝旨为由，拒绝其要求。此后又多次经保安军传话讲和，最终于闰六月正式遣使携表请和，宋神宗欣然嘉许，随即下诏陕西、河东经略司，"夏国奉表，辞礼恭顺，朝廷已降回诏，许通常贡，可诫约边吏，无辄出兵。除自来边界依旧守外，其新收复城寨，止于二三里内巡绰防拓，毋得深入。"②

---

① 《宋史》卷四八六《夏国传下》。
② 《续资治通鉴长编》卷三三六，神宗元丰六年闰六月戊寅条。

四、夏崇宗到夏仁宗　封建政权的巩固

　　夏崇宗李乾顺在位（1086—1139）和仁宗李仁孝在位（1140—1193）共计107年，占西夏立国时间的一半以上，是西夏历史的中期。崇宗在位期间，北宋蚕食西夏领土的战争打得最为激烈，西夏虽然不断对北宋发起反击，但总体处于劣势，遣往辽朝求援的信使道路相继。辽朝不希望宋、辽、夏三足关系被打破，积极声援西夏，辽乾统五年（1105），天祚帝封宗女为成安公主，下嫁夏崇宗李乾顺，完成了自李继迁、李元昊以来辽夏第三次和亲。夏永安二年（1099），小梁太后卒，十六岁的崇宗李乾顺亲政后，改革官制、设立国学、颁布军律，为西夏政权的巩固和发展做出了积极的贡献。

　　夏大德五年（1139）仁宗李仁孝即位时，西夏周边形势发生了很大的变化。和西夏争战百年的宋室早已南迁，失去与西夏争战的能力；辽朝灭亡后，耶律大石在中亚建立的西辽安居西土，不愿东返故里，金朝不用担心西辽联合西夏卷土重来；金宋之间的相持局面逐渐形成，加之金人进入中原后，受汉族封建文明的影响，女真奴隶制内部也急剧发生着变化，亟须加强皇权和巩固对新占区的统治，不再对外发动大规模战争。夏仁宗李仁孝利用和平安定的外部环境，对内大兴教育、发展经济，对外和好金朝，从金人手中划到威德城（今甘肃靖远西）、定边军，加上崇宗时占据的乐州（今青海乐都南）、西宁州（今青海省西宁市）等地，直接统辖的"州郡凡二十有二",①为西夏历史上疆域最大的时期，也是西夏历史上经济最繁盛的时期。

当然，必须指出的是夏仁宗李仁孝在位期间，既是西夏社会经济发展的顶峰，也是西夏走向衰败的开始，特别是法律保护土地买卖，使大批自耕农失去赖以生存的土地，为西夏晚期社会矛盾的激化埋下了种子。

（一）夏崇宗李乾顺的封建统治

1. 外戚梁氏家族专权的结束

夏天安礼定二年，即宋元祐元年（1086）七月，夏惠宗李秉常卒，年仅三岁的李乾顺即位，是为崇宗。国政落入母后梁氏与国舅梁乙逋手中，崇宗尊母梁氏为昭简文穆太后（小梁太后）。西夏历史进入第三次国主年幼，母后听政，外戚专权的时代。十月，西夏遣使宋朝告哀，宋遣金部员外郎穆衍为祭奠使，供备库使张懋为吊慰使，赴西夏祭奠和吊慰。次年正月，又遣枢密院都承旨公事刘奉世为册礼使，册封乾顺为夏国主。见到宋朝使人接踵而来，西夏"国中部落老幼无不欢跃，知朝廷更无征伐，从此可保无事"。②但小梁太后和梁乙逋擅权自威，对内"凡故主近亲及旧来任事之人，多为所害"；对外接连挑起边衅，两国边境烽火不断。

梁乙逋依仗"一门二后"的威势，不把年幼皇帝与皇族放在眼中，更把宋朝宣仁太后和反对派废除熙丰新法，对西夏采取妥协让步看作是自己的功劳，说什么嵬名家族有过这样的功绩吗？宋朝曾如此畏惧过西夏吗？梁乙逋的独断专行也引起了太后的不满，夏天祐民安五年（1094），分掌兵权的嵬名阿吴和仁多保忠趁机诛杀梁乙逋及全家，国政由小梁太后一人独掌。小梁太后执掌国政期间，正是宋朝绍圣（1094—1097）、元符（1098—1100）年间进

---

① 《宋史》卷四八六《夏国传下》。
② 《续资治通鉴长编》卷四○四，哲宗元祐二年八月癸巳条。

筑西北边面，蚕食西夏疆土最激烈的时间，在宋朝接连不断的蚕食下，西夏疆土日蹙，国力日衰，部落困顿，疲于奔命。夏永安二年（1099）正月，小梁太后在内外交困中去世，[①] 夏崇宗乾顺亲政。

2. 崇宗李乾顺立国方针的转变

在宋朝步步为营、稳扎稳打的情况下，梁氏统治集团以牙还牙的强硬政策很难为继，夏崇宗李乾顺亲政后，亟须改变以武立国的方针，和好宋朝，为巩固封建统治创造和平的外部环境。夏永安二年，即宋元符二年（1099）二月，遣使到宋朝告哀，并谢罪。鄜延经略使吕惠卿按照宋哲宗旨意，指挥保安军顺宁寨面谕夏使，告哀谢罪，只是一纸空文，没有实质性内容，不敢上报朝廷。若将嵬保没、凌结讹遇等主谋作过之人先行拘押，进献朝廷谢罪，本路方敢上报朝廷。崇宗李乾顺借口二人害死太后，下令将他们处死。随后又连续遣使到宋朝鄜延路协商，词意恭顺。

在此前后，辽朝泛使萧德崇携国书到宋都汴京为西夏说情，"辽之于宋也，情重祖孙；夏之于辽也，义隆甥舅。必欲两全于保合，岂宜一失于绥存"。[②] 要求宋朝停止对西夏用兵。在乾顺的不懈努力和辽朝的斡旋下，宋朝乃答应与西夏讲和，同年九月，夏国使人至京谢罪，宋朝赐诏夏国主乾顺。英宗皇帝对执政大臣曾布说："'西人未尝如此逊顺'。布曰：'诚如圣谕。元祐中固不论，元丰中表章极不逊，未尝如今日屈服也'"[③]。赵宋君臣如此得意，除了大肆进筑西夏疆土，迫使西夏屈服外，关键是崇宗乾顺改变立国方针，创造和平安定的外部环境，以发展社会经济，巩固封建统治。不过，崇宗亲政后的外部环境并不安定，夏永安三年，即宋元符三年（1100），宋哲宗

---

① 《宋史》卷四八六《夏国传下》。《续资治通鉴长编》卷五〇六，哲宗元符二年甲申条注引《吕惠卿家传》："谍言梁氏之死，乃北敌遣人酖杀之，使乾顺自管国事。"

② 《续资治通鉴长编》卷五〇七，哲宗元符二年三月壬戌条。

③ 《续资治通鉴长编》卷五一五，哲宗元符二年九月丁未条。

崩，徽宗在位时继续推行绍圣以来蚕食西夏疆土的政策，西夏真正专注经济社会发展是夏仁宗李仁孝时代。

3. 巩固封建统治的措施

（1）加强对地方的控制。西夏自景宗元昊以来就存在着中央和地方博弈问题，它有时表现为皇族和后族的矛盾，有时表现为中央和地方的关系，总的趋势是中央或皇权在加强，地方或部落势力在削弱。解除统兵贵胄兵权是加强和巩固封建皇权的重要手段，大酋嵬保没、凌结讹遇积极追随梁太后东征西讨，最为宋人所痛恨，崇宗乾顺借宋朝要求，处死二人，既解除了心腹之患，又取得了宋朝的欢心。夏贞观三年（1103），以右厢监军仁多保忠欲叛降宋朝为借口，将他诱到衙帐后解除兵权。仁多氏与嵬名氏、梁氏为当时的三大强族，梁氏败亡，仁多氏被解除了兵权，皇族嵬名氏的势力大大加强，夏崇宗的皇权也因此得到了进一步的巩固。从朝廷直接派亲信到地方任职，是崇宗李乾顺控制地方的又一重要手段，夏永安二年，即宋元符二年（1099），鄜延路经略使吕惠卿向宋哲宗报告，发兵深入西夏境内讨荡，俘虏一名叫王固策的西夏官员，自称在"西界衙头服事小大王，王差往宥州统领处充走马"。[①] "衙头"是西夏人对都城兴庆府的称谓，"小大王"是指崇宗乾顺，时年十五岁，故称"小大王"。刚亲政的崇宗乾顺，将自己身边人派到宥州前线，其目的不言而喻。

（2）分封皇族宗亲。利用皇族宗亲对抗后族，是加强皇权的另一手段，夏贞观三年（1103）九月，崇宗乾顺封皇弟嵬名察哥为晋王，使掌兵权。夏元德二年（1120）十一月，又封宗室嵬名仁忠为濮王，嵬名仁礼为舒王。察哥长于谋略，敢于战斗，分封晋王后，深受崇宗乾顺的器重，在抵抗宋朝的进攻中，屡立战功。宋将刘法号称能战，屠西夏古骨龙、仁多泉等城。夏元

---

① 《续资治通鉴长编》卷五○七，哲宗元符二年三月丁巳条。

德元年，即宋宣和元年（1119），刘法等统兵攻西夏统安城（今甘肃永登县西），嵬名察哥借助有利地形，和刘法大军正面对阵，同时遣精骑登山迂回到敌后，两面夹击，宋军大败，主帅刘法乘夜奔逃七十里，天亮抵达盍朱嵬，被西夏守兵发现，仓皇之际坠崖折足，被一哨卒斩首。察哥见到刘法首级，怆然对部下说："刘将军前败我于古骨龙、仁多泉，吾常避其锋，谓天生神将，岂料今为一小卒枭首哉！其失在恃胜轻出，不可不戒。"此役后夏兵乘胜围震武，城将破，察哥不让破此城，"留作南朝病块"。乃领兵退回。① 《宋史》卷四八六《夏国传下》记载："诸路所筑城砦皆不毛，夏所不争之地，而关辅为之萧条，果如察哥之言"。

濮王嵬名仁忠为官严肃，不畏强权，晋王察哥广起宅第，横征诛求，蕃、汉民众怨声载道，仁忠上言弹劾晋王，乃罢百姓无偿劳役。夏大德元年（1135），崇宗李乾顺以仁忠为中书令，委以重任。

（3）**建立国学，培养人才**。元昊建国时设蕃学、汉学，培养蕃汉人才，景宗李元昊以后，连续出现国主年幼，母族重视蕃礼的局面，虽然蕃汉文化并存，但以母族为代表的蕃文化占上风。崇宗李乾顺要巩固以皇权为核心的封建统治，所以重视汉学教育，于夏贞观元年（1101），"始建国学，设弟子员三百，立养贤务以廪食之"。②

（4）**建章立制，以法治军**。西夏一开始就重视以法治军，景宗元昊袭位初就"明号令，以兵法勒诸部"。③ 不过当时是兵法初创阶段，缺少成文的条令，大多是"歃血为盟"，按照部落社会的习惯治军。崇宗李乾顺贞观年间（1101—1113），西夏立国八十余年，逐渐走向成熟。立国方针由"尚武重法"向"尚文立法"转变，既隆文治，又修武备，打破以往流动作战的习惯，仿

---

① 《宋史》卷四八六《夏国传下》。

② 《宋史》卷四八六《夏国传下》。

③ 《宋史》卷四八五《夏国传上》。

效宋朝在沿边修起防御性城寨。① 制定和颁布西夏历史上第一部军法典《贞观玉镜将》，该军法典共四篇，除小部分讲军事机构外，大量篇幅是作战时的赏罚律。俘获越多奖赏越高，损失越多惩罚越重，如作战中俘获人马甲胄一千五百以下，不算挫敌锋，按俘获数量、种类领取奖赏；俘获人马甲胄一千五百以上，按大败敌军计，升七官，奖励百两银碗，五十两金碗，缂丝衣服一袭十带，十两金腰带一条，银鞍鞯一副，银一锭，茶绢一千。其下副将、行将、佐将、大小首领乃至军卒都有数量可观的奖品和升官奖励。如果战败则要处于重罚，如主将损失兵马一半以上、将军虚报军功三千件以上、察军战斗中擅离职守、主将丢失旗鼓金而逃回等，均处斩首。另外，主将战死，护卫也要处死，等等。

夏大德五年（1139）六月，夏崇宗李乾顺病故，享年五十七岁，在位五十四年，其中亲政三十八年。改元天安礼定三年，天仪治平三年，天祐民安八年，永安三年，贞观十三年，雍宁五年，元德八年，正德八年，大德五年。谥圣文皇帝，庙号崇宗，墓号显陵。

4. 从依辽抗宋到援辽抗金

崇宗李乾顺在位期间，正是女真崛起，辽朝灭亡，宋室南迁的大动荡、大变迁时代，西夏适时地改变着自己的对外方针，由依辽抗宋到援辽抗金，最后臣附于金朝。夏大安十年，即宋元丰六年（1083）闰六月，宋夏讲和，十月，崇宗李乾顺遣使上表宋朝，请求归还被侵占的横山疆土。以开边拓地为己任的宋神宗自然不会同意，② 双方为此闹得很不愉快，西夏停止遣使贺正旦，并不断出兵攻掠宋朝边境，宋朝则停止岁赐，禁绝和市。两年后即宋元丰八年（1085），宋神宗崩，不满十岁的哲宗即位，实际权力落到神宗的母亲宣仁太后高氏手中，她打着以母改子的旗号，废除熙丰以来的新法，对西夏

---

① 《宋史》卷三五四《何常传》。
② 《续资治通鉴长编》卷三四〇，神宗元丰六年十月癸酉条。

采取绥靖政策，拟归还米脂、葭芦、浮图、安疆四寨。但这种妥协退让并没有换来和平，反而助长了西夏国相梁乙逋的穷兵黩武。

夏天仪治平元年，即宋元祐二年（1087）四月，梁乙逋纵兵入泾原，抄蔺家堡，焚掠庐舍殆尽。五月联合吐蕃攻掠定西，相约得地后，以熙、河、洮三州归吐蕃，兰州、定西城归西夏。① 六月以数千骑入秦州，抵甘谷城，围陇诸堡，被宋朝守将姚雄击退。七月遣卓啰监军仁多保忠攻镇戎军，九月复攻镇戎军。与此同时，梁乙埋还点集十二监军司兵于天都山，又约吐蕃大首领鬼章驻兵常家山，企图合击兰州。被宋将姚兕、种谊所破，生俘鬼章等吐蕃首领。

面对西夏凶猛攻势，北宋朝廷不敢下令反击，反而下诏"夏国久乱，新主孤幼，其辄敢犯边及不遣使贺谢，皆缘强臣梁乙逋等擅权逆命，阴有异图，即非其主与国人之罪，岂可遽欲兴师，深入讨伐，将使无罪向化之人例遭诛戮？宜令诸路帅臣各严兵备，无得先起事端，其所发兵马，权屯次边。如乙逋等能幡然改图，忠事其国，效顺朝廷，本国上表章、通贡奉，特仰收接，许其自新。"② 此后两国虽约和，但梁乙逋并没有像宋朝希望的悔过自新，仍然不断寇掠。夏天仪治平二年，即宋元祐三年（1088）三月，攻德靖等寨。六月攻塞门寨。次年（1089）六月攻质孤堡；夏天祐民安二年、即宋元祐六年（1091）四月攻熙、河、兰、岷。九月攻麟、府二州，焚荡庐舍，蹂践禾稼而去。宋朝因此停止岁赐，断绝和市，用浅攻之策，进扰西夏，③ 沿边诸路接连出击。在这种形势下，梁乙逋于夏天祐民安三年，即辽大安八年（1092）六月，遣使向辽朝求援，辽涿州移牒雄州，"称奉辽主旨，夏使告乞应援。缘南北两朝通好年深，难便允从，委涿州牒雄州，闻达南朝，相度施行"。宋哲

---

① 《续资治通鉴长编》卷四〇〇，哲宗元祐二年五月癸丑条。
② 《续资治通鉴长编》卷四〇四，哲宗元祐二年八月癸巳条。
③ 《续资治通鉴长编》卷四六七，哲宗元祐六年十月辛酉条。

宗"诏雄州回牒涿州，具夏国犯边事状闻达照会"。① 显然，这时的辽朝不认为西夏受到了宋朝的巨大威胁，没有把其求援当一回事。

同年十月，西夏国母梁太后亲自统兵十万进攻环州，围城七日不克。宋朝边帅章楶令折可适领军一万，于洪德寨截断夏兵退路，夏兵大败，梁太后尽弃帷帐首饰，易服而逃。十一月，西夏复遣使辽朝求援。道宗因西夏接连派人求援，准备遣使到宋朝诘问，继而有人建议，梁氏穷兵黩武，不得人心，岂可因此抛弃旧盟。遂罢遣使，只令涿州移牒雄州诘之。②

宋元祐八年（1093），宣仁太后病死，十六岁的宋哲宗亲政，变法派重新登台，他们以"绍述先帝"为由，恢复宋神宗时的内政与外交政策，停止与西夏划分地界，中断岁赐。夏天祐民安八年，即宋绍圣四年（1097），章楶以泾原、熙河、环庆、秦凤四路之师出瓠芦河川，筑二城于石门峡，诏赐名平夏城。"既而环庆、鄜延、河东、熙河皆筑城，夏人睆视不敢动"。③ 夏永安二年，即宋元符二年（1099），河东路报告说："自前年复葭芦，去年筑神泉，今年筑乌龙，通接鄜延，稍相屏蔽。今又北自银城，南自神泉，幅员数百里间，楼橹相望，鸡犬相闻。横山之腴，尽复汉土，斥堠所及，深入不毛，秦、晋士马，更为声援；自此岚、石遂为次边，麟、府不为孤绝。"④

在宋朝步步进逼的情况下，梁氏于夏天祐民安八年，即辽寿昌三年（1097）五月遣使辽朝，请其出面劝宋朝停止进筑，归还疆土。八月再遣使辽朝乞援。十月辽朝牒宋称："西夏本当朝建立，两曾尚主，近累遣使奏告被南朝侵夺地土，及于当朝侧近要害处修城寨，显有害和好。请追还兵马，毁废城寨，尽归所侵地土，如尚稽违，当遣人别有所议。"⑤ 虽然言辞激烈，但宋朝对这种履行公文的做法已习以为常，不但没有归还攻占的城堡，而且仍进

---

① 《续资治通鉴长编》卷四七六，哲宗元祐七年八月己巳条。
② 《续资治通鉴长编》卷四八二，哲宗元祐八年三月乙未条附注。
③ 《东都事略》卷一二八《西夏传》。
④ 《续资治通鉴长编》卷五一四，哲宗元符二年八月甲午条。
⑤ 《续资治通鉴长编》卷四九二，哲宗绍圣四年十月壬辰条。

筑不已。夏永安元年，即辽寿昌四年（1098）七月，西夏又乞兵于辽，辽道宗"点集兵马，谋助西人"。① 但只是声援而已，并未真正出兵。

辽朝援兵指望不上，同年（1098）十月，小梁太后携夏崇宗李乾顺起倾国之师，号称三十万，由没烟峡直趋平夏城。宋将郭成坚守孤城，夏人不能克，乃制造一种名曰"对垒"的战车，高十余丈，可载数百人临城作战。但适逢大风，吹折了"对垒"战车，同时也摧毁了夏人的信心，小梁太后悔恨交加，劙面而还。② 十二月，章楶又派部将折可适率轻骑两千人，乘虚潜入天都山，一举擒获西夏西寿统军嵬名阿埋和监军妹勒都逋，尽得其家属和部众三千余人，牛羊十多万。宋朝乃于秋苇川建临羌、天都二寨，于南牟会建西安州，以折可适知州事。天都山为夏景宗李元昊离宫所在，形势险要，"介五路间，羌人入寇，必先至彼点集，然后议所向，每一至则五路皆竦"。③ 自章楶进筑后，这种形势为宋所有，从此接通了泾原、熙河两路边面，把秦州（今甘肃省天水市）变为内地，大大加强了宋朝的边防。相反，西夏因失去了天都山到横山的有利地形，与宋以沙漠为界，"无聚兵就粮之地，其欲犯塞难矣"。④

在宋朝强大的军事压力下，西夏的处境日益艰难，夏永安二年（1099）正月，小梁太后卒，二月，西夏遣使至宋报哀，又附谢罪表章，请求和好，宋朝不予接受。崇宗李乾顺乃请辽朝出面说情，在辽使萧德崇的斡旋下，宋哲宗这才同意讲和，宋朝的威望提高到这种程度，是对西夏用兵以来不曾有过的。

宋夏虽约和，但相互争战并未停止，宋元符三年（1100），宋哲宗崩，弟端王赵佶即位，是为徽宗。徽宗好大喜功，继续推行绍圣以来蚕食西夏疆土

---

① 《续资治通鉴长编》卷五〇〇，哲宗元符元年七月戊辰条。
② 《续资治通鉴长编》卷五〇三，哲宗元符元年十月己亥条。
③ 《宋史》卷三五三《张叔夜传》。
④ 《续资治通鉴长编》卷五〇〇，哲宗元符元年七月甲子条。

的政策，为了取得辽朝的支持，顶住宋朝的压力，夏崇宗从 1101 年至 1103 年连续三次遣使辽朝，卑词厚礼，请求联姻。夏贞观三年，即辽乾统三年（1103）辽天祚帝允婚，两年后正式封宗女南仙为成安公主，下嫁夏崇宗李乾顺，① 完成了辽夏自李继迁、李元昊以来的第三次和亲。

辽朝答应与西夏和亲，本身考虑到辽宋夏三足关系不被宋朝打破，因此，从夏贞观三年，即辽乾统三年（1103）起，西夏每当对宋作战失利或边界纠纷向辽朝求援时，辽朝几乎是有求必应。夏贞观五年，即辽乾统五年（1105）正月，崇宗李乾顺遣李造福等来求援，且乞伐宋。辽"遣枢密直学士高端礼等讽宋罢伐夏兵"。② 同年十二月，西夏复遣使辽朝求援，辽朝派枢密副使萧艮到宋朝交涉。宋遣龙图阁直学士林摅回报，宰相蔡京密谕林摅激怒辽人，以绝其请。林摅乃盛气而见契丹国主，跪上宋朝国书后，仰首直言："夏人数寇边，朝廷兴师问罪，以北朝屡遣讲和之使，故务含容。今逾年不进誓表，不遣使贺天宁节，又筑虎径岭、马练川两堡，入寇不已。北朝若不穷诘，非所以践劝和之意也！"③ 辽朝并没有因宋使无礼而放弃为西夏说和。接着又遣北院枢密使萧得里底、知南院枢密使牛温舒使宋，再次"讽归所侵夏地"。④

在辽朝的不懈努力下，宋朝答应归还崇宁（1102—1106）以来所侵疆土，废银州为银城，罢五路经制司，与西夏讲和。夏崇宗李乾顺遣使辽朝以表谢意。对此，清人吴广成评论："辽之于夏，世为婚姻，尝为之乞和、请地、求退兵，无足异者。而宋自绍圣中，章楶戍平夏，拓寨五十余所，又经陶节夫日肆进筑，夏之削弱甚矣。于此而扶其衰，排其难，恤邻之谊，谁曰不宜？况受林摅之侮，绝不与中国较，辽之此举，事出至公。"⑤ 吴氏将此归结为辽之"至公"，岂不知唇亡齿寒，夏国愈衰，辽朝愈加扶持也。

---

① 《辽史》卷一一五《西夏纪》。
② 《辽史》卷二七《天祚皇帝纪》。
③ 《续资治通鉴长编拾补》卷二五附注。
④ 《辽史》卷二七《天祚皇帝纪》。
⑤ 《西夏书事》卷三二吴广成按语。

　　宋夏之间的和平大致维持了六七年，夏雍宁元年，即宋政和四年（1114）冬，原来从西夏逃往宋朝的环州定远党项大首领李讹哆写信给夏国统军梁哆唛，说他居宋二十多年，见沿边守备空虚，如发兵而来，则定远“唾手可取，定远既得，则旁十余城不攻而下矣”。并说他“储谷累岁，阙地而藏之，所在如是，大兵之来，斗粮无赍，可坐而饱也”。① 梁哆唛遂发兵万人来迎。由于宋朝事先侦知，尽发窖藏，夏人因乏食而退，李讹哆随之率部属万余众投夏。

　　李讹哆叛逃事件发生后，好事生杀的宋徽宗即命河东节度使童贯为陕西经略使，总领永兴、鄜延、环庆、泾原、熙河、秦凤六路军事，对西夏发起全面进攻。夏雍宁二年，即宋政和五年（1115）正月，童贯令熙河路经略使刘法率步骑十五万出湟州（今青海省乐都），秦凤路经略使刘仲武率兵五万出会州（今甘肃省靖远），自己以中军居兰州，为两路声援，向西夏卓啰军司发起了猛烈攻势。刘仲武至清水河（今甘肃靖远西南）筑城而还。刘法出界后。于古骨龙（今青海互助土族自治县北）大败夏军，斩首三千余级。八月，刘仲武、王厚又合泾原、鄜延、环庆、秦凤四路军队攻西夏藏底河城（今陕西志丹县北），被夏兵打败，宋军死亡相半，秦凤路第三将一万余人全部覆没。②

　　次年（1116）正月，童贯令诸路继续出击，刘法、刘仲武合熙、秦军十万屠仁多泉城（今青海门源回族自治县境），斩首三千级。种师道率十万鄜延、河东军克藏底河城。西夏为报屠城掠地之仇，于十一月大举进攻泾原路靖夏城，当时天气久旱无雪，夏兵先以数万骑绕城，践起弥天尘雾，使宋军难辨物象。然后暗中挖地道至城中，城遂陷，屠之而去。夏元德元年，即宋宣和元年（1119）三月，宋夏战于统安城，宋军大败，死亡十万人，主将刘法战死。童贯“隐其败而以捷闻”。③ 在接连失利的情况下，童贯仍穷兵黩武，四月以刘仲武、种师道为将，率鄜延、环庆兵出萧关，“取永和砦、割踏砦、

　　① 《宋史》卷四八六《夏国传下》。
　　② 《宋史》卷四八六《夏国传下》。
　　③ 《宋史》卷四八六《夏国传下》。

鸣沙会，大败夏人而还"。①

　　自童贯主持陕西军务六七年来，进筑军垒，建立堡寨，"遂得横山之地，夏人失所恃"，乃遣使讲和。② 宋徽宗也因关陕困弊以及准备和金人相约夹攻辽朝，答应西夏求和，下令六路罢兵。自此，宋朝将精力主要放在收复燕云十六州上。

　　夏元德二年，即宋宣和二年（1120），宋金达成联合攻辽的"海上之盟"。夏崇宗李乾顺闻之，"遂与辽国书"，约夹攻宋朝，辽天祚帝不许。③ 辽保大二年，即宋宣和四年，夏元德四年（1122）三月，金兵攻破辽中京（今辽宁宁城县西），又转攻西京（今山西大同市），崇宗李乾顺发兵五千赴援，但大军刚出境，便得到西京被攻破的消息，只好退回。五月，辽山西城邑尽失，崇宗李乾顺听说天祚帝逃往阴山，遣大将李良辅领兵三万前去救援。李良辅设伏打败金兵，乘胜进军宜水，由于轻敌，被金兵打败，"追至野谷，杀数千人。夏人渡涧水，水暴至，漂溺者不可胜计。"④ 七月，崇宗李乾顺又派大臣曹价向天祚帝问候起居，并馈赠粮饷。

　　夏元德五年，即辽保大三年（1123）正月，崇宗李乾顺再次出兵救辽，又被金兵所阻。同年五月，天祚帝在阴山遭到金兵袭击，"诸王、妃、女悉被掳"，天祚帝只带部分随从逃往云内（今内蒙古土默特左旗），崇宗李乾顺遣使请他到西夏避难。天祚帝为表示感谢，同时也为了使夏崇宗再次发兵来救，于六月派人册李乾顺为夏国皇帝。⑤ 按此为西夏自景宗李元昊称帝建国以来，第一次得到大国的承认。与此同时，金朝也派人来诱降夏崇宗李乾顺，乾顺权衡利害得失，最终决定对金奉表称臣，请以事辽之礼事金。既而天祚帝在应州成了金兵的俘虏，大辽帝国灭亡，辽夏关系随之终结。

---

① 《东都事略》卷一二八《西夏传》。
② 《东都事略》卷一二八《西夏传》。
③ 《东都事略》卷一二八《西夏传》。
④ 《金史》卷七一《斡鲁传》。
⑤ 《辽史》卷一一五《西夏外纪》。

（二）西夏外部和平环境的建立

1. 夏金和平友好关系的建立与发展

西夏和金朝发生关系，是在辽朝灭亡前夕。金收国元年（1115）元旦，女真杰出领袖完颜阿骨打称帝建国后，立即向已经衰败的辽朝发起更猛烈的进攻。二月，攻占辽朝控制女真的军事重镇黄龙府，接着克上京临潢府。辽军连连败北，天祚帝被迫逃入天德、云中一带的夹山地区。这时，作为辽朝的盟友西夏对濒临灭亡的辽朝并没有抛弃，仍然承认辽朝宗主国的地位，多次出兵援辽，或派人向天祚帝致以问候，馈赠粮饷，于是原来一直隔绝的夏金两国在辽金战场上有了初步的接触。

金要灭辽，首先采取联宋的外交策略，于是达成了所谓的"海上之盟"，但要彻底灭辽，决不可忽视辽朝盟友西夏军事力量的存在，只要辽朝残余势力和西夏联为一体，彻底灭辽就不是指日可待之事。金人显然对此非常清楚，所以在处理西夏援辽问题上十分谨慎。如夏元德四年，即金天辅六年（1122）初，金兵逼近夏境，西夏也集结军队屯于境上，并声称奉辽天祚帝之命，"军州及土地人民，权令守护招集"。[①] 金人并没有因此而动怒，而是采取克制忍让的态度，不直接与西夏交锋，主动撤退以图后举。[②]

然而，西夏对金人这一举措误以为示弱，为了表示对辽国的情谊，也为了将领土扩张到黄河以东，遂于同年五月遣大将李良辅率兵三万援辽，在天德军境内和金将斡鲁、娄室接战，夏军先胜后败。野谷一战，三万大军伤亡殆尽，主帅李良辅也成了金人的俘虏。经过这次战败，使西夏认清了金朝的强大，通过再三分析当时军事斗争形势，认识到辽朝灭亡是大势所趋，如果继续援辽抗金，不但在这场大争斗中捞不到好处，而且还有亡国的危险。为

---

① 《大金吊伐录校补》卷二一《白札子》，中华书局 2006 年整理本。
② 刘建丽、汤开建：《金夏关系述评》，《西北师范学院学报》1986 年第 2 期。

了生存和发展，一贯善于应变的西夏决心改变外交政策，弃辽附金。

就金朝来说，一心想把西夏从辽朝手中拉过来，在野谷打败西夏后，完颜阿骨打抓住时机，派皇子完颜宗望亲自到阴山负责招抚。宗望到阴山后，遣使到西夏游说，晓以利害，并提出具体议和条件：（1）西夏以事辽之礼事金，即对金称臣纳贡；（2）如果辽天祚帝逃到西夏后，立即抓起来献给金朝；（3）如果西夏答应上述两项条件，金朝则"割地酬勋"。①

出于两国共同的意愿，夏金很快就有关议和条件达成一致，夏元德六年，即金天会二年（1124）初，西夏答应"以事辽之礼称藩"，金西北、西南两路都统宗翰奉金主之命，割下寨以北、阴山以南、乙室耶刮部吐禄泺以西之地给西夏。三月，西夏得到金人所割之地后，夏崇宗李乾顺立即遣把里公亮向金朝上誓表，表示愿以奉辽之礼奉金，如果辽主奔窜到西夏，当执献给金朝。② 当时金太祖完颜阿骨打已卒，太宗完颜晟即位，西夏表上后，金太宗于闰三月派王阿海、杨天吉到西夏颁赐誓诏，因这次议和发生在金天会年间，故史称"天会议和"。从此，夏金两国正式建立了以君臣相称的政治关系。

从公元 1124 年夏金议和成功到 1139 年夏崇宗卒，夏仁宗即位，前后共十六年的时间里，夏金关系表现得极其微妙复杂。从表面上看，双方以君臣相称，四时八节聘使往来不断，似乎处于一片友好的气氛中。但实际上并非如此，夏金双方均不以诚相待，各有盘算，相互提防。金朝对西夏不信任的原因主要是担心辽夏旧情重燃，这从金给宋帝回书中就可以看出，"夏国素号狡狯，惟务诈诞，与昏主（辽天祚帝）实甥舅唇齿之国。"③ 从李继迁时代起，辽夏关系极为密切，西夏之所以能够强大立国，与辽朝的鼎力扶持是分不开的。加之辽夏世代姻亲，当时在位的夏崇宗李乾顺之妻就是辽国的成安公主，

---

① 《金史》卷一三四《西夏传》。
② 《金史》卷一三四《西夏传》。
③ 《大金吊伐录校补》卷二一《白札子》，中华书局 2006 年整理本。

特别是崇宗李乾顺是在辽朝的扶持下亲政的，辽朝灭亡前夕他还出兵援辽抗金，这一切绝不是用几句信誓所能勾销掉的。

另外，当时西辽"军势日盛，锐气百倍"，并多次扬言要"翦我仇敌，复我疆宇"。① 因此，金人十分担心西辽和西夏联合起来犯边。如金天会三年（1125）都统完颜希尹奏曰："闻夏使人约大石取山西诸郡，以臣观之，夏盟不可信也。"金太宗也认为西夏与耶律大石合谋，"不可不察，其严备之"。②

西夏不仅与辽朝旧情不断，而且还明里暗里和宋朝进行联系。金灭辽后，约西夏共同伐宋，西夏一方面派军队向宋朝陕西五路进攻，另一方面继续遣使向宋进贡，如夏元德六年，即宋宣和六年（1124）入贡于宋，次年宋钦宗即位，西夏亦遣使表贺。宋夏之间的国书也接连不断，据宋帅吴玠讲，"夏国数通书，有不忘本朝意。"③ 西夏这种游刃于两个大国之间的外交手腕，也是为金人所不能容忍的。

同样，西夏对金也不信任，西夏向金称臣，完全是屈服于金朝强大的军事压力，并非诚心投附，正如宇文懋昭所说的："是时，金国方盛，胁而从之"。④ 随着金朝势力深入关陕，西夏越来越感受到金人的威胁，娄室入陕前，金河东诸将就主张先削弱西夏，再追击宋室。⑤ 娄室入陕后，迫降府州折氏，"欲因折氏以并夏境"。⑥ 但为了生存，西夏不得不与金人应付、周旋。

由于夏金双方互不信任，因此它们之间初期交往的实质是明和暗斗，不愉快的事件接连不断。

（1）金朝灭辽后，把对外军事斗争的矛头对准宋朝，夏元德六年，即金天会二年（1124）底，金帅粘罕遣撒拇出使夏国，约西夏出兵攻麟州，以牵

---

① 《辽史》卷三〇《天祚帝纪四》。

② 《金史》卷七三《完颜希尹传》。

③ 《宋史》卷四八五《夏国传上》。

④ 《大金国志》卷五《太宗文烈皇帝》。

⑤ 《金史》卷七四《宗翰传》。

⑥ （宋）熊克：《中兴小纪》卷四，文渊阁四库全书影印本。

制河东地区的宋军，条件是金朝将割让天德、云内、金肃、河清四军及武州八馆之地。夏元德八年，即金天会四年（1126），西夏发兵由金肃、河清渡过黄河，攻取天德等四州八馆之地。既而金人背约，"兀室以数万骑阳为出猎，掩至天德，逼逐夏人，悉夺有其地。夏人请和，金人执其使"。①

（2）金人曾屡令西夏不得纳降契丹人，西夏却阳奉阴违。夏正德六年，即金天会十年（1132），辽河东八馆五百户、山金司、乙室王府、南北王府、四部族衙、诸契丹相温、酋首率众蜂起，亡入夏国，② 夏崇宗全部予以安置，并立监军司统之。夏大德四年，即金天眷元年（1138），伪齐知同州李世辅（李显忠）谋杀金帅撒里曷不果，被金兵追杀，乃投奔西夏。西夏不仅接纳了李世辅的投降，而且还发兵助其复仇。次年，宋朝降将、金熙河路经略使慕洧叛金投夏，夏崇宗立即接纳，并授其为"山讹首领"。③

（3）金帅粘罕假称需要一万匹战马，要求西夏支援，如果西夏拒绝，就以此为借口向西夏用兵。西夏亦假意允许，说战马已准备好，让金派人来取。当金人来取马时，预谋好的夏军把他们团团围住，一举全歼，大挫金人的锐气。④

在夏金两国明和暗斗中，西夏对土地的争夺更是寸步不让。夏正德元年，即金天会五年（1127）三月，西夏拒绝承认金朝单方面的划界方案，夏正德六年，即金天会十年（1132），金人将陕西地划给刘豫伪齐政权，夏崇宗李乾顺遣使入金贺正旦，"请环、庆二州，金主不许"。李乾顺为此愤愤不平。夏大德二年，即金天会十四年（1136），西夏攻取西宁等州，次年（1137）正月间，"陕西帅司申报夏国大军压境，并密封夏国榜来。时四太子方在东京，虑背腹受敌，几于失措。大急，先发割界文字前往陕西，方解其事。"⑤ 当然，

---

① 《宋史》卷四八六《夏国传下》。
② 《大金国志》卷七《太宗文烈皇帝》。
③ 《金史》卷一三四《西夏传》。
④ （宋）王明清：《挥麈后录》卷四。
⑤ 《建炎以来系年要录》卷一二五引《金中杂书》。

在夏金交好初期，尽管双方明和暗斗，不愉快的事件接连不断，但金人为了利用西夏对付辽、宋，而西夏为了在夹缝中求得生存和发展，所以，双方在争斗中都有所让步，并没有使矛盾激化到双边关系破裂的程度。如夏元德八年，即金天会四年（1126），金人背约，从西夏手中夺取四州八馆之地后，又向西夏征兵，崇宗李乾顺许之。为此，近代史家戴锡章指出：“金尝渝盟于西夏矣，而乾顺许之者，盖畏其威，亦欲从而掳掠耳。”① 又如，夏正德元年，即金天会五年（1127），夏崇宗李乾顺遣大将李遇率兵攻威戎城，但当时金人已先占领该城。李遇给金帅娄室送了一封书信，称“夏国既以天德、云内归大国，大国许我陕西北鄙之地，是以至此”。② 娄室遂命金兵退出威戎城。还有夏大德三年，即金天会十五年（1137），西夏得西宁州后，表乞河外诸州，金主以积石、乐、廓三州与之。当时在三州的数千秦人不愿归夏，金主一时拿不定主意。权枢密院事刘筈说，“三小州不足为轻重，恐失朝廷大信”，遂以三州归夏。③

从公元 1139 年夏仁宗即位到公元 1209 年蒙古第一次兵围中兴府，长达七十余年的历史中，夏金两国除在海陵王正隆末年（1156—1160）和金章宗明昌元年（1190）发生过两次局部冲突外，基本上一直保持亲密友好关系。

夏大德五年（1139），夏仁宗李仁孝即位时，整个中国形势发生了很大的变化。辽朝早已灭亡，耶律大石在中亚建立西辽，已安居西土，着眼于对西方的开拓与经营，东返故里已不可能，也无实际意义。金朝的心腹之患基本消除，不用担心西辽联合夏国卷土重来。宋金之间的关系也发生了新的变化，金朝由强转弱，统治集团开始认为灭不了南宋；南宋由弱转强，但力量远不足以亡金。各种势力的均衡发展，使两个政权相持局面逐渐形成。加之金人进入中原后，受汉族封建文明的影响，女真奴隶制内部也急剧发生着变化，

---

① 《西夏纪》卷二三。
② 《金史》卷一三四《西夏传》。
③ 《金史》卷七八《刘筈传》。

亟须加强皇权和巩固对新占领地区的统治。因此，金熙宗开始将太祖、太宗朝的对外扩张政策，转变为对内整顿与改革，铲除守旧势力，加强以皇权为中心的中央集权，迅速发展封建经济，这样就需要一个相对安定的外部环境。

与此同时，西夏经历了几十年的战争灾难，社会一直处于动荡战乱之中，社会需要安定，人民怨恨战争，加上夏仁宗即位后，内乱频生，叛党纷起，封建政权一度处于危机之中，为了尽快医治战争创伤，平息叛乱，巩固和加强封建政权，西夏也希望有一个安定的外部环境。夏金两国的友好关系正是在这样的历史背景下出现的。

夏大庆二年，即金皇统元年（1141），金熙宗答应西夏的请求，第一次在兰州、保安、绥德三处开设和西夏贸易的榷场。① 同年七月，又开始遣使贺夏主生日。早在夏元德六年（1124），金太宗遣王阿海以誓诏赐夏国，双方为受赐礼仪闹得很不愉快，为此金朝不遣赐生日使，"至是始遣使赐之"。② 金皇统二年（1142），金朝制定西夏使节入见及朝辞礼仪，凡入见先宋使，次夏使，朝辞则西夏使在宋使之前，③ 把西夏放在同南宋一样重要的位置上。麟、府折氏与西夏世仇，金人原利用府州折氏以并夏国，西夏为了保证东部边境的安全，多次出兵麟、府二州。金皇统二年（1142），金太原尹张奕上言，"徙折氏他郡，则夏人自安"。熙宗遂命折氏移守青州。④ 这一切都大大地促进了夏金关系的友好发展。

正当夏金关系得到友好发展时，金朝统治集团内部发生政变，金天德元年（1149）十二月，右丞相完颜亮弑金熙宗，自立为帝，是为海陵炀王，这就给友好发展的夏金关系蒙上了一层阴影。当时西夏贺正旦使到达广宁，听

---

① 《金史》卷一三四《西夏传》。
② 《金史》卷一三四《西夏传》。
③ 《金史》卷三八《礼志》。
④ 《金史》卷一二八《张奕传》。

说金熙宗被弑，国中大乱，乃持仪物而回。随后海陵王完颜亮遣使到西夏告哀，并谕废立之事。夏仁宗使人止之境上，责问金使"圣德皇帝何为见废"，不予接纳。① 完颜亮为了争取外援，稳定国内政局，不仅容忍了作为臣属国西夏的诘责，而且主动在云中西北过腰带上石椤坡、天德、云内、银瓮口数处设市场，并开放对西夏铁器的出口。② 在这种情况下，善于以自己的利益调整对外政策的西夏，也立即对海陵王表示友好。

夏天盛二年，即金天德二年（1150）七月，西夏遣御史中丞杂辣公济、中书舍人李崇德到金朝贺海陵王登基，又遣开封府尹苏执义、秘书监王举至金贺受尊号。次年（1151）九月，海陵王以上年十二月白虹贯日，诏去尊号，夏仁宗即上表请求不要去尊号。③ 夏天盛八年，即金正隆元年（1156），金朝又主动派兵部尚书肖恭经划夏国边界，并于边上立划界碑。④ 此后一直到夏天盛十二年（1160），在相互利用的前提下，夏金聘使你来我往，表现出异常的亲密。

在夏金相互利用的背后，自然包藏着不安定因素。海陵王是一个秦始皇、隋炀帝式的人物，他在稳定国内政局的同时，营建汴京，签发丁壮民夫，修造战船，打制兵器，大括天下骡马，积极为侵宋战争做准备。金正隆五年（1160）九月，他不顾统治集团内部的不满和北方人民起义浪潮的高涨，按原计划南下攻宋。西夏非常清楚宋、夏、金三者之间的制衡关系，同时海陵王咄咄逼人，也使得夏仁宗深感不安。为了求得生存和发展，同年十月，当宋朝大将刘琦、吴麟遣使要求西夏出兵夹击金人时，西夏一反原来对宋朝来书终不回的态度，分别给刘琦、吴麟回了国书，对金朝大加口诛笔伐，要与宋朝联合出击，一举讨灭。不过西夏虽说得慷慨激昂，但迫于金人的强大，没

① 《金史》卷一三四《西夏传》。

② 《西夏纪》卷二四引《西夏事略》。

③ 《金史》卷六〇《交聘表》。

④ 姬乃军：《陕西吴旗出土金与西夏划界碑》，《文物》1994 年第 9 期。

敢大举出击，只是"乘隙攻取荡羌、通峡、九羊、会川等城寨"。①

金正隆五年（1160）底，海陵王完颜亮在南侵中兵败身死，金世宗即位，宋金关系趋于缓和，西夏赶快改变外交政策，归还侵占金朝的城寨，又说南宋侵占夏国领土，请金朝出面帮助收复。金世宗为此很高兴，下诏予以嘉奖，并派吏部郎中完颜达吉"体究陕西利害"。②

夏天盛十四年，即金大定二年（1162），西夏遣武功大夫贺义忠、宣德郎高慎言贺万春节，金世宗在贞元殿设宴款待夏使，席间世宗发现菜肴不精，认为不足以服夏人之心，下令击杖掌食官。贺义忠等朝辞时求互市，世宗许之。③

金世宗对西夏的友好政策，使夏金关系很快得到恢复和发展，从此到1189 年（金大定二十九年）世宗去世的二十多年中，是夏金关系最友好的时期。据不完全统计，在这二十多年间，西夏共向金遣贺正旦、贺万春节、谢横赐及奏告使节多达七十余次，频繁的聘使往来，大大地加强了两国之间的政治、经济、文化联系。

这一时期，夏金友好还表现在金世宗慎重处理与西夏关系。当时西夏权臣任得敬专国政，欲分裂夏国，诬杀宗亲大臣，其势渐逼，仁宗李仁孝不能制。夏乾祐元年（1170），夏仁宗被迫分西南路及灵州啰庞岭地给任得敬，自为一国，并上表金朝，为任得敬求封。金世宗就此事问宰相，尚书令李石等以不干预别国内政为由，主张允许。金世宗认为，"有国之主岂肯无故分国与人，此必权臣逼夺，非夏王本意。况夏国称藩岁久，一旦迫于贼臣，朕为四海主，宁容此邪！若彼不能自正，则当以兵诛之，不可许也。"④ 在金世宗的支持下，夏仁宗才得以诛灭任得敬及其党羽。事后夏仁宗非常感激，"深念世

---

① 《金史》卷一三四《西夏传》。
② 《金史》卷一三四《西夏传》。
③ 《金史》卷六《世宗纪》。
④ 《金史》卷一三四《西夏传》。

宗恩厚"，献本国所造百头帐。又上谢表说："得敬所分之地，与大朝熙秦路接境，恐自分地以来别有生事，已根勘禁约，乞朝廷亦行禁约"。① 这完全是从维护夏金边界和平与安全角度出发的，夏金两国由过去相互贪图对方领土，转向相互尊重和维护对方领土完整、统一，反映出两国友好关系发展到一定的深度。

夏乾祐二十一年，即金明昌元年（1190），因新即位的金章宗禁断夏金贡使贸易，西夏发兵侵岚、石等州，次年（1191）又接连向金朝鄜、坊、保安州及镇戎军发起了进攻，掠取牲畜无算，还袭杀金将阿鲁带。面对西夏因双边贸易纠纷而发起的进攻，金章宗采取了冷静的态度，一方面诏令夏金贡使贸易"复旧"；另一方面向西夏诏索杀阿鲁带者。西夏起初将肇事者处以徒刑，后因金人"索之不已，夏人乃杀明契等"。② 夏乾祐二十四年（1193），夏仁宗李仁孝去世，李纯祐即位，夏金关系又恢复和好。

和海陵王正隆末夏金局部地区发生的冲突一样，这次西夏虽向金发动了一连串进攻，但双方贡使往来并未中断，也即双方并没有断绝关系。史载金朝"自天会议和，八十余年与夏人未尝有兵革之事"。③ 确切地说，应是八十余年没有断绝过关系。

2. 西夏与南宋的关系

（1）南宋初年夏宋关系

南宋初年，宋朝一度把"联夏制金"作为中兴的重大方略。高宗赵构刚一即位，大臣唐重就提出"通夏国之好，继青唐之后，使相掎角，以缓敌势"。④ 赵子崧还进一步指出："其熙河五路进筑州军堡寨，欲望将不系紧要控

① 《金史》卷一三四《西夏传》。
② 《金史》卷一三四《西夏传》。
③ 《金史》卷一三四《西夏传》。
④ 《宋史》卷四四七《唐重传》。

扼去处并罢，明谕夏人，以示德意。"① 即通过改变宋神宗以来对西夏进逼政策换取同西夏的和好。夏正德元年，即宋建炎元年（1127）正月，高宗赵构以主客员外郎谢亮假官陕西抚谕使兼宣谕使，从事郎何洋假官太学博士，持诏出使西夏，谕夏崇宗李乾顺约和。

自庆历议和以来，宋使一般只到宥州，有时至兴庆府，夏国主以宾客礼相见。这次夏崇宗利用宋朝处境艰难，不循旧规，"倨然见之"，② 又将谢亮留而不遣，数月后勉强答应罢兵约和。但谢亮一行回来时，夏兵却踵其后，袭取定边军。今非昔比的赵宋王朝对西夏的傲慢无礼和失信，采取了极其宽容的态度，不但不予诘责，而且同年五月东京留守宗泽仍请求高宗赵构派"知几辩博之士，西使夏，东使高丽，喻以祸福，两国素蒙我宋厚恩，必出助兵，同加扫荡"。③

夏正德三年，即宋建炎三年（1129）二月，金帅娄宿接连攻取长安、凤翔，陇右大震。当时夏崇宗"谍知关陕无备"，便令宥州监军司移檄延安府，说"大金割鄜延以隶本国，须当理索，敢违拒者，发兵诛讨之"。④ 鄜延路经略使王庶回檄西夏，以金朝许其四州八馆之地又夺取，以及宋朝贪图燕幽十六州疆土导致社稷倾覆的事实晓谕西夏，指出"金人欲自泾、原径捣兴、灵"，西夏也存在着灭顶之灾。同时遣人间离西夏权臣李遇和夏崇宗的关系。由于王庶处置得当，西夏也认识到金朝的威胁，才没有出兵鄜延。

同年五月，宋知枢密院事张浚宣抚川陕，谋北伐以复中原。张浚"欲通夏国为援"，奏请两封国书，一如常式，一用敌国礼。七月，高宗命主客员外郎谢亮假官太常卿、权宣抚司参议官，随张浚西巡，准备再度出使夏国。第二年（1130）正月，张浚正式令谢亮前往西夏，但西夏拒绝宋使入境，谢亮

① 《建炎以来系年要录》卷五，建炎元年五月庚寅。
② 《宋史》卷四八六《夏国传下》。
③ （宋）宗泽：《宗忠简集》卷一《奏请回銮第二十四疏》，文渊阁四库全书影印本。
④ 《宋史》卷四八六《夏国传下》。

"不得其要领而还"。① 不久宋金决战于富平，宋军大败，尽失关陕地利及精兵良将。本来就对恢复中原信心不大的高宗赵构心灰意冷，于绍兴元年（1131）八月下诏，"夏本敌国，毋复颁历日"。② 实际上等于宣布放弃"联夏制金"方略。

夏正德六年，即金天会十年（1132）初，金朝以陕西地赐刘豫，夏崇宗遣使求赐环、庆二州，但金人不允，由是夏人怨金。加之金帅粘没喝聚兵云中，谋取川陕，夏崇宗恐其图己，举国屯境上备之，并遣使至吴玠、关师古军中请通好。宋朝宰臣吕颐浩得知后上言："闻金、夏交恶，夏国屡遣人来吴玠、关师古军中，宜令张浚通问，以撺其情。"③ 但高宗赵构没有采纳，此后，吴玠仍断断续续与西夏保持联系。夏正德八年，即宋绍兴四年（1134）七月，宋高宗似乎又对联络西夏感兴趣，"命吴玠通信夏国"，④ 十二月吴玠上奏说："夏国数通书，有不忘本朝意。"⑤ 尽管两国信使你来我往，但由于西夏方面缺乏诚意，并没有达成什么实质性的协议。

金天会十五年（1137）冬，金朝废掉刘豫齐政权，同南宋进行和谈，金天眷二年（1139）春，又归还宋朝河南、陕西之地，这样宋夏又成了近邻。因陕西隶属关系的变化，宋夏之间又有了交往。慕洧原是宋朝统制官，富平之战后投附西夏，不久，金人攻庆阳，又献城降金，官至熙河路经略使。金朝将陕西归宋时，规定陕西现任官吏不变，慕洧怕回到宋朝被诛，再次投奔西夏，西夏授以山讹（横山羌）首领，让他图关陕地。慕洧领兵攻会州，被宋将朱勇打败，于是请西夏发兵大举进攻，宋陕西宣抚使胡世将"遗书勉以忠义"，才停止对陕西的进攻。⑥

---

① 《宋史》卷四八六《夏国传下》。
② 《宋史》卷四八六《夏国传下》。
③ 《宋史》卷四八六《夏国传下》。
④ 《宋史》卷二七《高宗纪四》。
⑤ 《宋史》卷四八六《夏国传下》。
⑥ 《西夏书事》卷三五。

这一时期西夏利用李世辅（李显忠）图陕西，对夏宋关系影响最大。李世辅本宋朝青涧蕃部属户，世代忠宋捍边。金人取延州，授李世辅官，不久又将其徙知同州。金元帅撒里曷来同州，李世辅谋擒撒里曷归宋，事发后遭到金兵追杀，被迫走投西夏，金人遂捕杀其家属二百余口。李世辅痛心疾首，向西夏请兵生擒撒里曷，取陕西五路归西夏。夏大德五年（1139）正月，西夏乃以文官王枢、武将哕讹为陕西招抚使，李世辅为延安招抚使，领兵二十万取陕西。

李世辅到延安后，得知陕西已经归宋，便率旧部八百余骑去见王枢、哕讹，劝他们投宋，二人不从，李世辅便将王枢缚绑起来，哕讹逃脱。紧接着夏人以铁鹞子来争，被李世辅打败，"杀死蹂践无虑万人，获马四万匹"。然后押解王枢南下，在河池县见到了四川宣抚使吴玠，吴玠犒以银绢，说"忠义归朝，唯君第一"。至行在，高宗赐名显忠，抚慰再三。[1] 当时宋朝欲恢复同西夏的关系，宋高宗召见王枢，将他和一百多个俘虏遣还夏国。[2]

次年（1140）三月，陕西宣抚使胡世又将奉诏让知保安军杨顺和西夏商议交聘事，西夏再三拖延，最后答复杨顺，"吴玠七请和于我，我不之许，今诚结好，汝国家势非前日，约我兄弟可也。"[3] 要求和宋朝取得平等的外交地位。五月，金朝撕毁和宋朝的约定，派兵复取陕西、河南，宋夏这段交往也就由此中断。

南宋初年的夏宋交往，是出于金朝威逼下为求生存的共同目的，之所以没有达成南宋朝廷所期望的反金联盟，关键在于宋朝势力远远弱于金，西夏只有表面上顺乎金朝以求生存。李心传将宋夏议和不成的原因归于夏人"悖慢"，是对当时中国政局缺乏正确认识所致，这也是南宋狃于大国之威，对夏

---

① 《宋史》卷三六七《李显忠传》及卷四八六《夏国传下》。
② 《宋史》卷二九《高宗纪》。
③ 《建炎以来系年要录》卷一三四，绍兴十年三月。

政策的失败所在。[1]

（2）仁孝时期南宋与西夏的三次往来

宋绍兴十二年（1142），宋金议和成立，南北对峙局面正式形成，两国以淮水至大散关为界，陕西遂为金有，这样就把和战百年之久的宋夏两国隔离开来。此后五十多年间，宋夏关系几乎断绝，只有在"正隆南伐""西蕃之叛""西辽假道"三次事件中发生过短暂的交往。

宋高宗末年，金主完颜亮（海陵王）企图发动大规模的战争，一举消灭南宋。夏天盛十二年，即金正隆五年（1160）正月，西夏遣使至金贺正旦及生辰，完颜亮向夏使透露了即将对宋开战的意图，要求西夏加强战备以配合金朝的行动。[2] 当时夏金关系已经很紧张，西夏已意识到金人灭南宋后有可能回师陕西以灭西夏。因此，当金兵大举南下，宋朝大将刘锜、吴璘等遣使西夏，要求与西夏合兵讨金时，便一反原来对南宋不理睬的态度，作出了较为积极的响应，夏仁宗分别给刘锜、吴璘国书。在回刘锜国书中对金朝大加挞伐："顾惟雄贼，来寇吾疆，始长驱急骑以争先，终救杀扶伤而不暇，使彼望风而遁，败衄而归，岂知敢犯于皇威，遽辱率兵而大举。"[3] 在回吴璘的国书中，也从道义上谴责金人"不安于微分，鼠窃一隅之地，狼贪万乘之畿，天地所不容，神明为咸愤"。接着又信誓旦旦说："尔众士既造于南土，我小国当应于西偏。前冲而九野生欢，左顾而千军振色。从兹歃血，动有余威，誓将灭其众而犁其庭，相与寝其皮而食其肉。成大功于不日，守中夏于历年，不取必有天殃。"[4]

尽管西夏在回书中说得慷慨动听，但在具体行动上仍采取传统的保存实力，伺机扩充地盘的策略，并没有发大军响应吴璘夹击金人，而是乘宋金无

---

① 蔡东洲、唐禄祥：《论南宋同西夏的关系》，《四川师范学院学报》1992 年第 2 期。

② 《金史》卷五《海陵纪》。

③ 《三朝北盟会编》卷一三三《西夏答刘锜等檄书》。

④ 《西夏书事》卷三六。

暇顾及陕西之机，出兵攻掠两国边鄙，夺取金朝的荡羌、通峡、九羊、会川，南宋的秃头岭、蔡园川、会州等地。四川宣抚使吴璘为此专门派镇戎军守将秦弼晓以利害，直到"金兵败，夏人乃还"。①

夏天盛十五年，即宋隆兴元年（1163）正月，宋孝宗令宰相陈伯康等致书夏仁宗，重申北宋与西夏世修盟好，欲再度结为友邦，并送上厚礼。② 但这时的西夏已不存在亡国的威胁，对宋朝的卑词厚礼不予理睬，从此宋夏关系再度断绝。

宋夏绝交数年后，西夏发生了西蕃之叛，使中断的宋夏关系死灰复燃。西夏正德年间（1127—1134），金人将积石划归西夏，夏人谓之祈安城，该地有个大族名叫庄浪，分为吹折、密藏、陇逋、庞拜四门（族）。夏天盛十六年，即宋隆兴二年（1164），宋隆兴北伐时破洮州，吐蕃把羊族首领结什角（董毡的曾孙）携其母走避乔家族，乔家族首领与邻近的木波、陇逋、庞拜、丙离四族共立结什角为长，号为王子。既而结什角率四族叛夏投金，金主大为高兴，厚加赏赐，陇逋、庞拜二族"因诱吹折、密藏二门潜附"。为了确保西部边境的安全，西夏权臣任得敬于夏天盛二十年（1168）五月，遣使至四川宣抚司，"约发兵攻西番（结什角）"。③ 宣抚使虞允文以蜡书报之。

夏乾祐元年，即宋乾道六年（1170），四川宣抚司再以"蜡书遗德（得）敬，约以夹攻，会德（得）敬伏诛"。④ 夏仁宗为感谢金世宗帮助诛灭任得敬，将宋使及蜡书一并献给金朝。同年九月，南宋范成大使金，金世宗出示蜡书以责之。西夏的这种行为，使宋朝得出"其反覆不可信"的结论，⑤ 从而大大地影响了宋夏关系的发展，此后十几年双方断绝了一切往来。

夏乾祐十六年，即宋淳熙十二年（1185），宋朝谍知耶律大石（西辽）假

---

① 《宋史》卷四八六《夏国传下》及《建炎以来朝野杂记》乙集卷二○《西夏扣关》。
② （宋）陆游：《渭南集》卷一三。
③ 《宋史》卷三四《孝宗纪二》。
④ 《建炎以来朝野杂记》乙集卷二○《西夏扣关》，文渊阁四库全书影印本。
⑤ 《建炎以来朝野杂记》乙集卷二○《西夏扣关》，文渊阁四库全书影印本。

道西夏伐金的消息，锐意恢复的宋孝宗又想借此机会联合西夏，密诏四川制置使留正与利州路都统吴挺商议对策。同时他还对大臣说："契丹欲兴兵，不如所传则已，有之则在我岂得漠然。"次年四月，复诏吴挺遣使结好西夏，"当时论议可否及夏人从违，史皆失书"。① 由于耶律大石（西辽）假道西夏伐金之事没有结果，宋朝由此认定所传果妄。② 无论这一事件是妄传还是确有其事，它都为宋夏再一次交往提供了契机。

（3）西夏末年五次约宋攻金

公元 13 世纪初，蒙古帝国从草原上崛起，开始了漫长的征战，南宋、西夏、金三角关系发生了深刻的变化，断绝已久的宋夏关系也恢复起来，这时的宋夏关系以联合夹击金朝为内容。

夏应天四年（1209）二月，蒙古兵入西夏，克兀剌海城，破克夷门，围都城中兴府。夏襄宗遣使金朝，请求发兵解围。当时金朝大臣都认为"西夏既亡，（蒙古）必来加我，不如与西夏首尾夹攻，可以进取而退守。"但金主卫绍王却认识不到这一点，居然以为"敌人相攻，中国之福，吾何患焉？"③拒绝派军队援夏而采取隔岸观火的态度。为了报复金朝背信弃义，西夏频频出兵，攻掠金陕西边郡，又利用宋金矛盾，多次主动遣使到四川制置司，约南宋夹攻金朝。

夏光定四年，即宋嘉定七年（1214），西夏左枢密使兼吐蕃路招讨使万庆义勇遣蕃僧减波把波携带蜡书二丸，前往南宋西和州宕昌寨，欲与宋朝合纵犄角，恢复旧疆。这是西夏第一次主动约宋攻金，大致因为四川制置使正新旧交替（董居谊代安丙），没有将这件事上报朝廷。④

五年以后，即夏光定九年（1219），西夏再次遣使入宋请会师攻金。此前

① 《宋史》卷四八六《夏国传下》。
② 《宋代蜀文辑存》卷七五《周益国公行状》。
③ 《大金国志》卷二一《章宗英孝皇帝》。
④ 《宋史》卷四八六《夏国传下》。

金人在蒙古的压迫下退出河北，以汴京开封为都城。汴京乃四战之地，无险可据，故又"议徙都长安"，遣元帅赤盏以重兵宿巩州（今甘肃陇西）。为迁都做准备。金朝将统治中心转移到陕西，势必对偏居西北的西夏带来极大的威胁，"夏主畏其侵逼"，① 便决定发兵攻巩州，并命枢密使兼都招讨使甯子宁遣使赴四川制置司，请求南宋出兵助战。当时宋金关系恶化，双主在蜀口、荆襄、两淮激战，因而四川制置使聂子述令利州路安抚使丁焴回书西夏，答应出师合攻秦、巩，同时下令蜀口将士做好出师的准备。恰巧四川爆发了"红巾之乱"，蜀口将士无暇出兵。

西夏见宋朝迟迟不肯出兵，十二月，又"遣使复申前说"，② 并且责问宋朝何以失期。四川宣抚使安丙再次答应会师，同时下令由利州路副统制程信负责和西夏联系。次年（1220）八月，西夏以具体出师日期来告，安丙决意出师，并将这一决定上报朝廷。九月，宋宁宗的批复还没有下来，宋夏就按约定的日期同时出兵陕西。西夏枢密使甯子宁亲率二十万大军攻巩州；宋四川宣抚司命诸将分道进兵，沔州都统张威出天水，利州副都统程信出长道，兴元副都统陈立出大散关，金州副都统陈昱出上津，宣抚司帐前都统田胄出子午谷。程信等引兵与夏人会于巩州城下，双方约定"夏兵野战，宋师攻城"。但巩州城久攻不下，程信便引宋师趋秦州，夏兵则自安远寨退师。十月，程信约夏人共攻秦州，夏人不从，遂于伏羌城引军退回，其他诸路也相继罢兵，震动川陕的宋夏夹攻金朝战役就这样收场了。③ 夏光定十一年，即宋嘉定十四年（1221）十月，"夏人复以书来四川趣会兵"。④ 适逢四川宣抚使安丙病故，崔与之继任，他鉴于宋围秦州，夏师不至，以致无功而还，徒耗实力，便改变安丙的"联夏攻金"方略，"饬边将不得轻纳"。

---

① 《宋史》卷四八六《夏国传下》。
② 《宋史》卷四八六《夏国传下》。
③ 《宋史》卷四〇《宁宗纪四》；卷四〇二《安丙传》；卷四八六《夏国传下》。
④ 《宋史》卷四〇《宁宗纪四》。

次年（1222）西夏又遣百余骑入凤州，邀宋军援助攻金，崔与之派都统李冲正告夏骑，"通问当遣介持书，不当遣兵径入。若边民不相悉，或有相伤，则失两国之好，宜敛兵退屯。"[①] 夏骑见宋朝持这样的态度，不言而返。当时蒙古大将木华黎假道西夏征陕右，夏神宗心怀恐惧，奉承不暇。此后再也没有遣使约宋攻金，不久西夏亡于蒙古铁骑之下，宋夏关系宣告终结。

西夏末年先后五次约宋攻金，其中四次没有结果，仅有的一次夹击秦、巩，也是无功而还。之所以出现这种结局，主要是双方都在相互利用，缺乏合作的诚意。西夏欲利用宋金世仇以逞自己的报复之志，夺取陇西十二州，给金人构成威胁，从而打破其西迁长安的计划。南宋则利用夏金矛盾，以攻为守，减轻金兵对自己的压力，这表现在战争中，夏兵只攻巩州而不赴秦州，宋朝也以夏人反复，"未敢深然之"，姑遣师应之。[②] 这种应付态度和侥幸心理，岂能获得战争的胜利，由此也可以看出这一时期西夏与南宋关系的实质。

（三）夏仁宗李仁孝时期的政治经济

1. 仁宗初年的社会矛盾与任得敬篡权分国

夏大德五年（1139）六月，崇宗李乾顺病故，子李仁孝即位，时年十六岁，是为夏仁宗。夏仁宗即位之初，西夏发生了萧合达叛乱。萧合达本辽朝将领，扈从成安公主来到西夏，有口才，善骑射，被夏崇宗留下来，因征战有功，赐国姓李，升夏州都统。西夏背辽附金，成安公主及世子李仁爱忧愤而死，萧合达遣人到西域寻访耶律大石，不得而返。遂乘夏仁宗新立，联络阴山与河东契丹部族，图谋恢复辽朝。夏大庆元年（1140）六七月间围灵州（今宁夏吴忠市利通区），克盐州（今陕西定边境）直逼都城兴庆府。八月，

---

① 《宋史》卷四〇六《崔与之传》。
② （宋）魏了翁：《鹤山集》卷七五《安蕃墓志铭》，文渊阁四库全书影印本。

夏仁宗命静州（今宁夏灵武市境）都统任得敬率部镇压。十月，任得敬平定了叛乱。

夏大庆三年（1142），西夏发生饥荒，物价飞涨，升米高至百钱。次年（1143）三月又发生强烈地震，"逾月不止，地裂，泉涌出黑沙"。① 接着又是严重的大饥荒，统治者虽"立井里以分振之"，但远远不济于事，衣食无靠的饥民纷纷起义，规模大者万余人，小者也有数千人，他们攻打州城，杀掠贵富，形成燎原之势。这次轰轰烈烈的蕃汉人民反抗斗争，最终被任得敬镇压。

平定萧合达叛乱和镇压蕃汉人民反抗斗争的任得敬，本是宋朝西安州州判，夏元德八年，即宋靖康元年，金天会四年（1126），西夏乘金人攻宋之际，发兵围宋朝西安州。② 州判任得敬率部出城投降，崇宗李乾顺以其献城有功，命权知西安州事。由于没有豪族大姓背景，任得敬在这个边州任上一干就是十年，似乎没有出头之日。直到夏大德三年（1137），任得敬将十七岁的女儿献给崇宗乾顺为妃，为其日后发迹捞取了第一桶金。任氏庄重寡言，深得崇宗的宠爱，次年和曹妃并立为后，任得敬也由西安知州提升为静州都统。夏大庆元年（1140），扈从成安公主留在西夏的辽将萧合达叛乱，由夏州西进，攻取盐州，直逼都城兴庆府，一时人心不稳。时任静州都统的任得敬主动请缨，率部收复夏、盐等州，萧合达战败身死。任得敬因平叛有功，升翔庆军都统，封西平公。

夏人庆四年（1147），任得敬羽翼丰满，提出入朝任职。遭到御史大夫热辣公济和濮王嵬名仁忠坚决反对，没有得逞。次年（1148）濮王仁忠卒，任得敬贿赂晋王嵬名察哥，在察哥的保举下，仁宗李仁孝诏任得敬入朝，授尚书令。夏天盛八年（1156），晋王嵬名察哥卒，任得敬接任尚书令，成为一人之下万人之上的国相，从此大权独揽，专横跋扈，政从己出。夏天盛九年

---

① 《宋史》卷四八六《夏国传下》。

② 《宋史》卷八七《地理志三·陕西路》记载：西安州，本西夏南牟会，宋元符二年攻取，"以南牟会新城建为西安州"。

（1157）授其弟任得聪为殿前太尉，任得恭为兴庆尹。二人依仗权势，贿赂公行，秘书监王举上表弹劾，竟被罢官。

夏天盛十二年（1160），夏仁宗"封其相任得敬为楚王"。[①] 西夏自建国以来，王爵只封皇族，元昊时的野利部大首领野利旺荣和野利遇乞，只是号称"野利王"和"天都王"，并没有真正封王。仁宗李仁孝封异族任得敬为楚王，可见他的权势已非同一般，其出入仪从，几与国主相同。夏天盛十七年（1165）五月，任得敬图谋篡权分治，役民夫十万大筑灵州，准备把仁宗李仁孝安置到河西瓜、沙，而自己窃据兴、灵地区。

夏乾祐元年（1170），夏仁宗被迫"分西南路及灵州啰庞岭地与得敬，自为国"。[②] 同时上书金世宗，为任得敬求封。金世宗认为"有国之主岂肯无故分国与人，此必权臣逼夺，非夏王本意。况夏国称藩岁久，一旦迫于贼臣，朕为四海主，宁容此耶？若彼不能自正，则当以兵诛之，不可许也。"[③] 在金朝的支持下，夏仁宗李仁孝粉碎了任得敬的分国阴谋，任命著名学者斡道冲为宰相，使西夏的政局恢复了正常，为仁宗时期社会经济发展奠定了基础。

2. 文化教育全面发展

西夏自开国皇帝李元昊之后，仁宗李仁孝是第一个成年即位的国主，没有母党的干预，也是第一个生逢和平稳定外部环境的国主。夏仁宗在位时，和西夏并立百年的辽、北宋相继灭亡，夏金两国建立起相互信任的友好关系，八十年间没有发生大规模的冲突和战争。和平稳定的外部环境，使得夏仁宗即位后就能将精力放在内政改革和经济建设上。仁宗李仁孝初年，西夏出现了萧合达叛乱和蕃汉人民的反抗斗争，还来不及改革内政和兴办教育。直到夏大庆四年（1143），内部事件平息后，仁孝才下诏在全国设立学校，并在宫

---

① 《宋史》卷四八六《夏国传下》。
② 《金史》卷一三四《西夏传》。
③ 《金史》卷一三四《西夏传》。

禁内建小学，招收宗室子弟入学教育，仁宗"亲为训导"，以示对教育的关心和重视。

夏人庆二年（1145）八月，"重大汉太学，亲释奠，弟子员赐予有差"。①太学在我国古代教育中地位最高，也最为重要，王安石变法期间推行太学"三舍法"，上舍生完成学业后，可不经过科举考试，直接入仕为官。夏仁宗将太学作为培养治国理政的地方，亲临释奠，赏赐生员，培养天子门生。

夏人庆三年（1146），"尊孔子为文宣帝"，②令境内所有学校立庙祭祀。在我国历史上，西夏是第一个也是唯一一个尊孔为帝的政权，宋代儒学发达，也只是封孔子为文宣王。可见作为一个少数民族建立的多民族政权，一旦认识到儒家思想对巩固封建政权的重要性，比汉族更为重视。

夏人庆五年（1148），"复建内学，选名儒主之"。③内学是为皇室宗亲开办的学校，1143年在宫禁内建立的小学当属于内学的一种。由名儒主持内学以及在各级各类学校设立孔庙，在西夏历史上是一件大事，夏景宗李元昊以后，西夏长期处于国主年幼、母族专权的局面，出于笼络党项贵族的需要，统治者往往重视蕃学，采用蕃礼。至此，以儒家思想为指导的汉学、汉礼占据西夏教育的主导地位。④

仁宗李仁孝时期选拔的儒学教授以斡道冲最为著名，他八岁中童子举，成年后通五经，将《论语》等儒经译成西夏文，另著《论语解义》二十卷。儒学的兴盛，现有的图书不能满足需求，夏天盛六年（1154），仁宗李仁孝遣使金朝，"市儒、释书"。⑤当然，西夏儒学成就主要表现在儒学教育上，其儒学的学术水平远不及两宋。

---

①　《宋史》卷四八六《夏国传下》。
②　《宋史》卷四八六《夏国传下》。
③　《宋史》卷四八六《夏国传下》。
④　《天盛改旧新定律令》卷一〇《司序行文门》记有"番汉大学院"，说明在发展汉学的同时，还发展蕃学。
⑤　《金史》卷六〇《交聘表上》。

儒学教育必然推动选官制度的改革，夏天盛元年（1149），西夏"改元天盛，策举人，始立唱名法"。① 选官从过去的世袭、议功议亲，发展到科举考试，对脱胎部落社会的西夏政权来讲，是一个非常大的进步，它对发展封建社会经济，抑制豪族大酋特权，净化社会风气都有积极的推动作用。当然，科举取士只是西夏选官制度的一部分，首领世袭和议功议亲始终贯穿西夏历史全过程。

3. 修订和颁行法律文献

和同时代辽、金族政权相比较，西夏有两个显著的特点：一是注重对本民族文字研究和推广使用，先后编纂出版《番汉合时掌中珠》《文海》《同音》《义同一类》《文海同音合编》《杂字》等多种字词书，而辽朝对契丹文、金朝对女真文没有如此重视；二是注重编纂法律。早在崇宗李乾顺贞观年间（1101—1113），适应军事战争的需要，制定和颁布了西夏历史上第一部军法典《贞观玉镜将》。仁宗李仁孝在位时外部战争缓和，统治者能够把精神专注到内政上，组建由北王兼中书令嵬名地暴领衔的庞大团队，修订完成《天盛改旧新定律令》，经仁宗李仁孝批准颁布，当时印行的有夏、汉两种文本。② 汉文本已失传，西夏文本在黑水城外的古塔中发现，该律令是我国历史上第一部用少数民族文字印行的法典，全书二十卷，一百五十门，一千四百六十一条，没有注释和案例，全部是律令条文，包括刑法、诉讼法、行政法、民法、经济法、军事法，是研究西夏社会和中国法制史的重要资料。

---

① 《宋史》卷四八六《夏国传下》。

② 史金波、聂鸿音、白滨译注：《天盛改旧新定律令》"颁律表"记载："合汉文者奏副中兴府正汉大学院博士杨时中；译汉文者西京尹汉学士讹名□□；译汉文纂定律令者汉学士大都督府通判芭里居地；译汉文者番大学院博士磨勘司承旨学士苏悟力"。

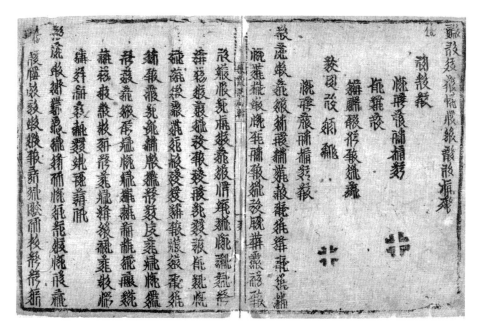

西夏《天盛改旧新定律令》卷十二

4. 中央和地方职官制度趋于成熟

西夏职官制度肇始于太祖李继迁和太宗李德明，确立于景宗李元昊，发展于毅宗李谅祚、惠宗李秉常、崇宗李乾顺，成熟于仁宗李仁孝。仁宗李仁孝时西夏职官制度趋于成熟，主要表现在如下方面：

一是将政权机构分为上、次、中、下、末五等，并根据不同机构的级别和性质确定官吏职数，如中书省、枢密院六大人、六承旨；中兴府、殿前司八正、八承旨；御史、大都督府、西凉府六正、六承旨；宣徽院、皇城司四正、四承旨；韦州、大都督府、肃州、瓜州、沙州等一律一刺史；石州、韦州、卓啰等十二种监军司二正、一副、二同判、四习判；肃州、瓜州、黑水、北地中、南地中五种监军司一正、一副、二同判、三习判；虎控军、威地军、大通军、宣威军四种军一安抚、一同判、二习判、一行主；定远县、怀远县、临河县、保静县、灵武郡二城主、二通判、二经判；绥远寨、西明寨、宣德堡等一寨主、一寨副、一行主。此外，对各机构的都案、案头等吏员职数也有明确规定，"当依所定遣之，不许超遣"。①

二是建立官吏的铨选和考核制度。仁宗李仁孝时，西夏官吏的选任有世袭、恩荫、科举以及铨选 4 种，其中铨选涉及面最广、数量最多。中央各机构中官员到地方任监军、习判、城主、通判、城守时，如果是权且监临，保留原职位，如果正式任职，则免去现任职务，全职到地方任职。地方长官，亦可铨选到中央机构任职。宋代禁止他官转入中书、门下两省及御史台，而由皇帝特别恩授。②《天盛改旧新定律令》中没有他官通过铨选任中书令、枢密使的规定，中书令、枢密使三年任期满后，也不进入迁转流程，③ 而其他官员三年期满后，则根据不同情况确定是否留任或迁转。④ 说明西夏的中书令、枢密使等特别重要的职位是皇帝特授的。

三是官、职功能清晰明确，西夏的"职"相当于宋朝的"差遣"，是具体负责的职事官，诸如中书令、枢密使、监察御史、三司使、刺史、知州、通判、城主、寨主、头监等；"官"相当于品或爵，有"官"不一定有"职"，但通过"职"可以授"官"，也可以世袭"官"位。"诸人袭官、求官、由官家赐官等，文官经报中书，武官经报枢密，分别奏而得之。"⑤ 景宗李元昊开国时就已经存在"官"，有官者衣紫衣绯，"民庶青绿，以别贵贱"。经过几代发展，到仁宗李仁孝时基本完备，大致有"十乘"至"胜监"、"暗监"至"戏监"、"头主"至"柱趣"、"语抵"至"真舍"、"调伏"至"拒邪"等层级，每个层级之间还有未列出的官名。⑥ 诸人犯罪时，庶人处以罚、杖、徒乃至死刑，有官人可以以官品当。⑦ 一般情况下，西夏官员按照官的高低排序，

---

① 《天盛改旧新定律令》卷一〇《司序行文门》。
② 《中国法制通史》（宋代卷），法律出版社 1999 年版，第 108 页。
③ 《天盛改旧新定律令》卷一〇《续转赏门》。
④ 杜建录：《天盛律令与西夏法制研究》，宁夏人民出版社 2005 年版，第 192 页。
⑤ 《天盛改旧新定律令》卷一〇《官军敕门》。
⑥ 史金波：《西夏的职官制度》，《历史研究》1994 年第 2 期。
⑦ 《天盛改旧新定律令》卷二《罪情与官品当门》。

如果出现番人（党项人）、汉人、吐蕃人、回鹘人的职务相当，"不论官高低，当以番人为大"；节亲主（亲王）和党项官员职务相同，排序时以节亲主（亲王）为大；两番人（党项人）排座次时，官高者为大；文武官员"官"平级，"当以文官为大"。①

四是西夏和取得正统地位的金朝交聘时不再忌讳用汉官名。夏仁宗李仁孝时，宋室南迁，失去了和西夏联系的条件。金朝入主中原，取代宋朝的地位。金人视野开阔，认为西夏官员自称"天子上公"，并不影响自己"四海盟主"的地位。② 因此，西夏派往金朝的使节中，不再忌讳汉官名称。据《金史·交聘表》记载，西夏遣往金朝使节的职官有参知政事、枢密使、左枢密使、枢密都承旨、枢密副都承旨、枢密直学士、南院宣徽使、翰林学士、观文殿大学士、御史大夫、御史中丞、中书舍人、吏部尚书、中书省左司郎、开封府尹、知中兴府、中兴府尹、金吾卫上将军、左金吾卫上将军、左金吾卫正将军、瓯匦使、殿前太尉、殿前马步军太尉、东经略使、秘书少监、武功大夫、武节大夫、光禄大夫、宣德郎等。从此，西夏的"蕃官名号"成为历史名词了。③

5. 社会经济走向繁荣

夏仁宗李仁孝在位五十四年（1140—1193），长达半个多世纪，和平安定的生产生活环境使西夏社会经济逐步走向繁荣，无论传统的畜牧业，还是农业、手工业和商业交换，都达到了新的高度。以马驼为主的官畜生产日益繁盛，为官府生产的牧人按照百大母骆驼一年三十仔，百大母马一年五十驹，

---

① 《天盛改旧新定律令》卷一〇《司序行文门》。
② 《金史》卷一三四《西夏传》：西夏权臣任得敬逼迫仁宗李仁孝分国，金世宗认为，"有国之主岂肯无故分国与人，此必权臣逼夺，非夏王本意。况夏国称藩岁久，一旦迫于贼臣，朕为四海主，宁容次邪？若彼不能自正，则当以兵诛之，不可许也"。
③ 《金史》卷六二《交聘表下》：夏乾定四年、金正大三年（1226）"夏遣精鼎瓯匦使武绍德、副仪增、御史中丞咩元礼贺正旦"。次年（1227），"夏遣精方瓯匦使王立之来，未复命，国亡"。精鼎、精方是否瓯匦使的西夏语称、仪增是否御史中丞的西夏语称，需进一步考证。

百大母牛一年六十犊，百大母羊一年六十羔，百大母犏牛一年五十犊的繁殖率，向官府缴纳幼畜，如果"不足者当令偿之，所超数年年当予牧人"。① 这种联产承包的经营机制，有利于调动生产者的积极性，促进畜牧业的快速发展。

夏仁宗李仁孝重视农田水利，建立起一套系统的管理机制，并以法律的形式巩固下来。② 国家机构中设置农田司和地方机构中的水利局分，专司农田水利建设，水利局分设司吏、大人、承旨，专门负责一州一县农田水利工程的维修、保护及用水分配。一年一度的大规模"开渠"和全灌区的用水管理，由国家或地方官府出面主持。挖渠的人工按沿渠干受益田亩的多寡来摊派，"自一亩至十亩开五日，自十一亩至四十亩十五日，自四十一亩至七十五亩二十日，七十五亩以上至一百亩三十日，一百亩以上至一顷二十亩三十五日，一顷二十亩以上至一顷五十亩一整幅四十日，当依顷亩数计日，先完毕当先遣之"，最多"勿过四十日"。③ 地主和农民在新开垦的田地开挖渠道时，必须报告转运司和相关人员，确定新开渠不影响原来的官私熟地，且位置走向合理，才能获准实施。发达的水利灌溉，为西夏的农业生产奠定了坚实的基础，诚如《宋史·夏国传》所说："其地饶五谷，尤宜稻麦。甘、凉之间，则以诸河为溉，兴、灵则有古渠曰唐来，曰汉源，皆支引黄河。故灌溉之利，岁无旱涝之虞。"

伴随着农牧业的发展，手工业也迅速发展起来。至少在夏仁宗天盛年（1149—1169）前后，就专门设置铁工院、木工院、砖瓦院、织绢院、首饰院、纸工院、出车院、刻字司、作房司、制药司等机构，④ 分别负责冶金、锻

---

① 《天盛改旧新定律令》卷一九《畜利限门》。
② 《天盛改旧新定律令》专门列有《春开渠事门》《园地苗圃灌溉法门》《灌渠门》《桥道门》《地水杂罪门》，尽管有的内容已残缺，如《园地苗圃灌溉法门》只保留了条文名称，但仍不失为迄今所见我国古代最丰富的农田水利法规。
③ 《天盛改旧新定律令》卷一五《春开渠事门》。
④ 《天盛改旧新定律令》卷一〇《司序行文门》。

造、建筑、陶瓷、纺织、造纸、印刷等行业的生产和管理。官营手工业生产主要满足封建国家和皇室贵族的需要，民间手工生产主要满足普通百姓的生活。与之相对应的手工工匠大致分为依附匠和自由匠，依附匠主要来源于服苦役的罪犯和招诱、掳掠来的"生口"。

夏仁宗在位时宋室已经南迁，西夏对外交换的对象主要是入主中原的金朝，交换的形式仍以传统的贡使和榷场贸易为主。起初金朝允许夏使在京城市场上自由买卖，大定中（1161—1189），以使者辄市禁物为由，金世宗下令夏使只能在使馆贸易，不能到市场自由买卖。① 夏乾祐二十一年，即金明昌元年（1190），新即位的金章宗禁止使馆贸易。② 这种错误的决定，遭到了西夏的坚决反对，第二年金朝又恢复了使馆贸易，不过交易时间不能超过三天。

夏金榷场贸易的规模比较大，金皇统元年，即夏大庆二年（1141），应夏仁宗的请求，金熙宗首先在云中西北过腰带上石椤坡、天德、云内、银瓮诸处置场互市。这一地区曾是夏辽贸易点，金朝占据后，在夏辽榷场的基础上，恢复和扩大了贸易。更难能可贵的是熙宗还在榷场上放宽了对铜铁出口的限制，③ 这是宋、辽两国始终都没能做到的。随后金朝又相继在东胜、环州、庆州、兰州、绥德、保安等沿边州军设置了贸易榷场，其中个别是恢复北宋对西夏贸易的旧榷场。

黑水城出土的西夏大庆三年（1142）南边榷场文书，④ 记录了来自于西夏镇夷郡、西凉府等地的商户携带毛褐等货物，和金朝商户交换丝织品及其他

---

① 《金史》卷一三四《西夏传》。

② 《金史》卷一三四《西夏传》。

③ 《大金国志》卷一三《熙宗孝成皇帝》四。

④ 相关研究见［日］左藤贵保：《俄藏黑水城出土西夏文〈大方广佛华严经〉经帙文书研究——以西夏榷场使关连汉文文书群为中心》，载［日］荒川正晴编《东トルキスタン出土〈胡汉文书〉の总合调查》，日本学术振兴会科学研究费补助金基盘研究（B）研究成果报告书，2006年3月；杨富学、陈爱峰：《黑水城出土夏金榷场贸易文书研究》，载《中国史研究》2009年第2期；杜建录：《黑城出土西夏榷场文书考释》，载《中国经济史研究》2010年第1期；孙继民、许会玲：《西夏汉文"南边榷场使文书"再研究——以西夏榷场贸易制度为中心》，载《历史研究》2011年第4期；许会玲：《西夏榷场使文书所见西夏尺度关系研究》，载《西夏研究》2011年第2期。

生活用品。和夏宋榷场一样，两国商户不能直接交易，而是由替头①评定货色等级，兜揽承交。西夏派出银牌安排所的安排官监管榷场交易，② 榷场使依据银牌安排官的公文"头子"，对商户携带货物搜检，确定没有违禁物品，然后交由替头兜揽承交。川绢与河北绢作为榷场交易的价值尺度，充当着等价物的职能。交易税也是以川绢与河北绢计算的，税率大体在 2% 左右，下限1.5%，上限 2.5%，③ 这个税率是比较低的，和西夏早期对回鹘商人 10% 的重税不能同日而语。④

夏天盛十年（1158），西夏"始立通济监铸钱"。⑤ 实际上从毅宗李谅祚开始就铸造钱币，不过铸造量很小，主要是象征改朝换代，而不是市场流通，直到天盛年间铸造的钱用于通货流通，故有"始立通济监铸钱"之说。不过总体来看，西夏主要流通宋钱，⑥ 这是其一。其二，由于铜铁资源的缺乏，钱币交换在西夏并不占主导地位，西夏交换的主流是"比物交换"，羊马、绢帛往往充当交换的等价物，宋景德四年（1007），宋朝在保安军设置榷场，以缯帛、罗绮易驼马、牛羊、玉、毡毯、甘草，以香药、瓷漆器、姜桂等物易蜜蜡、麝脐、毛褐、羱羚角、硇砂、柴胡、苁蓉、红花、翎毛。⑦ 夏天赐礼盛国庆三年（1071）宋朝关闭榷场，断绝宋朝境内和市，西夏在自己境内的辣浪和市，用青盐、羊货、乳香交换宋朝大顺城蕃部携带的绢帛、腽茶等日用品。⑧ 夏乾祐元年（1170），黑水地区耶和女人用四峰骆驼，换取耶和氏宝引的二十二亩土地以及土地上的三间茅舍两棵树。

---

① 替头，相当于宋夏榷场交易中的"牙人"。
② 西夏在战争和重要事务中，派出持银牌官员，宋夏战争中，宋朝曾多次俘获西夏银牌天使。
③ 许会玲：《西夏榷场使文书所见西夏尺度关系研究》，载《西夏研究》2011 年第 2 期。
④ （宋）洪皓：《松漠纪闻》卷一，文渊阁四库全书影印本。
⑤ 《宋史》卷四八六《夏国传下》。
⑥ 牛达生：《从出土西夏窖藏货币看西夏货币经济》，《宁夏社会科学》1986 年第 2 期。
⑦ 《宋史》卷一八六《食货志下八·互市舶法》。
⑧ 《宋会要辑稿》食货三八之三一载：1071 年北宋"大顺城管下蕃部数持生绢、白布、杂色罗锦、被褥、腽茶等物至西界辣浪和市，复于地名黑山岭，与首领岁美泥、咩乜悖诋等交易，博过青盐、乳香、羊货不少"。

　　夏仁宗时期社会生产的发展还表现在经济关系上，从法律允许土地自由买卖那一刻起，[①] 土地迅速向大地主手中集中。失去土地的自耕农多以租佃形式耕种地主的土地，变成地主的佃农。[②] 和世俗土地一样，寺院地主土地也主要采取租佃的方式，现存的 8 件西夏租地文契，全部是普渡寺土地出租，其中天庆寅年（1194）正月二十九日，梁老房酉把自己撒 15 石种子地卖给普渡寺，得到 6 石小麦，10 石杂粮。当天他又从普渡寺包租了一块撒 8 石种子的土地，秋收后交二石八斗小麦、三石六斗杂粮地租，从自耕农变成佃户。如此高的地租，相当于该地地价的一半，换言之，地主将兼并的土地连续出租，两年就能捞回成本。[③] 可见夏仁宗晚年寺院地主翻手为云，覆手为雨，对广大农民剥削之残酷。

　　西夏法律保护雇工关系，"双方乐意又言明工价，可立文书"。[④] 地主人和佃农之间是租佃契约关系，黑水城出土租地契约只是一年租佃，从法律上讲，佃户有自由选择的权利，即一年期满后离开或续租。但需要指出的是，这种自由租佃的权利是有限的，一是部落社会下，贵族首领（大地主、大牧主）对失去土地的个体族帐有相当程度的控制权，寺院地主把梁老房酉撒 15 石种子地兼并后，当即又向他出租了一块撒 8 石种子的土地，就透露出这样的信息；二是部落兵制下，有严格的兵役登记制度，男孩年 10—14 岁登记为预备役，15—70 岁登记为现役，然后以族帐为基础组织军抄，一人为正军，一人

---

　　① 《天盛改旧新定律令》卷一五《租地门》："诸人卖自属私地时，当卖情愿处，不许地边相接者谓我边接而强买之"；"僧人、道士、诸大小臣僚等，因公索求农田司所属耕地及寺院中地、节亲主所属地等，诸人买时，自买日始一年之内当告转运司，于地册上注册，依法为租佃草事"。
　　② 俄藏编号 5124 契约长卷包括土地买卖契 8 件、租地契 8 件、卖畜契 3 件、雇畜契 3 件、贷粮契 1 件，共 23 件。兹录其中一件租地契约：寅年正月二十九日立契人梁老房酉等，今将普渡寺中梁喇嘛属八石撒处地一块包租，地租二石八斗麦及三石六斗杂粮等议定，日限八月一日当还。日过不还来时，一石还二石。本心服。立契人梁老房酉（押）同立契人梁老房茂（押）知人平尚讹山（押）知人梁老房（押）。
　　③ 史金波：《西夏经济文书研究》，社会科学文献出版社 2017 年版，第 343 页。
　　④ 《天盛改旧新定律令》卷六《军人使亲礼门》。

为负担，还有一人为辅主。① 这种兵役制度，限制了家族成员的流动，即使流动，也主要在本部落内部。没有人口的自由流动，就没有一定意义上的自由租佃。这样一来，佃户身受贵族地主和封建国家双重剥削。②

夏乾祐二十四年（1193）九月，仁宗李仁孝病故，享年七十岁，在位五十五年。改元大庆四年，人庆五年，天盛二十一年，乾祐二十四年。谥圣德皇帝，庙号仁宗，陵号寿陵。夏仁宗对内发展经济，对外和好金朝，从金人手中划到威德城（今甘肃靖远西）、定边军等沿边土地，加上崇宗李乾顺时占据的乐州（今青海乐都南）、西宁州（今青海省西宁市）等地，直接统辖"州郡凡二十有二"，③ 为西夏历史上疆域最大的时期，也是西夏历史上经济最繁盛的时期，应该予以肯定。

当然，必须指出的是，夏仁宗李仁孝在位期间是西夏社会经济发展的顶峰，也是西夏逐渐走向衰败的开始，特别是法律保护土地买卖，使西夏土地迅速向大土地占有者集中，为西夏晚期社会矛盾的激化留下伏笔。

---

① 《宋史》卷四八六《夏国传下》；《天盛改旧新定律令》卷六《抄分合除籍门》规定"年十五当及丁，年至七十入老人中"；《隆平集》卷二〇《夏国赵保吉传》记载：其民"年六十以下，十五以上，皆自备介胄弓矢以行"。

② 《天盛改旧新定律令》卷一五《地水杂罪门》："租户家主（占有土地的宗族首领）有种种地租佃草，催促中不速纳而住滞时，当捕种地者及门下人，依高低断以杖罪，当令其速纳。"这里的种地者和门下人，当是依附贵族地主的租户，他们不仅要向土地主人缴纳地租，还要承担封建国家的赋税和徭役。

③ 《宋史》卷四八六《夏国传下》。

五、夏桓宗到夏末主　走向衰落和灭亡

从 1193 年仁宗李仁孝病故，桓宗李纯祐即位，到 1227 年末主李睍献城投降，西夏亡国，总共三十四年，西夏社会进入晚期。在这三十四年间，发生过两次政变，换了五位国主，西夏从繁荣发展迅速走向衰亡。晚期的西夏社会，土地兼并激烈，高利贷猖獗，阶级矛盾十分尖锐。与此同时，蒙古帝国从草原上崛起，开始了漫长的征战。随着蒙古铁骑的南下，夏金关系也发生了剧烈的变化，1209 年成吉思汗兵入西夏，金主卫绍王拒绝西夏求援，采取隔岸观火的态度，使西夏大为恼火。从此金夏关系破裂，两国争战"十年不解，一胜一负，精锐皆尽，而两国俱弊"①。螳螂捕蝉，黄雀在后，蒙古帝国乘其弊，先后将两国攻灭。

蒙古用兵西夏目的是迫使其屈服，解除攻打金朝的后顾之忧，同时利用西夏的人力、物力对外战争，因此，除一部分西夏人被屠杀外，大量的则被蒙古编入唐兀军，随蒙古铁骑西征南讨，为蒙古的统一战争作出了贡献。特别是进入内地的西夏人，发挥熟悉儒家治国思想的特长，积极建言献策，兴办教育，发展生产，为元朝初年的制度建设和社会经济发展作出了积极贡献。

---

① 《金史》卷一三四《西夏传》。

（一）西夏晚期政治与社会矛盾

1. 统治集团内乱频仍

夏乾祐二十四年（1193）九月，仁宗李仁孝病故，十七岁的长子纯祐即位，尊母章献钦慈皇后罗氏为太后，次年改元天庆。夏天庆十三年（1206）三月，镇夷郡王李安全发动政变，谋杀国主李纯祐，自立为帝。① 李纯祐卒年三十岁，在位十四年，谥昭简皇帝，庙号桓宗，陵号庄陵。

桓宗李纯祐即位后，依然奉行仁宗时的附金和宋政策，和金朝聘使往来不绝。对内颇重文教，朝内多俊逸之士，夏天庆十年（1203）三月开科取士，宗室子李遵顼为进士第一，诏嗣齐王爵，不久擢大都督府主，他就是后来的夏神宗。桓宗在位期间做的几件事：一是和金朝保持密切往来，夏天庆四年（1197），遣使和金人沟通，恢复兰州、保安榷场。二是于夏天庆七年（1200）正月，遣使金朝为其母罗太后求医。金章宗遣太医判官时德元及王利贞入夏治病，并赐御药。同年八月，金章宗再遣使赐西夏太后医药。② 三是大赦境内。夏天庆十二年（1205）三月，蒙古用兵西夏，经力吉思寨，掠瓜、沙等州。四月，成吉思汗领兵返回，经落思城，大掠人员、骆驼而去。六月，桓宗李纯祐大赦境内。

由此看来，桓宗李纯祐无论外交还是内政都遵守规矩，没有什么异常行为。怎么好端端的一个皇帝，就被手下的郡王给废了，成为千古疑案。《金史·西夏传》记载："泰和六年三月，仁孝弟仁友子安全，废纯祐自立，再阅月死于废所。七月，使纯祐母罗氏为表，言纯祐不能嗣守，与大臣定议立安全为王，遣使奏告。"表面上看镇夷郡王李安全联合罗太后把桓宗皇帝废了，实际上是李安全阴谋发动政变，囚禁或杀死桓宗李纯祐。为了给自己政变披

---

① 《宋史》卷四八六《夏国传下》记载是天庆十三年（宋开禧二年）正月二十日被废。

② 《金史》卷一三四《西夏传》。

上合法的外衣，李安全胁迫罗太后给金朝上表，或者干脆以罗太后的名义，借口桓宗李纯祐不能嗣守，将其废黜而立李安全。史载西夏报信使人进入金朝后显得非常紧张，私下向金朝馆伴官打听章宗的态度。遭到馆伴官的拒绝后，说"明日当问诸客省，若又不答，则升殿奏请"。金章宗闻听后，让人告诉夏使，原则上同意西夏的请求。并赐诏罗氏询问她的意见。李安全及其党羽"复以罗氏表来，乃封安全为夏国王"。① 金章宗是个极不负责任的国主，他清楚夏桓宗没有什么过失，不存在不能嗣守的问题，也清楚罗太后当时可能身不由己，还假意赐诏征求罗太后的意见，用一份以罗太后名义的回信，承认这次政变。如果他想弄明白，首先不是答应李安全的要求，而是派人到西夏打探虚实。金世宗在位时，任得敬胁迫国主李仁孝上表金朝，把一半疆土分给任得敬。金世宗接到奏表后认为："有国之主岂肯无故分国与人，此必权臣逼夺，非夏王本意。况夏国称藩岁久，一旦迫于贼臣，朕为四海主，宁容此耶？若彼不能自正，则当以兵诛之，不可许也。"② 桓宗李纯祐不是仁宗李仁孝，他摊上的是金章宗，而不是金世宗，只能落个被废身死的下场。

当然，这只是外因，问题的关键是统治集团内部的斗争，至少从崇宗李乾顺开始分封同姓王，这些亲王大权在握，往往结党营私，以致谋上作乱，这才是这次政变的症结所在。

李安全是崇宗李乾顺之孙、仁宗李仁孝弟李仁友之子，夏天庆三年（1196）越王李仁友卒，其子李安全欲袭封。桓宗纯祐因其阴险奸诈，不许袭越王位，降封为镇夷郡王。夏天庆十三年（1206）李安全发动政变，自立为帝，改年号应天元年。夏应天二年（1207）秋，蒙古伐夏，克斡罗孩城。夏应天四年（1209），蒙古再次伐夏，破克夷门，围都城中兴府。李安全遣使金朝求援，金主卫绍王不许，从此两国交恶。夏国主李安全被迫向蒙古纳女称臣，蒙古乃退兵。夏光定元年（1211）七月，国主李安全在内外交困中被废，

---

①　《金史》卷一三四《西夏传》。
②　《金史》卷一三四《西夏传》。

八月卒。享年四十三岁，在位六年，改元应天四年、皇建一年，谥敬穆皇帝，庙号襄宗，陵号康陵。

史不载襄宗李安全被废之由，然从不立太子承祯，而立宗室子弟李遵顼的情况来看，这又是一场非正常的政变，通过篡权上位的李安全，最终又被人所废。

李遵顼是齐王李彦宗子，受恩于桓宗李纯祐，天庆十年（1203）三月，桓宗开科取士时，齐王子李遵顼为进士第一，得到桓宗李纯祐的欣赏，诏嗣齐王爵，不久又擢大都督府主。夏光定元年（1211），废襄宗李安全，立李遵顼为帝。李遵顼在位期间，夏金交恶十年不解，一胜一负，两国俱弊。蒙古乘其弊来攻。夏乾定元年（1223），疲惫不堪的李遵顼传位太子德旺，自称太上皇，三年后离世，享年六十四岁。谥英文皇帝，庙号神宗。

夏宝义元年（1226）七月，国主李德旺卒，享年四十六岁，在位四年，改元乾定，庙号献宗。李德旺卒后，末主李睍即位。李睍为清平郡王子，封南平王，一年后被蒙古军所杀，西夏国亡。史不载末主李睍的谥号和庙号，亡国之时，世事纷乱，也许根本没有来得及上谥号和庙号。

2. 阶级矛盾尖锐

夏仁宗李仁孝在位时土地兼并就十分激烈，贫富差距迅速拉大，由于当时的生产比较繁荣，社会比较稳定，阶级矛盾就显得不是那么尖锐。仁宗以后时局的动荡，蒙古的进攻以及由此引起的夏金战争十年不解，西夏晚期社会陷入内忧外患的困境。阶级矛盾尖锐，广大农民夏秋收成后，除去官府的公粮、地主的地租、借贷的本利以及来年的种子外，所剩口粮无几，勉强度过冬天。大部分农户开春后就要靠野菜充饥，[①] 很多农户靠借贷维持生命，黑

---

① （宋）曾巩《隆平集》卷二〇《西夏传》也有大致相同的记载："西北少五谷，军兴，粮馈止于大麦、荜豆、青麻子之类。其民则春食蔟子蔓、碱蓬子，夏食苁蓉苗、小芜荑，秋食席鸡子、地黄叶、登厢草，冬则畜沙葱、野韭、拒霜、灰条子、白蒿、碱松子，以为岁计。"

水城出土的贷粮契约主要集中在西夏晚期，借贷的时间大都是青黄不接的季节，最早在腊月，也有正月，最多是二至五月。贷粮利率一般按照每月 10% 计算，如果年初借贷，当年八、九月偿还，往往是百分之七八十的利率，有时会更高，超过 100%。[1]

高利借贷是饮鸩止渴，贫困的农牧民一旦和它沾上边，就永无翻身之日，若遇到灾荒年景，只能卖掉仅有的一点田产，沦为租种地主土地的佃农。西夏晚期兼并土地和高利放贷是一对孪生兄弟，普渡寺就是其中的典型，黑水城出土的贷粮文契中，大量是天庆寅年（1194）普渡寺梁喇嘛经手的，而同年的土地买卖契约中，有 10 件的买主是普渡寺。

必须指出的是，现存的 8 件比较完整的西夏租地文契，全部是普渡寺土地出租，其中天庆寅年（1194）正月二十九日，农民梁老房酉把自己撒 15 石种子地卖给普渡寺，得到 6 石小麦，10 石杂粮。当天他又从普渡寺包租了一块撒 8 石种子的土地，秋收后交 2 石 8 斗小麦、3 石 6 斗杂粮地租，从自耕农变成佃户。如此高的地租，相当于该地地价的一半，换言之，地主将兼并的土地连续出租，两年就能捞回成本。[2] 可见仁宗李仁孝晚年寺院地主翻手为云，覆手为雨，贫困的农牧民掉进它的"铁桶"里，[3] 就永无翻身之日。

（二）蒙古六次征讨与西夏亡国

从公元 1205 年蒙古杰出领袖铁木真第一次对西夏用兵，到 1227 年蒙古第六次出征西夏的 22 年中，夏蒙关系大致可以划分为三个阶段。

1. 蒙古三次用兵与西夏被迫屈服

夏天庆十二年（1205）三月，铁木真打败乃蛮部后，亲率蒙古骑兵出征

---

[1]　史金波：《西夏经济文书研究》，社会科学文献出版社 2017 年版，第 216—231 页。

[2]　史金波：《西夏经济文书研究》，社会科学文献出版社 2017 年版，第 343 页。

[3]　业师漆侠先生把宋代高利借贷行径形象地比喻为铁桶。参见漆侠：《宋代经济史》下册，上海人民出版社 1988 年版，第 1116—1117 页。

西夏，破边城力吉里寨，纵兵掠瓜、沙诸州。四月又进至落思城，大掠人民及骆驼而还。拉施特《史集》对此作了较详细的记载："成吉思汗整集军队去征讨被称做唐兀惕的合申地区。［他们进入该地区后］先到了力卜勒乞寨，该寨修筑得非常牢固。他们包围了它，在短时期内攻了下来，将寨墙和基础全部平毁。他们从那里进到克邻—罗失城，这是座很大的城，他们攻下了它，进行了洗劫。［接着］他们又占领了唐兀惕若干其他地区，进行了洗劫，并将那些地区找到的牲畜全部驱走。［然后］他们带着许多战利品和无数骆驼、牲畜回来，以奴隶顺服之礼来见成吉思汗。"①

夏应天元年（1206），铁木真在斡难河畔举行库里尔台（大会），建立大蒙古汗国，铁木真即大汗位，称成吉思汗。次年秋，成吉思汗以西夏不肯称臣为由，第二次率兵侵入西夏，克斡罗孩城。西夏调集右厢诸路军队进行抵抗，蒙古主见夏国兵势尚盛，不敢骤进，逾五月粮匮，乃退兵。② 夏应天四年（1209）春，成吉思汗率师第三次进军西夏，突破斡罗孩关口，长驱直抵贺兰山北侧，双方在贺兰山关口克夷门相持两个月，西夏军队的防备逐渐松懈下来，蒙古大军遂设伏诱敌，一举攻破克夷门。九月进围西夏都城中兴府，西夏国主安全亲督将士守御，蒙古兵不能破。适逢天降大雨，黄河水暴涨，蒙古主遣将筑堤，遏水灌城，就在城墙即将被淹塌时，外堤决溃，反倒淹了蒙古兵营，"蒙古兵不能支，遂解围退。" 与此同时，成吉思汗利用兵临城下的优势，遣太傅讹答进入中兴城招谕，夏襄宗李安全纳女请和。③

成吉思汗在建国前后的数年中，将对外征服的矛头对准西夏，连续发起三次大规模的攻势，除了在经济上进行掠夺外，更重要的是为对金战争作准备。

蒙古帝国对外军事进攻的重点是金朝，这一方面由于和历代北方游牧民

---

① ［波斯］拉施特：《史集》（汉译本）第一卷第二分册，商务印书馆1983年版，第207页。
② 《元史》卷一《太祖纪》。
③ 《元史》卷一《太祖纪》。

族一样，对外扩张的主攻方向是中原，因此，统治包括中原在内的大半个中国的金朝，自然就首当其冲；另一方面金蒙是世仇。早在金太宗在位时，由于蒙古合不勒汗杀了金朝使臣，双方就开始处于敌对状态，金朝多次出兵征讨，蒙古忽图剌汗也曾率兵攻金。金世宗时更是三年"减丁"一次，大肆剿杀蒙古人民，所以蒙古人对金怀有刻骨仇恨。成吉思汗复仇心切，称帝后立即商议伐金，但终未敢轻举妄动。① 因为当时金朝经济、军事力量还比较强，西夏又在金朝之西，为其属国，如果贸然攻金，金夏联合或西夏出一偏师北进，就使蒙古陷入腹背受敌、两线作战的困境。为了免除攻金时西夏可能构成的侧翼威胁，成吉思汗采取了先攻西夏，扫清外围的战略。②

应该说夏蒙力量相差十分悬殊，蒙古灭夏不是太困难的事，但由于当时蒙古骑兵善于在草原上进行大规模的游动战争，缺乏攻打城池的经验，再加上西夏在大敌当前，将士一心，进行殊死抵抗，使蒙古三次进攻特别是第三次进攻没能得手。成吉思汗虽没有灭掉西夏，但却迫使西夏纳女屈服。从此，夏蒙关系进入了下一个历史阶段。

2. 夏金关系破裂与西夏附蒙攻金

夏应天四年，即金大安元年（1209），成吉思汗率兵攻入西夏，克兀剌海城，破克夷门，进围西夏都城中兴府。夏襄宗李安全派人到金朝，请求金朝派兵增援，当时金国大臣都认为"西夏若亡，蒙古必来加我，不如与西夏首尾夹攻。"而金主卫绍王竟然认为"敌人相攻，吾国之福，何患焉?"③ 卫绍王拒绝增援西夏，采取隔岸观火的态度，使西夏大为恼火。次年（1210）八月，出兵侵金葭州，夏光定元年（1211）正月，金朝因此削去夏使朝辞礼物，

---

① 《元史》卷一《太祖纪》。
② 陈育宁、汤晓芳：《蒙古与西夏关系略论》，《民族研究》1988 年第 5 期；穆鸿利、席岫峰：《试论蒙夏战争》，《宁夏社会科学》1991 年第 2 期。
③ 《西夏书事》卷四〇。

两国关系破裂，从此夏金之间爆发了长达十余年的战争。西夏附蒙攻金，除了报金主见死不救外，还想重蹈金朝兴起时，附金攻辽的覆辙，乘蒙金战争之机，扩充地盘。同时成吉思汗也感到一时灭不了西夏，于是改变策略，由军事进攻变为利用西夏人力、物力，迫夏从征，消耗其国力，从而不攻自破。

夏光定元年（1211）十一月，西夏配合蒙古大军进攻金朝中都，又以兵万余侵邠、泾二州，围平凉府。夏光定六年（1216）九月，夏神宗李遵顼因和金人战斗接连失利，遣人与蒙古连兵，攻延安、代州等郡，杀经略使奥屯丑和尚，进犯潼关。金西安军节度使尼庞古蒲鲁虎战殁，关遂破。

夏光定七年（1217）秋，成吉思汗把经略中原的全权交给了木华黎，自己则率师西征，并先后征服了西辽的屈出律和中亚回教国家花剌子模。在蒙古的东征西讨中，西夏虽没有直接受到蒙古骑兵的攻击，但因"征发日多，不堪奔命"，所以对蒙古"礼意渐疏"。西夏的消极反抗，引起了成吉思汗的极大不满，立即下令木华黎渡过黄河，再次包围了中兴府。夏神宗李遵顼惊恐万状，命太子李德任留守都城，自己逃到西凉。在蒙古大军的威逼下，李遵顼再次请降，木华黎这才撤兵退回对金战场。从此以后，蒙古不时对西夏敲打一下，西夏则诚恐诚惶地进行应付。

夏光定十一年（1221）八月，木华黎由东胜渡过黄河，借道西夏征陕右，夏神宗李遵顼听说后非常恐惧，赶忙派监府塔海于河南犒宴木华黎，并将塔哥甘普的5万军队划归木华黎指挥。十月木华黎攻入金葭州后，其左副元帅石天应建议说："西戎虽降，实未可信。此州当金、夏之冲，居人健勇，仓库丰实。加以长河为限，脱为敌军所梗，缓急非便。宜命将守之，多造舟楫，以备不虞，此万世计也。"① 木华黎认为言之有理，便命石天应为留守，自己则率兵攻绥德，破马蹄、克戎两寨。神宗李遵顼闻之更加恐惧，又派大将迷仆

---

① 《元史》卷一四九《石天应传》。

率兵前去拜见木华黎，迷仆问木华黎相见的礼仪，木华黎说，"汝主见我主，即其礼也"。迷仆以"未受王命，不敢即拜"为辞，领兵先行，十一月，在安塞堡被金兵大败，士卒死者不可胜计。

夏光定十二年（1222）六月，蒙古大将木华黎和右都监石天应再次借道西夏，进攻金朝陕右诸道。十一月，约西夏发兵共取延州，由于石天应在河中被金兵败死，夏兵亦不出。十二月，西夏又应约由河中攻陕西，兵至质孤后，被金兰州提控唐括昉打败。夏乾定元年（1223）正月，蒙夏两国对金发起规模最大的一次联合进攻。《西夏书事》卷四十一载：遵顼起步骑十万，合木华黎兵围凤翔，东自扶风、岐山、西连汧陇，数百里皆立营栅，攻城甚急。金行元帅府事赤盏合喜与同知临洮府事郭虾蟆登陴捍御，西夏首领共据胡床，于濠外指挥自若。虾蟆持弓矢，伺一将举肘时，一发中腋下甲不掩处，诸将大骇，知不能克，遂不告木华黎，引众先归。按此为西夏被迫投附蒙古后，第一次与其背道而驰，夏蒙关系也因此急剧恶化。

上述可见，从夏皇建元年（1210）到夏乾定元年（1223）十余年中，除蒙古在夏光定七年（1217）对西夏进行过一次报复性进攻外，大部分时间都是和平相处，西夏作为蒙古的右臂，向金朝发动了一系列军事进攻。那么，西夏为何要抛弃自己的盟友，采取附蒙攻金的外交政策，并且十年不变呢？

首先是因为夏金关系不稳定。西夏和金朝自"天会议和"后八十余年，虽说没有发生大规模的战争，但也出现过两次局部地区的冲突，尤其是金章宗时，因金朝在贸易方面的限制，西夏向其发起了一连串进攻，好在章宗采取忍让的态度，恢复了榷场贸易，才没有使事态扩大。但两国之间的不安定因素并没有完全消除，所以，在蒙古兵围中兴府时，金主卫绍王错误地判定是敌国相争，采取隔岸观火的态度，西夏也自然要迁怒于金，对金大打出手。

金朝拒绝出兵援夏，仅仅是夏金关系破裂和西夏对外政策转变的一个起因，西夏由抗蒙到附蒙，由附金到攻金的根本原因，应该是一贯善于附强攻弱的西夏认为大金帝国已经衰落，[1] 只有依附新兴的蒙古帝国，才能扩张领土和保持割据地位。因而在这一时期内，虽然金朝主动与其约和，但没有引起它足够的重视，蒙古对其如此骄横无礼，它也能接受。

此外，西夏外交政策的转变还与蒙古灭夏战略有关。1205—1209 年，蒙古经过三次对西夏用兵后，感到一时灭不了西夏，灭夏只能做长远打算，由军事进攻转变为利用西夏人力、物力，迫其从征，消耗其国力，从而使西夏不攻自破，这样就为西夏附蒙创造了外部条件。

3. 西夏联金抗蒙与蒙古灭夏

夏乾定元年（1223）后，夏蒙关系发生变化，西夏由附蒙攻金转向联金抗蒙。西夏对外政策的转变，大致有两方面的原因。一是乾定元年西夏神宗李遵顼传位于太子李德旺，金主完颜珣也于同年十二月故去，哀宗即位，这样就为夏金重新和好创造了机会；二是蒙古已基本上把金朝赶到黄河以南，征服了西辽、畏兀儿，开始转过身来准备灭夏，西夏这才觉悟到蒙古势力的可怕，急忙寻求外援，抵御蒙古。

夏乾定二年（1224）二月，新即位的夏献宗李德旺以成吉思汗征西域未还，遣使结漠北诸部为外援，试图摆脱蒙古的控制。五月，成吉思汗从西域回来，"闻夏国有异图"，亲率大军由河外攻沙州，遭到西夏守军的顽强抵抗。九月，蒙古久围沙州不下，成吉思汗担心银、夏出兵赴援，遣大将孛鲁、黑马等攻破银州，"斩首数万级，获生口、马驼牛羊数十万，俘监府塔海"。[2] 在蒙军的沉重打击下，联结西夏的漠北诸部分崩离析，献宗李德旺被迫表示纳子为质，成吉思汗这才从沙州撤围。

蒙古大军撤退后，献宗李德旺为了表示联金抗蒙的决心，没有向蒙古遣

---

① 《金史·西夏传》曰：1223 年春，遵顼令太子德任伐金，德任谏曰："彼兵势尚强，不若与之约和。"遵顼笑曰："是非尔所知也，彼失兰州竟不能复，何强之有？"

② 《元史》卷一一九《孛鲁传》。

质子。次年（1225）三月，蒙古遣孛秃来索人质，献宗认为西夏方修好金朝，共支北敌，质子一往，受其束缚，后悔何追！枢密使李元吉以"金势寝衰，自守不支，焉能济我"来劝夏献宗，献宗不听，将蒙古使臣孛秃遣回。同时下令全国直言，并和金朝结为兄弟之国。然而，这一切都为时已晚，夏金自1209 年结怨后，"十年不解，一胜一负，精锐皆尽，而两国俱弊。"① 当时金朝已退出黄河以北地区，正如李元吉所说的已"自守不支"，焉能济夏。夏献宗李德旺的这些努力，只能是以卵击石。

夏乾定三年（1225）秋，成吉思汗以西夏不纳质子、拒绝蒙古征调以及二十二年前曾纳仇人为由，再次点验军马，准备兴师伐夏。② 次年正月，成吉思汗亲自将兵十万，以窝阔台、拖雷二子偕行，向西夏发起了规模最大的一次攻势。成吉思汗集中了最精锐的部队，以六十五岁的高龄亲自带兵出征，其目的十分明确，即吞灭西夏，以遂他的心愿。③

西夏的兵力部署呈东强西弱态势，成吉思汗显然对此十分清楚，他首先兵分两路，东路由他亲自统领，以西夏兵力较薄弱的居延地区为突破口，一举攻克居延地区重镇黑水城，然后掉头向西南进军。

夏宝义元年（1226）四月，进驻浑垂山（今甘肃酒泉北）。西路军由大将阿塔赤率领，先后攻占了沙、肃二州。六月，两路大军会合东进，攻取甘州。在攻破甘州时，因甘州守将曲也怯律的儿子崽名察罕在十多年前被成吉思汗收为养子。成吉思汗兵临甘州城下，让已身为大将的察罕劝其父投降。守城副将得知这一情况后，和阿绰等三十六人合谋杀了曲也怯律全家，劝降未成。城破后察罕忍住悲痛，力谏成吉思汗不要屠城，只杀了阿绰等三十六人，使甘州人民免去了一场灾难。④ 成吉思汗破甘州后，继续挥师东进，七月，围攻

---

① 《金史》卷一三四《西夏传》。
② 《元史》卷一《太祖纪》。
③ ［伊朗］志费尼：《世界征服者史》上册，内蒙古人民出版社1980 年版，第164 页。
④ 《元史》卷一二〇《察罕传》。

西凉府，西夏守将率父老开门投降。① 八月，又破应里州（今宁夏中卫）。

应里失陷后，西夏腹里就展现在眼前。十一月，蒙古铁骑包围了中兴府南边最重要的军事重镇灵州，末主李睍遣大将嵬名令公率十万大军从中兴府赴援，双方在灵州外围展开了大决战，夏兵大败，主力被歼，只有一小部分逃回中兴府，灵州遂陷。蒙古将士在城中大肆抄掠子女、金帛，耶律楚材"独收遗书及大黄药材，既而士卒病疫，得大黄辄愈"。②

十二月，成吉思汗进驻盐州川，纵兵四面搜杀遗民。夏宝义元年（1226）初，成吉思汗遣大将阿鲁术督军攻中兴府，自己则率将士渡过黄河攻积石，并进入金境，破临洮等州，切断了西夏与金朝联系的通道。中兴府被围困半年，末主李睍力竭出降，这时成吉思汗已经病死在六盘山，蒙古诸将遵照他的遗命，将前来投降的末主李睍杀死，西夏灭亡。至此，蒙古征服了中亚、西域、河西走廊以及河套地区，完成了对金朝的战略大包围。

在以蒙古征服西夏为主的夏蒙二十二年关系中，蒙古贵族对西夏进行了残酷的征服与掠夺，西夏人民近二百年创造的灿烂经济文化，遭到了严重的破坏，劫后的中兴府，文书档案几乎荡然无存。但我们无论从成吉思汗先攻夏，后攻金，最后灭南宋的战略部署上看，抑或从这场战争的客观效果上看，蒙古灭夏战争，是结束中国大地上民族政权林立，完成中国重新统一过程中的重要一环，是带有统一性质的。因此，我们在否定蒙古贵族残酷掠夺与破坏的同时，也要看到这场战争在总体上是符合中华民族历史发展进程的。

---

① 《西夏纪》卷二八。
② 《元史》卷一四六《耶律楚材传》。

六、西夏遗民

　　蒙元将西夏人称为唐兀人或河西人，元代唐兀人不限于党项人，包括西夏统治下的党项人、汉人、吐蕃人、回鹘人、鲜卑人、沙陀人、契丹人、鞑靼人等，有如称金朝统治下各民族为汉人、南宋统治下各民族为南人一样。有时狭义上的唐兀人指西夏主体民族党项人，但更多的情况泛指所有西夏人。这里所说的唐兀人是广义的西夏遗民，包括社会各个层面，有官户、民户、屯田户、军户、站户、匠户、驱口、僧祇户、阴阳户，等等。元朝统治者出于军事战争和离散西夏遗民的目的，将他们大量签发为军或迁到全国各地从事农耕与手工业生产，同时又将江淮等地新归附的百姓迁往西夏故地，和西夏遗民共同住坐生息。这一措施，客观上促进了南北经济文化的交流和西夏遗民的融合。

（一）西夏遗民的分布

1. 西夏故地的遗民

（1）宁夏西夏遗民

　　学界曾有一种观点，认为蒙古人在征服西夏战争中进行了灭绝式的屠城，从而导致西夏人从历史中消失。其实这种说法并不准确，虽然蒙古用兵西夏过程中，遭到西夏人民的激烈反抗，所到之处出现了残酷的杀戮和掠夺现象，攻下肃州、灵州等城池时，纵兵烧杀掳掠，但许多地方并没有屠城。攻甘州时，守将是成吉思汗养子畏名察罕的父亲曲也怯律，察罕射书城上劝降，并遣使进城对接。甘州副将阿绰等三十六人谋杀曲也怯律全家和使人，带领军民登城坚守。城破后成吉思汗要屠城为察罕报仇，"察罕言百姓无辜，止罪三十六人"，只杀掉阿绰等三十六人。[①] 蒙古最后一次大举用兵西夏，都城中兴府久围不下，成吉思汗动过屠城泄愤的念头。群臣见大汗气恼不已，莫敢劝阻，汉人王德真谏曰："'犯顺效逆者，既已就戮，民各为其主，百万之罪，宜活。陛下同仁一视，子怜万国，非敌百姓也，幸宽天诛'。太祖悦悟，遂赦之"。[②] 成吉思汗临终前曾谓群臣曰："朕自去冬五星聚时，已尝许不杀掠，遽忘下诏耶。今可布告中外，令彼行人亦知朕意。"[③] 中兴府被围半年，成吉思汗命察罕入城劝降。察罕利用自己特殊的身份，"谕以祸福，众方议降，会帝崩，诸将擒夏主杀之，复议屠中兴，察罕力谏止之。驰入，安集遗民"。蒙古人虽然没有屠中兴府，但纵兵烧杀掳掠，府库文书档案付之一炬。

毋庸讳言，蒙古残酷的征服战争，使大量的西夏人死于战火，幸存者也脱离民籍，或编入唐兀军，或沦为蒙古贵族的依附民，或流离失所。因此元朝初年，包括宁夏在内的西夏故地户籍人户锐减。战局稳定后，统治者在西夏故地招集流亡，迁移人口，兴修水利，以恢复社会生产。至元八年（1271），元廷将新附的一万名鄂人迁往西夏故地屯田。随后根据西夏中兴等路新民安抚副使兼本道巡行劝农副使袁裕建议，从当地放良驱口中，得八千余人，官给牛具，使力田为农。[④]

元中统二年（1261），忽必烈在西夏故地设西夏中兴行省，省治中兴府

① 《元史》卷一二〇《察罕传》。
② （元）胡祗遹：《紫山大全集》卷一六《德兴燕京太原人匠达鲁花赤王公神道碑》。
③ 《元史》卷一《太祖本纪》。
④ 《元史》卷一七〇《袁裕传》：袁裕"又言'西夏羌浑杂居，驱良莫辨，宜验已有从良书者，则为良民。'从之，得八千余人，官给牛具，使力田为农"。

（今宁夏银川市兴庆区），元至元二十三年（1286），将西夏中兴行省更名甘肃行省，徙省治甘州（今甘肃张掖市甘州区）。于西夏故都设中兴路，归甘肃行省统辖。元至元二十五年（1288），中兴路更名宁夏路。在设立机构的同时，元朝选派官吏，积极发展生产，"开唐徕、汉延、秦家等渠，垦中兴、西凉、甘、肃、瓜、沙等州之土为水田若干，于是民之归者四、五万户，悉授田种，颁农具；更造舟置黄河中，受诸部落及溃叛之来降者"。① 四、五万脱离户籍的民户接受官方的土地和农具，相当一部分在宁夏，他们为元代西北地区社会生产的恢复发展做出了重要贡献。

西夏亡国后遗民依然信奉佛教，1245 年，贺兰山佛教寺院开始雕印西夏文《金光明最胜王经》，两年后完工，该经的西夏文发愿文记录的发愿人，既有党项人又有汉人，他们都是西夏故地的遗民。② 元代著名学者马祖常《河西歌》云："贺兰山下河西地，女郎十八梳高髻，茜根染衣光如霞，却召瞿昙作夫婿。"③ 瞿昙是指佛，这里代指僧侣，可见元代西夏故都中兴府地区佛教的兴盛。

（2）内蒙古西夏遗民

内蒙古自治区西部曾是西夏国的疆土，西夏灭亡后，不少居民仍生活在当地，在今天的鄂托克旗，就居住着一支自称唐古特的蒙古人，他们的先祖是唐古特人（唐古特是蒙古人对西夏的称谓），归附蒙古后，逐渐演变成蒙古人。就目前资料来看，唐古特蒙古人至少有三种来源：一是本身就是游牧在大漠的党项人，被蒙古征服后，逐渐变成蒙古部落，但他们的风俗习惯和蒙古部落不完全相同，他们的名称也保留被征服前的痕迹，即唐古特蒙古。这种情况不限于被征服的唐古特，其他部落也是如此，如塔塔儿蒙古、汪古惕

---

① （元）苏天爵：《元文类》卷四九。

② 史金波：《西夏佛教史略》附录一《西夏文金光明最胜王经发愿文》，宁夏人民出版社 1988 年版，第 313—315 页。

③ （元）马祖常：《石田集》卷五。

蒙古、乃蛮蒙古，等等。二是西夏灭亡后，蒙古统治者将一部分西夏臣民分封给也遂夫人，这部分人后来在鄂托克旗一带居住下来，成为今天的唐古特蒙古人。① 三是守护成吉思汗八白室的达尔扈特人中，有一支唐古特人，他们自称是西夏人，归附大汗后，成为唐古特蒙古，负责吹号传达军令，明、清以后，他们的任务是保护和祭祀成吉思汗的金号，这种习俗一直延续至今。他们的民族是蒙古族，但认为其先祖是唐古特人。②

除了鄂托克旗外，在元代黑水城周围，也居住着大量的西夏遗民，他们有的是汉人，有的是党项人，汉人已无法从姓名上分辨，但党项人的姓名比较容易辨识，如黑水城元代文书中的嵬名、也火、吾即、吾七、罗即、麦足、叶玉、兀南、兀那、梁耳等，都是党项后裔的姓氏。③

（3）甘肃西夏遗民

1962 年，甘肃省酒泉古城墙东门洞壁内拆出一通《大元肃州路也可达鲁花赤世袭之碑》，河西地区的西夏遗民浮出水面。这是元至正二十一年（1361）立的碑石，后来修城门时，作为石料砌到城门洞的墙壁上。石碑两面刻字，正面汉文，背面回鹘文。背面裸露在外，磨损甚残，正面镶嵌在墙内，磨损较少。肃州碑记录成吉思汗兵围肃州，肃州党项大族举立沙献城投降，被编入唐兀军，追随大汗东征西讨，最后战死疆场。太祖皇帝论功行赏，以其子阿沙为肃州路也可达鲁花赤，宪宗皇帝赐以虎符，世祖皇帝升昭武大将军，迁甘肃等处宣慰使。阿沙有两个儿子，长子剌麻朵儿先后任甘州路治中、肃州路达鲁花赤。剌麻朵儿以后四代，都先后身居要职。

这个献城投降的大族举立沙，应该是西夏肃州守将昔李氏，其弟是成吉思汗部将唐兀人昔里钤部，肃州城破，因昔里钤部求情，其兄 106 户幸免，归

---

① 《蒙古秘史》，内蒙古人民出版社 1979 年版，第 268 页。

② 陈育宁、刘杰、邓文韬：《关于鄂尔多斯唐古特的学术座谈》，《西夏学》第十六辑，2018 年第 1 期。

③ 《中国藏黑水城汉文文献释录》，中华书局、天津古籍出版社 2016 年版。

其田业，① 世袭肃州达鲁花赤。昔里钤部"其先系沙陀贵种"，② 世居西夏，故《元史》本传记为唐兀人。

甘、凉等州没有发生残酷的屠城，存活下来的人口较多，前揭至元二十五年（1288），元朝统治者"开唐徕、汉延、秦家等渠，垦中兴、西凉、甘、肃、瓜、沙等州之土为水田若干，于是民之归者四、五万户，悉授田种，颁农具"。③ 四、五万脱离户籍的民户接受官方的土地和农具，其中一部分在甘肃河西地区。西夏占据河西走廊后，甘州回鹘依然在甘州一带居住，他们以游牧和商贩为生，入元后农耕发展起来，至元十七年（1280），"畏吾户居河西界者，令其屯田"。④ 立于至正二十一年（1361）的《大元肃州路也可达鲁花赤世袭之碑》，一面是汉文，一面为回鹘文，反映出元代西夏故地上仍有大批回鹘人在活动，他们仍使用本民族的文字，与当地人民共同劳动，开垦田地。

元代高僧管主八曾施大藏经于沙州文殊舍利塔寺以及宁夏、永昌等寺院，"永远流通供养"。⑤ 甘肃武威市的文庙中，也保存着一方《大元敏公请经功德碑》，这块碑刻记录了元初来自西凉州西夏遗僧敏公不畏艰辛，远赴江南杭州求取大藏经的事迹。元代西夏遗民佛教兴盛情况，略见一斑。

2. 移居内地的西夏遗民

移居在全国各地的西夏遗民，有的是躲避战乱，逃往他乡；有的是被编为唐兀军，随蒙古人南征北战，战争结束后就地转业；有的是通过科举考试或其他途径，到各地做官，最后在当地安家落户。他们的足迹遍布黄河两岸、大江南北。

---

① 《元史》卷一二二《昔里钤部传》。
② 《昔里钤部神道碑铭》，载（元）王恽：《秋涧先生大全文集》卷五一。
③ （元）苏天爵：《元文类》卷四九。
④ 《元史》卷一一《世祖纪八》。
⑤ 史金波：《西夏佛教史略》，宁夏人民出版社1988年版，第208页。

（1）北京西夏遗民

元朝是一个开放的国度，位于今北京的元大都，汇聚着来自世界各地的人，其中包括来自西夏故地的唐兀人。至元十八年（1281），世祖忽必烈置"唐兀卫亲军都指挥使司，秩正三品。总领河西军三千人，以备征讨。至元十八年始立，置都指挥使二员、副都指挥使二员。至元二十二年，增都指挥使一员、金事一员。大德五年，增指挥使二员。至大元年，增都指挥一员。四年，省都指挥使三员、副都指挥使一员。后定置都指挥使三员，正三品；副都指挥使二员，从三品；金事二员，正四品；经历一员，从七品；知事一员，照磨一员，俱从八品；令史七人，通事、译史、知印各一人。镇抚二员，奥鲁官正副各一员"。① 至元二十四年（1287）正月，元世祖"免唐兀卫河西地元籍徭赋"，② 其户计类型完全属于军户。这三千名唐兀卫亲军，当驻扎在大都及周边地区。

北京石景山区杨庄出土的《元御史中丞杨襄慜公墓志铭》，记录了西夏遗民杨朵儿只上下几代人的事迹。在元大都任职的唐兀人，一般就地安家，祖坟也选在当地，杨朵儿只死后就葬于今北京郊区。

北京海淀区出土的《大元宣政院判官耿完者秃墓志》，记载宣政院判官耿完者秃为唐兀氏，死后葬在大都通州路青安乡窦家庄祖坟。③ 这些进京为官的唐兀人，把家安在大都，去世后葬在当地，不出两代，他们的子孙都成了地道的大都人。

元代大都的西夏遗民，除了在朝为官和征调为兵外，④ 还有商人、学子、僧侣等，他们也在大都及其周边地区定居下来，有时参与做一些与西夏有关

---

① 《元史》卷八六《百官志二》。
② 《元史》卷一四《世祖纪一一》。
③ 《大元故亚中大夫宣政院判官耿完者秃墓志》，载杜建录：《党项西夏碑石整理研究》，上海古籍出版社 2015 年版，第 194 页。
④ 元朝在国主宿卫军序列中，专置唐兀卫亲军都指挥使司，总领河西军三千人。见《元史》卷九九《兵志二》。

的活动，北京居庸关过街券门洞的墙壁上，有元至正五年（1345）雕刻的西夏、汉、藏、梵、八思巴、回鹘六种文字的《陀罗尼经》。参与其事的除官居中书平章政事的党项上层纳麟外，还有两个党项人，一位是沙门领占那征，另一位是书写西夏文的智妙酩布。

（2）河北西夏遗民

出于镇守地方和护卫大都的需要，不少唐兀人定居河北城乡，所谓"冀州管内，河西军户，间处村乡"①。经过几百年的发展，这些唐兀人大多和当地居民已融合，没有留下任何踪迹，只有一小部分人因镌刻墓志而保留西夏遗民的痕迹。河北省保定市莲池书院，矗立着一通《大元顺天路达鲁花赤河西老索神道铭》。碑主人老索是党项人，世代居住于宁夏，整个家族都以骁勇善战闻名，投附蒙古后，担任成吉思汗的宿卫亲兵。每逢作战，老索总是身先士卒，屡立战功，被大汗铁木真赐号"八都儿"，意思是"骁勇无双的猛士"。战争结束后，老索出任首任顺天路达鲁花赤，他将全家迁到顺天，繁衍生息。②

河北省大名县陈庄出土《元宣差大名路达鲁花赤小李钤部墓志》，志主小李钤部即祖籍肃州的唐兀人昔里钤部，随蒙主征战南北，后出任大名路达鲁花赤。有意思的是碑铭两面书写，一面是汉文，记录墓主人的事迹，一面是西夏文两行十一字，意为"母田氏夫人，父小李钤部"。③ 欧阳玄《元礼仪院判昔李公墓志铭》④ 记录昔里钤部（小李钤部）卒后葬于大名县台里，后世子孙曾任江南行台监察御史、辽东道肃政廉访司事等职，"遗言归葬大名祖茔"。反映出战乱年代进入内地的西夏遗民，故乡已不可再返，只能把第一代

---

① （元）王恽：《秋涧先生大全文集》卷九〇《约禁侵扰百姓》。
② 《大元顺天路达鲁花赤河西老索神道铭》，载杜建录：《党项西夏碑石整理研究》，上海古籍出版社 2015 年版，第 203—216 页。
③ 《元宣差大名路达鲁花赤小李钤部墓志》，载杜建录：《党项西夏碑石整理研究》，上海古籍出版社 2015 年版，第 196—199 页。
④ 《正德大名府志》卷一〇。

的定居地作为故里。

进入河北的西夏遗民，他们聚族而居，平时使用汉文，族内的重要活动则使用西夏文，在保定市莲池书院还矗立着两通立于明朝的西夏文石经幢，上面刻有西夏文经文以及参与这次活动的西夏文人名。从人名看，大多是党项人的姓氏，如折磨、昔毕、梁氏、嵬名、平尚等，说明到了明朝，迁往内地的党项人还没有完全融合到汉族中去。

（3）河南西夏遗民

河南地近西夏，是西夏遗民南迁的第一站。西夏亡国前，遣精方瓯匦使王立之出使金国，未来得及返回，西夏即已灭亡。于是金朝委任他主管西夏降户，并接来其家眷三十余口。王立之上言其先世本申州（今河南信阳）人，请求辞官回申州居住。金哀宗同意他的请求，令他"以本官居申州，主管唐、邓、申、裕等处夏国降户，听唐、邓总帅府节制，给上田千亩，牛具农作"①。设置专门管理西夏降户的机构，并由原西夏的官员负责，安辑大量战争俘虏和避难投奔的西夏人，使河南成为西夏遗民重要的集散地。元成宗时"河西之人居鄢陵（今属河南）者万家，号炮手军"②。上万家河西人定居鄢陵，这是一个很大的数字。值得重视的是蒙哥汗即位后，曾把汴梁、归德、河南、怀、孟、曹、濮、太原三千户以及诸处草地合一万四千五百余顷、户二万余赐给西夏人察罕，在他死后又追封其为河南王③。河南等地西夏遗民数量众多，也与该地为察罕的食邑有一定的关系。

千百年的沧桑，进入中原的西夏遗民早已和当地居民融合，保留下来的碑石和族谱清楚地记录了这一历史进程。立于河南省濮阳县城东四十五里的柳屯镇杨什八郎村的《大元赠敦武校尉军民万户府百夫长唐兀公碑铭》，元至

---

① 《金史》卷一三四《西夏传》。
② （元）苏天爵：《滋溪文稿》卷二七《元故参知政事王宪穆公行状》，中华书局1997年点校本。
③ 《元史》卷一二〇《察罕传》。

正十六年（1356）刻石，记载碑主人唐兀台世居贺兰山下，成吉思汗灭西夏后，投附蒙古人，随同蒙古南征北战，收南宋，破金朝，病逝于军中。他的儿子唐兀闾马成年后继承了父亲的军职，参加过著名的襄樊之战，立下累累战功。战争结束后，闾马解甲归田，带着家人迁居到河南濮阳柳下屯的十八郎寨，买田置地，修建祖坟，于是成为濮阳人。历经元、明、清、民国，迄今六百多年，传二十八代，繁衍四千多人。今柳屯镇的杨什八郎村以及西什八郎、南什八郎等十五个村庄的杨氏家族，全是西夏唐兀氏的后裔。从他们的后裔提供的《杨氏族谱》来看，杨氏家族从始祖唐兀台到第三代达海用元朝赐姓唐兀氏，第四代崇喜出现唐兀、杨氏并用，从第五代开始专用杨姓。唐兀杨氏从第三世子孙开始与汉族婚媾，从第六世起已全部娶汉族女子为妻。无论是血缘上还是文化，都最终融到汉族之中。[①]

（4）安徽西夏遗民

安徽西夏遗民人数众多，比较重要的是三大家族，一是昂吉儿家族，祖籍河西张掖，姓野蒲氏，[②] 世为西夏将。西夏亡国前，其父野蒲甘卜率部归降蒙古。太祖成吉思汗"以其军隶蒙古军籍，仍以甘卜为千户主之"。甘卜率领这支西夏子弟兵从木华黎出征。甘卜卒后，其子昂吉儿又统率这支军队，从征诸国，多有战功。至元六年（1269），昂吉儿受封为本军金符千户，率领所部河西军在与南宋接境的两淮地区征战。他上言忽必烈，在河南信阳（今河南信阳县南）筑城，以扼守宋军北进之道。忽必烈即命他领所部一千三百河西军筑城。至元九年（1272），昂吉儿因功加封为明威将军、信阳军万户侯，并将木华黎和阿术麾下的河西军划归昂吉儿统领。显然，昂吉儿统领的河西军有数千人，如果加上他们的家属，则人数更多。忽必烈统一江南后，昂吉儿驻守庐州（今安徽合肥），战后的江南一片凋敝，忽必烈接受昂吉儿建言，设立屯田以给军饷，"以二万兵屯之，岁得米数十万斛"。昂吉儿因屯田有功，

---

① 穆朝庆、任崇岳：《略谈河南省的西夏遗民》，载《〈述善集〉研究论集》，第81—89页。
② 《元史》卷一二三《也蒲甘卜传》作也蒲；卷一三二《昂吉儿传》作野蒲。

加官行中书省左丞、行尚书省右丞，"两官皆兼淮西使、帅"，① 也即他一直没有离开安徽，他的子弟也主要在安徽任职，今天安徽的西夏遗民大都与昂吉儿屯田有关系。②

　　二是余阙家族，余阙祖籍凉州（今甘肃武威），元大德七年（1303）生于庐州（今安徽合肥），是西夏遗民的第二代，其父是元朝唐兀军中的一名小军官，后随军定居庐州，遂为庐州人。元统元年（1333）余阙进士及第，从此步入仕途，历任泗州同知、监察御史、淮西同知、副都元帅、都元帅、江淮行省参知政事，戍守军事重镇安庆。至正十八年（1358），陈友谅攻占安庆，余阙以身殉国，终年五十六岁。其妻妾子女听说余阙殉国后，相继赴井、投湖或拔剑自刎而死，满门忠烈。元廷得知安庆失守，余阙全家赴难，特追封夏国公。明太祖朱元璋打败陈友谅后，在安庆为余阙建祠，号曰"忠节坊"。

　　余阙在世时代，西夏遗民已是第二代或第三代，他们中大多数人的思想观念和生活方式与当地汉族差不了多少，在第一代西夏遗民的眼中，他们的子孙失去了党项人的质朴忠厚，余阙在自己的文集中追忆河西人刚迁到合肥时，人面多鬶黑，善骑射，讲义气。"平居相与，虽异姓如亲姻。凡有所得，则箪食豆羹不以自私，必召其朋友。朋友之间，有无相共，有余即以与人，无即以取诸人，亦不少以属意。百斛之粟，数千百缗之钱，可一语而致具也。岁时往来，以相劳问，少长相坐，以齿不以爵，献寿拜舞，上下之情，怡然相欢"。可是到两三代后，老一辈大多都去世了，他们子孙身上西夏人的淳朴忠厚越来越少了，逐渐本土化了。

　　三是王翰家族，王翰"先世齐人，陷没于李元昊"，乃为西夏人。元朝初年，王翰曾祖从河西军下江淮，因功授武德将军，领兵千户，镇守庐州（今

---

① 《元史》卷一三二《昂吉儿传》。
② 马明达：《也谈安徽的西夏后裔》，《宁夏社会科学》1984 年第 4 期。

安徽合肥），遂世代袭爵，定居庐州，祖上三代皆葬于此。[①]

（5）山东西夏遗民

山东西夏遗民多与李恒父子有关。李恒父李惟忠，西夏国主嫡孙。成吉思汗用兵河西，李惟忠父守纳剌城，城破不屈而死，年仅七岁的李惟忠求从父死。蒙古将异之，执献宗王合撒儿，被宗王收为养子，成年后从征有功，授淄川达鲁花赤，佩金符。李惟忠子李恒生有异质，及长从父征战，因功授淄莱路奥鲁总管。至元七年（1270），改任益都淄莱新军万户，其子孙均袭此职。李氏成为这一地区的名门大族，其辖境内有不少西夏遗民。至元三十年（1293）五月十一日，元政府下令益都路、济南府、般阳路、宁海州、泰安州、东平府等地河西人、汉人应依时狩猎，不得违反。[②] 法律规定河西人在这一地区狩猎，说明这一地区的西夏遗民数量不少。

元代的昌邑县（今山东潍坊市昌邑县），也生活着一支西夏人家族，他们的祖先名叫赫斯，家住河西走廊，随蒙古大军南征北战，后来定居山东昌邑，过起农耕生活。两代以后，他的长孙秃满台成为土生土长的昌邑人，后来当上了济宁路的达鲁花赤，家族繁衍，至今山东济宁应有不少西夏遗民的后裔。[③]

元代西夏遗民后裔还在今山东留下尊儒重教的佳话。至正三年（1343）六月的一天，时任山东东西道肃政廉访司佥事的唐兀人杨文书讷第三次率僚属拜谒孔庙，曲阜县尹孔克钦为他立下了谒庙碑。[④] 碑文写到杨文书讷"按部

---

① 吴海《王氏家谱叙》："曾祖从右丞昂吉下江淮，以功授武德将军，领兵千户，镇庐州。迄今又三世，坟墓皆在庐州。"（《闻过斋集》卷一，《元人文集珍本丛刊》影印嘉业堂丛书本）；吴海《友石山人墓志铭》："王氏，先世齐人，陷没于李元昊。元初，取天下，赐姓唐兀氏。曾祖某，从下江淮，有功，授武德将军，领兵千户，镇州，家焉。祖某、父某，迨君，袭爵三世。君讳翰，仕名那木罕。年十六，领所部，有能名。"（《闻过斋集》卷五，《元人文集珍本丛刊》影印嘉业堂丛书本）

② 《通制条格》卷二八《杂令·围猎》，浙江古籍出版社 1986 年黄时鉴点校本。

③ 周峰：《元代西夏遗民秃满台家族考》，载《薪火相传——史金波先生 70 寿辰西夏学国际学术研讨会论文集》，中国社会科学出版社 2012 年版。

④ 《元杨文书讷三谒林庙碣》，载杜建录：《党项西夏碑石整理研究》，上海古籍出版社 2015 年版，第 257 页。

过阙里三率，皆先拜林庙，然后视事"。无论是寒冬腊月，还是酷暑难耐，他每次拜谒都"瞻恋徘徊，移时不忍去"。杨文书讷之所以如此虔诚，是因为他的祖先曾经任职西夏，在夏仁宗朝时曾上书请设崇文阁以为贵胄之学，并建议将大儒从祀孔庭，他的所为是继承了先人之志！（曲阜孔庙藏《元杨文书讷三谒林庙碣》）。西夏极力推崇孔子，尊孔子为文宣帝，杨文书讷的先人提倡儒学，因此，他才会对孔庙有着如此深厚的感情，并先后参与到重修尼山书院和洙泗书院的活动中，为孔圣人故里的教育事业做出自己的贡献。

拜谒孔庙的西夏遗民不限于杨文书讷，元至正七年（1347）六月十二日，金山东东西道肃政廉访司事、东平等处审囚司唐兀氏大都子携随从敬谒林庙，勒石而还。[①] 这是刻石纪功的上层官员，大量前来拜谒的是没有刻石的普通西夏遗民，儒家思想文化使他们在他乡找到了故乡。

（6）云南西夏遗民

云南的西夏遗民因清乾隆年间修纂的《朵氏宗谱》而闻名。朵氏始祖朵儿赤是西夏宁州人，十五岁通《论语》《孟子》《尚书》，被忽必烈召试时相中，授中兴路新民总管，募民屯垦，兴修水利。三年任期后升潼川府尹，随后调任云南廉访副使，从此与云南结下不解之缘，其间调任山南廉访副使，很快升任云南廉访使，后终于任上，享年六十二岁。朵儿赤不避权贵，敢于担当，初到云南逢诸蛮叛，"僚佐悉称故而去，朵儿赤独居守"。行省丞相帖木迭儿贪暴枉法，诬杀安抚使法花鲁丁，经朵儿赤力辩，才得以幸免。[②] 朵儿赤子仁通曾任云南行省理问官，后世定居云南，据今天朵氏后人所保留的族谱统计，这支西夏后裔如今已经繁衍到了第二十四代，分布昆明、大理、丽江、玉溪、个旧、昭通等地。

---

① 《元唐兀氏大都子敬林庙题名碣》，载杜建录：《党项西夏碑石整理研究》，上海古籍出版社2015年版，第259页。
② 《元史》卷一三四《朵儿赤传》。

（7）浙江西夏遗民

元代杭州地区，西夏遗民众多，他们有的是僧侣，有的是工匠，有的是一般的居民。其中唐兀人杨琏真迦，被忽必烈任命为江南释教总都统，也就是江南地区佛教事务的最高主管，组织人工在杭州灵隐寺飞来峰开窟造像；杭州大万寿寺的唐兀僧侣和工匠，历时多年，刻印出三千六百二十余卷西夏文大藏经，比起西夏时期刊印的经文还要多出四十余卷；迁居江南的唐兀人，也很快适应到当地的生活中，元人杨维桢的《西湖竹枝词》记载："河西女儿戴罟罛（gǔ gū），当时生长在西湖，手弹琵琶作吴语，记得吴中吴大姑"，在杭州西湖畔成长起来的河西女子，除了头戴着西夏妇女罟罛外，讲一口吴语，已经和杭州人没有什么两样。

（8）其他地区西夏遗民

除河北、河南、山东、云南、浙江等地外，今山西、内蒙古、江西、江苏、福建、广东、广西、四川等地也有西夏遗民。元中统三年（1262），元世祖忽必烈"敕河西民徙居应州（今山西应县），其不能自赡者百六十户，给牛具及粟麦种，仍赐布，人二匹"。① 西夏人李天佑奉蒙古主命，迁居山西大同，"乐其风土旷夷，稍治资产"。② 刘容祖上是西夏西宁人，高祖在"西夏主尚食"，蒙古平西夏后，将西宁百姓迁往云京，刘容的父亲也在迁徙中，"后遂为云京人"。③ 西夏人李世安定居龙应（今江西南昌），与江西著名文人吴澄结交甚密，李世安卒后，吴澄亲为之作墓志铭。④ 祖籍灵武的西夏遗民后裔王翰（又名王用文），先后担任福州治中、同知，在福州留下了许多遗迹，今天我们在福州境内可以看到诸多署名为"灵武王用文"的题刻。元朝灭亡后，他隐居山林，明太祖朱元璋听说王翰非常有才能，召他出山做官。面对朝廷

---

① 《元史》卷五《世祖纪二》。
② （元）邓文原：《巴西集》卷下《皇元赠陇西郡公李公神道碑》，文渊阁四库全书影印本。
③ 《元史》卷一三四《刘容传》。
④ （元）吴澄：《吴文正公集》卷四二《李公墓志铭》。

的一再催促，王翰认为"一臣不事二主"，最后挥刀自尽。王翰墓现仍在福建永泰县塘前乡的官烈村，村中还有一座东龙泉寺，相传为王翰隐居之所。

3. 移居西域中亚的西夏遗民

掠夺人口是蒙古进攻西夏的重要目的，每次用兵都要掠夺大量的"生口"，有的是整个家族，有的是单丁，有的是儿童，他们或被编入军队，或迁往各地劳作，或作为家务奴隶，只有察罕、李惟忠等少量的儿童被成吉思汗和贵族王爷收为养子。西域和中亚是成吉思汗占据较早的地方，也是早期安置西夏俘虏的地方。1221 年，长春真人邱处机奉命去中亚谒见成吉思汗，在抵达原花剌子模国都邪米思干城（今乌兹别克斯坦撒马尔罕）之后，他看到"城中常十万余户，国破而来，存者四之一，其中大率多回纥人，田园不能自主，须附汉人及契丹、河西等，其官长亦以诸色人为之"。① 显然，中亚的河西人就是蒙古贵族投放到这里的"生口"，他们凭借自己的才智，十多年功夫，他乡变故乡，取得了田园的经营权，连当地土著回鹘人也依附他们进行生产。有的发展成当地的统治者，西夏遗民阿波古曾从察合台之孙阿鲁忽，"实居薛迷昔干裹（撒马儿罕）之地，领番直主弓矢鹰隼之事，而治其人民焉"。②

西域自古以来是祖国不可分割的重要组成部分，至元二十四年（1287），元世祖忽必烈从安西王阿难答的请求，"发河西、甘肃等处富民千人往阇鄽（今新疆）地，与汉军、新附军杂居耕植"。③ 上千名西夏遗民发配到今新疆一带，这是一个不小的数目，安西王阿难答此议的关键不在西域屯田上，而是分化瓦解河西、甘肃等处西夏遗民势力，便于加强对该地的统治。

---

① 《长春真人西游记》卷上。
② （元）虞集：《道园类稿》卷四二《立只理威忠惠公神道碑》。
③ 《元史》卷一四《世祖纪一一》。

4. 党项发源地的西夏遗民

在四川省道孚县以南，木里藏族自治县以北，康定县以西，雅砻江以东的南北狭长地带，分布有一支神秘部族，叫做木雅人。20 世纪 50 年代民族普查中，他们被列入藏族，但事实上两者之间的文化习俗还存在着明显的差异。如住房上，木雅人主要是垒石建筑，即所谓的碉楼，楼上堆物住人，楼下圈养牲畜。藏区典型的木结构"崩空"房在木雅地区几乎没有；妇女服饰上，典型藏区主要集中在头部，而木雅地区集中在颈部和腰间；宗教信仰上，藏传佛教虽然已成为木雅人的主流信仰，但他们却保留有一种"白石崇拜"的习俗，只要走进木雅地区的村寨，便可看见每户人家的房顶四角和主要路口都还堆放着一些大小不一的白石头；语言上，木雅人对外通用藏语，在村寨则讲木雅话，这是一种被藏族人称为"土话""乡下话""怪话"的语言，和周围地区的藏语不通。

上述民俗文化隔阂特别是语言隔阂，暗示着木雅人的特殊身份，他们和藏族在历史上很可能不是一个族群。那么，他们究竟是古代哪个民族的后代呢？

"木雅"一词是个比较古老的藏语词汇，藏文史籍《智者喜宴》记载，松赞干布曾迎娶木雅女子为王妃。木雅人被任命为工头，负责建造了康地的隆搪度母寺。这些都说明早在吐蕃王朝兴盛之初，即公元 7 世纪，就已经有了一个叫"木雅"的部落或政权，这个"木雅"或"弭药"，是吐蕃对党项人的称呼，西夏国建立后，又成了吐蕃对西夏国的代称。① 西夏人自己也称"弭药"（木雅）。

---

① 宋元丰七年（1084），"董毡遣人以蕃书来，已回蕃书，约令引兵深入摩灭缅药家。"（《续资治通鉴长编》卷三四三，神宗元丰七年二月庚辰条），次年十二月，西蕃阿里骨差首领赍到文字，译称"蕃家王子结施揽哥邦彪籛阿里骨文字，送与熙州赵龙图，探得缅药家瞻点集人马，告汉家边上做大准备，早奏知东京阿舅官家著"（《续资治通鉴长编》卷三六三，神宗元丰八年十二月丙子条）。

公元 1227 年，蒙古大军攻灭西夏王朝，此后的近八百年，"弭药"（木雅）从史籍中消失。直到 20 世纪初期，西方学者在对四川康区的田野考察中，木雅这个称呼和以此为名称的人群才又一次进入人们的视野。根据专家研究，这群木雅人操的木雅语和西夏语有很多共同的地方，说明他们和党项人有着密切的关系。

然而问题的关键是，这些生活在四川康区的"木雅人"，是唐代没有迁入内地的原始党项人的后裔，还是西夏灭亡后奔逃至此的党项人后裔，至今还存在着不小的分歧。一种观点认为，木雅人是"西吴王"的后代，传说西吴王曾是北方汉地之王，所居之地叫做"木雅"，后来南迁此地建立新的国家。一些学者根据这一线索，推断木雅是西夏灭亡后，由一部分西夏王族南下建立的政权，木雅藏族就是这部分西夏人的后裔。其依据主要有：第一，木雅王称"西吴王"，"西吴王"就是西夏王，因为"夏"和"吴"在汉语中的古音相同，皆发"虎"音；因此"西吴王"就是西夏王；第二，木雅藏族的文化，如八角碉、住房、语言、服饰等，都与西夏人有密切的联系。

同时，另一则传说，西吴王是本地部落首领，不是外来的，从这个传说出发，一些学者认为木雅藏族是由康区"原始党项"发展而来，而非"西夏遗民"。其主要依据有四：第一，"西吴王"不是西夏王，藏语中"西吴"即"西吴绒"，是康定木雅地区的一个村庄名称，因木雅王居住在"西吴"村，因而得名"西吴王"，与"西夏王"无任何关系；第二，经过现代语言学家的研究，当今的木雅语比较接近一千五百年前的羌语，而不是一千年前的西夏语；第三，多年来一些专家学者对西夏后裔的流向作了深入的研究，西夏"遗民"到了河南、河北、山东、安徽、北京等地后，都立祠刻石，今天还留有西夏文的碑刻等遗物，可在木雅地方至今未发现任何一点这样的遗存；第四，木雅地区的垒石建筑"八角碉"，不是从西夏故地带来的，西夏没有这种建筑。而是早期木雅生活过的地区就有的建筑，是党项人传统的东西。

关于木雅人是不是西夏的后裔，虽然存在着争议，但有一点是明确的，即具有独特文化、语言和习俗的木雅人是党项人的后裔。

由此来看，这些木雅人很可能是唐代没有迁往西北的党项人。他们自称"弭药"，吐蕃也称其为"弭药"，被吐蕃征服后，这部分党项人逐渐成为和藏区吐蕃风俗不尽相同的"吐蕃"，现在木雅人信奉的藏传佛教和藏区本土不同，就说明了这一点。他们和建立西夏国的党项人同源，但不是西夏人。在这个问题上，和没有进入中原的女真的情形大体相同，女真进入中原建立金国后，还有一部分留在原地的女真，后来在白山黑水间崛起，改称满洲。满洲人或满族和建立金国的女真人属于同源，但他们绝对不是大金国的遗民。

另外，在中尼边界上有一支名叫夏尔巴的人群，他们自称来自东方，被称为东方人，藏语夏尔巴。他们的语言和风俗与藏族略同，但有一些区别，他们当是唐代没有东迁的党项"董族"，而非西夏故地迁去的遗民。

（二）西夏遗民的贡献

1. 西夏遗民生存的时代

元朝在我国历史上大统一王朝中是比较特殊的，一是它不仅是我国历史上第一个由少数民族建立的大统一王朝，而且统一战争极其漫长，从1205年第一次用兵西夏开始，到1279年南宋灭亡，长达七十多年，这在中国历史上是空前绝后的，包括汉、唐在内，没有任何一个大统一王朝历经这么长的统一战争。长期的统一战争，或者说征服战争，使社会经济遭到了极大的破坏，战后的中国，无论北方地区还是中原和南方，一片萧条，满目疮痍。

二是统治方式落后，它是人数较少的民族统治人数较多的民族，其统治带有强烈的民族压迫性。元朝统治者按照归附先后，将全国居民划分为四等，第一等是蒙古人；第二等是色目人，包括中亚人和唐兀人（西夏人）；第三等是汉人，即金朝统治下的人口；第四等是南人，即南宋统治下的人口。蒙古人虽然是统治民族，但总人数很少，要统治人口众多、文化发达的汉人和南人，显得力不从心。汉人和南人有治国理政的才能，但征服得比较晚，且蒙古人和金人是世仇，对他们不信任，至少在元代初期一般不重用汉人和南人。在这种情况下，只能依靠色目人协助治理中原和南方，但来自中亚的色目人进入汉地后，语言不通，又不懂儒家文化，他们擅长经商理财，而不是政治权术。唐兀人长期生活在中华文化圈内，深受中原文明的熏陶。换言之，西夏文明是中华文明，唐兀人是元代色目人中为数不多的懂得如何治理中原汉地的族群，被蒙古统治者委以重任，时代把西夏遗民推上了政治舞台。

三是统治制度落后，带有农奴制色彩。元初存在旧俗和汉法两种治国理念，旧俗是推行落后的游牧部落制，所谓"汉人无补于国，可悉空其人以为牧地"。① 汉法是传统的封建制度，经过激烈斗争，最终汉法战胜旧俗，在这一过程中，深受儒家文化影响又得到蒙古人信任的西夏遗民做出了重要贡献。

2. 推动元朝以儒治国

元朝初年，在蒙古铁骑的践踏下，彻底打破了旧制度，"儒者皆隶役"。西夏遗民高智耀奔走呼号，建议统治者重视儒生，免除徭役。1251 年宪宗蒙哥即位后，高智耀来到上都和林，觐见新任大汗，并向他陈说儒生对治理国家的作用："儒者所学尧舜禹汤文武之道，自古有国家者，用之则治，不用则否，养成其材，将以资其用也。宜蠲免徭役以教育之"。元宪宗用怀疑口吻说："儒家何如巫医？"高智耀毫不犹豫地回答："儒以纲常治天下，岂方技所得比！"宪宗善其言，说"前此未有以是告朕者！"乃下诏海内儒士全部免除徭役。中统元年（1260）世祖忽必烈即位后，即召见高智耀，他又不厌其烦地向忽必烈陈述"儒术有补治道"。忽必烈感其言，特铸印授高智耀，令其督查儒户免役。当时淮蜀儒士多被蒙古贵族驱掠为奴，高智耀义愤填膺，指出

---

① 《元史》卷一四六《耶律楚材传》。

"以儒为驱，古无有也"。在高智耀的坚持下，世祖忽必烈授他为翰林学士，"命循行郡县区别之，得数千人"，使数千名儒士摆脱了驱奴的生活。① 高智耀看似为儒士待遇奔走，最终目的是推动元朝统治者以儒治国。

3. 发展社会生产

几十年的统一战争，使江淮地区的社会经济遭到了极大的破坏，和蒙古贵族圈占土地，荒废农田为牧场不同，唐兀人所到之处，屯田垦荒，发展生产。唐兀人昂吉儿在淮西宣慰使任上，请立屯田，以给军饷。因为有不同意见，朝廷先发几千人实验，收成颇丰，"果如昂吉儿所言，乃以二万兵屯之，岁得米数十万斛"。②

元朝初年郭守敬、张文谦等在西夏故地兴修水利，屯垦生产，调发兵士屯田。随着时间的推移，一些弊端就显示出来，为此西夏遗民朵儿赤建言："西夏营田，实占正军，倘有调用，则又妨耕作，土瘠野旷，十末垦一。南军屯聚以来，子弟蕃息稍众，若以其成丁者，别编入籍，以实屯力，则地利多而兵有余矣。"世祖忽必烈乃授其为中兴路新民总管，专门负责这件事。朵儿赤到任后，录丁壮子弟垦田，"塞黄河九口，开其三流"。经过三年开发生产，赋税收入倍增。③ 经过西夏遗民和迁到西夏故地的汉人、新附的南人辛勤劳作，不断开发，使饱受战争创伤的西夏故地日益呈现出一派繁荣的景象。元人吴当（1297—1361）的《送归彦温河西宪使》一诗指出："五郡人烟无堡塞，千村部落有牛羊。"④ 形象地反映了经过各族人民辛勤开发，西夏故地呈现出生机勃勃的新面貌。

这是西夏遗民上层推动社会生产发展的情况，一般普通的百姓，被强行

---

① 《元史》卷一二五《高智耀传》。
② 《元史》卷一三二《昂吉儿传》。
③ 《元史》卷一三四《朵儿赤传》。
④ （元）吴当：《学言稿》卷五，文渊阁四库全书影印本。

迁往他乡后，把西夏人吃苦耐劳、乐观向上的心态带入迁居地，他乡变故乡，以积极的心态融入当地社会，或从事农耕畜牧，或经商做生意。值得一提的是西夏人治黄经验丰富，迁入黄河下游的西夏人经常协助官府治黄。元至正十一年（1351），在整治黄陵冈段（今山东曹县西南废黄河北岸）黄河时，"作西埽者夏人水工，征自灵武；作东埽者汉人水工，征自近畿"①。反映出西夏遗民不远数千里，前往今山东一带治理黄河的情景。

4. 统一战争中的儒将风范

西夏亡国后，大量遗民被签为"河西军"或"唐兀军"，编入蒙古战斗序列，为蒙古帝国对外战争和元朝统一立下了汗马功劳，尤其是深受儒家文化影响的唐兀将领在对南宋战争中，能够理解战争和亡国的痛苦，往往并不赶尽杀绝，而以宽容、仁义享誉各地，西夏皇族后裔李恒就是其中的代表。

元至元十二年（1275），益都新莱新军万户李恒驻守鄂州，豪民聚众进攻江陵，李恒奉命讨伐。面对南宋保家卫国的民众，他没有纵兵杀戮，而是"敛兵不动，但谕使出降，得生口十余万，悉纵为民。仍禁军毋得虏掠，馈献充积一无所受"。

有一次，李恒率部到江西建昌休整，缴获南宋丞相文天祥给建昌故旧的书信，涉及抗元方面的内容，李恒将书信全部焚毁，惶惶不定的人心才安下来。和南宋有瓜葛的吏民没有思想负担，纷纷归降元军。② 还有帅府为筹措银两，诬陷富民和南宋勾结，已诛一百三十家，副都元帅李恒得知后，"审其非罪，尽释之"。

不久李恒出任江西宣慰使，适逢文天祥出兵伐元，连破诸城，赣州危在旦夕，有人提出文天祥的祖坟在吉州，如果派兵掘其祖坟，就能打退宋军。

---

① 《元史》卷六六《河渠志三·黄河》。
② 以上皆出自《元史》卷一二九《李恒传》；（元）柳贯：《柳待制集》卷九《李武懋公新庙碑铭》，载韩荫晟《党项与西夏资料汇编》上卷第一册，宁夏出版社 2000 年版，第 364 页。

李恒敬佩文天祥的为人，义正词严地说："王师讨不服耳，岂有发人坟墓之理!"这种鸡鸣狗盗之事是忤逆之徒干的，非替天行道的王师所为。乃亲自率兵前去解围，文天祥败走，降其众二十万。李恒率军进入文天祥的故乡庐陵城，军纪严明，秩序井然，不仅没有毁文天祥的祖坟，而且烧了文天祥檄庐陵抗元的名籍，表示既往不咎，保存了数以万计百姓的性命。泰定年间（1324—1327），庐陵百姓修筑了李公庙以感激和追思李恒。①

在元朝的统一战争中，还有不少唐兀将军有着类似的表现。元军围攻寿春时，接连大雨，城久攻不下，唐兀人李祯向主帅察罕建议："顿师城下，署雨疫作，将有不利。且城久拒命，破必屠之，则生灵何辜! 请退舍数里，身往招之"，并成功说服守将出降，避免了一场大屠杀。②

察罕之孙塔出平定江西后，元世祖命令其拆毁江西各地的城池，以防南宋遗民据城反抗，塔出上表说："豫章诸郡皆濒江为城，霖潦泛滥，无城必至垫溺，隳之不便。"在他看来，保护百姓免遭水灾比防止百姓叛乱更重要。③

总之，在很多唐兀将领的身上，不仅传承了党项人尚武善战的精神，同时还具备忠君爱国、宽容仁爱、重义守信、治军严明的品质。河西军所到之处，不仅仅是血腥屠杀，而且还在征战的同时，传播儒家文化。

以上只是几位有代表性人物的事迹，从现存文献来看，唐兀人在元代各级官僚机构中均有任职，其中一品大员就有三十多名。地方行省、路、府、州、县任职的唐兀人为数更多，无论是遥远的西北边陲，富庶的江南水乡，抑或是在时人眼中还是"不毛之地"的两广，均有唐兀官员的足迹，他们每到一地，往往都开垦荒地，发展生产，兴办教育，为元朝的制度建设和社会经济的发展作出了重要贡献。

---

① （元）刘岳申：《申斋文集》卷七《滕国武愍孝李公庙碑》上卷第一册，载韩荫晟《党项与西夏资料汇编》，宁夏人民出版社 2000 年版，第 361 页。
② 《元史》卷一二四《李祯传》。
③ 《元史》卷一三五《塔出传》。

表 6-1 元代唐兀人中央机构任职人数表

	官职	品秩	人数
中书省	左、右丞相	正一品	5人
	平章政事	从一品	9人
	参知政事	从二品	5人
枢密院	知枢密院事	从一品	5人
	同知枢密院事	正二品	5人
	副枢密使	从二品	1人
御史台	御史大夫	从一品	9人
	御史中丞	正二品	5人
	侍御史	从二品	5人

表 6-2 元代唐兀人地方任职人数表

	官职	品秩	人数
行中书省	行省丞相	从一品	3人
	行省平章政事	从一品	14人
	行省左、右丞	正二品	22人
诸路总管府	达鲁花赤	依上、中、下路品秩不定	20人
	总管		14人
	同知		6人
肃政廉访司	廉访使	正三品	18人
	廉访副使	正四品	7人
	佥事	正五品	12人

（三）民族融合与唐兀人的消失

1. 蒙元对唐兀人的离散措施

西夏是蒙古征服比较早的政权，唐兀人的地位虽然高于金朝统治下的汉人和南宋统治下的南人，但蒙古人并不是十分信任，这主要是西夏人以尚武著称，蒙古人花费二十多年时间六征西夏，成吉思汗病逝在最后一次征服西夏的过程中，对于善战而强大的西夏人，蒙古统治者记忆犹新，他们不能不对其怀有戒备之心。于是便采取了一系列"离散"措施：一是把西夏遗民从故土迁到全国各地，有的迁到应州（今山西应县）安置，其中不能自赡者百六十户，中统三年（1262），元世祖忽必烈敕给牛具及粟麦种，仍赐布，每人二匹。① 有的迁到大同，逐渐适应当地风土民情，"稍治资产"。② 有的成批迁往云京，"遂为云京人"。③ 有的调发到山东治理黄河。④ 有的迁到陕西京兆去种田。⑤ 有的迁到江淮地区，从事农耕和手工生产。⑥ 有的迁到今乌兹别克斯坦撒马尔罕从事耕作。⑦ 最能说明问题的是至元二十四年（1287），元世祖忽必烈同意安西王阿难答的请求，"发河西、甘肃等处富民千人往阇鄽（今新疆）地，与汉军、新附军杂居耕植"。⑧ 上千名西夏遗民发配到今新疆一带，而且都是有实力的富户，安西王阿难答此议，关键不在屯田上，而是分化瓦解河西、甘肃等处西夏遗民的力量，便于加强对该地的统治。

这是迁到全国各地从事农业和工商业生产，还有签发为军，或随蒙古大

---

① 《元史》卷五《世祖纪二》。
② （元）邓文原：《巴西集》卷下《皇元赠陇西郡李公神道碑》，文渊阁四库全书影印本。
③ 《元史》卷一三四《刘容传》。
④ 《元史》卷六六《河渠志三·黄河》。
⑤ 《元史》卷四《世祖纪一》记载：世祖中统元年（1260）七月"遣灵州种田民还京兆"。
⑥ 《元史》卷一八《成宗纪一》记载：成宗元贞元年（1295）七月，"徙甘、凉御匠五百余户于襄阳"。
⑦ 《长春真人西游记》卷上。
⑧ 《元史》卷一四《世祖纪一一》。

军征战，或戍守地方，早在蒙夏战争时，就有不少西夏将士降附了成吉思汗。① 西夏平定后，蒙元王朝多次在西夏故地签军征兵，称"河西军"及"河西质子军"等，② 编入蒙古军和探马赤军，后来还设置唐兀卫亲军都指挥使司，管理河西军三千人。③ 在蒙古与金朝的战争中，西夏遗民察罕、老索、野蒲甘卜等率本部军马披坚执锐，亲冒矢石，为士卒先，为蒙古帝国统一北方立下了汗马功劳。蒙古贵族通过签发西夏遗民子弟参军的方式，既加强了战斗力量，又削弱了西夏遗民的势力。

在把西夏遗民迁出去的同时，蒙古和元朝统治者还把全国各地的居民迁到西夏故地，至元七年（1270）十二月，"徙怀孟新民千八百余户居河西"。④ 至元八年（1271），"徙鄂民万余于西夏"，"计丁给地，立三屯，使耕以自养，官民便之"。⑤ 至元十八年（1281）六月，"以太原新附军五千屯田甘州"。⑥ 至元十九年（1282）三月，"发迤南新附军一千三百八十二户，往宁夏等处屯田"。⑦ 在西夏故地垦田者，不仅有汉族，还有蒙古族。如至元三年（1266）五月，"浚西夏中兴汉延、唐来等渠。凡良田为僧所据者，听蒙古人分垦"。⑧

元朝统治者将西夏遗民徙居内地与汉民族杂居耕种，或迁往边地屯垦，

---

① 暗伯，唐兀人，祖僧吉坨，迎太祖于不伦答儿哈纳之地（《元史》卷一三三《暗伯传》）；也蒲甘卜，唐兀氏。岁辛巳，率众归太祖，隶蒙古军籍。奉旨同所管河西人，从木华黎出征（《元史》卷一二三《也蒲甘卜传》）；拜延，河西人，父火夺都，以质子从太祖征河西，太祖立质子军，号秃鲁花，遂以火夺都为秃鲁花军百户（《元史》卷一三三《拜延传》）。

② 《元史》中有关河西质子军的史料有至元二十年"（十月）乙酉，签河西质子军年及丁者充军"（《元史》卷一二《世祖纪九》）；至元三十年"六月丙戌，敕选河西质子军精锐者八百，给以铠杖鞍勒、狐貉衣裘，遣赴皇孙阿难答所出征"（《元史》卷一七《世祖纪十四》）。有关河西军的史料有至元十二年"新下江南三十余城，俱守以兵，及江北、淮南、润、扬等处未降，军力分散，调度不给，以致镇巢军、滁州两处复叛，乞签河西等户为军，并力剿除，庶无后患"（《元史》卷九八《兵志一》）；至元十三年，"命别速觯、忽别列八都儿二人为都元帅，领蒙古军二千人、河西军一千人，守斡端城"（《元史》卷九九《兵志二》）。

③ 《元史》卷九九《兵志二》。

④ 《元史》卷七《世祖纪四》。

⑤ 《元史》卷一七○《袁裕传》。

⑥ 《元史》卷一一《世祖纪八》。

⑦ 《元史》卷一○○《兵志三》。

⑧ 《元史》卷六《世祖纪三》。

或签发充军，使之不能聚集一地，以达到分而治之的目的。与此同时，元朝又把大批汉人、蒙古人、回鹘人等迁入西夏故地，既推动了对西夏故地的开发，又稀释了西夏遗民的成分，形成各民族交错杂居，相互牵制。通过这些措施，元政府加强了对西夏故地和西夏遗民的控制与管理。[①]

2. 多元文化背景下的民族融合

(1) 西夏故地的民族融合

古代民族融合首先是文化上的融合，其次才是血统，所谓"汉人与胡人之分别，在北朝时代文化较血统更为重要。凡汉化之人即目为汉人，胡化之人即目为胡人，其血统如何，在所不论"。[②] 党项迁入内地几百年，深受中原传统文化影响，西夏立国期间推行以儒治国，元代内地汉人和南人的嵌入，又进一步促进了以儒家文化为核心的汉文化的发展，因此，西夏故地的汉文化并不因为蒙古人的统治而消失，而是显示出旺盛的生命力，随着时间的推移，西夏境内受汉文化影响较深的党项人基本汉化，当然这种汉化在西夏时期就已开始。

公元 13 世纪，随着蒙古的西征和横跨欧亚的元帝国的建立，位于丝路交通要道西夏故地的文化更加多元，除上述内地新附的汉人和南人迁入，进一步发展壮大了当地原有的儒家文化外，由于蒙古的西征，中亚的伊斯兰文化逐渐传入中国，包括安西王阿难答在内的部分蒙古人和西北当地居民相继皈依了伊斯兰教，阿难答甚至下令自己统领的十五万蒙古军队全部皈依伊斯兰教。元成宗听到此消息后异常气愤，阔阔真哈敦则对成宗劝说道："阿难答有很多军队，并且唐兀惕地区所有那些军队和居民都是木速蛮（穆斯林），就让他自己选择宗教信仰吧。"无奈中的成宗只好听之任之。据说当时唐兀惕"国中有二十四座大城，该处居民大多数为木速蛮，但他们的地主和农民乃为偶

---

① 孟楠：《元代西夏遗民迁徙及其与其他民族的融合》，《宁夏大学学报》1995 年第 3 期。
② 陈寅恪：《唐代政治史述论稿》，上海古籍出版社 1997 年版。

像教徒，在外形上他们类似汉人"。① 这些记载未免有失实之处，但至少可以肯定，在这一时期，西夏故地上已有不少汉族和蒙古族皈依伊斯兰教。当然该地还有大量佛教徒，"河西土俗，太半僧祇"。② 马可波罗在其《行纪》中，对宁夏、甘肃一些主要城市的西夏遗民信仰佛教的情况也作了详尽的描述。至元二十三年（1286）正月，忽都鲁所部屯田新军二百人在亦集乃修凿河渠时，因"役久功大，乞以傍近民、西僧余户助其力"。③ 僧人占有土地，有家室者还承担赋役。④ 说明即使相对偏远的亦集乃路，佛教也是有很大势力的，这与蒙古入主中原后，迅速接受了藏传佛教有很大关系。

蒙古族作为统治民族，在其强势政治力量裹挟下，游牧地区的西夏遗民纷纷改蒙姓，说蒙语，学蒙文，经过一两代基本上蒙古化了。《大元肃州路也可达鲁花赤世袭之碑》记载了在元朝担任官职的党项人举立沙家族相传六世一百三十多年的活动及其世系，从一世举立沙之后已不再用党项人名而改用元代蒙古人习用名字，蒙古化的现象具有一定的典型性，⑤ 反映出西夏遗民的上层也走上了蒙古化的道路。

（2）移居内地西夏遗民的民族融合

移居内地的唐兀人与汉民族错杂居住，逐渐融合。世居贺兰山下的唐兀台随蒙古征战，后病逝于军中，其子唐兀闾马成年后继承父亲的军职，参加过著名的襄樊之战。战争结束后闾马解甲归田，带着家人迁居到开州濮阳县东，买田置地，又在金堤河旁修建祖坟，栽植松柏。经过闾马几十年的艰苦

---

① ［波斯］拉施特：《史集》（汉译本）第二卷，商务印书馆 1985 年版，第 381、379 页。

② （元）王恽：《秋涧先生大全集》卷八六《弹西夏中兴路按察使高智耀不当状》。

③ 《元史》卷一四《世祖纪一一》。

④ 至元十九年冬十月"敕河西僧、道、也里可温有妻室者，同民纳税"。（《元史》卷一二《世祖纪九》）；"诸河西僧人有妻子者，当差发、税粮、铺马、次舍与庶民同。其无妻子者，蠲除之"。（《元史》卷一〇三《刑法志二·户婚》）

⑤ 白滨、史金波：《〈大元肃州路也可达鲁花赤世袭之碑〉考释——论元代党项人在河西的活动》，《民族研究》1979 年第 1 期；汤开建：《大元肃州路也可达鲁花赤世袭之碑补释》，《中国史研究》1983 年第 4 期。

经营，唐兀家族逐渐成为在当地有一定影响力的富户。在定居中原的岁月里，他们保留了西夏时期崇文尚儒的传统，闾马之孙唐兀崇喜曾修建崇义书院，延请名儒唐兀彦国主持，招收远近弟子五十余名入学教育，购置田产五百亩，以供庙学支出。该家族从始祖唐兀台到第三代达海用元朝赐姓唐兀氏，第四代崇喜则改唐兀、杨氏并用，从第五代开始专用杨姓。唐兀杨氏从第三世子孙开始与汉族婚媾，从第六世起已全部娶汉族女子为妻。无论血缘上还是文化上，最终都融入到汉族之中。从元初至今，唐兀杨氏共在濮阳定居超过七百余年，繁衍二十八代。今日柳屯镇的杨什八郎村及其周边十五个村庄的杨氏家族，虽是西夏唐兀人后代，[①] 但全部是汉族。

迁到安徽合肥的西夏遗民余氏家族，也和河南濮阳的西夏遗民一样，两三代就完全本土化了，失去了往昔淳朴的民风民俗，余阙曾为此忧虑不已。[②] 移居到江南的西夏后裔虽然头戴"罟罟"这种河西妇女的头饰，但已经遗忘了西夏语而说起了吴语，逐渐融入江南社会。移居山西、陕西、山东、广东等地的西夏遗民，均走上了同样的发展道路。

有的地方西夏遗民相对集中，民族融合的进度较慢，如河北保定市莲池书院还矗立着两通立于明朝的西夏文石经幢，上面刻有西夏文经文，以及参与这次活动的西夏文人名，从人名上看，大多是党项人的姓氏，如折磨、昔毕、梁氏、嵬名、平尚等，说明到了明朝，迁往内地的党项人还没有完全融合到汉族中去。当然，这种情况不会保持下去，明朝不许少数民族穿"胡服"、说"胡语"，不可自相婚姻，只许与汉族通婚。[③] 这种强制性的融合与同化政策，将唐兀人彻底融合，以至于清代文献中几乎发现不了任何西夏遗民的蛛丝马迹了。

---

①　穆朝庆、任崇岳：《略谈河南省的西夏遗民》，载《〈述善集〉研究论集》，第81—89页。
②　（元）余阙：《青阳集》卷四《送归彦温赴河西廉使序》。
③　《大明律》卷六《蒙古色目从婚姻》。

(3) 移居中亚西夏遗民的民族融合

随着蒙古的西征，不少唐兀人进入中亚，随着时间的推移，他们逐渐融入本地社会，和当地居民通婚，安于对西土的经营。有的凭借自己的努力，取得了田园的经营权，当地土著回鹘人则依附于他们进行生产；有的成为当地的统治者，最后走上了本土化的道路，成为地道的中亚人。不只是西夏遗民，就是辽朝灭亡后，契丹遗民耶律大石率众进入中亚，建立西辽帝国，如此众多的契丹遗民，最终也是走上了中亚本土化的道路，何况人数较少的唐兀和汉人。当然，民族融合是一个漫长的过程，特别是异域民族融合，时间更为漫长。1221 年，长春真人邱处机奉命去中亚谒见成吉思汗，在今乌兹别克斯坦撒马尔罕，看到"城中常十万余户，国破而来，存者四之一，其中大率多回纥人"，还有汉人、契丹人、河西人等。[①] 这时距耶律大石建立西辽九十七年，百年时间还没有完全融合。当然，这与契丹是西辽的统治民族有关，西辽灭亡后，融合的速度进一步加快，与西夏遗民一样，今天也找不到明显的痕迹了。

---

① 《长春真人西游记》卷上。

七、西夏的人口与社会

　　人是社会物质生活条件的必要因素，没有最低限度的人口，就不可能创造出社会物质文明和精神文明。西夏人口大体在 30 余万户 160 万口左右，最多时 200 万口左右，最低时 120 万口左右，这是其立国的基本条件。宗族部落贯穿党项西夏社会的全过程，以拓跋部为代表的豪族大姓是西夏宗法封建制的代表，他们族大、人众、兵多，往往以首领乃至部落的名义占有大片农田、草场和山林，并拥有为数众多的劳动生产者。抛开宗族内的中小地主、牧主和小土地占有者不计外，在贵族土地上劳动的有佃农、种地者、门下人、牧人、私人、典押出力人、雇工和奴隶。

　　租佃是大土地占有者重要的经营方式，俄藏黑水城出土西夏文献中就有不少是租地契约，其中有的农户把土地出卖给地主后，又从地主手中包租土地，从自耕农变成佃农。部落制下的西夏佃农自由租佃权力有限，因为男丁全部以族帐为基础组成军抄，一人为正军，一人为负担，还有一人为辅主。这种兵役制度必然要限制家族成员的流动，即使流动也是在部落内部流动。没有人口的自由流动，就没有特定意义上的自由租佃。西夏的佃户不同于宋朝的佃户，他们身受贵族地主和封建国家的双重剥削，这就是西夏社会的特殊性。

　　庶民是西夏社会阶级结构中一个极为重要的等级，这个等级低于贵族地主，高于依附民阶层。贵族和庶民的区分是贵族世官世禄，庶人则无官无禄；贵族衣紫衣绯，民庶青绿，以别贵贱。

（一）西夏的人口

1. 西夏总人口的估计

对西夏总人口的估计，一是依据其军队数量估算出全国的丁壮数，再由丁壮数推算出全国的人口总数；二是通过有关西夏总人口与某些州的户口材料，推算出全境人口。然后综合两种方法估算出的数字，得出比较接近实际的西夏总人口数。① 我们先从军队数量上来看：

西夏兵员扩充大致分为三个阶段。第一阶段景宗李元昊即位初期，由李德明时的 10 万人发展到 15 万人。②

第二阶段西夏建国前后，李元昊为了对外战争，一方面更立军制，扩充兵员；另一方面通过引诱和征服的手段，将西凉吐蕃、甘州回纥以及沿边蕃部的兵丁据为己有，仅延州北面的"东茭、金明、万刘诸族胜兵数万，悉为贼所有"。③ 这样就使得西夏军队急剧扩大到三十七八万到四十万

---

① 对西夏人口的估算差异较大，有认为一二百万（漆侠、乔幼梅：《辽夏金经济史》第 215—216 页，河北大学出版社 1998 年版；杜建录：《论西夏的人口》，《宁夏大学学报》2003 年第 1 期；赵斌、张睿丽：《西夏开国人口考论》，《民族研究》2002 年第 6 期）。有认为二三百万（赵文林、谢淑君：《中国人口史》第 270—274 页，人民出版社 1988 年版；葛剑雄：《中国人口发展史》第 203 页，福建人民出版社 1991 年版；吴松弟：《中国人口史》第三卷，第 197—201 页，复旦大学出版社 2000 年版）。有认为 400 万（李虎：《西夏人口问题琐谈》，《首届西夏学国际学术会议论文集》，宁夏人民出版社 1998 年版）。有认为 900 万（余苇青：《论西夏人口消失的原因》，《首届西夏学国际学术会议论文集》，宁夏人民出版社 1998 年版）。

② 《范文正公年谱》载：元昊置十八监军司，"总十五万"。《隆平集》卷二○《夏国赵保吉传》载："在德明时，兵十余万而已，曩霄之兵逾十五万。"《东都事略》卷一二七《西夏传》载："曩霄有兵十五万八千五百人。"

③ 《宋史》卷三二三《赵振传》。

左右。①

第三阶段为西夏中后期，兵员多达六七十万。这一时期西夏已建立起一套完整的兵役制度，为了保证兵源，将服役年龄由15—60岁延长到15—70岁。② 男孩从十岁开始就要登记注册，作为预备役，如果"年及十至十四不注册隐瞒时"，隐一至三人徒三个月，三至五人徒六个月，六至九人徒一年，十人以上一律徒二年。年十五以上隐瞒不注册时，对隐瞒者的处罚更重。另外"及丁籍册上犹著年幼者，当比丁壮不注册罪减一等"。还有"诸人现在，而入死者注销"，"又以壮丁入转老弱"等，都将根据情节轻重，对有关人员进行严厉的处罚。③ 由此看来，西夏中后期兵员增加到六七十万是完全可能的。

但是，上述各个时期的兵员总额中，还应包括一部分女兵。西夏女兵谓之"麻魁"，④ 她们或从军出征，⑤ 或戍守城堡。夏天授礼法延祚三年

---

① 《续资治通鉴长编》卷一二〇仁宗景祐四年十二月条载：元昊"置十八监军司，委酋豪分统其众。自河北至卧啰娘山七万人，以备契丹；河南洪州、白豹、安盐州、罗洛、天都、惟精山等五万人，以备环、庆、镇戎、原州；左厢宥州路五万人，以备鄜、延、麟、府；右厢甘州路三万人，以备西蕃、回纥；贺兰驻兵五万人，灵州五万人，兴庆府七万人为镇守，总三十余万"。

《宋史》卷四八五《夏国传》曰：元昊"置十二监军司，委豪右分统其众。自河北至午腊蒻山七万人，以备契丹；河南洪州、白豹、安盐州、罗落、天都、惟精山等五万人，以备环、庆、镇戎、原州；左厢宥州路五万人，以备鄜、延、麟、府；右厢甘州路三万人，以备西蕃、回纥；贺兰驻兵五万、灵州五万、兴州兴庆府七万人为镇守，总五十余万"。又说西夏左右厢十二监军司，"诸军兵总计五十余万。别有擒生十万。兴、灵之兵，精练者又二万五千，别副以兵七万为资赡，号御围内六班，分三番以宿卫"。

《续资治通鉴长编》与《宋史·夏国传上》关于元昊时兵力部署、驻地、数量的记载相同（只是某些地名译音用字不同），但总计数字一个是30余万，一个是50余万，而两条材料所载各地驻军总和为37万，与《长编》总计数字吻合。两条材料在监军司兵与兴、灵镇守军之外，还提到六班直5000人，铁骑3000人，这么少的部队都提到了，不可能遗忘十多万的庞大队伍。显然是《宋史》作者将总数统计错了，或者误将西夏后期军队数放到前期了。

② 《隆平集》卷二〇《夏国赵保吉传》载：其民"年六十以下，十五以上，皆自备介胄弓矢以行"。这大致是西夏前期的情况。成书于中后期的《天盛改旧新定律令》卷六《抄分合除籍门》则记载："诸转院各种独诱年十五当及丁，年至七十入老人中。"

③ 《天盛改旧新定律令》卷六《抄分合除籍门》。

④ 《隆平集》卷二〇《夏国赵保吉传》载：党项"俗喜复仇，然有凶丧者，未复，负甲叶以为记。不能复者，集邻族妇人，烹牛羊，具酒食，介而趋仇家，纵火焚之。其经女兵者，家不昌，故深恶焉。"该条材料后注云："俗谓妇人谓麻魁。"

⑤ 《名臣碑传琬琰之集》卷四八《忠献韩公琦行状》载："元昊窃数州之地，精兵不出五、六万，余皆妇女老弱，举族而行。"

（1040），宋环庆路副都部署任福等破西夏白豹城，"禽伪张团练并蕃官四人，麻魁七人"。① 这里被俘的"麻魁"，就是与正军一起戍守白豹城的女兵。西夏法典《天盛改旧新定律令》对女兵戍守城寨有明确的反映，"守大城者，当使军士、正军、辅主、寨妇等众人依所定聚集而住"。② 如果"守营、垒、堡城者军溜等中，军士、寨妇等本人不往，向大小头监行贿，令某处住，往者、收留者罪相等，正军、辅主等一律十杖，寨妇笞二十，与行贿罪比较，按重者判断"。若"正军住城垒中，寨妇不来者，寨妇当依法受杖，勿及服劳役。属者男人因不送寨妇，打十杖。寨妇、男人等皆不来者，依法判断，寨妇勿及服劳役。已行贿则与行贿罪比，按重者判断"。③

西夏女兵承担繁重的后勤杂役与打扫战场工作，估计人数不会太少，我们权且把她们定在总兵力的15%，即10万人左右。如果减去女兵，西夏兵丁人数大约在60万上下。现代人口普查结果，一般15—50岁的男性约占总人数的25%，15—70岁约占总人口的37%。西夏也大致如此，即60万15—70岁的丁壮约占总人口的37%，以此推算，西夏总人口大致为162万。退一步讲，《宋史·夏国传》所记的70万军队不包括女兵，西夏总人口也不过189万，不超过200万。

汉文史籍保留了两条西夏总人口的资料，一是宋庆历四年（1044），崇政殿说书赵师民上疏宋仁宗，说西夏占据的土地，为陕西路"十二分之二，校其人众，七八分之一，虽兼戎狄，亦不过五六分之一，穷塞之地土至薄，校其财力，二十分之一。"④ 另一是宋熙宁五年（1072），王安石讨论边防时说："今陕西一路即户口可敌一夏国，以四夏国之众当一夏国（陕西缘边分为四路），又以天下财力助之，其势欲扫除亦宜甚易，然终不能使夏国畏服，以其

---

① 《续资治通鉴长编》卷一二八，仁宗康定元年九月壬申条。
② 《天盛改旧新定律令》卷四《弃守大城门》。
③ 《天盛改旧新定律令》卷四《弃守营垒城堡溜等门》。
④ 《续资治通鉴长编》卷一四六，仁宗庆历四年二月丙辰条。

君臣强武"等方面的原因。①

庆历年间（1041—1048）西夏人口占宋陕西路人口的五六分之一，20多年后，随着西夏疆土的开拓，人口也有所增加，就西夏与吐蕃沿边地区而言，宝元（1038—1039）、庆历（1041—1048）间西夏主要用兵宋朝，"故秦、渭一带西蕃未暇窥夺"，庆历议和后，"遂一向攻协，秦渭诸蕃大半为其所属"。②因此熙宁年间，总人口由原来占陕西路的五分之一增加到四分之一是完全有可能的。

据统计，元丰年间（1078—1085）陕西路总人口约135.6万户，③ 时距熙宁五年（1072）不过10年，若年自然增长率为1%，熙宁年间陕西路人口至少在125万户以上。以此计之，当时占陕西路四分之一的西夏人大致在30余万户（帐），160万口左右。④

再从西夏某些州的户口来看。宋人郑刚中《西征道里记》载："夏国左厢监军司接麟、府沿边地分，管户二万余；宥州监军司接庆州、保安军、延安府地分，管户四万余；灵州监军司接泾、原、环、庆地分，沿边管户一万余，兹其大略也。"⑤《宋会要辑稿》方域二一之二载：淳化四年（993）府州折御卿上言："银、夏州管内蕃汉户八千帐族悉来归附，录其马、牛、羊万计。"平均每州4000户（帐），西夏立国后随着人口的繁衍，可能要超过这个数字。《宋史》卷二五九《郭守文传》曰：雍熙二年（985）"银、麟、夏三州归附者百二十五族、万六千余户"，平均每州5000余户。《宋史》卷四九二《吐蕃

---

① 《续资治通鉴长编》卷二三二，神宗熙宁五年四月丙寅条。

② （宋）韩忠彦：《忠献韩魏王家传》卷七，四库存目丛书本。

③ （宋）王存：《元丰九域志》卷三《陕西路》。

④ 古代人口统计，一般按每户五口计算，西夏亦大抵如此。《续资治通鉴长编》卷四六六哲宗元祐六年九月辛亥条范纯粹奏，夏人降者，"凡一卒一夫，所携老小不下四、五"，即每户有五六人。黑水城6342号西夏文户籍文书中28户共有89口，平均每户3.18口；同时出土的户籍文书也有一户7口和18口的（史金波：《西夏户籍初探——4件西夏文草书户籍文书译释研究》，《民族研究》2004年第5期）。

⑤ （宋）郑刚中：《北山集》卷一三《西征道里记并序》，文渊阁四库全书影印本。

传》曰：咸平元年（998），凉州吐蕃首领折逋游龙钵上言："河西军即古凉州，东至故原州千五百里，南至雪山、吐谷浑、兰州界三百五十里，西至甘州同城界六百里，北至部落三百里。周回平川二千里，旧领姑臧、神鸟、蕃禾、昌松、嘉麟五县，户二万五千六百九十三，口十二万八千一百九十三。今有汉民三百户。"

除上述比较重要的州外，西夏还有许多小州，如"洪、定、威、龙皆即堡镇号州"。① 这些州的人口肯定不会太多，大致一两千户或更少。② 这样，根据户口数，可以把西夏的州分为四等，一等 4—5 万户，二等 1—2 万户，三等 4—5 千户，四等 1—2 千户，我们若取其中数 1 万户过一点，那么西夏 20 多个州，也大致是 30 多万户。

总之，从西夏丁壮人数、宋人关于西夏人口估计与部分州的户口数三方面推测，西夏人应在 30 余万户，160 万口左右，上线接近 200 万口，下线不低于 120 万口。

2. 西夏人口的分布

西夏疆土东尽黄河，西界玉门，南临萧关，北抵大漠。其面积约 66 万平方公里，③ 若以西夏总人口 150 万计，则每平方公里 2.27 人，依唐宋的官方人口统计，这个密度低于北宋各路，也低于唐代各道的平均数，但高于唐代陇右道，与唐代关内道接近，只低一个百分点。④

唐代诸道平均人口密度　　　　　13.8 人/平方公里

唐代关内道人口密度　　　　　　3.45 人/平方公里

① 《宋史》卷四八五《夏国传上》。

② （宋）王存《元丰九域志》卷三《陕西路》载：保安军户 1041，兰州户 643，西夏小州或许比这更少。

③ 根据谭其骧先生主编的《中国历史地图集·西夏疆域图》测算，西夏最盛时总疆土 80 多万平方公里。

④ 梁方仲：《中国历代户口、田地、田赋统计》，上海人民出版社 1980 年版，第 114、164 页。

唐代陇右道人口密度	0.67 人／平方公里
北宋诸路人口密度	18.1 人／平方公里
南宋诸路人口密度	16.4 人／平方公里
北宋秦凤路人口密度	8.8 人／平方公里
北宋永兴军路人口密度	19.7 人／平方公里

西夏的生态环境比较差，与唐代陇右、关内道有许多相似的地方，因此人口密度比较低，并且各地差别悬殊，广阔的沙漠地带荒无人烟，灌溉农业区与沿边山界半农半牧区，人口密度则比较高。

河套地区为西夏重要的农牧区与政治、军事中心之所在，这一地区的人口分布有两大特点：一是驻军与官僚贵族多。兴、灵二州及贺兰山驻军 17 万，以卫京师；河北午腊蒻山一带的后套地区驻军 7 万，以御契丹。① 若再加上他们的家属以及王室、贵族、官僚、僧侣、各类工商业生产者与达官贵人的杂役、仆从，人数就更多了。二是农牧业人口较多。黄河由今宁夏中卫进入河套平原，水势平缓，蜿蜒坦荡，为发展灌溉农业与畜牧业提供了得天独厚的条件，因而这一地区还是西夏重要的农牧业人口聚居地。当然，监军司兵本身就是农牧民。

宋夏沿边山界，东起横山，西至天都山、马衔山一带，虽属山区，但当时生态环境比较好，生产发展，人口稠密，元昊在此驻军 10 万。② 郑刚中《西征道里记》载：左厢监军司管户二万，宥州监军司管户四万。再加上其他一些州的人户，差不多有八九万户，数十万口。认识到这一点很重要，这样我们就不难理解在宋夏长达百年的战争中，绝大部分是围绕争夺沿边山界展开的。③ 也正因为宋朝长期争夺，最终"收复夏国地数千里，筑军一、城七、

① 《宋史》卷四八五《夏国传上》。
② 《宋史》卷四八五《夏国传上》。
③ 李蔚：《宋夏横山之争述论》，载《西夏史研究》，宁夏人民出版社 1989 年版。

寨五、堡垒二十四，破贼城八，禽首领三千，降部族二万，斩首五万"。① 使西夏人口受到很大的损失。

以走廊著称的甘、凉、瓜、沙、肃诸州，水草丰美，牧场辽阔，河渠水利灌溉事业发达，是西夏又一人口相对集中地区，该地居民包括党项戍军、西凉吐蕃、② 甘州回鹘以及原有与后来迁居的汉人、③ 总人口加起来也有几十万。

荒漠与半荒漠大致占西夏全境五分之四以上，这是西夏人口密度低的根本原因。无论是腾格里沙地、巴丹吉林沙地，还是毛乌素沙地，常常是数百里，乃至上千里"既无水草，又无人烟"，④ 只有在条件较好的河流与湖盆岸边，栖息着为数不多的游牧族帐。巴丹吉林北部黑水地区，为西夏黑水镇燕军司所在地，根据该地出土的卖地文契，⑤ 当年这里水草丰茂，农牧业生产比较发达，是沙漠绿洲中人口较为集中的地区。当然，从总体上看，西夏的河套平原与河西走廊实际上都是沙漠绿洲，只不过绿洲连成一片，面积较大而已。

（二）西夏宗法封建制

1. 党项的宗族制度

宗族问题贯穿于党项社会与国家的全部过程。党项宗族的内部结构与社会形态有着显著的特点，第一，以血缘为纽带的党项宗族，经过若干代的繁衍发展，派生出许多支系，一个强宗大族往往包括若干个乃至数十个中小家族：

---

① （宋）王安中：《初寮集》卷六《定功继伐碑》，文渊阁四库全书影印本。
② 《宋史》卷四九二《吐蕃传》载：宋初凉州吐蕃"户二万五千六百九十三，口十二万八千一百九十三"。西夏攻占凉州后，只有部分吐蕃投靠河湟唃厮啰，相当部分仍留居在当地。
③ 《宋史》卷四八六《夏国传下》曰："得汉人勇者为前军，号'撞令郎'。若脆怯无他伎者，迁河外耕作，或以守肃州。"
④ 《续资治通鉴长编》卷五〇〇，哲宗元符元年七月甲子条。
⑤ 黄振华：《西夏天盛廿二年卖地文契考释》，载白滨编：《西夏史论文集》。

表 7-1　党项宗族支系情况表

年代	宗族	支系数或名称	资料来源
唐至德至永泰间 （756—765）	破丑族	三族	《新唐书·党项传》
同上	野利族	五族	同上
五代 （907—960）	客户	三族	同上
同上	阿埋	三族	同上
同上	泥也	六族	《五代会要·党项传》
同上	野龙	十九族	《册府元龟》卷九九九
雍熙二年 （985）	宥州界咩兀族	十族	《宋史·党项传》
同上	岌伽罗腻族	十四族	同上
同上	兀泥族	三族	同上
宋太宗年间 （976—997）	野狸族	十族	《宋史》卷二七七 《郑文宝传》
端拱元年 （988）	藏才族	藏才三族、八族、 三十八族	《宋会要》方域二
至道元年 （995）	睡泥族	二族	《宋史·党项传》
同上	勒浪族	勒浪崀女儿门、 勒浪树李儿门	同上
至道二年 （996）	女女族	女女忙族、 女女梦勒族等四族	同上

续表

年代	宗族	支系数或名称	资料来源
咸平六年（1003）	原渭内附戎人八部	二十五族	《宋史·党项传》，又见《长编》卷五五
景德元年（1004）	熟魏族	茄罗、兀赃、成王三族	《宋史·党项传》
天禧二年（1018）	樊家族	九门	《宋史·党项传》，又见《长编》卷九一
天圣四年（1026）	康奴族	六门	《宋会要》兵一四之一七

既然党项宗族有主支、大小之分，因此，它所统属的族帐有多有少，多则数百帐乃至数千帐，少则只有几十帐：

表7-2　党项宗族统属族帐情况表

年　代	党项宗族数	属帐及各族平均帐数	资料来源
雍熙二年（985）	银、麟、夏三州归附125族	16000余户（帐），族均128户（帐）	《宋史》卷二五九《郭守文传》
淳化四年（993）	边人42族	万余骑，族均240骑	《宋史·夏国传》
咸平元年（998）	兀泥族	领族帐1500户	《宋史·党项传》
咸平五年（1002）	麟州勒厥麻等三族	1500帐，族均500帐	《长编》卷五三《宋史·党项传》
咸平年间（998—1003）	庆州峉□等170余族	4000余户（帐），族均24户（帐）	《宋史》卷二七九《张凝传》

续表

年　代	党项宗族数	属帐及各族平均帐数	资料来源
咸平六年（1003）	环庆内属戎人184 族	4080 余户（帐），族均 22 户（帐）	《长编》卷五四
宋仁宗年间（1023—1063）	水令逋等 17 族	11000 余帐，族均 647 帐	《宋史》卷三五〇《张守约传》
宝元二年（1039）	丰州藏才 38 族	10 万众，约 2 万余帐，族均 526 帐	《长编》卷一二四
元丰四年（1081）	龛波给家 22 族	1900 余户，族均 86 户	《长编》卷三一六

由此可见，党项宗族呈树冠状分布，众多个体族帐组成中小家族，若干中小家族支撑着强宗大族，所谓"每姓别自为部落，一姓中复分为小部落"。[1]这种分化派生，既包括同一血缘氏族的繁衍发展，也有对其他部落的兼并征服，有的属自然派生，有的为统治者人为地分化瓦解。宋嘉祐六年（1061），贷命编管五门蕃部巡检苏恩，"仍分所管蕃部为八族，各推首领以主之"。[2] 宋熙宁四年（1071），俞龙珂等举族内附，"又分其本族大首领四人为族下巡检，既分为四头项，自此可令不复合为一，免点集作过"。[3] 西夏对党项家族的政策也应大抵如此。

外来族帐的入居，也是促使宗族派生与发展的重要因素，后周广顺二年（952）六月，"以府州党项泥也六族防御使、归化将军泥香王子又泥也、大首领拓跋山，并为归德将军"。[4] 泥也族的外姓首领拓跋山，很可能就是外来入

---

① 《旧唐书》卷一九八《党项羌传》。
② 《续资治通鉴长编》卷一九五，仁宗嘉祐六年十月戊午条。
③ 《续资治通鉴长编》卷二二八，神宗熙宁四年十二月戊辰条。
④ 《五代会要》卷二九《党项传》，中华书局 1998 年排印本。

居的族帐，并取得了首领的地位。宋雍熙二年（985），"府州女乜族首领来母崖男社正等内附，因迁居著乜族中"。① 宋庆历四年（1044）范仲淹指出：唐龙镇嘉舒、克顺等七族"旧属府州，比因边臣不能存恤，逃入西界，在今府州东北缘黄河西住坐，其地面与火山军界对岸。昨西贼大掠麟府界，人户悉居于彼，遂分为十四族"。②

派生与衍化出的中小族帐，起初大多留在大姓族内，但也有一开始就走上独立发展道路的。宋至道元年（995）七月，"睡泥族首领你乜逋令男诣灵州，言族内七百余帐为李继迁劫略，首领乜逋一族奔往萧关，你乜逋一族乞赐救助，诏赐以资粮"。③ 可见在李继迁攻掠下，睡泥族首领你乜逋与乜逋，各率所属分成两族，并走上了各自不同的发展道路。

第二，党项宗族往往称某某家族。据宋人沈括记载："昔人文章用北狄事，多言黑山，黑山在大幕之北，今谓之姚家族，有城在其西南，谓之庆州。"④ 文献上还有牛家、汪家、吴家、旺家、折家、苏家、韦家、媚家、封家、樊家、王家、狸家、延家、慕家，等等。他们一般由宗族首领的姓氏演变而来，慕家就相当典型。羌酋慕恩本为环州乌贵族蕃官巡检，⑤ 种落强盛，为知环州种世衡所用，蕃族有不附者，"即命慕恩出兵诛之"。⑥ 因而声名鹊起，所属部族遂以慕家或慕恩为名。⑦

有的部族以首领的姓名为名，前引睡泥族两首领你乜逋与乜逋，在李继迁的攻掠下，各领所部分为你乜逋族与乜逋族。宋景德元年（1004），"先叛

---

① 《宋史》卷四九一《党项传》。
② 《续资治通鉴长编》卷一五二，仁宗庆历四年十月壬子条。
③ 《宋史》卷四九一《党项传》。
④ （宋）沈括：《梦溪笔谈》卷二四《杂志一》。
⑤ 《续资治通鉴长编》卷一三三，仁宗庆历元年九月丁未条。
⑥ 《宋史》卷三三五《种世衡传》。
⑦ 《续资治通鉴长编》卷三一二，神宗元丰四年四月丙子条，"环州属羌慕家族首领迎逋数纵火杀人，官不敢问，结连诸部欲为寇"。同书卷四八二，哲宗元祐八年三月乙未条注引李清臣与知定州许将小简云："夏羌围环州，劫慕恩族。"慕恩为庆历间（1041—1048）羌酋，至元丰（1078—1085）、元祐（1086—1093）时遂以慕姓为族名。

去蕃官茄罗、兀赃、成王等三族及掾移军主率属归顺"。① 宋元丰四年（1081），"兰州新归顺首领巴令渴等三族，领所部兵攻贼撒逋宗城"。② 茄罗、兀赃、成王、巴令渴等族均是以首领姓名为名的。

有的部族则以居地为"族名"，如庆州白马川的白马族，延州金明县的金明族，③ 庆州野鸡塞的野鸡族，④ 泾州西北大虫前后巘的大虫族，⑤ 延州荬村的荬村族，⑥ 庆历年间因荬村族首领名折马山，又称该族为折马山族。⑦

当然，不仅仅是家族以居地为名，也有居地以族称命名的。《宋史》卷三二三《周美传》载：夏人来寇，"美迎击于野家店，追北至拓跋谷，大败其众"。这里的"拓跋谷"，显然与党项拓跋部有关。

第三，党项宗族不论大小都有首领，豪族大姓一般称之为大酋长、大首领，中小部族则称之为首领。在一个豪族大姓内，往往有一个或数个大首领和若干首领、副首领。宋至道三年（997）二月，"泥巾族大首领名悉俄，首领皆移、尹遇、崔保罗、没佶，凡五人来贡马"。⑧ 名悉俄等五人均为泥巾族的大小首领。宋咸平二年（999）十一月，"藏才八族大首领皆赏罗等来献名马"。⑨ 显然，在八族大首领之下，至少还有八个首领。这些大大小小的家族首领皆世代承袭，"父死子继，兄死弟袭，家无正亲，则又推其旁属之强者以为族首，多或数百，虽族首年幼，第其本门中妇女之令亦皆信服"。⑩ 宋人范

---

① 《续资治通鉴长编》卷五七，真宗景德元年九月丁亥条。
② 《续资治通鉴长编》卷三一六，神宗元丰四年九月辛丑条。
③ 《宋史》卷三二三《赵振传》。
④ 《折渭州墓志铭》，载韩荫晟：《党项与西夏资料汇编》上卷第一册，宁夏人民出版社2000年版，第206页。
⑤ 《续资治通鉴长编》卷一三九，仁宗庆历三年正月丙子条。
⑥ 《续资治通鉴长编》卷一二五，仁宗宝元二年十一月庚子条。
⑦ 《续资治通鉴长编》卷一三五，仁宗庆历二年三月壬戌条："荬村族三班殿侍折马山为三班奉职。……丁卯，知青涧城种世衡请募蕃兵五千，左手虎口刺'忠勇'二字，令隶折马山族。"可见折马山族即荬村族。
⑧ 《宋史》卷四九一《党项传》。
⑨ 《宋史》卷四九一《党项传》。
⑩ 《宋史》卷一九一《兵志五》。

纯粹也曾指出："臣观边人之性，以种族为贵贱，故部酋之死，其后世之继袭者，虽刍稚之子，亦足以服老长之众，何哉？风俗使之然也"。① 西夏谚语"哥哥继承宗族，弟弟到处游宿"，② 也说明了这个问题。

大小首领虽然是世袭的部族头领而非西夏职官，但在西夏社会政治经济生活中，起着非常重要的作用，对外代表本部族，对内统领所属族帐，西夏政权正是通过他们实现对部族的统治，蕃部族帐往往只认首领，而不认官府。这种具有特殊地位的首领一般都有"首领印"，传世的西夏"首领印"大多是二字印，印文为西夏文九叠篆书"首领"二字，印背刻受印者姓名及年款，有的干脆刻上"首领某某某"。如天盛四年的两方印，背款一刻"首领酩玉嵬名势"，一刻"首领罗缚勒"。天盛五年印背刻"正首领酩西兀"，天盛十八年印背刻"首领酩布小狗山"，乾祐十二年印背刻"首领哲慧成"。③ 这些正好印证了文献关于首领、大首领的记载。

西夏文首领印

第四，党项部落都有自己的武装力量，越是强宗大族，拥有和控制的武装力量也就越大越强。"原州属羌明珠、灭藏二族，兵数万，与元昊首尾，隔

---

① 《续资治通鉴长编》卷三八九，哲宗元祐元年十月戊戌条。

② 陈炳应：《西夏文物研究》，宁夏人民出版社1985年版，第350页。

③ 白滨：《西夏官印、钱币、铜牌考》，载《西夏文物》，文物出版社1988年版。

绝邻道"。① 李元昊建国前用金银招诱宋朝沿边党项，"于是东菱、金明、万刘诸族胜兵数万，悉为贼所有"。② "元丰四年秉常为母族所篡，诸大酋数十，各拥兵汹乱。"③ 李德明时派万子等四军主各领族兵攻打西凉府。④

这些大大小小的宗族首领各领族兵，实际上是各级军事首领，元昊"置十二监军司，委豪右分统其众"。⑤ 监军司设都统军、副统军、监军使各一员，均由宗族大首领充任。⑥ 监军、统军等豪族大酋之下，为统领数百帐乃至上千帐的团练、观察、刺史。⑦《宋史·夏国传》曰："凡正军给长生马、驼各一。团练使以上，帐一、弓一、箭五百、马一、橐驼五，旗、鼓、枪、剑、棍棓、秒袋、披毡、浑脱、背索、锹镢、斤斧、箭牌、铁爪篱各一。刺史以下，无帐无旗鼓，人各橐驼一、箭三百、幕梁一。"可见，团练使和刺史是西夏军职中两个基本界线，团练使以上属高级军职，由大首领担任，团练使至刺史属中层军职，刺史以下属低级军职。

西夏文法典《天盛改旧新定律令》中反映的行监、溜首领、盈能，大致属于中下层军事首领。统领百余帐的为中首领和统领数十帐的为小首领、舍监，律令对他们的派遣、任命有着明确的规定："盈能、副溜有应派遣时，监军司大人应亲自按所属同院溜顺序，于各首领处遴选，当派遣先后战斗有名、勇健有殊功、能行军规命令。"小首领与舍监的任命，必须经"所属首领、族父等同意，自有二十抄者设小首领一人，十抄可设舍监一人"。由境外"引领本族部来投诚，自共统摄者，若统摄十抄以上，则当为所统摄军首领"⑧。

---

① 《续资治通鉴长编》卷一三八，仁宗庆历二年十月戊辰条。
② 《宋史》卷三二三《赵振传》。
③ （宋）苏轼：《经进东坡文集事略》卷四〇《代滕甫论西夏书》。
④ 《续资治通鉴长编》卷六八，真宗大中祥符元年三月戊辰条。
⑤ 《宋史》卷四八五《夏国传上》。
⑥ 《宋史·夏国传上》载：元丰四年"追袭其统军仁多㖫丁"，元丰七年"杀其首领仁多㖫丁"。显然西夏统军仁多㖫丁为党项宗族大首领。
⑦ 《西夏书事》卷一五："元昊以官爵縻下，沿边逐族首领管三五百帐，悉署观察、团练之号。"
⑧ 《天盛改旧新定律令》卷六《行监溜首领舍监等派遣门》。

　　豪族大酋领通过层层的军事组织，实现对所属部族的控制，并在族内享有绝对的权威与较高的威望。"首领各将种落之兵，谓之'一溜'，少长服习，盖如臂之使指，既成行列，举手掩口，然后敢食，虑酋长遥见。"① 宋元符元年（1098），宋将折可适俘获天都统军嵬名阿埋与监军妹勒都逋，"其诸族帐首领见捕获此二人，接续扶携老幼争来投降，并欲依附都逋等"②。

　　既然宗族有着强大的军事力量，那么，要想建立和巩固西夏政权，必须加强对豪族大姓的控制，联络豪右、结婚大族为拓跋李氏建国的基本国策。③西夏建国后仍长期与豪族大姓联合专政。元昊联姻野利大族，"拽利王旺荣、天都王刚浪㥄者，皆元昊妻之昆弟也，与元昊族人嵬名山等四人为谟宁令，共掌军国之政"。④ 元昊之后，外戚没藏讹庞专权，"朝廷岁赐谅祚金帛，［讹庞］四族常分其半，首领入贡，辄货易图利，故四族盛强"。⑤

　　第五，在党项强宗大族内部，除同姓族亲外，还有一些非同姓、非党项成员。宋英宗治平年间（1064—1067）吕诲指出："逐部族今所存者，却有外来散户依附其间，或是连亲，或即庸力，混杂居处，例各年深。"⑥ 奏章中值得注意的是依附于强宗大族的"散户"既有连亲的党项人，也有不是"连亲"而是来"庸力"的外来户，他们都是强宗大族的依附民，并且"混杂居处"，年深岁远，形成了一种依附关系。这种依附关系深刻地表明，党项族的阶级分化业已发生了。

　　概括上述几点，可以看出党项的强宗大族不仅是一个具有宗法血缘关系的社会组织，而且他们有着自己的"地分"或"族界"，有着世世代代相承的首领和包括"庸力"者在内的依附民，形成了一个生产有机体。同时，还有

---

① 《续资治通鉴长编》卷一三二，仁宗庆历元年五月甲戌条。
② 《续资治通鉴长编》卷五〇五，哲宗元符二年正月甲辰条。
③ 漆侠、乔幼梅：《辽夏金经济史》，河北大学出版社1998年版，第208—212页。
④ （宋）司马光：《涑水记闻》卷五，中华书局标点本。
⑤ （宋）张方平：《乐全集》卷三六《谥曰康穆程公神道碑铭并序》，文渊阁四库全书影印本。
⑥ （明）杨士奇等编：《历代名臣奏议》卷三四三，文渊阁四库全书影印本。

武装力量维护这个共同体的内部秩序，以及反对外族掠夺，显然是一个地地道道的"独立王国"。由此可以理解到，为什么李继迁揭起抗宋旗帜后，立国方略为"联络豪右"。如果不这样做，就无法得到豪右的物质供应，也得不到豪右的强弓劲马，更得不到银夏的广土众民；不联络豪右，就无以建立政权，割据西北，与辽、宋形成鼎足之势！因此，党项的豪右也就成为统治西北地区的贵族势力和党项夏国的统治基础。

2. 西夏土地制度

西夏土地制度，大体上可以区分为国家所有、党项贵族大土地占有、寺院土地占有和小土地占有四种形式：

（1）国有土地

西夏的国有土地主要由国有草场、农田、山林等组成。在广袤的高原丘陵和戈壁草滩上，国有草场和部落族帐的草地往往没有明确的界限，以致双方经常因地界问题发生纠纷。针对这一问题，夏仁宗天盛年间（1149—1169）颁行的法律明确规定，如果个体牧人既在官牧场放牧，又有自己的草场，应从官牧场迁出，"不许于官地内安家"。如果发生大旱等自然灾害，"官牧场中诸家主之寻牧草者来时，一年以内当安家，不许耕种。逾一年不去，则当告于局分而驱逐之"。[①]

西夏官私农田的界线则比较清楚，法律规定"诸人有开新地，须于官私合适处开渠，则当告转运司，须区分其于官私熟地有碍无碍，有碍则不可开渠，无碍则开之"。[②] 除上述国有牧场、农田外，大量闲置的"闲田旷土"也属于国有土地的范畴。[③]

---

① 《天盛改旧新定律令》卷一九《牧场官地水井门》。
② 《天盛改旧新定律令》卷一五《渠水门》。
③ 《续资治通鉴长编》卷四六〇，哲宗元祐六年六月丙午条载，知熙州范育言："臣尝究知夏国之闲田，弥亘山谷，动数百里，未悉垦辟。"

西夏国有土地主要来源于前代国有荒地、草原、山林、牧场和以屯田、营田形式存在的官田。宋淳化五年（994）四月四日，宋太宗为了制服李继迁，"诏夏州旧城宜令废毁，居民并迁于绥、银等州，分官地给之"。① 毫无疑问，西夏立国后，上述官田被全部继承了下来。西夏国有土地第二个来源为籍没入官的田土。《天盛改旧新定律令》规定：犯谋逆、背叛等重罪，家人连坐，发配到官营农牧场服刑，"畜、谷、宝物、地、人等，所有当并皆没收入官"。② 另外，户绝田在原则上也是入为官地的。

西夏国有土地大致有两种经营方式：第一为屯田。屯田是国有土地传统的经营方式，早在宋咸平四年（1001）李继迁进攻灵州时，就"据其山川险要，凡四旁膏腴之地，使部族万山等率蕃卒驻榆林、大定间为屯田计，垦辟耕耘"。③ 建国以后，随着版图的扩大与戍边卫疆的需要，这种屯田垦辟制度被继承了下来。元朝在西夏故地屯田，就继承了西夏的屯田。④ 第二为营田，所谓营田，即将战争俘获的汉人与失去土地的农牧民投到国有闲田旷土上，⑤或由官府提供口粮、籽种、耕牛、农具，或自备生产工具进行生产，然后向官府缴纳租课。这些营田蕃汉人，表面上与官府结成租佃关系，实际上是依附于官府的农奴，尤其是战争俘获的"驱口"，人身地位甚至比农奴还要低，但不是奴隶。

（2）贵族首领大土地占有制

党项内迁后，唐王朝即授以庆、灵一带田土，令部落居住生息。后来随着生产的发展与社会的进步，原来归氏族部落公有的土地逐渐被贵族首领私人占有。因此，党项贵族大土地占有制是西夏土地制度的重要组成部分。宋

---

① 《宋会要辑稿》方域八之三二。
② 《天盛改旧新定律令》卷一《谋逆门》。
③ 《西夏书事》卷七。
④ 《元史》卷一〇〇《兵志三·屯田》记载：元立屯田，"大抵芍陂、洪泽、甘、肃、瓜、沙，因昔人之制，其地利盖不减于旧"。
⑤ 《宋史》卷四八六《夏国传下》曰："得汉人勇者为前军，号'撞令郎'。若脆怯无他伎者，迁河外耕作，或以守肃州。"

神宗讨伐夏国敕榜曰："其先在夏国主左右，并嵬名诸部族同心之人，并许军前拔身自归，及其余首领能相率效顺，共诛国仇，随功大小，爵禄赏赐，各倍常科。许依旧土地住坐，子孙世世常享安荣。"① 敕榜许党项首领"依旧土地住坐"，明确反映出党项贵族对土地的占有情况。

　　西夏建国前党项贵族的私有土地主要从氏族部落领地转化而来，而建国后官僚贵族的巧取豪夺和土地买卖则成为贵族私有土地的重要来源。宋庆历年间（1041—1048）党项羌民乘景宗李元昊对宋用兵之际，在宋朝麟州窟野河西插木置小寨 30 余所，"盗种寨旁之田"。元昊死后，国主谅祚年幼，外戚没藏讹庞专权。讹庞以屈野河西田膏腴利厚，令民播种，以所收入其家，"宴然以为己田"。② 这段记述西夏侵耕的文字，清楚地反映了党项大贵族没藏讹庞兼并土地的情况。还如晋王察哥有园宅数处，皆攘之民间者。

　　西夏中期以后，土地买卖频繁，成书于夏乾祐二十一年（1190）的《番汉合时掌中珠》有"更变田地"的记述。《天盛改旧新定律令》明确规定："诸人卖自属私地时，当卖情愿处，不许地边相接者谓'我边接'而强买之。"③ 俄藏黑水城文献中，有 12 件西夏卖地文契，其中 10 件在青黄不接的正、二月，正是贫困农民出卖土地和贵族地主兼并土地的时节。从允许土地买卖的"那一瞬间起，大土地所有制的产生，便仅仅是一个时间问题了"。④ 黑水城出土户籍手实，记录梁行监一户 18 口人，有撒 52 石种子地 4 块，约520 西夏亩，218 宋亩。马 3 匹，2 大 1 小；骆驼 32 头，26 大 6 小。移讹千男一户 7 口人，有撒 27 石种子地 4 块，约 270 西夏亩，113 宋亩。骆驼 3 头，2大 1 小；牛 10 头，4 大 6 小；羊大小 80 只。说明除贵族大地主外，还有一定

① 《续资治通鉴长编》卷三一六，神宗元丰四年九月乙巳条。
② 《续资治通鉴长编》卷一八五，仁宗嘉祐二年二月壬戌条。
③ 《天盛改旧新定律令》卷一五《租地门》。
④ ［德］恩格斯：《德国古代的历史和语言》，人民出版社 1957 年版，第 72 页。

数量的中小地主。①

　　租佃是地主土地重要经营方式，宋英宗治平年间（1064—1067），同知谏院吕诲在一道奏章中曾说："逐部族今所存者，却有外来散户依附其间，或是连亲，或即庸力，混杂居处，例各年深。"② 这些外来"庸力"与前来"连亲"的党项人，就是失去土地的农牧民，他们以租佃形式耕种地主的土地。俄藏契约文书中有 8 件租地契约，③ 这些租地的佃户，有的把土地卖给地主后，当即从地主手中包租下来。租地契约没有规定一年期满后佃户自由离开，既然是租佃契约关系，佃户有自由选择的权利，但这种权利是有限的，一是部落社会下贵族首领对失去土地的个体族帐有相当的控制权，寺院地主把梁老房酉撒 15 石种子地兼并后，当即又向他出租了一块撒 8 石种子的土地，就透露出这样的信息；二是部落兵制下严格的兵役登记制度，男孩年 10—14 岁登记为预备役，15—70 岁登记为现役，然后以族帐单位组织军抄，一人为正军，一人为负担，还有一人为辅主。④ 这种兵役制度，限制了家族成员的流动，即使流动，也主要在本部落内部。没有人口的自由流动，就没有一定意义上的自由租佃。这样一来，佃户身受贵族地主和封建国家双重剥削。⑤ 尽管如此，土地租佃契约关系在党项西夏社会发展中具有十分重要的意义，失去土地的佃户有一定的人身自由，更为重要的是地主获取的是定额地租，有利于调动佃农的生产积极性，改进生产工具，提高单位面积产量。当然，必须

---

　　① 史金波：《西夏经济文书研究》附录"西夏经济文书录文、对译和意译"，社会科学文献出版社 2017 年版，第 457—463 页。

　　② （宋）赵汝愚编：《宋朝诸臣奏议》卷一二五《吕诲〈上英宗请重造蕃部兵帐〉》。

　　③ 俄藏编号 5124 契约长卷包括土地买卖契 8 件、租地契 8 件、卖畜契 3 件、雇畜契 3 件、贷粮契 1 件，共 23 件。

　　④ 《宋史》卷四八六《夏国传下》；《天盛改旧新定律令》卷六《抄分合除籍门》规定"年十五当及丁，年至七十入老人中"；《隆平集》卷二〇《夏国赵保吉传》记载：其民"年六十以下，十五以上，皆自备介胄弓矢以行"。

　　⑤ 《天盛改旧新定律令》卷一五《地水杂罪门》："租户家主（占有土地的宗族首领）有种种地租佣佃，催促中不速纳而住滞时，当捕种地者及门下人，依高低断以笞罪，当令其速纳。"这里的种地者和门下人，当是依附贵族地主的租户，他们不仅要向土地主人缴纳地租，还要承担封建国家的赋税和徭役。

指出的是西夏贵族地主拥有大量土地，利用超经济的强制手段，对农民进行残酷的剥削和压迫，特别是西夏晚期，黑水地区的农牧民维持生活都很困难。

在贵族地主和部分中小地主的土地上还存在雇工生产，俄藏黑水城文献中有一件《西夏光定卯年雇工契》。① 西夏的法律也保护地主雇工耕作，"双方乐意又言明工价，可立文书"，明确主人和雇工之间是经济雇佣关系，而不是人身依附关系。

不过需要指出的是，西夏完成封建制的同时，长期保留奴隶制的残余，直到天盛年间还存在奴隶市场，广大奴隶除承担家务劳动外，也有可能从事耕牧活动。

（3）寺院土地占有制

西夏寺院田产的来源不外乎兼并和施舍，《天盛改旧新定律令》规定："僧人、道士、诸大小臣僚等，因公索求农田司所属耕地及寺院中地、节亲主所属地等，诸人买时，自买日始一年之内当告转运司，于地册上注册，依法为租佣草事。"② 既然法律规定寺院土地可以出卖，那么兼并买进也是必然的事了。现存12件西夏土地买卖契约中，有8件是普渡寺梁喇嘛经手的，在天庆寅年（1194）正月二十四日到二月六日，短短的13天时间里，普渡寺就兼并土地760亩，约合190宋亩。元至元元年（1264），元世祖忽必烈下令"禁宁夏良田为僧所据者，听蒙古人分垦。"③ 此时西夏灭亡已近40年，寺院还占有大量的土地，以致忽必烈亲自下令干预，由此可以想见西夏时期寺院占田之多。

和贵族大土地一样，寺院地主土地也主要采取租佃的方式经营，现存的8

---

① 史金波先生翻译俄藏编号5949《西夏光定卯年雇工契》：光定卯年腊月五日，立契者播盉犬粪茂，今自愿到与宁离青处，自正月一日起至十月一日九个月出雇工，力价五石中二石现付，秋上三石，夏衣三丈白布。自己种五斗三升杂粮、三斗麦，明确有。犬粪茂当努力出工。其无谎诈、推诿，若任意往行，忙日旷工时，一日当还二日。工价未所遗数十月一日不给还，一石当还二石。谁反悔改口时，按官法罚交五石杂粮，不仅本心服，还依情节按文书所记实行。

立契者犬粪茂（押）知人千玉吉祥酉（押）知人麻则犬男（押）知人杨那征增（押）。

② 《天盛改旧新定律令》卷一五《租地门》。

③ 《嘉靖宁夏新志》卷四《沿革考证》。

件西夏租地文契，全部是普渡寺土地出租，其中天庆寅年（1194）正月二十九日，梁老房西把自己撒 15 石种子地卖给普渡寺，得到 6 石小麦，10 石杂粮。当天他又从普渡寺包租了一块撒 8 石种子的土地，秋收后交二石八斗小麦、三石六斗杂粮地租，从自耕农变成佃户。① 可见西夏晚期寺院地主翻手为云，覆手为雨，对广大农民剥削之残酷。除经营田产外，寺院还放高利贷，乾定申年（1224）二月二十五日，立文约人没水何狗狗典借瓦国师糜子一斛，于同年九月一日归还，从中获利八斗②。普渡寺仅天庆寅年（1194）正月二十九日到二月二日的四天时间，共贷出 30 石 3 斗 5 升小麦，54 石杂粮。

（4）小土地占有制

西夏境内还存在为数较多的小土地占有者，这在《天盛改旧新定律令》中也有反映："畿内诸租户上，春开渠事大兴者，自一亩至十亩开五日，自十一亩至四十亩十五日，自四十一亩至七十五亩二十日，七十五亩以上至一百亩三十日，一百亩以上至一顷二十亩三十五日，一顷二十亩以上至一顷五十亩一整幅四十日。当依顷亩数计日，先完毕当先遣之。"③ 上述修渠人工是按占田多少来派遣，从 1 亩至 150 亩，分别出 5 至 40 个工日。按西夏的亩，"一边各五十尺，四边二百尺"，合 25 平方丈，即百步亩制，④ 与宋朝的二百四十步亩制不同。因而，西夏的 10 亩约合宋朝的 4.2 亩，40 亩约合 16.6 亩，75 亩约合 31.3 亩，100 亩约合 42 亩，120 亩约合 50 亩，150 亩约合 62.5 亩。除京畿兴灵地区外，周边其他地区亦存在大量的小土地占有者，内蒙古黑水古城出土的西夏缴纳税粮文书，记录农户的田亩数有 10 亩、30 亩、70 亩、139 亩、150 亩，⑤ 折合 2.4 到 35.7 宋亩。西夏文 12 件土地买卖契约，11 件出卖

---

① 史金波：《西夏经济文书研究》，社会科学文献出版社 2017 年版，第 343 页。
② 孙寿龄：《西夏乾定申年典糜契约》，《中国文物报》1993 年第 5 期。
③ 《天盛改旧新定律令》卷一五《春开渠事门》。
④ 白滨：《从西夏文字典〈文海〉看西夏社会》，载《西夏史论文集》。
⑤ 编号 Инв. No. 1755 税粮文书，见史金波：《西夏经济文书研究》附录 "西夏经济文书录文、对译和意译"，社会科学文献出版社 2017 年版，第 467—469 页。

的土地约为 22 亩到 200 西夏亩，折合 4.2 到 47 宋亩，大部分是一二十亩，他们都是小土地占有者。①

自耕农是一个最容易分化的阶层，有的为了度过饥荒，出卖一部分土地，变成自耕贫农，有的出卖仅有的一点土地，变成佃农或雇农，天庆寅年（1194）正月二十九日，梁老房酉把自己撒 15 石种子地卖给普渡寺，当天他又从普渡寺包租了一块撒 8 石种子的土地，从自耕农变成佃户。

由上述可见，无论国有土地还是贵族地主土地和寺院土地，主要出租给佃农和役使各类依附民进行生产，同时众多的小土地占有者在官府与贵族首领的双重压迫下，大量破产沦为佃农和依附民，这样就使得西夏社会沿着封建制的方向发展，而不是向奴隶制方向发展。

3. 以党项贵族为代表的宗法封建制

西夏政权是拓跋李氏豪右大族共同建立起来的贵族专政，"委豪右分统其众"，② 这个政权可以说是强宗大族联合建立的共同体。"设官授职，以定尊卑，预署酋豪，各领州郡"。③ 西夏从中央政权到地方政权，完全被这个贵族阶级所控制。作为一个阶级，党项贵族集团有哪些特征呢？

第一，族大、人众、兵多，是区分党项贵族的一个基本的重要的标志。在党项贵族当中，拓跋李氏以及与之有姻亲关系的野利氏、没藏氏和梁氏，成为党项西夏的四大族。李继迁"联络豪右"的基本国策就建立在这一基础上，这些强宗大族与西夏统治息息相关。

---

① 编号 5010《西夏天盛廿二年卖地文契》："天盛庚寅二十二年立文契人寡妇耶和氏宝引等，今有自用畜牲口之闲置地一片，连同陋屋茅舍三间，树两株，情愿让与耶和女人，圆满议定地价为全齿骆驼二，双峰骆驼一，代步骆驼一，共四匹。此后他人不得过问此地，若有过问者（耶和氏）宝引等是问。若我等翻悔，当依法领罪，有不服者告官罚麦三十斛，决不食言。地界在院堂间，共二十二亩，北接耶和回鹘茂，东南邻耶和写，西界梁嵬名山"。（黄振华：《西夏天盛廿二年卖地文契考释》，载白滨：《西夏史论文集》，第 316 页），耶和氏宝引就是典型的小土地占有者。
② 《宋史》卷四八五《夏国传上》。
③ 《西夏书事》卷四。

　　第二，权势是区别党项贵族的又一个重要标志。西夏建国后，虽然采取科举取士，但占主导地位的是世袭和铨选，上述西夏四大族长期控制西夏政权，并且这种政治权力能够世代地继承下去，形成世官世禄的局面。夏贞观三年（1103）九月，崇宗李乾顺封皇弟嵬名察哥为晋王，使掌兵权。夏元德二年（1120）十一月，宗室子弟嵬名仁忠和嵬名仁礼自陈先世功，分别封为濮王与舒王。夏天庆三年（1196）越王嵬名仁友卒，其子嵬名安全封镇夷郡王。天庆十年（1203）三月，宗室子弟嵬名遵顼进士第一，诏嗣父爵齐王，不久又擢大都督府主。夏太安十一年（1085），国相梁乙埋死后，其子梁乙逋自立为相，开始第二代外戚梁氏家族专权。贵族之所以为贵，就是在握有政治特权。《文海》"势"释："强力也，贵也，言高劲健能拒也"。① 为使贵与贱之间有明显的分别，景宗李元昊规定在服饰上的区分是：文资衣紫、衣绯，武职衣紫旋襕，"民庶衣青绿，用此以别贵贱"②，西夏的等级制度是森严的。

　　第三，财富是区分党项贵族的又一重要标志。党项的社会观念是"以富为荣，以贫为丑"。③ 富者就是贵者，贵者也就是富者，两者是统一的，为了获得更多的财富，不惜发动战争去掠夺牲畜、人口等。牲畜、人口是财富，土地也是财富。每个贵族在他们的"地分"之内，也都有自己的大片土地，但豪族们并不以此为满足，继续侵掠、兼并田地，其中包括兼并邻国的田地，没藏讹庞侵掠宋麟州屈野河以西的土地就是其中的典型。对本国臣民的土地，同样进行兼并。西夏晚期的晋王察哥晚年货贿公行，威福自用，"有园宅数处，皆攘之民间者。"④

　　第四，党项贵族最本质的特征是宗法封建制的代表。每个宗族部落都是经济实体，党项贵族以首领乃至部落的名义占有大片农田、草场和山林，并

---

① 史金波、白滨、黄振华：《文海研究》，中国社会科学出版社1983年版，第426页。
② 《续资治通鉴长编》卷一一五，仁宗景祐元年冬十月丁卯记事。
③ 《番汉合时掌中珠》（甲种本），见《俄藏黑水城文献》第10册，上海古籍出版社1999年版。
④ 《西夏书事》卷三六。

拥有为数众多的劳动生产者。抛开宗族内的中小地主、牧主和小土地占有者不计外，在贵族土地上劳动者有佃农、种地者、门下人、牧人、私人、典押出力人、雇工和奴隶，他们既是西夏国家控制下的劳动生产者，也是党项贵族控制下的劳动生产者。出土西夏文书中有不少是租佃契约，① 这些租地的佃户，均为失去土地的农牧民，如何认识租种贵族地主土地上的佃农，他们和贵族地主结成什么样的关系，对认识西夏宗法封建制至为重要。宋代佃户可自由离开地主的土地，佃农和地主是双向选择的，但西夏佃农的人身自由是非常有限的。前揭部落社会下宗族首领（大地主、大牧主）对失去土地的个体族帐有相当的控制权，寺院地主把梁老房西撒 15 石种子地兼并后，当即又向他出租了一块撒 8 石种子的土地，就透露出这样的信息；更为重要的是部落兵制下有严格的兵役登记制度，男孩年 10—14 岁登记为预备役，15—70 岁登记为现役，然后以族帐单位组织军抄，一人为正军，一人为负担，还有一人为辅主。② 这种兵役制度，限制了家族成员的流动，即使流动，也是在本部落内部。没有人口的自由流动，就没有一定意义上的自由租佃。因此，我们把西夏社会定位为宗法封建社会。

4. 党项贵族以外的社会诸等级

（1）庶民阶层

庶民是西夏社会阶级结构中一个极为重要的等级，这个等级低于贵族地主，高于依附民阶层。贵族和庶民的区分是贵族世官世禄，庶人无官无禄；贵族衣紫衣绯，"民庶青绿，以别贵贱"。③ "官"是区分贵族与庶人一个简单而又明显的标志，西夏文辞书《文海》"庶人"释："此者兵卒也，庶人，非

---

① 俄藏编号 5124 契约长卷包括土地买卖契 8 件、租地契 8 件、卖畜契 3 件、雇畜契 3 件、贷粮契 1 件，共 23 件。

② 《宋史》卷四八六《夏国传下》；《天盛改旧新定律令》卷六《抄分合除籍门》规定"年十五当及丁，年至七十入老人中"；《隆平集》卷二〇《夏国赵保吉传》记载：其民"年六十以下，十五以上，皆自备介胄弓矢以行"。

③ 《宋史》卷四八五《夏国传上》。

是官之谓"。① 在西夏法律上，犯较轻的罪，"有官罚马一，庶人十三杖"。②
还有上述僧人、道士中赐黄、黑、绯、紫者犯罪时，比庶人犯罪当减一等。③

　　由于经济力量不尽相同，庶民阶层可分为庶民地主、自耕农、自牧民、
佃农、雇农等。庶民地主为占田较多的中小地主，西夏法律中的"地主人"
就包括庶民地主和自耕农。④

　　自耕农的人身是自由的，他们在西夏文献中常以"税户家主"的名义出
现，⑤ 是西夏赋税的主要承担者，"诸税户家主当指挥，使各自所属种种税，
于地册上登录顷亩、升斗、草之数。转运司人当予属者凭据，家主当视其上
依数纳之。"⑥ "大都督府转运司所属冬草、条椽等，京师税户家主依法当交纳
入库。"⑦ 但这里需要指出的是，"税户家主"不完全限于小土地占有者，还
包括占有较多土地的富裕农民和庶民地主（中小地主）。

　　自耕农一般占田 30—50 亩（宋制），占田 30 亩以下的半自耕农常佃耕或
佣耕地主土地，但其人身是自由的。⑧ 除兴灵灌区外，周边其他地区也存在大

---

　　①　史金波、白滨、黄振华：《文海研究》，中国社会科学出版社 1983 年版，第 512 页。
　　②　《天盛改旧新定律令》有关"有官罚马一，庶人十三杖"的规定比比皆是，如擅自去掉黡字，
"有黡字人和去黡字者，一律有官罚马一，庶人十三杖"（卷二《黡法门》）；诸人放债，"本利相等以
后，不允取超额。若违律得多利时，有官罚马一，庶人十三杖"（卷三《催索债利门》）；"诸父子有
补偿马及应按畜等级烙印马等，一律当印从驹至有齿之良马。臕弱、塌脊者，齿不合格及老马等不得
印验。若违律者，有官罚马一，庶人十三杖"（卷五《季校门》）；"诸院官私不用地界生长野草、野
果等时，诸家主当依所出工分取，不许于地边围植标记。倘若违律时，有官罚马一，庶人十三杖"
（卷一一《草果重诉门》）。
　　③　《天盛改旧新定律令》卷二《罪情与官品当门》。
　　④　《天盛改旧新定律令》卷一五《催租誓功门》记载："官私地中治谷、农田监、地主人等不
知，农主人随意私自卖与诸人而被举时，卖地者计地当比偷盗罪减一等。买者明知地主人，则以从犯
法判断"。
　　⑤　《天盛改旧新定律令》卷一五《渠水门》记载："沿渠干察水应派渠头者，节亲、议（判）、
大小（臣僚）、税户家主、诸寺庙所属及官农主等水口户，当依次每年轮番派遣，不许不续派人。"可
见"税户家主"既不同于贵族地主、寺观地主，也不同于国有土地上的生产者，而是一般的土地占有
者。"税户家主"，原译"租户家主"，引者改，下同。
　　⑥　《天盛改旧新定律令》卷一五《地水杂罪门》。
　　⑦　《天盛改旧新定律令》卷一五《渠水门》。
　　⑧　参见杜建录：《西夏土地制度研究》，《中国农史》2000 年第 3 期。

量的自由农（牧）民。黑城出土的《西夏天盛廿二年卖地文契》，[①] 记述寡妇耶和氏宝引一次出卖22亩（约合宋制9亩）"畜养牲口之闲置地"，就反映了黑水地区自耕农土地占有情况。黑水城西夏缴纳税粮文书，记录农户的田亩数有10亩、30亩、70亩、139亩、150亩，[②] 折合2.4到35.7宋亩。西夏文12件土地买卖契约，11件出卖的土地约为22亩到200西夏亩，折合4.2到47宋亩，大部分是一二十亩，他们都是占有小块土地的自耕农。[③]

占有较少土地的自耕农是一个经常不断分化的阶层，或上升为地主，或下降为佃农或依附民。由于他们身受官府和贵族首领的双重压迫，特别是在高利贷的冲击下，不是上升为地主，而是大量破产沦为佃农。前引宋英宗治平年间（1064—1067），同知谏院吕诲在一道奏章中曾说："逐部族今所存者，却有外来散户依附其间，或是连亲，或即庸力，混杂居处，例各年深。"[④] 这些外来"庸力"与前来"连亲"的党项人，就是失去土地的自耕农，他们以租佃形式耕种地主的土地。俄藏租地契约中的佃户，有的为了度过饥荒，出卖一部分土地，变成自耕贫农，有的出卖仅有的一点土地，变成佃农或雇农。有的把土地过户给地主后，当即从地主手中包租下来。[⑤]

和宋朝自由租佃契约关系相比，西夏佃户有自由选择的权利是有限的，

---

① 黄振华：《西夏天盛廿二年卖地文契考释》，载白滨编：《西夏史论文集》。
② 编号 Инв. No. 1755 税粮文书，见史金波：《西夏经济文书研究》附录"西夏经济文书录文、对译和意译"，社会科学文献出版社 2017 年版，第 467—469 页。
③ 编号 5010《西夏天盛廿二年卖地文契》："天盛庚寅二十二年立文契人寡妇耶和氏宝引等，今有自用畜养牲口之闲置地一片，连同陋屋茅舍三间，树两株，情愿让与耶和女人，圆满议定地价为全齿骆驼二，双峰骆驼一，代步骆驼一，共四匹。此后他人不得过问此地，若有过问者（耶和氏）宝引等是问。若我等翻悔，当依法领罪，有不服者告官罚麦三十斛，决不食言。地界在院堂间，共二十二亩，北接耶和回鹘茂，东南邻耶和写，西界梁嵬名山"。（黄振华：《西夏天盛廿二年卖地文契考释》，载白滨：《西夏史论文集》，第 316 页）耶和氏宝引就是典型的小土地占有者。
④ （宋）赵汝愚编：《宋朝诸臣奏议》卷一二五《吕诲〈上英宗请重造蕃部兵帐〉》。
⑤ 俄藏编号 5124 契约长卷包括土地买卖契 8 件、租地契 8 件、卖畜契 3 件、雇畜契 3 件、贷粮契 1 件，共 23 件。兹录其中一件租地契约：寅年正月二十九日立契人梁老房酉等，今将普渡寺中梁喇嘛属八石撒处地一块包租，地租二石八斗麦及三石六斗杂粮等议定，日限八月一日当还。日过不还来时，一石还二石。本心服。
立契人梁老房酉（押）同立契人梁老房茂（押）知人平尚讹山（押）知人梁老房（押）。

前揭在部落兵制下，以族帐（家庭）为基础组织军抄，一人为正军，一人为负担，还有一人为辅主。① 这种兵役制度，限制了家族成员的流动，即使流动，也主要在本部落内部。没有人口的自由流动，就没有一定意义上的自由租佃。这样一来，佃户身受贵族地主和封建国家双重剥削②。尽管如此，佃农与农奴和奴隶有很大的不同，他们不属于依附民，当是庶民的下层。

党项牧民除占有较多牲畜的牧主外，大多是自给自足的个体族帐，他们拥有一定数量的牲畜，自备武器装备，随部落首领出兵打仗，是封建政权兵役的重要承担者。一部分自牧民还承担官牧生产，相当于唐五代敦煌官营畜牧业中的"牧子"与元代亦集乃路的"责取领牧人"。由于承担赔偿责任的缘故，牧人只有具备一定的经济能力，方可领取"骆驼、马、牛等自十五、二十以上，羖䍽羊自七十以上"的官畜，按照百大母骆驼一年限三十仔，百大母马一年五十驹，百大母牛一年六十犊，百大母羊一年六十羔，百大母犏牛一年五十犊，向官府缴纳幼畜。如果"不足者当令偿之，所超数年年当予牧人"。在保证幼畜繁殖的同时，牧人每年还要向封建政府上缴毛、绒、乳、酥等副产品。牧人的身份和佃农相同，也是庶民等级的下层，他们拥有自己的牲畜，有相对自由的身份，经官府的同意可离开国有牧场。

（2）依附民阶层

依附民就是失去土地，人身依附于贵族地主与封建国家的农奴、牧奴或奴隶，他们在法律上没有"良人"的身份，文献中以使军、牧助、作人、官人、私人、典押出力人等的名义出现。

---

① 《宋史》卷四八六《夏国传下》；《天盛改旧新定律令》卷六《抄分合除籍门》规定"年十五当及丁，年至七十入老人中"；《隆平集》卷二〇《夏国赵保吉传》记载：其民"年六十以下，十五以上，皆自备介胄弓矢以行"。

② 《天盛改旧新定律令》卷一五《地水杂罪门》："租户家主（占有土地的宗族首领）有种种地租备草，催促中不速纳而住滞时，当捕种地者及门下人，依高低断以杖罪，当令其速纳。"这里的种地者和门下人，当是依附贵族地主的租户，他们不仅要向土地主人缴纳地租，还要承担封建国家的赋税和徭役。

使军。西夏文献常常出现"使军"一词，① 从其经济状况和社会地位来看，当为依附于贵族地主的农奴，而非奴隶。因为使军虽有财产，② 并且是西夏兵役的重要承担者。③ 但人身却不自由：一是使军对家庭成员没有买卖权和主婚权，如果"不问主人，④ 不取契据，不许将子女、媳、姑、姐妹妇人等自行卖与他人。若违律卖时，当比偷盗钱财罪减一等"，其中已卖妇人所生之子女当一律还主人。"使军未问主人，不取契据"，亦"不许送女、姐妹、姑等与诸人为婚，违律为婚时徒四年。妇人所生之子女当一律还属者"。只有在"已问主人，乐意给予契据"的情况下，才可"将子女、媳、姑、姐妹妇人等卖与他人，及与诸人为婚"。⑤ 欧洲封建领主对农奴之女有所谓的"初夜权"，而西夏贵族首领对使军之女岂止"初夜权"，几乎是长期霸占！它与宋代夔州路庄园农奴制下农奴的命运何其相似。⑥

　　二是在法律地位上，使军和奴仆、田地、房舍一样，任意由主人典当买卖。⑦ 黑水城出土 3 件西夏晚期买卖人口契，⑧ 一件是卖使军、奴仆契，记载乾祐甲辰二十七年三月二十四日，立契人讹一吉祥宝以 450 贯铁钱价格，将自属使军、奴仆、军讹六人卖与讹移法宝。

---

① 西夏文二字，俄罗斯西夏学者克恰诺夫译为农奴，见《天盛改旧新定律令》（1149—1169），4 卷本，苏联科学出版社 1987—1989 年版。中国学者译为使军，见《天盛改旧新定律令》，法律出版社 2000 年版。

② 《天盛改旧新定律令》卷三《盗赔偿返还门》："使军、奴仆对主人行窃，将畜物卖掉、使用、典当等时，物现属有者当还回。买主、使典当者知其畜物非私人自有，是头监之物，则与知他人盗而典当罪相同。未知，勿治罪。价钱者，使军自己有畜物，能赔偿，则当回归还，不能则当罚使典当者"。

③ 《天盛改旧新定律令》卷一五《地水杂罪门》规定配备战具，战时征人员中，除农人、牧人、大小臣僚、禁卫人员外，还包括使军。

④ 西夏文二字，译头监或主人，本处译主人较贴切。

⑤ 《天盛改旧新定律令》卷一二《无理注销诈言门》。

⑥ 漆侠：《宋代经济史》（上），上海人民出版社 1987 年版，第 196—208 页。

⑦ 《天盛改旧新定律令》卷一一《出典工门》："诸人将使军、奴仆、田地、房舍等典当、出卖于他处时，当为契约"。

⑧ 编号 Инв. No. 5949-29《乾祐甲辰二十七年买卖使军奴仆契》；编号 Инв. No. 4597《天庆未年买卖使军契》；编号 Инв. No. 7903《皇建午年买卖使军契》，见史金波：《西夏经济文书研究》附录"西夏经济文书录文、对译和意译"，社会科学文献出版社 2017 年版，第 650—658 页。

六人中三男三女，男有 60 岁的成讹，39 岁的嵬犬，28 岁的名字不识；女有 57 岁犬母盛，35 岁犬妇宝，23 岁增犬。他们可能是一家人，由于社会地位低下，只有名没有姓，犬又可译为狗，这是西夏人常用的贱名。

另两件是卖使军契，分别是天庆未年（1199）三月二十四日，嵬移软成有以五十石杂粮的价格，将自属使军五月犬等二老幼，卖给移合讹金；皇建午年（1210）二月三日，地勿苏足以 100 贯的价格，将自属私人九月乐、正月成等 4 人，卖给和自己同一个军抄的讹七金刚西。上述使军买卖都发生在青黄不接的二、三月，或许因灾荒的缘故，主人为了得到货币和粮食，同时减轻使军口粮负担才出卖的。

牧助。牧助是具有牧奴身份的"无主贫儿"，他们没有自己的牲畜，如果官畜出现损失则无力赔偿，因此他们没有资格领取"骆驼、马、牛等自十五、二十以上，殺犍羊自七十以上"的官畜，按照规定每年向官府缴纳幼畜和毛、绒、乳、酥等副产品，只能作为牧人的牧助。[①]

作人。作人又称作户、作家、官作，西夏汉文《杂字》卷六《农田部》在记载犁耧、罢磨、铁铧、礴碌、锹钁、镰刀等农业生产工具与持碾、锄田、耕耘、浇灌等耕作方法的同时，还载有作家、作户。[②] 显然，这里的作家、作户既不是农业生产工具，又不是农业耕作方法，而是农业生产劳动者，他们的人身依附性很强，西夏《重修护国寺感应塔碑》记载：天祐民安五年（1094）重修凉州护国寺塔后，国主乾顺赐给该寺"钱千缗，谷千斛，官作四户，充蓄汉僧常住"。"官作"二字非常重要，西夏文第一字为"农""耕"意，[③] 显系国有土地上的农业生产者，从他们被任意赐予的情况来看，很可能是国有土地上的服苦役者。

---

① 《天盛改旧新定律令》卷一九《贫牧逃避无续门》。
② 史金波：《西夏汉文本〈杂字〉初探》，载《中国民族史研究》（二），中央民族学院出版社 1989 年版。
③ 陈炳应：《西夏文物研究》，宁夏人民出版社 1985 年版，第 115 页。

　　西夏的服苦役者大致有两种，一种为服徒刑者；另一种为"入牧农主"中的罪犯家属，也即连坐的编管人员。如，"诸人议逃，已行者造意以剑斩杀，各同谋者发往不同地守边城无期徒刑，做十三年苦役。主从犯一样，自己妻子、儿子当连坐，当入牧农主中。"① 无论是服徒刑者，还是连坐的编管人员，他们在期满以前是没有人身自由的，官府可以任意支配。他们的劳动产品除了维持生命外，其余部分全被官府占有，但他们还不是完全意义上的奴隶，除少数服无期劳役，大多数为有期劳役，他们的人身地位应处于农奴和奴隶之间。② 这是用于农牧业生产的"官作"，另有用于手工业生产的"官作"。

　　官人、私人。西夏文献中常常出现官人、私人。官人，即依附于官府之人。私人，为依附于贵族首领之人。西夏汉文《大方广佛华严经入不思议解脱境界普贤行愿品》发愿文记载，"皇太后宫下应有私人尽皆舍放，并作官人"。《天盛改旧新定律令》规定"诸人所属私人于他人处借债者还偿主人债时，当令好好寻执主者等。私人自能还债则当还债，自不能还债则执主者当还，执主者无力，则当罚借债主，不允私人用主人畜物中还债"。③ 可见，私人有自己的财产，他们的身份和使军及门下人相似，或者说西夏的奴婢和农奴一样，有自己的私有财产。

　　《天盛改旧新定律令》还规定："大小官员诸人等不允在官人中索要私人，及求有重罪已释死罪，应送边城入农牧主中之人为私人"。④ 这条法律文献很重要，其一，它说明了私人与官人的地位是对等的，也即只要官府同意，就可将官人转为私人；其二，释死罪的犯人，也即"应送边城农牧主中人"的人身地位也和私人是对等的，至少是相近的；其三，若违律将官人占为私人，

---

　　①　《天盛改旧新定律令》卷一《背叛门》。
　　②　国有农田的生产者可能还有来自于失去土地的个体族帐，他们在名义上为国有土地的"租佃人"，官府贷给口粮、籽种、农具和耕牛进行生产，然后向官府缴纳分成地租。
　　③　《天盛改旧新定律令》卷三《催索债利门》。
　　④　《天盛改旧新定律令》卷六《军人使亲礼门》。

则处以十二年徒刑，可见封建国家和官僚贵族争夺依附民的激烈性。

典押出力人。西夏高利贷典押大体有两种形式，一为借债时押以妻子、使军、奴仆及其他种种财产；① 二是借债者不能还时，当催促同去借者，同去借者亦不能还，"可令出力典债。"② 大致大男一日算工价七十钱，小男及大妇一日算工价五十钱，小妇一日算工价三十钱。③ 不论是借债时典押还是还债时典押，只要一旦成为典押人，就失去了人身自由（当然使军、奴仆本身就不自由），如果押处主人因其"不做活业者，击打等而致打死者，徒一年。执械器而拷打逼迫致死者，徒三年"。④ 但诸典押出力人不许殴打、对抗、辱骂押处主人。"若违律时，押处主人是庶人，则当面辱骂相争十三杖，殴打则徒一年，伤者当比他人殴打争斗相伤罪加三等，死亡则当绞杀。对有官人辱骂相争时徒一年，殴打则徒二年，伤时当比诸人殴打争斗相伤罪加五等，死则以剑斩。"⑤

可见典押出力人类似债务奴隶，但又不完全等同于奴隶，这是因为典押人偿清债务后可以离去，同时借贷方可以出钱赎回典押人，也就是说，典押出力人奴隶身份是有时限的。当然，这并不排除部分个体生产者及其妻儿因债务长期卖身为奴的。

奴婢。西夏国建立后，在完成封建制的同时，长期保留奴隶制的残余，奴婢买卖是合法的行为，"诸人将使军、奴仆、田地、房舍等典当，出卖于他处时，当为契约"。⑥ 黑水城西夏契约文书中就有买卖使军的奴婢契和"买奴仆税六斗"的税账。⑦

奴隶广泛存在于西夏社会，《天盛改旧新定律令》规定："诸人所属使军、

---

① 《天盛改旧新定律令》卷一一《出典工门》。
② 《天盛改旧新定律令》卷三《催索债利门》。
③ 《天盛改旧新定律令》卷三《盗赔偿返还门》。
④ 《天盛改旧新定律令》卷一一《出典工门》。
⑤ 《天盛改旧新定律令》卷一一《出典工门》。
⑥ 《天盛改旧新定律令》卷一一《出典工门》。
⑦ 史金波：《国家图书馆藏西夏文社会文书残页考》，《文献》2004 年第 2 期。

奴仆唤之不来，不肯为使者，徒一年"。① 诸寺庙、官堂、神帐中不许诸人住宿，"若寺属居士、行童、奴仆等应居寺中，亦当报职管处，应居则使居之"。② 西夏文《杂字》也有"厮僮奴仆"的记录，《文海》中与"主"，即牧主、农主、家主、军主，相对应的有奴、佣人、使唤、僮仆、命侍、随从、小人等，他们都相应地解释为"奴也，佣人也，奴仆也，僮仆也，奴婢也，仆隶、仆役也"，说明这些都是家内奴隶。③

值得引起我们重视的是，"入牧农主中应无期服役"的使军、奴仆，④ 肯定是用于农牧业生产的。在手工业生产部门，也可能存在奴隶劳动。当然，不论农牧业还是手工业，奴隶劳动不占主导地位，占主导地位的为农牧民劳动，它决定了西夏是封建制社会，而不是奴隶制社会。

（3）工商业阶层

手工业生产者。西夏手工业主要由官府来经营，生产者因其人身依附程度不同，大致可划分为依附匠和自由匠两大类。依附匠主要来自于服苦役的罪犯与破产的农牧民。《天盛改旧新定律令》规定："官私人外逃，逃窜于国境内时，当地附近举报人中，有因罪人为织褐、捆草、绣女子者（着重号为引者所加），予牧农主为妻子等者，依法当得举赏。"⑤ "国家内诸人犯种种罪，为苦役之遣送法除分明以外，守边堡、城、州、寨者正军、辅主因弃城一种而获劳役时"，遣往所属城内修造处服苦役，若城内苦役无所为，则当遣送"官方采金、熔银铁，为其他苦役处令为苦役"。⑥ 可见，无论是毛纺织业，还是修造、冶炼业，都有服苦役的依附匠，也即用于手工业的官作户，他们与用于农牧业的官作户一样，人身地位介于农奴与奴隶之间。

---

① 《天盛改旧新定律令》卷二〇《罪则不同门》。
② 《天盛改旧新定律令》卷一一《为僧道修寺庙门》。
③ 白滨：《从西夏文字典〈文海〉看西夏社会》，载《西夏史论文集》。
④ 《天盛改旧新定律令》卷一《背叛门》。
⑤ 《天盛改旧新定律令》卷一三《逃人门》。
⑥ 《天盛改旧新定律令》卷二〇《罪则不同门》。

　　失去土地的农牧民与从宋朝得来的工匠，为依附匠的又一重要来源。这部分人的生产技术虽比服苦役的"官作户"要高，但人身地位却高不了多少，他们一旦被黥为匠，世代不能脱籍。《天盛改旧新定律令》规定：官府织绢、纺线女等所生子女，不论其父是否是"官人"（此处当指依附官府的手工业生产者），都必须注册为"官人"，① 就充分说明了这一点。

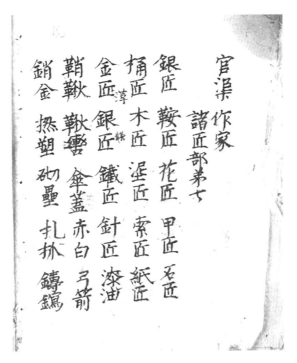

西夏汉文《杂字》诸匠部

　　自由匠为民间个体工匠，他们除按时轮番服役外，其余时间可自由支配。也许是民间缺乏工匠的缘故，这些有一技之长者，往往具有较高的社会地位。如选拔下级军官时，"何人有功，勇健强劲及有匠作工巧"，② 成为重要的条

① 《天盛改旧新定律令》卷八《为婚门》。
② 《天盛改旧新定律令》卷九《季校门》。

件。西夏《重修护国寺感应塔碑》将修寺塔的石匠和赐绯僧人、提举修寺塔的官员一同刻在上面。这些都说明了这个问题。

西夏工匠名目众多，仅《天盛改旧新定律令》卷十七《物离库门》就列有金匠、银匠、铜匠、铁匠、缫丝匠、织绢匠、染丝匠、纺丝线匠、织绢帛匠、染生毛线匠、纺毛线匠、织毛锦匠、扣丝匠、绳索匠、毡匠、毛褐匠等。以上只是在生产过程中与库藏有关的工匠，此外，还有采盐、制曲、酿造、陶瓷、砖瓦等行业的工匠与生产者，以及建筑行业的木匠、石匠、泥水匠，等等。

商人。商人和地主一样，也可分为大中小三个阶层。从某种意义上讲，大商人、大地主、大官僚是三位一体的，因而把他们列入地主阶级。一般商人与官府联系较少，内蒙古黑水城出土的《西夏天庆年间典当文契》，为典当商人裴松寿的典当底帐，据陈国灿先生的统计，裴松寿典出的大小麦已有十四石之多，这一部分粮食需要近四百亩土地作基础来提供，何况他典出的远不止于此，[①] 可见裴松寿为经济实力比较雄厚的商人。黑水城出土西夏文贷粮契中，除普渡寺外，还有不少其他放贷者，还有属下使军替主人放贷，[②] 自然不是一般商人。

对外交换是商人的舞台，他们用毡毯毛褐、药材土产以及来自西域的商品，通过沿边榷场、和市贩卖出去，或走私马牛羊驼和青白盐等违禁物，仅夏金榷场文书记录就有西凉府、镇夷郡住户酒五斤、王大成、席智□等携带黄褐、白褐、毛罗、柴胡、苁蓉、大黄，通过替头（牙人）换回押纱、川缬、小紬缬、小晕缬、大纱、小绫、中罗缬、小绢子、紫绮、梃茶、纸张、笔墨、瓷碗等。[③]

---

　　①　陈国灿：《西夏天庆典当残契复原》，《中国史研究》1980 年第 1 期。

　　②　史金波：《西夏经济文书研究》附录 "西夏经济文书录文、对译和意译"，社会科学文献出版社 2017 年版，第 562—563 页。

　　③　杜建录、史金波：《西夏社会文书研究》下篇 "汉文西夏社会文书释文"，上海古籍出版社 2012 年增订本，第 254—271 页。

　　小商小贩资本很少，他们摆摊设点，做一点微利的小买卖。《西夏光定十二年正月李春狗等扑买饼房契》，记录李春狗以每月壹石伍斗的价格，租赁到一间用具齐全的烧饼作坊，包括炉錾一富，大小铮二口，铁匙一张，馏饼剗一张，大小槛二个，大小岸三面，升房斗二面，大小口袋二个以及小麦本柒石五斗。① 这个李春狗租有自己的店面，比摆摊设点的小商小贩经济实力要强一点。

　　商业的兴起离不开城市，而城市的发展也要以商业为条件，西夏比较大的城镇，既是政治中心又是经济中心。河西"武威当四冲地，车辙马迹，辐凑交会，日有千数"②，就是这类城市的典型。活跃在榷场上的西凉府、镇夷郡住户酒五斤、王大成等，就是定居在该府郡的城镇商户。唯利是图的商人除"辐凑"于大城镇外，还深入到边远的农村牧区，前述典当商人裴松寿就是深入到黑水地区放贷的。

---

① 　杜建录、史金波：《西夏社会文书研究》，上海古籍出版社 2012 年增订本，第 42—46 页。
② 　《凉州护国寺感通塔碑铭》。

八、西夏农牧业和手工业

农业是整个古代世界的决定性生产部门，它的繁荣与发展不仅关系到人口的增减，而且还制约着整个社会文明的发展进程，就西夏而言，农业是党项羌人从部落走向统一，并进入封建社会的关键。西夏农业最大的特点是水利灌溉发达，"岁无旱涝之虞"。西夏的畜牧生产有官私两种，官牧实行联产承包，有赔偿能力的个体牧户从官府领取一定数量的马牛驼和羖羺羊，在国有草地上生产，每年按照规定缴纳幼畜、乳酪和毛绒。除传统的毡毯毛褐制作外，西夏的手工业大部分是建国以后才发展起来，至少在天盛年间（1149—1169）就设置专门机构，负责冶金、锻造、建筑、陶瓷、纺织、造纸、印刷、采盐、酿酒等行业的生产和管理。官营手工业生产主要满足封建国家和皇室贵族的需要，民间手工生产主要满足普通百姓的生活。与之相对应的手工工匠大致分为依附匠和自由匠，依附匠主要来源于服苦役的罪犯和招诱、掳掠来的"生口"，自由匠为民间个体工匠。

（一）农业

1. 农田水利的开发

西夏国地处我国西北内陆，东距大海近两千公里，冬天是西北干寒季风的冲击方向，夏天是东南温湿季风的末梢地区，从而形成大陆性气候，降水量稀少且集中于夏季，当代年降水量由西往东只有 39—400 毫米，而年蒸发量在 600—2000 毫米。因此，除横山至天都山山界外，[①] 其余大部分属干旱半干旱荒漠地区，地貌以干旱剥蚀和风蚀为主，如果没有灌溉就没有稳定的农业，西夏文字典《文海》明确释"农"字为"农耕灌溉之谓"。

　　西夏农田水利首推引黄灌溉。京畿兴灵地区，地势平坦，日照充足，为黄河前套平原。滔滔黄河由西南而东北流过，自秦汉以来中原王朝就在这里开凿渠道，屯垦实边。1002 年李继迁攻占灵州不久，因境内大旱，下令蕃汉人民"引河水溉田"。[②] 1038 年李元昊建国后，随着版图的扩大和封建政权的巩固，经济建设被提到重要的议事日程上，在中央政府设置农田司，专司农业生产和农田水利建设，相传沿贺兰山山麓的昊王渠（今西干渠的前身）就是在这一时期开凿的。不过从总体上看，西夏时期自己开凿的渠道不多，其农田水利建设主要是对前代灌溉渠道的疏浚和整修。元人记载："西夏濒河五州皆有古渠，其在中兴州者，一名唐来，长袤四百里；一名汉延，长袤二百五十里。其余四州又有正渠十，长袤各二百里，支渠大小共六十八，计溉田九万余顷。"[③]

　　唐徕、汉延是都城兴庆府周围两条最大的干渠，也是两夏境内最大的灌溉渠道，《天盛改旧新定律令》卷一五《灌渠门》在讨论灌溉渠道时，常以此二渠概之。其余四州十个干渠以灵州西平府为多，《西夏书事》卷二〇记载："黄河环绕灵州，其古渠五。一秦家渠，一汉伯渠，一艾山渠，一七级渠，一特进渠，与夏州（当为兴州）汉源、唐梁两渠毗接，余支渠数十，相与蓄泄河水。"这些密如蛛网的灌溉渠道除了用于农田灌溉外，还发挥着防洪和护城

---

①　《续资治通鉴长编》卷四六六，哲宗元祐六年九月条载：秦凤路经略使吕大忠言："夏国赖以为生者，河南膏腴之地。东则横山，西则天都、马衔山一带，其余多不堪耕牧。"

②　《续资治通鉴长编》卷五四，真宗咸平六年五月壬子条。

③　（元）齐履谦：《知太史院事郭公行状》，载《元文类》卷五〇。

的作用。元丰四年（1081）宋朝发起规模空前的五路大进攻，泾原、环庆两路军直抵灵州城下，"夏人决七级渠以灌遵裕师，军遂溃"，① 就说明了这一点。

次于兴灵引黄灌溉的为河西三大水系灌溉。河西走廊南部祁连山终年积雪，形成两千多条大小不等的冰川，每年春夏之际，这些冰川与雪峰大片融化，汇聚成石羊河、黑河、疏勒河三大内陆水系，计有大小河流57条，当代年出山径流量63.7亿立方米。祁连山雪水品质优良，宜于人畜饮用和农田灌溉，唐代仅敦煌就有大小灌渠百余条，其中阳开、北府、阴安（以上前凉旧渠）、孟授（西凉旧渠）、都乡、宜秋、神农、东方为八条干渠；② 甘州张掖、凉州武威的灌溉渠道也是纵横交错。西夏立国后对这些水利设施全面修复，西夏文百科全书《圣立义海》云："积雪大山（祁连山），山高，冬夏降雪，雪体不融，南麓化，河水势涨，夏国灌水宜农也。""焉支上山，冬夏降雪，炎夏不化，民庶灌耕。"《宋史·夏国传》也指出："甘、凉之间，则以诸河为溉。"

黑河自南向北注入东西居延海，沿岸的绿洲灌溉和渗漏蒸发，使河流越来越小，故又称弱水。西夏的黑水地区，渠道纵横，既有官渠，又有农户的自属渠，黑水城出土户籍文书记有新渠、律移渠、习判渠、阳渠、道砾渠、七户渠；灌溉水税账记有山穴渠、南山穴渠、北山穴渠、北细渠；卖地契记有左渠、自属渠、灌渠、官渠、四井坡渠、自属酩布井坡渠、南渠、自属四井坡渠等。③

除祁连山雪水灌溉渠道外，西夏还继承了唐代泉泽灌溉系统，所谓"南边大山，夏国与藏界聚［玛］泽，树草丛生，野兽多居，荒山泉流宜耕"。④

---

① 《宋史》卷三四〇《刘昌祚传》。
② 李并成：《唐代敦煌绿洲水系考》，《中国史研究》1986年第1期。
③ 史金波：《西夏经济文书研究》附录"西夏经济文书录文、对译和意译"，社会科学文献出版社2017年版，第458—495、590—617页。
④ 罗矛昆等：《圣立义海研究》，宁夏人民出版社1995年版，第59页。

河西走廊东端的康古、智固、胜如（今兰州附近）也"平沃且有泉水，可以灌溉"。①

在东起横山、西至天都山的宋夏沿边山界，虽是以旱地作物为主的半农半牧区，但发源于鄂尔多斯高原南缘及横山高地的屈野河、葭芦川、无定河、大理河，河谷平坦，土地肥沃，西夏人民也在这里因地制宜，开凿渠道，引水溉田。西夏时期天都山的自然植被相当好，"多树种竹，豹、虎、鹿、獐居，云雾不退。谷间泉水，山下耕灌也"，② 构成西夏又一小流域灌区。

西夏河套平原灌溉渠道依次分为干、支、斗、毛四级。干渠又称正渠，直接从黄河峡口引水。前引流经都城兴庆府的唐徕、汉延2渠以及其他四州的10条正渠，就是直接从黄河引水。唐徕、汉延二渠是西夏最大的干渠。③ 支渠是从干渠引水，有大有小，文献记载西夏河套平原共有68条支渠。④ 斗渠是从支渠引水，《天盛改旧新定律令》称之为"小渠"，以别于大渠（支渠），⑤ 总数达数百条。⑥ 毛渠是从斗渠引水，《天盛改旧新定律令》称为"供水细渠"。毛细渠水直接引入田畦，两边的田土通常分属两户乃至多户农家，因此最容易引起纠纷。从干、支渠引水口设置闸门，从斗、毛渠引水口用草木和泥土堵塞。《嘉靖宁夏新志》卷一记载汉延渠有"支流陡口大小三百六十九处"，唐徕渠有"支流陡口大小八百八处"，⑦ 是指从干、支、斗渠引水口总数，不包括从毛渠引水口。⑧

---

① 《续资治通鉴长编》卷四六〇，哲宗元祐六年六月丙午条。

② 罗矛昆等：《圣立义海研究》，宁夏人民出版社1995年版，第60页。

③ 《天盛改旧新定律令》以唐徕、汉延代表西夏灌渠，唐徕在前而汉延在后，反映了唐徕渠在西夏人心目中比汉延渠更显重要，因为前者比后者的渠道里程长得多，灌溉面积也大得多。

④ （元）齐履谦：《知太史院事郭公行状》，载《元文类》卷五〇。

⑤ 《天盛改旧新定律令》卷一五《桥道门》："沿诸小渠有来往道处，附近家主当指挥建桥而监察之，破损时当修治"。

⑥ 按照常理，下一级渠是上一级渠的数倍乃至十多倍，目前所知西夏十二条干渠六十八条支渠，斗渠应该数百。

⑦ 《弘治宁夏新志》记载三百八十处。

⑧ 河套平原至少数千农户，一户的田地若分割成若干块，从毛渠引水口成千上万。

西夏农田水利的发展，不仅表现在渠道的数量上，更重要的是建立起系统的管理机制，① 并以法律的形式巩固下来。开渠灌溉是国家的要政，法律规定从中书令、转运使到地方长官都要躬亲过问。专门的农田水利管理机构，在中央有农田司，在地方有水利局分。水利局分设司吏、大人、承旨，专门负责一州一县农田水利工程的维修、保护及用水分配。水利局分设伏事小监、渠水巡检、渠主、渠头。渠水巡检、渠主为官方委任的吏员，从 "大都督府至定远县沿诸渠干当为渠水巡检、渠主百五十人"。② 渠头属差役性质，从沿渠受益的大小臣僚、租户家主、诸寺庙所属及官农主中，"依次每年轮番派遣"。伏事小监具体负责渠道的维修和建设工程。渠头相当于斗门长，专司渠口管理及送水工作。供水期间，值班渠头应昼夜守护在渠口，如果渠头 "放弃职事，不好好监察，渠口破而水断时"，损失一缗至五千缗，分别处以有期徒刑 3 个月至 12 年，损失五千缗以上一律绞杀。"其中人死者，令与随意于知有人处射箭、投掷等而致人死之罪状相同。伏事小监、巡检、渠主等因指挥检校不善，依渠主为渠头之从犯，巡检为渠主之从犯，伏事小监为巡检之从犯等，依次当承罪"。③

渠水巡检巡察较大区域的水利设施，渠主专管某一支渠或某一段干渠。他们的日常任务为 "于所属地界当沿线巡行"，若发现问题，当立即依次上报，由局分指挥维修。如果渠主所辖渠干、闸口等不牢，"预先不告于渠水巡检，生处断破时，与渠头放弃职事而致渠口断同样判断。渠水巡检因指挥检校不善，以渠主之从犯法判断"。同时，"渠主已告于渠水巡检，曰垫版、闸口不牢，渠水巡检不听其言，不立即告于局分，不修治而水断时，渠水巡检

---

① 《天盛改旧新定律令》专门列有《春开渠事门》《园地苗圃灌溉法门》《灌渠门》《桥道门》《地水杂罪门》，尽管有的内容已残缺，如《园地苗圃灌溉法门》只保留了条文名称，但仍不失为迄今所见我国古代最丰富的农田水利法规。
② 《天盛改旧新定律令》卷一五《渠水门》。
③ 《天盛改旧新定律令》卷一五《渠水门》。

之罪与渠主垫版不牢而不告于局分致水断同样判断"。①

为了进一步加强水利灌溉设施的维护，西夏统治者还广泛发动灌区人民参与管理。"沿唐徕、汉延新渠诸大渠等至千步，当明其界，当置土堆，中立一碣，上书监者人之名字而埋之，两边附近租户、官私家主地方所应至处当遣之"。这些"各自记名，自相为续"的渠道监护人，其职责为"好好审视所属渠干、渠背、土闸、用草等，不许使诸人断抽之。若有断抽者时，当捕而告管事处。"如果"监者见而放纵时"，则要"依律令判断"，"不见者坐庶人十三杖，用草当偿，并好好修治。若疏于监视，粗心而渠断圮时，比渠头粗心大意致渠断破之罪状当减二等"。② 有人需要为新垦的田地开渠道时，必须报告转运司和相关人员，确定新开渠不影响原有的官私熟地，且位置走向合理，才能获准实施。

河套平原属沙黄土壤，渠道极易淤塞崩坍，水利工程远非一劳永逸，它要求每年夏灌前必须组织大批人工疏浚渠道并整修闸门水口。这一年一度的大规模"春工"和全灌区的用水管理，决不是一家或几家地主所能胜任的，必须依靠国家或地方官府出面主持。③《天盛改旧新定律令》规定，每年春天例行的"开渠大事"，先由局分处提议，伕事小监、诸司及转运司大人、承旨、阁门、前官侍等"于宰相面前定之，当派胜任人，自□局分当好好开渠，修造垫版，使之坚固"。④ 由中书令主持的会议除了确定负责开渠人员及对开渠质量要求外，还要计量"沿水渠干应有何事"，"至四十日期间依高低当予以期限，令完毕"。⑤ 开挖渠道的具体工程由伕事小监负责，同时在二十个民伕中，抽派一和众、一支头为工长。挖渠的人工按受益田亩的多寡来摊派。

① 《天盛改旧新定律令》卷一五《渠水门》。
② 《天盛改旧新定律令》卷一五《渠水门》。
③ 《嘉靖宁夏新志》卷一《水利》记载："每岁春三月，发军丁修治之，所费不赀。四月初，开水北流，其分灌之法，自下流而上，官为封禁。修治少不如法，则水利不行，田涸而民困矣，公私无所倚。"
④ 《天盛改旧新定律令》卷一五《催租罪功门》。
⑤ 《天盛改旧新定律令》卷一五《春开渠事门》。

"自一亩至十亩开五日，自十一亩至四十亩十五日，自四十一亩至七十五亩二十日，七十五亩以上至一百亩三十日，一百亩以上至一顷二十亩三十五日，一顷二十亩以上至一顷五十亩一整幅四十日。当依顷亩数计日，先完毕当先遣之"，最多"勿过四十日"。①

　　唐徕、汉延等干渠往往高出地平线，加之泥土含沙量大，土质松散，堤岸不易坚固。因此，西夏统治者非常重视预防渠道决口，除每年加固堤岸外，还于干渠两侧广储冬草、枝条、条椽，以备不测。一旦大雨水涨，渠道决口，而"附近未置官之备草，则当于附近家主中有私草处取而置之。当明其总数，草主人有田地则当计入冬草中，多于一年冬草则当依次计入冬草中。未有田地则依捆现卖法计价，官方予之"②。渠道决口后水情的报告与民工的催派，"除依法派执符以外，事大小有急者，当遣神策使军、强坐骑"。③

　　灌溉渠道是公共设施，由于水源有大小、远近、足否之分，得水有早晚、需水有多寡，农户有阶级、强弱之别，往往出现豪强、官僚霸占水利，或渠头收受贿赂，不依次放水等情况。因此，在长期的实践中，河套平原形成了一套分灌方法，明代"分灌之法，自下流而上，官为封禁"。④ 西夏是否也是"自下流而上"，文献没有明确记载，但分灌是有次序的，并且受到法律的保护，《天盛改旧新定律令》卷一五《园地苗圃灌溉法门》就有"违章灌溉""不依次序灌溉"等条文。⑤《渠水门》在规定对渠道断破责任者处罚时，也有涉及灌溉法的内容，"节亲、宰相及他有位富贵人等若殴打渠头，令其畏势力不依次放水，渠断破时，所损失畜物、财产、地苗、傭草之数，量其价，与渠头渎职不好好监察，致渠口破水断，依钱数承罪法相同。所损失畜物、财产数当偿二分之一"。又"诸人予渠头贿赂，未轮至而索水，致渠断时，本

---

① 《天盛改旧新定律令》卷一五《春开渠事门》。
② 《天盛改旧新定律令》卷一五《地水杂罪门》。
③ 《天盛改旧新定律令》卷一三《执符铁箭显贵言等失门》。
④ 《嘉靖宁夏新志》卷一《水利》。
⑤ 该门正文缺佚，只保留目录。

罪由渠头承之，未轮至而索水者以从犯法判断"。还如"渠水巡检、渠主诸人等不时于家主无理相□，决水，损坏垫版，有官私所属地苗、家主房舍等进水损坏者"，处罚与蓄意放火罪同。① 毛细渠灌水最容易引起纠纷，各租户家主的田地往往是隔垄相邻，下水田进水要经过上水田畦垄间，故稍不留意，水便浸漫过垄，冲淹邻家的禾苗，对此《天盛改旧新定律令》也有明确规定。②

水利灌溉是一个系统工程，除纵横交错的渠道外，还有大大小小的桥梁道路和纵横交错的防护林带。沿唐徕、汉延等干渠的大道、大桥的修治由转运司核准，官府出资修筑。沿支渠的道路和桥梁经转运司批准，农户出资出工修筑，官府派员监督。斗渠的道桥由附近家主指挥农户修治。如果应建桥不建、破损不维护以及大小道断毁、占道为田、道内放水等时，要追究渠水巡检、渠主的罪责。③

防护林具有护岸、护道、护田、固沙的功能，护岸林是栽种在渠道、河流两岸，减轻流水对堤岸的冲刷；护路林指的是栽种在道路旁，减轻风沙对道路的冲击；护田林是栽种在农户田埂或毛细渠边，改善农田小气候，创造有利于农作物生长发育的环境。这些人工树木共同的特点是防风固沙，通过减轻冲刷、降低风速、固定沙丘，达到保护农田、水渠和道路的目的。当然

① 《天盛改旧新定律令》卷一五《渠水门》。
② 《天盛改旧新定律令》卷一五《地水杂罪门》："租户家主沿诸供水细渠田地中灌水时，未毕，此方当好好监察，不许诸人地中放水。若违律无心失误致渠破培口断，舍院、田地中进水时，放水者有官罚马一，庶人十三杖。种时未过，则当偿牛工、种籽等而再种之。种时已过，则当以所损失苗、粮食、果木等计价则偿之。舍院进水损毁者，当计价而予之一半。若无主贫儿实无力偿还工价，则依作错法判断。若人死者，与遮障中向有人处射箭投掷等而致人死之罪相同"。
③ 《天盛改旧新定律令》卷一五《桥道门》："沿诸渠干有大小各桥，不许诸人损之。若违律损之时，计价以偷盗法判断。""大渠中唐徕、汉延等上有各大道、大桥，有所修治时，当告转运司，遣人计量所需笨工多少，依官修治。""沿大渠干有各小桥，转运司亦当于租户家主中及时遣监者，依私修治。依次紧紧指挥，无论昼夜，好好监察。""沿诸小渠有来往道处，附近家主当指挥建桥而监察之，破损时当修治。若不建桥不修治时，有官罚钱五缗，庶人十杖，桥当建而修治之。""诸租地中原有官大道，不许断破、耕种、沿道放水等，若违律时有官罚马二，庶人徒三个月。""诸大小桥不牢而不修，应建桥而不建，大小道断毁，又毁道为田，道内放水等时，渠水巡检、渠主当指挥，修治建设而正之。若渠水巡检、渠主见而不告，不令改正时，与放水断道等罪同样判断"。

在固沙防护的同时，以杨柳为主的速生林，还是生产生活材植的重要来源。①

西夏非常重视护岸林的建设，规定官渠两岸税户、官私家主应在所属渠段栽植柳、柏、杨、榆及其他树木，令其成材，与原林木一同监护，除按时剪枝和轮伐补植外，不准随意采伐，不准牲畜啃食，不许剥皮、斫刻，违者问罪。② 渠水巡检、渠主是防护林建设的直接责任人，指挥所属渠段农户依时节植树，如果他们"不紧紧指挥税户家主，沿官渠不令植树时，渠主十三杖，渠水巡检十杖，并令植树"。另设护林员（监护人），如果有人盗伐，许人举赏，依偷盗法判罪。护林员因监护不力，将给予一定的处罚。护林员举告，因是职责所在，则不领赏。护林员监守自盗时，无论盗伐多少，"一律庶人十三杖，有官罚马一"。③ 另外，转运司还派出专门的植树监察人，巡查林木栽种与保护情况。

2. 生产工具与耕作技术

生产工具和耕作技术直接反映着农业生产的发展状况。西夏《番汉合时掌中珠》与《文海》记载的农具有犁、耙、镰、锹、镐、子楼、石碌、刻叉、簸箕、扫帚等。《文海》"犁"释"犁铧也，耕用农器之谓也"。④ "犁"字西夏文从木，"铧"字从铁，为铁铧木犁。内蒙古曾出楔形犁铧，⑤ 这种木柄铁农具，如犁、耙、锹、镰在瓜州榆林窟西夏壁画中亦有形象的描绘，其形状类似近代农具，可见西夏的耕作工具已相当先进了。

---

① 《天盛改旧新定律令》卷一五《渠水门》规定："京师界沿诸渠干上△有处需椽，则春开渠事兴，于百侠事人做工中当减一伏，变而当纳细椽三百五十根，一根长七尺，当置渠干上"。这里的"细椽"当是较长的剪枝。

② 《天盛改旧新定律令》卷一五《地水杂罪门》："沿唐徕、汉延诸官渠等租户、官私家主地方所至处，当沿所属渠段植柳、柏、杨、榆及其他种种树，令其成材，与原先所植树木一同监护。除依时节剪枝条及伐而另植以外，不许诸人伐之，转运司人中间当遣胜任之监察人。"

③ 见《天盛改旧新定律令》卷一五《地水杂罪门》。

④ 史金波、白滨、黄振华：《文海研究》，中国社会科学出版社1983年版，第479页。

⑤ 《西夏文物》内蒙古卷（三），中华书局、天津古籍出版社2014年版，第834—835、850—855、870—871页。

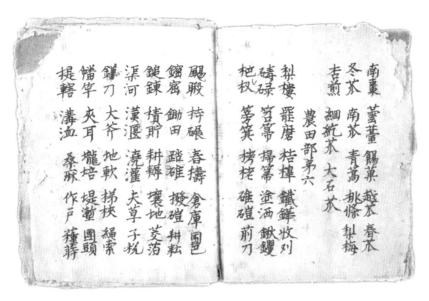

西夏汉文《杂字》农田部

　　西夏农田耕作方法和唐宋北方地区基本相同，首先，西夏人凭借发达的畜牧业，广泛采用牛耕。《文海》"耧"释："埋籽用，汉语'耧'之谓"；"种"释："撒谷物籽种田地之谓。"① 说明播种主要有耧播与撒播两种。大致糜粟、小麦耧播，荞麦撒播，因为荞麦颗粒大而呈三角形，耧播下籽不畅，加之播种时要拌以灰肥，只能撒播，时至今日仍沿袭这种传统的播种方法。文献没有记载点播，但自秦汉以来就对来不及秋耕的茬地，用犁浅耕开沟，点下种子，西夏可能也存在这种播种方式。此外，《文海》"渠"释："挖掘地畴中灌水用是也"。"地畴"释："地畴也，畦也，开畦种田之谓也"。"田畴"释："田畴也，种田也，出粮处也"。② "开畦种田"是否畦种法，我们不得而知，但至少反映了农田耕作的精细程度。汉代赵过总结出"代田法"，把每亩地分成三甽（垄沟）三垄（垄台），每年互换位置，以休养地力。同时，把谷

① 　分别见《文海研究》第521、504页。
② 　分别见《文海研究》第404、472、521页。

物种在垄沟里，待幼苗长起来后，把垄背的土推到沟里，这样作物入土深，能抗风旱，很适合西北干旱地区的农业生产，故"教边郡及居延城，是后边城、河东、弘农、三辅、太常民皆便代田，用力少而得谷多"①。西夏时期可能仍延续这种耕作方法。

西夏农业生产工具与生产技术，首先是对前代的继承，除上述"代田法"外，还有铁农具与牛耕。额济纳河流域出土了大量汉代铁器，虽说这些铁器未必全是农具，但可以肯定大多数为农具，尤其在居延屯田边缘之瓦因托尼发现的铁器木器中，有一件木耧车脚，它原来尖端装置的铁铧已经丢失。后端有两个柄，柄的下部是一扁平的托，表明汉代西北屯田中已使用最新式的播种工具——耧车。② 唐代西北地区的牛耕与铁农具的使用更为普遍，"诸屯田应用牛之处，山原川泽土有硬软，至于耕垦用力不同，土软处每一顷五十亩配牛一头，强硬处一顷二十亩配牛一头，即当屯之内有硬有软亦准此法。其稻田每八十亩配牛一头。诸营田若五十顷外更有地剩，配丁牛者所收斛斗皆准顷亩折除。"③ 汉唐的生产工具与耕作技术，必然对后来的西夏产生深刻的影响，或者说西夏的铁农具和牛耕与汉唐有着一定的承袭关系。

其次，受同时代宋朝的影响。宋朝是我国历史上农业生产高度发展的一个朝代，广大农民经过辛勤劳动，开垦了大量的田地，并因地制宜，创造了圩田（围田）、梯田、淤田、沙田等，铁耙、镢头、铡刀、锄头、镰刀等生产工具的形制亦有所改进，轻巧耐用。铁制犁铧也多样化，以适合耕作不同的土质需要。耕作技术比前代也有所进步，种粟后，"辗以辘轴，则地坚实"，科木茂盛，稼穗长而颗粒饱满。种麦则注意"屡耘而屡粪"。种稻方面，对水田、旱田、晚田及山川原隰之地，都有不同的耕作方法，像水田种稻，耘田先要放水，不问有草无草，都要用于排摊，使稻根周围干干净净。在稻田里

---

① 《汉书》卷二四《食货志》。
② 陈公柔、徐苹芳：《瓦因托尼出土廪食简的整理与研究》，《文史》第13辑。
③ 《通典》卷二《食货二·屯田》。

拔掉的杂草，随埋在秧根底下，作为肥料。等到地面干裂再灌水，这样可以使"田干水暖，草死土肥"。

宋朝还是我国农作物品种南北大交流的一个朝代，耕种粟、麦、豆在南方增多，水稻在北方较为普遍推广，特别是生长周期短、耐旱、不择地而生的"占城稻"在北方移植成功。这些先进的生产工具、耕作技术与优良品种，随着宋夏两国人民的友好往来，尤其是通过战争俘获和掳掠的汉人，源源不断地传到西夏境内。毫无疑问，西夏将俘获的宋人"迁河外耕作"，[①] 不仅仅是增加了劳动力，而且具有普遍的技术推广意义，它对西夏农业生产的发展，起到了巨大的推动作用。

其三，冶铁业与畜牧业推动了农业生产技术的进步与牛耕的普及。文献记载与出土文物证明，内徙不久的党项人在物质文化上已进入铁器时代，通过对外交换，能够打制简单的铁器。建国后利用境内铁矿资源，设置专门机构，进行冶炼铸造。《文海》"铁"释："此者矿也，使石熔为铁也。"[②]《天盛改旧新定律令》卷二〇《罪则不同门》规定将部分罪犯配往官方"熔铁"处服苦役。《圣立义海》在"山之名义"中记载：巴陵峰，"黑山郁郁溪谷长，生诸种树，熔石炼铁，民庶制器。""兽选宝山，诸树稍长，尽皆伐。熔石炼铁，民亦制器。"汉文史籍也有这方面明确的记述，"横山亘衰，千里沃壤，人物劲悍善战，多马，且有盐铁之利，夏人恃以为生"。[③] "西贼所恃，茶山铁冶、竹箭财用之府"。[④]

西夏铁器种类繁多，仅《天盛改旧新定律令·物离库门》反映的就有镢头，斧头，钉七寸、五寸、四寸、三寸、二寸，斩刀，屠刀，铁罐，火锹，镰，城叉，推耙，铡刀，锹头，刀，剑，剪刀等。瓜州榆林窟西夏壁画中，

① 《宋史》卷四八六《夏国传下》。
② 史金波、白滨、黄振华：《文海研究》，中国社会科学出版社1983年版，第487页。
③ 《续资治通鉴长编》卷三二八，神宗元丰五年七月丙戌条。
④ 《续资治通鉴长编》卷二二〇，神宗熙宁四年二月壬戌条。

有一幅《锻冶图》，描绘两人手举铁锤，共同对着一个铁砧锻打铁器，另一个人正在拉动一座形体高大的竖式风箱为锻炉鼓风。这种竖式双扇风箱能够"推拉互用，将风连续吹入炼炉，使炉膛始终保持所需高温"，表明西夏的冶铁技术已相当先进。[①]

冶铁业的发展，为农业生产提供了更多的铁农具，特别是铁制犁铧，而西夏的畜牧业比较发达，又不缺乏耕垦畜力，因此，在农业生产中普遍使用牛耕，《番汉合时掌中珠》与《文海》对此有着明确的记载。榆林窟西夏壁画《牛耕图》，描绘二牛挽一杠，耕者一手扶犁，一手持鞭驱牛，形象生动逼真。

西夏《牛耕图》（榆林 3 窟）

牛耕与铁犁推广为扩大耕地面积和深翻土地提供了条件，提高了劳动生产率，正如恩格斯在《家庭、私有制和国家的起源》一书中所指出的，"铁使更大面积的农田耕作，开垦广阔的森林地区，成为可能"。[②] 铁为农业提供了犁，犁完成了重大改革。可见，铁农具尤其是铁犁铧的广泛使用，使西夏农

① 王静如：《敦煌莫高窟和安西榆林窟中的西夏壁画》，载白滨编：《西夏史论文集》，第 410 页。
② 《马克思恩格斯选集》第 4 卷，人民出版社 1972 年版，第 38 页。

业生产水平跃进到一个崭新的阶段。

3. 作物品种

(1) 粮食作物

西夏的粮食作物主要有水稻、小麦、大麦、荞麦、糜、粟、黍、青稞、大豆、小豆、豇豆、豌豆、荚豆、荜豆、红豆、黑豆、赤豆、绿豆等，[①] 兹分述如下：

水稻是一种高产作物，性喜温湿，按地理分布、形态特征与生理特性，可分为粳稻与籼稻。粳稻秆硬不易倒伏，比较耐寒，耐弱光，适宜于温带气候。籼稻耐热，耐强光，适宜于热带与亚热带气候，西夏所产的稻为粳稻。《圣立义海·九月之名义》曰："粳稻、大麦，春播灌水，九月收也。"宋初郑文宝"至贺兰山下，见唐室营田旧制，建议兴复，可得粳稻万余斛，减岁运之费"。[②] 《宋史·夏国传下》曰："其地饶五谷，尤宜稻麦。"

西夏的水稻主要产于兴灵灌区。宋元丰四年（1081），北宋五路伐夏，十一月，直抵灵州城下的宋军就扎营在收割后的稻田里。[③] 除兴灵平原外，其他宜于灌溉的地方也有这种高产作物，宋朝曾在和西夏邻接的保安军设置稻田务，推广水稻种植。[④] 宋天圣四年（1026）监察御史请求，"自今犯罪当配者，皆从相州，教百姓水种"。[⑤] 这些措施不仅推动了宋朝边地的水稻种植，而且也给包括西夏在内的西北少数民族地区带来了很大的影响，正如时人刘敞《熙州行》所说的："岂知洮河宜种稻，此去凉州皆白麦。"[⑥]

---

① （西夏）骨勒茂才：《番汉合时掌中珠》，宁夏人民出版社 1989 年版；李范文等：《电脑处理西夏文〈杂字〉研究》，日本国立亚非语言文化研究所，1997 年；史金波：《西夏汉文本〈杂字〉初探》，载《中国民族史研究》（二），中央民族学院出版社 1989 年版。

② 《宋史》卷二七七《郑文宝传》。

③ 《续资治通鉴长编》卷三二〇，神宗元丰四年十一月辛丑条。

④ 《续资治通鉴长编》卷七七，真宗大中祥符五年正月癸未条。

⑤ 《宋会要辑稿》食货七之九。

⑥ （宋）刘敞：《彭城集》卷八《熙州行》。

　　小麦是北方旱地作物中食性最好的一种，在西夏境内广泛种植，灵武郡人缴纳的租税就有小麦。① 前揭《宋史·夏国传下》曰："其地饶五谷，尤宜稻麦。"刘敞《熙州行》："岂知洮河宜种稻，此去凉州皆白麦。"沙州"居民恃土产之麦为食"。② 清楚地反映了东起黄河，西至玉门，均有小麦生产。

　　由于播种季节与生长周期不同，小麦分冬春两种，大致一年一熟地区，春分播种，处暑后收割，名春麦；两年三熟地区，白露前种，芒种后收，名宿麦。冬麦"秋种冬长，春秀夏实，具四时中和之气，故为五谷之贵"。春麦春种夏收，比之冬麦者四气不足。③ 西夏正好处于一年一收的春麦区，因而小麦的质量不是很好。《鸡肋编》卷上曰："陕西沿边地苦寒，种麦周岁始熟，以故粘齿不可食。如熙州斤面，则以掬灰和之，方能捍切。"

　　荞麦，亦称甜荞麦，以别于苦荞，一年生草本。生长周期短，一般两个月左右，在西夏高山坡谷广有种植。《圣立义海·地之名义》曰："坡谷地向柔，待雨宜种荞麦也。"西夏文本《碎金》云："回鹘饮乳浆，山讹嗜荞饼"。④ 山讹乃横山党项，《宋史·夏国传上》曰：李元昊"苦战倚山讹，山讹者，横山羌，平夏兵不及也"。"山讹嗜荞饼"，清楚地反映了横山地区广种荞麦以及荞麦在当地人民生活中的重要地位。

　　宋人陈师道说："胡地惟灵夏如内郡，地才可种乔豆，且多碛沙，五月见青，七月而霜，岁才一收尔。"⑤ 这段文字有一定的片面性，但却反映出荞麦夏种秋收的特点。"种之则易为工力，收之则不妨农时，晚熟故也"。⑥ 宋元丰六年（1083）六月，提点河东路刑狱黄廉言："岚、石等州流移岢岚军民户，准诏发遣还乡。访闻流民昨为久雨，全损秋田，故暂来就种一夏苗麦，乞限

① 《天盛改旧新定律令》卷一五《催缴租门》，法律出版社 2000 年版。
② 冯承钧译：《马可波罗行记》第一卷第 57 章《唐古忒州》，上海书店出版社 2001 年版。
③ （明）李时珍：《本草纲目》卷二二《谷部》。
④ 聂鸿音、史金波：《西夏文本〈碎金〉研究》，《宁夏大学学报》1995 年第 2 期。
⑤ （宋）吕祖谦：《宋文鉴》卷一一九《上曾枢密书》。
⑥ （元）王桢：《农书·百谷谱集之二·荞麦》，农业出版社 1981 年版。

一月毕田事。"① 此时正值六月，既不是冬麦也不是春麦的播种期，流民恳求种植的只能是荞麦。荞麦的生长周期为两个月，北方地区播种最迟不能晚于六月，再晚因为霜冻，不能成熟。②

大麦亦称"䅟"，性耐干寒，生长周期较小麦短，其中青稞为大麦的一种，故有时称青稞为大麦。党项内徙前不知稼穑，土无五谷，"求大麦于他界，醖以为酒"。③ 这里的大麦当指青稞，内徙后党项人逐渐学会了包括大麦在内的农作物耕种，前引《圣立义海·九月之名义》云："粳稻、大麦，春播灌水，九月收也。"同书《山之名义》："焉支上山，冬夏降雪，炎夏不化。民庶灌耕，地冻，大麦、燕麦九月熟。利养羊马，饮马奶酒也。"《天盛改旧新定律令》卷一五《催缴租门》载："大麦一种，保静县人当交纳。"黑水城出土有关田赋、钱粮、诉讼等类文书中，也涉及大麦等农作物。④ 可见，西夏的大麦种植比较广泛。

粟亦称为谷子，去壳后叫小米，是一种耐瘠耐旱，适应性极强的旱地作物，也是西夏境内最适宜种植的作物之一。可春播夏收，亦可夏播秋收，宋夏沿边地区的小米最为有名。"葭芦、米脂里外良田，不啻一二万顷，夏人名为'真珠山''七宝山'，言其多出禾粟也。"⑤ 延州金明西北有浑州川，川尾桥子谷水土平沃，宋将狄青将万人筑招安寨于谷旁，"募民耕垦，得粟甚多"。⑥ 崇宁年间（1102—1106），钱即知庆州，筑安边城与归德堡，垦田万顷，"岁得粟数十万"。⑦ 镇戎军和德顺军也有"收谷十余万"的记载。⑧

---

① 《续资治通鉴长编》卷三三五，神宗元丰六年六月甲子条。
② 荞麦为秋田作物，最怕霜冻。（宋）朱弁《曲洧旧闻》卷三载："荞麦叶青、花白、茎赤、子黑、根黄，亦具五方之色。然方结实时，最畏霜，此时得雨，则于结实尤宜，且不成霜，农家呼为解霜雨。"
③ 《旧唐书》卷一九八《党项羌传》。
④ 李逸友：《黑城出土文书》（汉文文书卷），科学出版社1991年版，第20页。
⑤ 《宋史》卷一七六《食货志上四·屯田》。
⑥ （宋）曾巩：《隆平集》卷五《宰臣》。
⑦ 《宋史》卷三一七《钱惟演附钱即传》。
⑧ 《宋史》卷三五三《郑仅传》。

稷，又称糜子，耐旱且生长周期短，广泛种植于黄河中下游地区，为西夏境内重要的粮食品种。《天盛改旧新定律令》卷一五《催缴租门》记载："糜一种，定远、怀远二县人当交纳。"宋元丰四年（1081），北宋五路伐夏，河东军至宥州境，主帅王中正遣折克行等"分兵二千余人发糜窖"。①

除兴、灵旱地与缘边山界外，黑水地区也出产糜子。黑水城出土汉文文书 F13：W106 载："唐来渠西兀日金师官人闲荒草□，东至唐来为界，南至民户地为界，西至草地为界，北至本地为界，四至分明，租课天雨汗种壹年，承纳糜……叁硕，平旧方大斗刮量，不致短少"。② 显然，租种人承纳的糜子为当地生产。

菽即豆类，分大菽、小菽。大菽即大豆，小菽即小豆。西夏菽的种类较多，仅西夏汉文《杂字》记载的就有赤豆、豌豆、绿豆、大豆、小豆、豇豆、荜豆、红豆等，《天盛改旧新定律令》记载有黄豆。③

大豆，"大豆有黑、白、黄、褐、青斑数色，黑者名乌豆，可入药及充食作豉，黄者可作腐、榨油、造酱，余但可作腐及炒食而已。皆以夏至前后下种，苗高三四尺，叶团有尖，秋开小白花成丛，结荚长寸余，经霜乃枯。"④

小豆，小豆有数种，赤豆、白豆、绿豆等"皆小豆也"。⑤

豌豆，又名回鹘豆、胡豆、戎菽、荜豆、青小豆、青斑豆，"其苗柔弱宛宛，故得豌名。种出胡戎，嫩时青色，老则斑麻，故有胡戎、青斑、麻累诸名"。该豆在"百谷之中，最为先登"。⑥

豇豆，"豇豆，处处三四月种之，一种蔓长丈余，一种蔓短，其叶俱本大末尖，嫩时可茹。其花有红白二色，荚有白红紫赤斑驳数色，长者至二尺，

---

① 《续资治通鉴长编》卷三一八，神宗元丰四年十月甲戌条。
② 李逸友：《黑城出土文书》（汉文文书卷），科学出版社1991年版，第186页。
③ 《天盛改旧新定律令》卷一五《催缴租门》。
④ 《本草纲目》卷二四《谷部》。
⑤ 《本草纲目》卷二四《谷部》。
⑥ 《本草纲目》卷二四《谷部》。

嫩时充菜，老则收子。此豆可菜可果可谷，备用最多，乃豆中之上品。"① 今豇豆以菜为主。

（2）经济作物

西夏的经济作物有桑麻、水果、蔬菜等，从历史上看，西夏境内早就开始种桑养蚕，汉代陈立"徙为天水太守，劝民农桑为天下最，赐金四十斤"。② 唐"安史之乱"前，"中国盛强，自安远门西尽唐境万二千里，闾阎相望，桑麻翳野，天下称富庶者无如陇右。"③ 敦煌文献《长安二年（702）三月敦煌县录事董文彻牒》（大谷文书2836）也称："其桑麻累年劝种，百姓并足自供"。

"安史之乱"后，吐蕃乘虚攻占河西陇右数十州之地，但该地的桑蚕业并没有因此中断。豪族地主阴伯伦投降吐蕃后，新占"山庄四所，桑杏万株"。④ 特别是在汉族的影响下，吐蕃人也学会了农桑，"养蚕缫茧成匹帛"。⑤ 吐蕃在敦煌地区设置的十三个部落中，有一个与桑麻有关的"丝棉部落"。

大中年间（847—859），沙州首领张义潮归唐时，敦煌一带"水流依旧种桑麻"。⑥ 宋雍熙五年（988），瓜州榆林窟第20窟发愿文有祈求"蚕田善熟"之语。⑦

除河西陇右外，宁夏地区也有悠久的植桑历史，郦道元《水经注》卷三载："河水又北薄骨律镇城（今宁夏灵武）。在河渚上，赫连果城也。桑果余林，仍列洲上。"⑧

---

① 《本草纲目》卷二四《谷部》。
② 《汉书》卷九五《西南夷传》。
③ 《资治通鉴》卷二一六，天宝十二年。
④ 《陇右金石录》卷二《阴处士修功德记》。
⑤ （唐）王建：《凉州行》，载《全唐诗》卷二九八。
⑥ 王重民辑录、刘修业整理：《〈补全唐诗〉拾遗》，《中华文史论丛》1981年第4期。
⑦ 史苇湘：《丝绸路上的敦煌与莫高窟》，载《敦煌研究文集》，甘肃人民出版社1982年版，第92页。
⑧ （北魏）郦道元：《水经注》卷三《河水三》。

西夏的桑蚕业正是在继承前代的基础上发展起来的，西夏汉文《杂字》"农田部"明确提到桑麻。西夏文法典《天盛改旧新定律令》卷一七《物离库门》规定："缲生丝百斤，九十八两实交中，优九十一两半，劣四两，混二两半，二两耗减。"缲丝所需的蚕茧显然是西夏自己养殖，而非从宋、辽、金境内进口。

我国古代麻类作物主要有大麻、苎麻与葛麻，其中苎麻生性喜温好湿，适宜于热带、亚热带气候生长。葛麻简称葛，产地也多在南方。因此，西夏的麻主要指大麻。大麻适应性很强，不论在干燥炎热地区还是在高寒地区都能生长。大麻皮可织麻布，子实可榨油、制烛或入药。《天盛改旧新定律令》卷一五《催缴租门》记载：华阳县家主缴纳的土地税就有麻。

西夏盛产水果，其中桃、李、杏、梨、枣的分布范围较广。《武经总要·前集》载："怀远镇，本河外县城，西至贺兰山六十里。咸平中陷，今为伪兴州。旧管盐池三，管蕃部七族，置巡检使七员，以本族酋长为之。有水田果园，本赫连勃勃果园。"① 唐代诗人韦蟾《送卢藩》诗对此有生动的描述："贺兰山下果园成，塞北江南旧有名。"西夏文类书《圣立义海·山之名义》也指出："贺兰山尊，冬夏降雪，有种种林丛，树果、芜荑及药草。"秋天是塞上水果成熟的季节，八月，"果木熟时，桃、栗、榛、蒲桃等熟"。九月，"果木尾熟，栗子、胡桃、李子熟也"。② 文献没有记述河西走廊与宋夏沿边山界的果木种植情况，但可以想见，随着党项定居农业的出现，桑、杏、桃、李、梨等经济林的栽种是必不可少的，唐代敦煌地区的木材就主要靠人工种植。③

葡萄，又作蒲桃、蒲陶，为西夏境内的特色水果。一般认为张骞凿空西

---

① （宋）曾公亮：《武经总要·前集》卷一八下《西蕃地界》。
② 罗矛昆等：《圣立义海研究》，宁夏人民出版社1995年版，第53页。
③ 郑炳林：《唐五代敦煌种植林业研究》，载《敦煌归义军史专题研究》，兰州大学出版社1997年版。

域，始得此种，在京城与河西移植成功。① 唐代，葡萄与葡萄酒已成为当时著名产品，诗人王翰因此写出了"蒲萄美酒夜光杯，欲饮琵琶马上催"的名句。② 五代宋初，敦煌出现以种植葡萄为主的园艺户与专门的葡萄园。S.1366《年代不明（980—982）归义军衙内面油破用历》记载，归义军官府在南沙庄有葡萄园，每年逢结葡萄时节，都要举行赛神活动。西夏时期以种植葡萄等水果为主的园艺户与专门的葡萄园也应该是存在的。

回纥瓜、大食瓜为西夏境内最有名的瓜。《契丹国志》记载：胡峤出使辽朝，"自上京东去四十里，至真珠寨，始食菜。明日东行，地势渐高，西望平地，松林郁然，数十里遂入平川，多草木，始食西瓜，云契丹破回纥得此种，以牛粪覆棚而种，大如中国冬瓜而味甘"。③ 西夏汉文《杂字》所载的回纥瓜应是上述的西瓜。

大食瓜，可能因来自大食而得名，当属甜瓜类。《圣立义海·八月之名义》载："八月末，储干菜，瓜熟冷食。"现代大棚种植前，西北地区的瓜果大致在这个季节成熟，故有"围着火炉吃西瓜"之说。

五代宋初敦煌地区瓜果种植相当兴盛，敦煌文献 P.3396《年代不明（10世纪）沙州诸渠诸人瓜园名目》，详细记载了敦煌地区五六十家瓜园的名称与分布情况。④ 由此看来，西夏的瓜不是直接来自回纥、契丹或中亚，而是从敦煌继承下来。

西夏蔬菜品种较多，夏、汉文《杂字》与《番汉合时掌中珠》记载的就有蔓菁、萝卜、胡萝卜、菠菜、香菜、芥菜、葱、韭、蒜、茄子、瓠子、笋

---

① 《本草纲目》卷三三《果部》载："《汉书》言张骞使西域还，始得此种，而《神农本草》已有葡萄，则汉前陇西旧有，但未入关耳。"

② 《全唐诗》卷一五六《王翰〈凉州词〉》；著名诗人元稹也写道："吾闻昔日西凉州，人烟扑地桑柘稠。蒲萄酒熟恣行乐，红艳青旗朱粉楼。楼下当垆称卓女，楼头伴客名莫愁……"（《元氏长庆集》卷二四《西凉伎》，上海古籍出版社1994年版）。

③ 《契丹国志》卷二五《晋胡峤陷北记》。

④ 郑炳林：《晚唐五代敦煌园圃经济研究》，载《敦煌归义军史专题研究》，兰州大学出版社1997年版。

蕨、越瓜、春瓜、冬瓜、南瓜等。这些蔬菜或为当地汉族所种，或来自西域与南方。

蔓菁，又名芜菁、九英菘、芥蓝，即大头菜，李时珍《本草纲目》曰："芜菁南北之通称也，塞北、河西种者名九英蔓菁，亦曰九英菘。根叶长大，而味不美，人以为军粮。""九英菘出河西，叶大，根亦粗长，和羊肉食甚美。"① 苏颂：《本草图经》曰：蔓菁"四时仍有，春食苗，夏食心，亦谓之苔子，秋食茎，冬食根。河朔尤多种，亦可以备饥岁。菜中之最有益者惟此耳。"②

萝卜，为芦菔或莱菔的俗称，南北皆种，而以北方为多。"有大、小二种，大者肉坚。宜蒸食，小者白而脆，宜生啖"。③ "大抵生沙壤者脆而甘，生瘠地者坚而辣，根叶皆可生可熟，可菹可酱，可豉可醋可糖，可腊可饭，乃蔬中之最有利益者"。④ 今谓萝卜生开熟补。

胡萝卜，性喜冷凉，较耐旱，根直圆锥或圆柱形，呈紫红、橘红、黄或白色，生熟皆可食。"元时始自胡地来，气味微似萝卜，故名"。⑤ 但西夏时就有胡萝卜，说明传入我国在元朝以前。

菠菜，又名菠薐、波斯草、赤根菜。刘禹锡《嘉话录》云："菠薐种出自西国，有僧将其子来，云本是颇陵国之种，语讹为波稜耳。"《唐会要》云：太宗时"尼波维国献波稜菜"，类红蓝，实如蒺藜，火熟之能益食味，即此也，方士隐名为波斯草。八月九月种者可备冬食，正月二月种者可备春蔬。⑥

茄子，宋人苏颂云："茄子处处有之，其类有数种，紫茄、黄茄，南北有，白茄、青水茄，惟北土有之。入药多用黄茄，其余惟可作菜茹尔。"⑦

---

① 《本草纲目》卷二六《菜部一》。
② （宋）苏颂：《本草图经》卷一七《菜部》。
③ （宋）苏颂：《本草图经》卷一七《菜部》。
④ 《本草纲目》卷二六《菜部一》。
⑤ 《本草纲目》卷二六《菜部一》。
⑥ 《本草纲目》卷二七《菜部二》。
⑦ 《本草纲目》卷二八《菜部三》。

瓠子，南北均产，一年生攀援草本，或称壶卢、长瓠、匏瓜、蒲卢，虽"名状不一，其实一类各色也"。二月下种，生苗引蔓，五、六月开白花，结实大小不一，嫩时作蔬菜，熟老作壶瓢。

冬瓜，一年蔓生草本，"三月生苗引蔓，大叶团而有尖，茎叶皆有刺毛。六、七月开黄花，结实，大者径尺余，长三四尺。嫩时绿色有毛，老则苍色有粉。其皮坚厚，其肉肥白"。①

南瓜，一年蔓生草本，种出南番，故名。南北皆有，"二月下种，宜沙沃地，四月生苗，引蔓甚繁，一蔓可延十余丈，节节有根，近地即着"。"结瓜正圆，大如西瓜，皮上有棱如甜瓜，一本可结数十颗，其色或绿或黄或红"，其肉色黄，蒸煮食之，可饭可菜。②

越瓜，以地名之，南人呼为菜瓜，"南北皆有，二、三月下种。生苗就地引蔓，青叶黄花，并如冬瓜花叶而小。夏秋之间结瓜，有青白二色，大如瓠子。一种长者至二尺许，俗呼羊角瓜。其子状如胡瓜子，大如麦粒，其瓜生食，可充果蔬"。③

芥菜，一二年生草本，苔茎叶有叶柄，不抱茎，为芥菜类与白菜类在形态上主要区别之一。梁人陶弘景曰："芥似菘而有毛，味辣，可生食及作菹。"宋人苏颂曰："芥处处有之，有青芥，似菘有毛，味极辣。紫芥，茎叶纯紫可爱。"此外，还有"南芥、旋芥、花芥、石芥之类，皆菜茹之美者"。④

香菜，即芫荽、胡荽的俗称，相传张骞得种于西域，故名。性喜冷凉，"八月下种，晦日尤良，初生柔茎圆叶，叶有花歧，根软而白，冬春采之，香美可食"，亦可作菹，道家五荤之一。⑤

---

① 《本草纲目》卷二八《菜部三》。
② 《本草纲目》卷二八《菜部三》。
③ 《本草纲目》卷二八《菜部三》。
④ 《本草纲目》卷二六《菜部一》。
⑤ 《本草纲目》卷二六《菜部一》。

(3) 野菜草籽

《辽史·西夏外纪》曰：西夏"土产大麦、荜豆、青稞、床子、古子蔓、碱地蓬实、苁蓉苗、小芜荑、席鸡草子、地黄叶、登厢草、沙葱、野韭、拒灰条、白蒿、碱地松实。"《隆平集·西夏传》也有大致相同的记载："西北少五谷，军兴，粮馈止于大麦、荜豆、青麻子之类。其民则春食豉子蔓、碱蓬子，夏食苁蓉苗、小芜荑，秋食席鸡子、地黄叶、登厢草，冬则畜沙葱、野韭、拒霜、灰条子、白蒿、碱松子，以为岁计。"《杂字》与《番汉合时掌中珠》记载有苦苣、茵陈、半春菜、马齿菜等。这些野菜草籽是西夏老百姓不可或缺的食物，故亦附此。

碱蓬子，碱蓬，一年生藜科植物，俗称盐荒菜，荒碱菜，叶肉质，嫩茎叶既可食，是灾荒年的救命菜。生于荒漠低处的盐碱荒地上，为碱土指示植物。

苦苣菜，俗称苦苦菜、麻苣苣，是一种药食兼具的无毒野生植物，多年生草本，喜生于田间地头、盐碱地、山坡草地、林间草地、潮湿地或近水旁、河边砾石滩等地也多有生长。是农牧民必备的菜蔬，也是灾年的救命菜。①

苁蓉，又名肉苁蓉，多年生寄生草本，全株无叶绿素，多长在盐碱地或干河沙滩。二至八月采食，具有滋补功效。《名医别录》曰："肉苁蓉生河西山谷及代郡雁门，五月五日采。"另有花苁蓉或草苁蓉，原、渭、秦、灵州皆有之。②

小芜荑，芜荑有大小两种，小芜荑俗称"榆钱"，即榆荚。榆树花成朵簇生，先叶开放，果实结成前采摘可生食，亦可和面蒸食，"入药皆用大芜荑"。③

---

① 《本草纲目》卷一八《草部七》载有蔓草豉子花，又名旋花，"其花不作瓣状，如军中所吹豉子，故有旋花豉子之名"。"河北、汴西、关陕田野中甚多，最难锄艾，治之又生。四、五月开花，其根寸截，置土灌溉，涉旬苗生。"夏人所食豉子蔓，当为豉子花。民间不食豉子蔓，而食苦苦菜。

② 《本草纲目》卷一二《草部一》。

③ 《本草纲目·木二·芜荑》："芜荑有大小两种：小者即榆荚也，揉取仁，酝为酱，味尤辛。人多以外物相和，不可不择去之。入药皆用大芜荑。"

地黄，多年生草本植物，根茎黄色，肉质肥厚，用根或种子繁殖。叶长椭圆形，嫩时可食，王曼《山居录》云："地黄嫩苗，摘其旁叶作菜，甚益人。"①

登厢草，又名沙蓬，沙米，一年生藜科植物，生于流动沙丘，是一种生命力极强的沙地植物。种子埋在沙地多年，只要遇透雨仍能迅速扎根发芽。一株正常生长发育的沙蓬，产籽量为8000—15000粒。沙蓬最大特点是幼苗期根系生长快，有利于在流沙上生长，在生有沙蒿和禾本科草类的沙地上，鲜有沙蓬，因此被称为"流沙上的先锋植物"。沙蓬子实可加工成面粉食用，亦可炒食或煮食。宋雍熙元年（984），王延德出使高昌，途经的乌兰布和沙地就"不育五谷，沙中生草名登相，收之以食"。②

沙葱，即山葱、茖葱、野葱，李时珍曰："茖葱，野葱也，山原平地皆有之，生沙地者名沙葱，生水泽者名水葱，野人皆食之。"③ 阿拉善高原的沙葱最为著名。

野韭，即山韭也，山中往往有之，形性亦与家韭相类，但根白，叶如灯心苗。④

灰条子，灰条，又名灰菜，灾荒年可救命。一年生草本，生于田野、荒地、路边及住宅附近，以田野最佳，春采幼苗，夏摘嫩茎叶，秋收子实，均可食用。

白蒿，又名茵陈，俗称艾蒿，多生路旁、荒地、河滩、草原、山坡，嫩时鲜美，和面蒸食。宋人苏颂曰："此草古人以为菹，今人但食蒌蒿，不复食此，或疑白蒿即蒌蒿。"⑤

马齿菜，又名马齿苋，俗称胖娃娃菜。为马齿苋科一年生草本植物，南北各地均产，性喜肥沃土壤，耐旱亦耐涝，多生于菜园、农田、路旁及庭园

---

① 《本草纲目》卷一六《草部五》。
② 《宋史》卷四九〇《高昌传》。
③ 《本草纲目》卷二六《菜部一》。
④ 《本草纲目》卷二六《菜部一》。
⑤ 《本草纲目》卷一五《草部四》。

废墟。嫩时茎叶可食，味鲜美。

4. 粮食亩产量

亩产量是衡量农业发展水平的重要依据，遗憾的是西夏文献没有留下任何记载，我们只能从一些间接材料中了解其大概。汉代河西屯田亩产徘徊在0.7—0.729 石之间，[①] 唐代的生产水平比汉代有较大的提高，陈子昂在《上西蕃边州安危事》中说，甘州"四十余屯，并为奥壤，故每收获，常不减二十万"。[②] 40 余屯合 20 万亩（每屯按 50 顷计），亩产为 1 石。《旧唐书》载，黑齿常之在河源军"开营田五千余顷，岁收百余万石"。[③] 亩产则为 2 石，我们若取其中数，大致亩产 1.5 石左右。唐代 1.5 石，折合今天 147.5 斤粟，或158.4 斤麦，这个产量已接近解放前的水平。[④] 此后一千年，西北地区的亩产没有大的变化，因而，西夏亩产量也大致在 1.5 石左右。当然，这是水浇地的产量，至于沿边山界旱地，亩产大致在一石左右。

元朝初年水利专家郭守敬恢复宁夏的水利，溉田一万余顷，[⑤] 这大概是西夏兴灵灌区的垦田数字。唐代河西屯田约 5.5 千顷，[⑥] 西夏时这一地区的垦田规模不会超过这个数字，大致在 5 千顷左右。银、夏、绥、宥诸州也大致有 5千顷。以此计之，西夏全境垦田约 2 万 6 千顷（260 万亩），全国总人口约 200万，这样人均占田约 1.3 亩。若水旱田亩产平均以 130 斤计，则人均占有粮食170 斤左右。这对一个半农半牧的民族政权来说，已经是不小的数目，但它不

---

① 吴廷桢、郭厚安主编：《河西开发研究》，甘肃教育出版社 1993 年版，第 38 页。

② （唐）陈子昂：《陈拾遗集》卷八《上西蕃边事安危事》。

③ 《旧唐书》卷一〇九《黑齿常之传》。

④ 李并成：《唐代前期河西走廊的农业开发》，《中国农史》1990 年第 1 期。

⑤ 关于元初宁夏溉田亩数，《弘治宁夏新志》卷四《沿革考证》记载为万余顷，齐履谦《郭守敬行状》与《元史》本传记载为 9 万余顷。据陈明猷先生考证，明嘉靖年间宁夏屯田超过了元代，为1.5 万顷，清乾隆年间为 2.55 万顷，1949 年为 1.93 万顷，1988 年为 2.92 万顷，因此，元初宁夏垦田应为万余顷，考证甚是。见《贺兰集》第 75—77 页，宁夏人民出版社 1994 年版。

⑥ 参见赵俪生主编：《古代西北屯田开发史》，甘肃文化出版社 1997 年版，第 179—182 页。其中甘州屯田 2 千顷，凉州屯田 1.8 千顷，肃州屯田 0.6 千顷，瓜、沙二州无数字记载。

是平均占有，而是主要集中在贵族地主和封建国家的手中，其结果是官府和贵族地主拥有大量的储粮，① 老百姓则长年累月挣扎在饥饿线上，"春食豉子蔓、碱蓬子，夏食苁蓉苗、小芜荑，秋食席鸡子、地黄叶、登厢草，冬则畜沙葱、野韭、拒霜、灰条子、白蒿、碱松子，以为岁计"②。

（二）畜牧业

牲畜牧养是西夏主体民族党项羌族传统产业，公元 6 世纪后期，居住在今青海省东南部以及和陇蜀交界的党项人，过着"牧养牦牛、羊、猪以供食"，不知稼穑的单纯游收生活。唐朝时先后迁徙到秦陇交界的庆州与鄂尔多斯高原南部的银、夏、绥、宥诸州。这里山岳绵亘，牧场辽阔，党项人利用这种优越的地理环境，积极发展传统的游牧经济，历唐末五代到北宋初年，长期过着"逐水草牧畜，无定居"的生活。西夏建国后，虽然奄有大片汉族生息的农业区，但畜牧生产仍然是党项人的主要生计。开国皇帝李元昊曾自豪地说："衣皮毛，事畜牧，蓄性所便。"③ 这一地区的汉族在农耕的同时，也大多兼营畜牧。

1. 牲畜种类

西夏的牲畜品种主要有马、骆驼、羊、牛、驴、骡、牦牛等，对于和则

① 《续资治通鉴长编》卷三一八，神宗元丰四年十月丙寅条载：德靖镇七里平山上，有谷窖大小百余所，藏谷约八万石。《宋史》卷三四八《陶节夫传》载：石堡城"窖粟其间，以千数"，夏人谓之"金窟埚"。《天盛改旧新定律令》也有明确的储粮记载："地边、地中纳粮食者，监军司及诸司等局分处当计之，有木料处当为库房，务需置瓦，无木料处当于干地坚实处掘窖，以火烤之，使好好干。垛囤、垫草当为密厚，顶上当撒土三尺，不使官粮食损毁。"（卷一五《纳领谷派遣计量小监门》）这是储粮仓库建设，至于粮食库的司吏、案头，则根据储粮多少来派遣："五千斛以内二司吏；五千斛以上至一万斛一案头二司吏；一万斛以上至三万斛一案头三司吏；三万斛以上至六万斛一案头四司吏；六万斛以上至十万斛一案头五司吏；十万斛以上一律一案头六司吏。"（卷一七《库局分转派门》）可见，前述藏粮"八万石"，不完全是宋人的妄言。
② （宋）曾巩：《隆平集》卷二〇；又见《辽史》卷一一五《西夏外纪》。
③ 《宋史》卷四八五《夏国传上》。

为牧，战则为骑的党项人来说，马是立国之本。党项马的前身是著名的河西马，① 自汉代开始，河西陇右是历代封建王朝养马基地，唐代养马监大部分设在这里。党项人进入河西陇右后，在传统畜牧业的基础上，又继承汉唐以来的养马技术，培育出著名的"党项马"。从中唐开始"党项马"就是驰名中原的商品，唐朝诗人元稹在其作品中有生动的描述："求珠驾沧海，采玉上荆衡，北买党项马，西擒吐蕃鹦。"② 宋初在缘边市马，"陕右诸州最盛，河东、川陕仅居其半"。西夏频繁遣往宋、辽、金的贡使，也大量以马、骆驼作为贡品。因此，对马的牧养尤为重视。③

骆驼主要产于阿拉善与鄂尔多斯的戈壁荒滩，性驯耐渴，行步稳健。沙漠中既不能行舟，又不能通车，且气候干燥，水草匮乏，故行路运货，多用骆驼。④ 西夏人还将其用于军事，"凡正军给长生马、驼各一"。⑤ 西夏统帅阿沙敢布曾对蒙古使臣宣称："今汝蒙古若以惯战而欲战，则我有阿剌筛（阿拉善）之营地，有褐子之帐房，有骆驼之驮焉"。⑥

羊有绵羊和山羊两种。绵羊行动缓慢，性温顺，喜合群，行路涉险，尾随"头羊"，故成百上千，也不难驱赶。山羊即羖䍽，⑦ 也和绵羊一样，具有

① 《三国演义》中关羽日行千里的赤兔就是来自西凉的"河西马"，"赤兔"本名"赤菟"，即赤红色的烈马，据说为汗血宝马（中亚大宛马和河西本地马杂交品种），最早是西凉刺史董卓的坐骑，后被董卓用来收买丁原的义子吕布；吕布死后，赤兔马被曹操赏赐关羽；关羽被杀后，赤兔马思念旧主，绝食而死。但根据史书记载，赤兔马在吕布战败后，不知去向，并没有成为关羽的坐骑，《三国演义》虽是虚构情节，但反映出当时人们心目中的河西马是上好马的代表，所谓"人中吕布，马中赤兔"。

② （唐）元稹：《元氏长庆集》卷二三《估客乐》。

③ 《天盛改旧新定律令》卷一九《畜利限门》。

④ 《天盛改旧新定律令》卷一九《供给驮门》规定："旧驯之公骆驼年年当分离，当托付行宫司"，"行宫司之公骆驼中之老弱不堪骑用者，当交群牧司，入杂分用中"。可见除一般运输外，骆驼还是国主御用的重要交通工具。

⑤ 《宋史》卷四八六《夏国传下》。

⑥ 《蒙古秘史·续集》卷二。

⑦ 《文海》"羖䍽"释："此者羊也，小羊也，山羊之谓。"（《文海研究》第 452 页）《豳风广义》曰："我秦中一种绵羊，头小身大，尾长多脂，最美，其毛柔软，一岁三剪，以为毡物；临渭两岸，其毛更细，可作氆氇衣衫等物，绝佳。一种羖䍽羊，俗名驹羖羊，项下有髯，毛粗长，作沙毡避湿气；性捷，善缘屋壁，其味亦美。"显然，羖䍽是和绵羊有别的山羊。

较强的合群性，但远比绵羊敏捷，善登高涉险，绵羊群里经常混牧一部分山羊，由其中强壮者作为"头羊"，① 以提高羊群行动能力。西夏多在山地草原和戈壁绿洲牧养，② 且牧养的数量超过绵羊。③

牛分黄牛和犛牛两种，黄牛是我国古代农业生产的主要役畜，瓜州榆林窟西夏壁画《牛耕图》，描绘二牛抬一杠，耕者一手扶犁，一手持鞭驱牛，形象生动逼真；④ 西夏陵出土的鎏金铜牛体态健壮，比例匀称，栩栩如生，为西夏耕牛的生动写照。犛牛为早期党项人主要役畜，跋山涉水，如履平地，毛可织披衣、帐篷、绳索，内迁后仍在祁连山、贺兰山一带牧养。⑤ 宋乾德元年（963），"西平王李彝兴献犛牛一"。⑥ 黄牛作为耕畜，主要在民间牧养，犛牛民间和官府均牧养，除了驮运外，还为官营手工业提供毛绒。⑦

驴、骡则是秦汉以来我国西北少数民族驯养的役畜，史载"驴者乃服重致远，上下山谷，野人之所用耳"。⑧ 西夏人可能用来乘挽及驮运，但牧养量

---

　　① （宋）洪皓《松漠纪闻》卷二载："北羊皆长面多髯，有角者百无二三，大仅如指，长不过四寸。皆目为白羊，其实亦多浑黑。亦有肋细如箸者，味极珍。性畏怯，不骶触，不越沟堑，善牧者每群必置羖䍽羊数头［羖䍽，音古力，北人讹呼羖为骨］，仗其勇狠，行必居前，遇水则先涉，群羊皆随其后。"（宋）苏颂《本草图经·禽兽部》卷一三载："羊之种类亦多，而羖羊亦有褐色、黑白色者，毛长尺余，亦谓之羖䍽羊，北人引大羊，以此羊为群首。"

　　② 《隋书》卷八三《党项传》：内迁前党项人无法令文字，"织犛牛尾及羖䍽毛以为屋"。元代在西夏故地黑水城周围牧养大量羖䍽，黑水城出土汉文文书 F111：W67 记载："羊五十六口；大羊十三口，羖䍽六口，羊羔卅七口"（《中国藏黑水城汉文文献》卷一，第171页）

　　③ 《天盛改旧新定律令》记载的四种官畜为马、牛、骆驼、羖䍽（山羊），即使同时提到羖䍽和绵羊，也是羖䍽在前，绵羊在后，反映出羖䍽羊在西夏畜牧生产中的地位。

　　④ 四种官畜为马、牛、驼、羖䍽（山羊），不包括牛，说明牛主要在民间牧养。牛作为生产力，和军马驼一样重要，法律规定，"诸人杀自属牛、骆驼、马时，不论大小，杀一头徒四年，杀二头徒五年，杀三头以上一律徒六年。"

　　⑤ 《天盛改旧新定律令》卷一九《畜利门》："犛牛在燕支山、贺兰山两地中，燕支山土地好，因是犛牛地，年年利仔为十牛五犊，赔偿死亡时，当偿实犛牛。贺兰山有犛牛处之数，年年七、八月间，前内侍中当派一实信人往检视之，已育成之幼犊当依数注册，已死亡时当偿犊牛。"

　　⑥ 《宋史》卷一《太祖纪一》。

　　⑦ 《天盛改旧新定律令》卷一九《畜利限门》："大犛牛十两、小牛八两、犊五两春毛，于纳羊绒之日缴纳"。

　　⑧ 《后汉书》卷八《孝灵帝纪》注引《续汉志》。

不是很大，主要在民间牧养。①

在古代民族的生产活动中，经营畜牧业的民族也往往从事狩猎，党项人也如此，史载元昊"每欲举兵，必率酋豪与猎，有获，则下马环座饮，割鲜而食，各问所见，择取其长"。② 秋天是各种动物上膘的季节，也是党项人狩猎的季节。③ 西夏境内的猎物主要有狼、豹、黄羊、沙狐、鹿、野驴、野羊、野牦牛，其中沙狐是一种常见的猎物，皮毛珍贵，李继迁时，为了向契丹示好，一次进贡沙狐皮一千张。④

2. 游牧、喂养和放牧

由于地理环境的差异，西夏境内存在牧业、农业、半农半牧三种不同的经济类型，同时，在畜牧业生产上，相应有游牧、喂养、放牧三种经营方式。鄂尔多斯高原、阿拉善高原与河西走廊的戈壁草滩，雨量稀少，除茫茫沙海外，地面多生牧草，祁连山一带地势高寒，不宜五谷，大致属于以游牧为主的牧业区。活跃在上述地区的党项、回鹘、吐蕃人，居无定所，长期过着逐水草而居的游牧生活。当然游牧不是漫无边际的迁徙，而是有固定的区域，按照气候变化进行游牧，高山牧场按寒暑两季转场，暑天在海拔较高的山地草原放牧，天凉后到山下草地放牧。又可细分为秋、冬、春三季草场。荒漠半荒漠草原，根据气候情况按寒暑两季转场，或按照四季多次转场，以恢复

---

① 《文海》有驼、马、牛、羊、驴、骡的记录，西夏四种官畜为马、牛、驼、羖攊（山羊），说明驴、骡主要在民间牧养。

② 《续资治通鉴长编》卷一一五，仁宗景祐元年十月丁卯条。

③ 《圣立义海》记载："八月属西，国内演戏游乐，设网伺鹊，捕兽"（《圣立义海研究》第52页）；西夏文《月月乐诗》记载更为详细：七月里"安装上捕鸟的网，人们在追捕鹿群，收割稻谷，三［种］值钱的东西［鸟、鹿和稻谷］都要得到"。八月里，"赤叶戈洪地方的唐古特人和汉族人拆除障碍，拉着黑线和白线在捕鸟"。九月里"国内开始捕鸟，黑风乍起，鹿儿悲鸣。风吹草低，鹿群如惊马般在风中狂奔"。十月里，"国内到处在捕鸟雀"。"黑风骤起，鹿儿狂鸣。风儿摔打着草丛，野山羊隐没入林中"。（克恰诺夫：《关于西夏文献〈圣立义海〉研究的几个问题》，《圣立义海研究》，第17—18页。）

④ 《契丹国志》卷二一《西夏贡进物件》。

草地植被。遇到大旱，可能不完全按照季节，而根据实际情况转场。

游牧可以较充分保护和利用草原，是西夏牧业的重要组成。阿拉善的骆驼驰名中亚细亚，也是西夏军用骆驼的主要来源；祁连山一带所产犛牛是欧洲早期旅行家笔下的珍贵之物。逐水草而居的游牧生活，生产条件比较艰苦，生产技术也相对粗放，主要依赖轮牧恢复草地生态，这种经营方式虽有利于保护和利用草原，但和旱地农业一样，靠天吃饭，一旦遇到全域性自然灾害，生产会遭到严重破坏。①

河南兴、灵一带农业区主要喂养耕畜和家禽，与牧业区和半农半牧区相比，农业区的畜牧业规模较小，一般农户主要牧养少量的役畜。这是因为农业区地狭人众，适宜耕种的土地大多被垦为农田，可供放牧家畜的草场缺乏。再则当时还没有稳定的饲料生产基地，家畜的饲料只能以农作物的秸秆与谷物为主，一般农家只饲养耕畜，这样就使农业区的畜牧业不可能有一个较大的发展，而只是依附于农业的一项副业。当然，在灌溉农业区的周边，依托丰美的水草，有大量牲畜牧养。

宋夏缘边山界，即东起横山，西至天都山一带，山岳绵亘，水草丰茂，大片草地与小块农田相杂，河西甘、凉诸州（包括黑水地区），"水草丰美，畜牧孳息"，沙漠与半沙漠中密布绿洲，是西夏半农半牧地区。活动在这里的蕃部族帐既从事畜牧生产，又进行农田耕作，过着定居与半定居的农耕与放牧生活，有的民户农忙时种田，农闲时到草地放牧。②

半农半牧区畜牧业的发展有其得天独厚的条件。首先，从自然条件上看，半农半牧区有大片草原草山，未开发的荒地极多，同时，这一地区水利资源

---

① 《西夏纪》卷二二载：公元1110年，瓜、沙诸州大旱，"水草乏绝，赤地数百里，牛羊无所食，蕃民流亡者甚众"。

② 西夏人对沿边山界坡谷地带的半农半牧生产有形象的记述："坡谷诸禾流彩，坡着艳装。野兽伏匿：九兽中，顽羊、山羊、豺狼等隐处也。畜类饶逸：坡谷草、药，四畜中白羊放牧易肥，每年产羔乳汁美。向柔择种：坡谷地向柔，待雨宜种荞麦也"。（《圣立义海研究》第57页）

十分丰富，银、绥以大里、无定等河为溉，"甘、凉之间，则以诸河为溉"，①不仅有利于农业生产的发展，也对发展畜牧业十分有利，著名的"党项马"就出产在这里。

其次，从地理位置上看，半农半牧区与宋朝相毗邻，同牧业区相比，它与中原地区在经济、文化诸方面的联系更为密切。北宋陕西地区的耕畜，相当一部分是通过民间贸易的形式，从西夏半农半牧地区得到补充的。缘边政府榷场贸易，西夏也以马、牛、羊、驼出口为大宗。显然，半农半牧区的畜牧业，并非是自给自足性质，其产品的商品率是比较高的，这也优于牧业区和农业区。

又次，从畜牧方式来看，牧业区以游牧为主，农业区以舍饲为主，半农半牧区与二者均有不同，它以族帐为单位进行牧养，可以广泛利用天然的畜牧资源，与农业区依靠草料饲喂相比，显然有利得多。同时半农半牧区的放牧方式，又与牧业区的简单游牧不同，蕃部族帐已趋于定居，一族一帐往往选择水草肥美、适宜畜牧的地区，固定占有大片草场，这有利于对自然条件的改造，比游牧部落"逐水草迁徙"，单纯依赖于自然的畜牧方式要进步得多。

由于以上种种原因，半农半牧区在西夏畜牧业中，占有相当重要的地位，它的存在是西夏畜牧业发达的重要基础和标志。不过，必须指出的是，宋夏在半农半牧区经常发生大规模的战争，特别是在北宋长达几十年的进筑横山过程中，几乎每克一城一寨，西夏都要损失成千上万的牛马驼羊。蒙古攻占银州时，一次掠取了数十万牲畜，使这一地区的畜牧生产受到了极大影响。

3. 官畜生产

自秦汉以来，不仅汉族建立的政权设监养马，而且像北魏、辽、金等少

---

① 《宋史》卷四八六《夏国传下》。

数民族建立的政权也都有官营牧场，契丹原来是一个以畜牧渔猎为生的游牧民族，建国前长期处于"畜牧畋渔以食，皮毛以衣，转徙随时，车马为家"①的生活状态。建国后占领大片汉族居住的农业区，统治者推行农牧并举的政策，畜牧除私营外，国家还直接经营，即所谓的"群牧"。《辽史》卷六〇《食货志下》记载："自太祖及兴宗垂二百年，群牧之盛如一日。天祚初年，马犹有数万群，每群不下千匹。"

西夏不仅有官牧生产，而且牧养的官畜不限于马匹，还包括牛、骆驼和羖羺羊。群牧司是西夏的最高畜牧管理机构，负责牧场管理、官畜繁殖、调拨供给。官牧场公畜成年后，由群牧司调配给军队以及马院、行宫司、皇城司、三司。行宫司、皇城司等机构御用马驼老弱不堪使用时，又转拨给群牧司，"入杂分用中"，② 作为一般公务用畜和肉畜。监军司属于军事机构，除管理所部丁壮的军马，还有监管所属部落牧养的官畜的职责。③ 这里需要指出的是，西夏军事指挥系统前后有所变化，建国初期监军司为地方最高军事机构，但在天盛年间（1149—1169）或此前，又出现了经略司和边地经略使的设置，它的地位仅次于中书、枢密，高于其他诸司，沿边重大军务、财务都要报请经略司批准。因此，此后的监军司系统的官牧业也被称作经略司系统。④

西夏牧场草地分官私两种，官牧场主要分布在戈壁荒滩和高山草地，半农半牧地区官私牧场草地的界限比较模糊，官私之间往往因地界发生纠纷。至少在天盛年间（1149—1169），法律规定"官私地界当分离，当明其界划"。国有草场牧地只许承包官畜生产的牧人居住放牧，不许未承担牧养官畜劳役

---

① 《辽史》卷三二《营卫志中》。

② 《天盛改旧新定律令》卷一九《供给驿门》：群牧司牧场"旧驯之公骆驼年年当分离，当托付行宫司"，"行宫司之公骆驼中之老弱不堪骑用者，当交群牧司，入杂分用中"。

③ 西夏实行亦兵亦民的部落兵制，沿边监军司在实施军事防务的同时，又协助群牧司管理所属部落牧养的官畜，包括派员参与群牧司对官畜的校验。

④ 《天盛改旧新定律令》卷一九《畜患病门》规定：马、牛、驼、羊四种官畜患病时，"隶属于经略者，当速告经略处，不隶属于经略者，当速告群牧司"。

的其他牧户放牧。① 大致二三百户牧人组成一个生产系统，由牧盈能统领，其下有牧监、大小牧首领和末驱，② 具体生产则由牧人承担。如果官畜死亡，先由牧人赔偿，"倘若牧人无力，则当催促小牧监令偿之。小牧监偿之不足，则当催促牧首领、末驱令偿之"。③ 既然牧人与大小牧监、牧首领、末驱共同承担官畜死亡的风险，因此，牧人必须经过大小牧监、牧首领的考察，认定是有赔偿能力者，方可申请到"骆驼、马、牛等自十五、二十以上，羖羺羊自七十以上"的官畜。至于无偿还能力的"无主贫儿"，也即没有牧监、牧首领担保者，只能给胜任牧人做"牧助"，无权领取官畜牧养。如果"大小牧监以胜任人不胜任，以不胜任人胜任中"，将受到一定的惩罚。④

　　牧人领取官畜并在国有牧场上进行生产，其首要任务是保证官畜的繁殖，按照百大母骆驼一年限三十仔，百大母马一年五十驹，百大母牛一年六十犊，百大母羊一年六十羔，百大母犏牛一年五十犊的繁殖率，向官府缴纳幼畜。如果"不足者当令偿之，所超数年年当予牧人"。在保证幼畜繁殖的同时，牧人每年还要向封建政府上缴毛、绒、乳、酥等副产品。大公驯骆驼每年纳腿、项绒八两，大母驯骆驼纳三两，旧驯骆驼公母一律纳二两。"羖羺春毛绒七两，羊秋毛四两。羔夏毛二两，秋毛四两，羔绒不须纳。母羖羺以羔羊计，一羊羔三两酥"。"大犏牛十两、小牛八两、犊五两春毛，于纳羊绒之日交纳"。"母骆驼应算一仔二斤酥"。⑤

　　至此，我们对西夏官牧中的生产关系有了一个比较清楚的认识。官牧中

---

① 《天盛改旧新定律令》卷一九《牧场官地水井门》："官私地界当分离，当明其界划，官地之监标志者当与掌地记名，年年录于畜册之末，应纳地册，不许官私地相混，倘若违律时，徒一年"；"若天旱□，官牧场中诸家主之寻牧草者来时，一年以内当安家，不许耕种，逾一年不去，则当告于局分而驱逐之。"

② 《天盛改旧新定律令》卷一九《牧盈能职事管门》规定："邻近二百户至二百五十户牧首领中遣胜任人一名为盈能，当领号印检校官畜"。

③ 《天盛改旧新定律令》卷一九《校畜磨勘门》。

④ 《天盛改旧新定律令》卷一九《贫牧逃避无续门》。

⑤ 《天盛改旧新定律令》卷一九《畜利限门》。

的牲畜、牧场等生产资料属于官府所有，身为氏族部落首领的大小牧监、牧首领、末驱等代表封建政府管理生产，并从中得到加官及其他奖赏。① 广大牧人是最基本的直接生产者，他们身受官府和大小牧监、牧首领的双重压迫，其人身也具有双重依附性质。所谓双重依附，一是依附于大小牧监、牧首领。宋英宗治平年间（1064—1067），同知谏院吕诲在一道奏章中称："逐部落今所存者，却有外来散户依附其间，或是连亲，或即庸力，混杂居处，例各年深。"② 官牧生产中的牧人，实际上就是"庸力"的散户，只有牧监等首领认为他们有偿还能力，同意他们成为所辖牧场的"庸力"，他们这才能申请到官畜牧养。否则被视为"无主贫儿"，只能作为牧人的牧助。二是大小首领代表官府招募"庸力"牧人的，因此，牧人同时也依附于封建官府。尽管牧人的人身具有依附性，但他们有自己的家园、财产、属于官府和大小牧监管理下的生产者。除牧人外，在官牧场上进行生产的还有籍没奴隶，《天盛改旧新定律令》对此有明确规定。③

幼畜登记号印是官畜管理中的一项重要制度，每年四月一日至十月一日，牧场将驼、马、牛、羊四种官畜所繁殖的仔、驹、犊、羔，"于盈能处置号

---

① 《天盛改旧新定律令》卷一九《校畜磨勘门》："大小牧监胜任一年，当予赏赐钱绢二，常茶三坨、绫一匹。二年连续胜任者，依前述法当予赏赐，当得一官。此后又胜任，则每年当加一官，赏赐当依前述所定予之。牧首领、末驱本人胜任一年，当予赏赐银三两、杂锦一匹、钱绢五、茶五坨。二年连续胜任者，赏赐当依前述所定数予之，其上当得一官。倘若彼又胜任，则每年当加一官，赏赐当依前述所定予之。"

② （明）杨士奇等编：《历代名臣奏议》卷三四三，文渊阁四库全书影印本。

③ 盗毁帝陵、殿堂，"不分主从，以剑斩杀，自己妻子、同居子女等当连坐，迁往异地，当入牧农主中。畜、谷、宝物、地、人等当没收入官。"（《天盛改旧新定律令》卷一《失孝德礼门》）还有诸人议逃，已行者主犯以剑斩杀，各同谋者发往不同地服苦役，"主、从犯一样，自己妻子、儿女当连坐，当入牧农主中。其父母者，当视逃者总数，系百人以内，则不连坐；系百人以上，则同居不同居一样，当因子连坐，入牧农主中，应无期服役。……使军、奴仆者，当入牧农主中，无期服役"。（《天盛改旧新定律令》卷一《背叛门》）这些因夫、父、子犯罪而连坐入牧农主中的妻子、儿女、父母，他们的财产被籍没入官，因而没有资格领取官畜，只能充当助牧之类的角色。他们是官牧场中的奴隶，没有官府和大小牧监的允许，是不会有人身自由的。如官牧场之获罪妇人被偷卖给他人，"卖者以偷盗法判断，买者知觉，则当依盗之从犯法承担，并罚其价，交与官方。未知，勿治罪，价当取之。妇人因自不告则十三杖，依旧当还牧场"。（《天盛改旧新定律令》卷一九《贫牧逃避无续门》）

印，盈能当面应于仔、驹等之耳上及羔羊之面颊上为号印"，① 以示为官畜。如果达不到政府限定的繁殖率，则令牧人偿之，若"有已超者，依法当还牧人"②。

十月一日，盈能登记号印结束，官府大校开始。一般由"群牧司及诸司大人、承旨、前内侍之空闲臣僚等中遣真能胜任之人，诸司称职之案头、司吏文字计量引导"，③ 前往诸牧场审校。在黑水等地区因地程遥远，"校畜者当由监军、习判中一人前往校验，完毕时，令执典册、收据种种及一局分言本送上，二月一日以内当来到京师"。校畜官吏出发时，携官印一枚，有关《律令》一卷，"由局分处借领，事毕时当依旧交还"。制畜册所用的纸张，"群牧司库中当买，使分领之"。大校所需的枷锁、大杖等，"当于所属盈能处取，毕时当依旧还之"。"大校处所使用人，于牧监子弟未持取畜者中，可抽出十五人使用，不许多抽使用人。"④

大校的程序大抵是："令牧场牲畜一并聚集"，然后对照畜册，一一点验齿岁、毛色、公母、瘠肥。若是赔偿之畜，更要与畜册细细校核，"不许不实齿偿还"。⑤ 在大校过程中，外来的校畜官对牧场的具体情况不太了解，因而常常发生诸牧场之间相互索借官畜顶替的作弊现象，《天盛改旧新定律令》卷一九《校畜磨勘门》对此作出了严厉的处罚规定。

除大校外，官畜死亡注销、赔偿、患病验视等制度也相当严格。"四畜群公母畜混者，十中当减取一死"，⑥ 死畜的皮及肉价钱不须交。这是按十分之一的正常死亡比例注销。此外，对因突发性疾病而死亡的官畜，如果验证是实，也予以注销。如诸牧场四种官畜患病时，当速告群牧司或经略处，"验者

①　《天盛改旧新定律令》卷一九《牧盈能职事管门》。
②　《天盛改旧新定律令》卷一九《牧盈能职事管门》。
③　《天盛改旧新定律令》卷一九《牧盈能职事管门》。
④　上见《天盛改旧新定律令》卷一九《校畜磨勘门》。
⑤　《天盛改旧新定律令》卷一九《牧盈能职事管门》。
⑥　《天盛改旧新定律令》卷一九《死亡注销门》。

当往，于病卧处验之。其中因地程远而过限日，于验者未到来之前病卧而死时，当制肉疤，置接耳皮（即头皮）"。验者验视接耳头皮，实有官畜印记；"共用水井、草场之相邻官私畜患有同病"；另有大小牧监及其他牧人担保，方可予以注销。验毕后，即将有印记的接耳头皮焚掉，以防牧人作弊重验。死畜肉当计价：骆驼、马、牛一律五百，仔、犊、大羖䍽等一百，小羖䍽五十，"钱当入库，皮送三司"。如果"不患病及并未亡而入死中为虚假时，以偷盗法判断"。

马院中的生、熟马及予汉、契丹马的病死注销，大抵亦如此。首先，将病情速告局分处，局分处遣医人按视，"其中已告，判写已出然后死，及已视然后死等，应告注销，计肉价熟马一缗，生马五百钱，原皮等当交三司，若牧监失误致瘦死亡、盗取及预先未告而生癫患病死等，记名牧人当赔偿"。①

马匹的牧养在西夏官牧业中具有头等重要的地位，如果"官牧场之马不好好养育而减食草者，计量之，比偷盗法加一等。未减食草，其时检校失误致马赢瘦者，当视肥马已瘦之数罚之，自杖罪至一年劳役，令依高低承罪"。②

诸牧场四种官畜在正常死减和确系病死以外而损失者，首先"紧紧催促牧人偿之。倘若牧人无力，则当催促小牧监令偿之。小牧监偿之不足，则当催促牧首领、末驱令偿之。其中倘若催促偿之而无所偿，实无力者，当置命"，根据损失数量，处以杖、徒、绞三种刑罚。③

尽管官畜损失到一定数目，要对相关人员处以极刑，但牧人损失驼马四

---

① 上见《天盛改旧新定律令》卷一九《畜患病门》。
② 《天盛改旧新定律令》卷一九《畜利限门》。
③ 《天盛改旧新定律令》卷一九《校畜磨勘门》：
骆驼、马：牧人无一二，十杖；无三四，十三杖；无五六，徒六个月；无七八至无二十五，徒一至十二年；无二十五以上一律当绞杀。
小牧监自一至三，八杖；四至六，十杖；七至九，十三杖；十至十二，徒六个月；十三至四十，徒一至十二年；四十以上一律当绞杀。
牧首领、末驱自一至五勿治罪；六至八，八杖；九至十一，十杖；十二至十四，十三杖；十五至十七，徒六个月；十八至五十，徒一至十二年；五十以上一律当绞杀。对牛、羊损失的处罚略。

匹以内，小牧监九匹以内，牧首领、末驱损失十四匹以内，仅责以八至十三杖，显然，这要比赔偿合算得多。许多牧人乃至大小牧监宁愿选择杖击，也不愿赔偿。因此，对是否有赔偿能力的考察是相当严格的。假若牧人"实无力偿，则当令于盈能处置命，预先当告群牧司而送知状"。待大校时，校畜官"应再好好问之，无力偿而已置命是实言，则同场不同场人当担保"，方可"依律令承罪"。如果"盈能与牧人暗中徇情，能偿而入置命中时，计畜价，以偷盗法判断"。① 若大校头监、案头、司吏受贿违法，将有力偿入无力偿时，"则以枉法贪赃罪及计畜价以偷盗罪等比较，从重者判断"。②

古代畜牧生产具有环节多、强度高、连续性的特点，生产环节上包括游牧倒场、白天放牧、夜间看守、饮畜喂畜、挤奶加工、接产喂养、幼畜盖印、阉割公畜、剪鬃搓绳、剪毛制毡、套马驯马、寻找失散牧畜等；劳动强度上也是农耕生产无法比拟的，如套马驯马、阉割公畜、剪毛剪鬃，风雪天气照看畜群时，不仅强度高，而且有生命危险；连续性来看，农耕冬天为休闲时间，畜牧特别是游牧生产一年四季一天二十四小时都需要劳动，试想一户牧人照看二十头大家畜和十头左右幼畜、七十只山羊，四十二只羔羊，加上其自己一百头左右的大家畜和羊只，其劳动强度可想而知。③ 由此看出，西夏官牧业中的劳役剥削相当沉重。

由于文献的缺乏，我们对西夏官畜的数量只能作一大概估计。西夏的军队一般有六十万左右，如果减去负担和辅军，初步估算有二十万正军，每个"正军给长生马、驼各一"。④ 若以此计之，西夏的军用驼、马一般有二十万匹（头）左右。这二十万战骑一般都为公马和骟马，那么在相应的牧场上，还应有二十万母马和十万幼马（按50%的繁殖率计算），总计为五十万。若再加上

---

① 《天盛改旧新定律令》卷一九《牧盈能职事管门》。
② 《天盛改旧新定律令》卷一九《校畜磨勘门》。
③ ［苏联］兹拉特金：《游牧民族社会经济史的几个问题》，《民族译丛》1981年第5期。
④ 《宋史》卷四八六《夏国传下》。

马院里面在役的马匹，至少五十万匹以上。以后随着军队数量的增加和生产的发展，官马可能达到六十万匹左右，若加上民间养马，一百万匹以上。军用骆驼以运输为主，不限公母，其总数应在二十万以上，这也是一个较大的数目。牛、羊的数量也比较可观，宋夏争夺横山战争期间，西夏经常一次战役就损失数万牛羊，其中有一部分是官畜。

西夏官牧生产发达，尤其牧养大量官马，这样就使得国家掌握了大批战马，为建立一支强大的骑兵队伍奠定了雄厚的物质基础。这是其一。其二，官牧业的发展，使西夏政府掌握了对宋出口畜产品的主动权。除了和平期间，西夏在榷场上以马、牛、羊、驼、毡毯易缯帛、罗绮外，双方交恶期间的走私贸易，主要是青白盐和日用百货的交易，很少有驼、马等大家畜，它从一个方面影响了北宋骑兵队伍的建设。这一利一弊，对夏宋关系产生了深远的影响。

（三）手工业

党项人早期以游牧为生，手工生产依附于游牧经济，主要是以族帐（家庭）为单位的毡毯毛褐制作，尚没有专门的手工作坊。内迁以后，随着农牧业的发展，特别是入居城镇和建立政权后，在当地汉族原有的基础上，特色鲜明的手工制作才迅速发展起来。至少在天盛年间（1149—1169），政府机构中设有铁工院、木工院、砖瓦院、织绢院、首饰院、纸工院、出车院、刻字司、作房司、制药司等，[①] 分别负责冶金、锻造、建筑、陶瓷、纺织、造纸、印刷等行业的生产和管理。官营手工业生产主要满足封建国家和皇室贵族的需要，民间手工生产主要满足普通百姓的生活。与之相对应的手工工匠大致分为依附匠和自由匠，依附匠主要来源于服苦役的罪犯和招诱、掳掠来的"生口"，自由匠为民间个体工匠。西夏《凉州护国寺感通塔碑》结尾处不仅

---

① 《天盛改旧新定律令》卷一〇《司序行文门》。

列有书写碑文及监修官员的姓名，还列有工匠姓名，说明西夏有一技之长的手工生产者有一定的社会地位。

1. 金属冶炼与锻打铸造

（1）冶铁及铁器加工制造

出于对外战争和农业生产的原因，西夏统治者非常重视冶铁生产，设置"熔石为铁"① 的冶铁场，② 部分罪犯配往官方"熔铁"处服苦役。③ 锻铁作坊遍布全境，有的锻造刀、剑、矛、戈、甲、马镫、马衔、马掌等兵器和马具；有的锻造犁壁、铧、锹、锄、镢、斧、叉等生产工具；有的铸造锅、杵、铲、勺等生活用具，夏光定十二年（1222）正月的李春狗租赁烧饼房契，记录连同"烧饼房"一同出租的有炉鏊、铁铮、铁匙、铁铲等用具。④ 夏显道元年、即宋明道元年（1032），宋仁宗命工部郎中杨告为旌节官告使，前往夏国册元昊为定难节度使、西平王。杨告在会见元昊时，"闻屋后有数百人锻声"，⑤ 如果这不是元昊虚张声势的话，那么在西夏王宫附近就设有数百人的锻铁作坊。还有瓜州榆林窟西夏壁画《锻铁图》的发现，说明河西地区也是西夏一个重要的冶铁基地。

古代块炼铁纯度有限，在千锤百炼的锻打中去掉大量杂质，铁器精细度越高，损耗就越大，西夏官营锻铁坊打制刀剑、剪刀、枪下刃、黑铁等水磨铁器，"一斤耗减十一两"；打制钉3寸、2寸，城叉、锯、推耙、镫、铡刀、

---

① 史金波、白滨、黄振华：《文海研究》，中国社会科学出版社1983年版，第487页。

② 《圣立义海》："黑山郁郁溪谷长，生诸种树，熔石炼铁，民庶制器""兽选宝山，诸树稍长，尽皆伐。熔石炼铁，民亦制器"；《续资治通鉴长编》卷三二八，元丰五年七月丙戌条："横山亘袤，千里沃壤，人物劲悍善战，多马且有盐铁之利，夏人恃以为生"；《文海》"坩埚"释："此者坩埚也，熔用之袋是"。（《文海研究》第515页）

③ 《天盛改旧新定律令》卷二〇《罪则不同门》。

④ 《西夏光定十二年正月李春狗等扑买饼房契》，俄罗斯科学院东方文献研究所藏，俄藏编号ДХ18993。

⑤ 《续资治通鉴长编》卷一一一，仁宗明道元年十一月癸巳条。

八、西夏农牧业和手工业　301

锹头等细铁器，"一斤耗减十两"；打制镬头、斧头，钉7寸、5寸、4寸，铁凿、斩刀、屠刀等粗铁器，"一斤耗八两"。①

　　无论是水磨铁器还是细铁器和粗铁器，归纳起来大致有四类：一类是刀剑、枪下刃等兵器；一类是镬头、斧头、铁凿等生产工具；一类是铁匙、铁铲等生活用具；还有一类是钉7寸、5寸、3寸等生产资料。这些各式各样的兵器和生产生活用具，在出土文物中可以找到实际例证，20世纪70年代在西夏陵区八号陵出土的文物中，就有铁剑、铁矛以及铁钉，其中铁钉"长短不一，最长者15厘米，钉脚四边形，钉帽为偏头平顶，有的尖端呈直角的弯曲"，② 正好印证了《天盛改旧新定律令》关于铁钉有7寸、5寸、3寸的记载。还有瓜州榆林窟西夏壁画《生产工具图》，也形象地再现了锹、镬、犁、耙等农业生产工具以及斧、锯、钵、剪、尺、规等手工工具，其形制与近代十分相似，"惟剪为宋代流行的摺剪，非近代通常的铁剪"。③

西夏铁剪（鄂尔多斯博物馆藏）

　　西夏冶铁有两个显著的特点：一为竖式双扇风箱的使用。榆林窟西夏壁画《锻铁图》，描绘三个铁匠正在锻铁，一人手握火钳夹一铁件置砧上，右手举锤，另一人双手抡锤准备锻打。还有一人为坐式，推拉竖式双扇风箱，风箱之后的锻炉正冒着火焰。这种竖式双扇风箱能够"推拉互用，将风连续吹

<hr />

① 《天盛改旧新定律令》卷一七《物离库门》。
② 《西夏八号陵发掘简报》，《文物》1978年第8期。
③ 王静如：《敦煌莫高窟和安西榆林窟中的西夏壁画》，《文物》1980年第9期。

入锻炉，使炉膛始终保持所需高温"。这种方法比用皮囊鼓风更进了一步，是后世制作抽拉风箱的过渡阶段。① 另一为掌握了冷锻硬化工艺，即淬火技术。宋庆历元年（1041），宋朝陕西安抚判官田况在上书言边事时指出：夏人"甲皆冷锻而成，坚滑光莹，非劲弩可入"。② 其法与青唐吐蕃锻铁基本一致。

正因为掌握了持续高温与冷锻硬化工艺，所以西夏的兵器非常犀利，"夏人剑"被太平老人《袖中锦》誉为"天下第一"，晁补之曾作歌称赞。③ 夏人甲"坚滑光莹，非劲弩可入"。宋朝边帅沈括曾记载："镇戎军有一铁甲，匣藏之，相传以为宝器。韩魏公帅泾原，曾取试之，去之五十步，强弩射之不能入。尝有一矢贯札，乃是中其钻空，为钻空所刮，铁皆反卷，其坚如此。"④ 据说该甲由青唐吐蕃冷锻而成，掌握了冷锻技术的党项人所锻之甲，亦当大抵如此。

（2）金银冶炼与金银制品的打制

西夏境内有金银铜矿，"西边宝山，淘水有金，熔石炼银铜"。⑤ 统治者将一部分罪犯遣送到"官方采金、熔银铁"处"令为苦役"。⑥ 淘金—熔炼—打制是金银矿冶与金银制品的打制基本程序，由于生金的成色不同，熔炼时的耗减不一，"生金末一两耗减一字，生金有碎石圆珠一两耗减二字"；熟金打制器时根据精细程度耗减，其中"再熔一番为熟板金时，上等一两耗减二字，次等一两耗减三字；熟打为器，百两中耗减二钱"；打制银器时"上等、次等者，一律百两中可耗减五钱，中等、下等所至，一律百两中可耗减一两"。⑦

文献没有记载西夏金银器的品种，从出土实物看，金器有莲花盘、碗、

---

① 王静如：《敦煌莫高窟和安西榆林窟中的西夏壁画》，《文物》1980 年第 9 期。
② 《续资治通鉴长编》卷一三二，仁宗庆历元年五月甲戌条。
③ （宋）晁补之：《鸡肋集》卷一〇，文渊阁四库全书影印本。
④ （宋）沈括：《梦溪笔谈》卷二《器用》。
⑤ 罗矛昆等：《圣立义海研究》，宁夏人民出版社 1995 年版，第 59 页。
⑥ 《天盛改旧新定律令》卷二〇《罪则不同门》。
⑦ 《天盛改旧新定律令》卷一七《物离库门》。

佛像、透雕耳坠、桃形饰片、金指剔、马鞍饰、扣边及花瓣形金饰等;[①] 银器有钵、碗、盒、鎏金银饰、圆形带钉银饰等。值得一提的是,1976 年在宁夏灵武出土的银碗与银钵。银碗有三件,其中一件残,另外两件皆完好。平底、侈口、直壁、薄胎,口径 11—11.2 厘米,底径 4.5—4.6 厘米,高 5.2—5.7厘米。两碗内有西夏文墨书二两八、三两字样,以标明器物自身的重量。银钵有两件,平底、直口、浅腹,口径 10—10.5 厘米,底径 5—5.3 厘米,高 3.6 厘米。一钵底墨书西夏文三两半,实测为 137.5 克。[②] 这几件银器,不仅是研究西夏金属工艺的重要实物资料,而且还是探讨西夏衡制的重要依据。

西夏境内矿藏资源稀少,金、银的采冶量有限,远远满足不了皇室贵族和佛教寺院的需求,相当一部分靠进口来解决。"庆历议和"后从宋朝获得的二十五万五千两岁赐中,白银及其制品就占了七万二千两。[③]

(3) 冶铜与铜器打铸

冶铜是西夏手工业中重要的生产门类,《文海》"鍮"释:"熔铜撒药为鍮也"。[④] 鍮为黄铜(俗称红铜或紫铜)与锌的化合物,这里的撒药当指加入锌。懂得在冶炼过程中加入锌,反映出党项人炼铜技术已相当先进。

铜器制造分打、铸两种,官营作坊打制时一两耗减三钱,铸造时一两耗减二钱。[⑤] 目前出土的铜器计有铜牌、铜印、铜钱、铜镜、铜刀、铜牛、铜铃、铜甲片、铜门钉泡,等等。铜牌又分信牌、守御牌、宿卫牌、装饰牌四种。铜印有二字印、四字印、六字印三种。铜钱虽出土不多,但除开国皇帝李元昊与末帝李睍外,其他各代均有铸币。

---

① 史金波、白滨、吴峰云:《西夏文物》,文物出版社 1988 年版,第 307—308 页。
② 《文物》1978 年第 8 期。
③ 据吴天墀《西夏史稿》第 53 页注文统计。
④ 史金波、白滨、黄振华:《文海研究》,中国社会科学出版社 1983 年版,第 514 页。
⑤ 《天盛改旧新定律令》卷一七《物离库门》。

西夏冶铜业的发展，不仅表现了炼铜技术的先进与铜制品种类的繁多，而且表现了铸造工艺的高超。1977 年在银川市西郊西夏陵区 101 号墓甬道东侧出土的鎏金铜牛，长 120 厘米，宽 38 厘米，高 45 厘米，重 188 公斤。模制浇铸成形，内空心，外表通体鎏金，造型生动，线条流畅，比例匀称，形象逼真，就充分说明了这一点。

西夏鎏金铜牛

2. 池盐生产与征榷

（1）池盐分布

西夏境内池盐资源丰富，[①] 唐代池盐产地，大部分都在西夏境内。[②] 西夏

---

　　① 我国古代食盐大致可分为五大类型，一是产于盐池的池盐，因呈颗粒状，故又名颗盐；二是煮海水而成的海盐，以其状若粉末，或曰末盐；三是汲取盐井卤水熬制成的井盐；四是自然生成于崖岸之上的崖盐，亦称岩盐；五是提自碱土中的土盐，西夏境内的盐产资源主要是池盐。
　　② 参见《新唐书》卷五四《食货志四》。

文"池"释"盐池也";① "碱"释"碱池也,如盐巴是也"。② "碱"即"盐",宋人记载:"西人谓盐为碱,谓洼下处为限"。③《天盛改旧新定律令》记录了盐池、□池、文池、萨罗池、红池,贺兰池、特剋池等七个大池和杂金池、大井集苇灰岬池、丑堡池、中由角、西家池、鹿□池、啰皆池、坎奴池、乙姑池等九个小池。④ 这些盐池的地理分布目前还不清楚,只能依据相关汉文文献进行梳理。

西夏中东部的盐、灵二州是西夏池盐资源最丰富的地区,《新唐书》卷五四《食货志四》曰:"盐州五原有乌池、白池、瓦池、细项池;⑤ 灵州有温泉池、两井池、长尾池、五泉池、红桃池、回乐池、弘静池。"乌池即今陕西定边县的苟池,白池为今内蒙古鄂托克前旗南境北大池东南隅,所产青白盐最为有名。⑥ 所谓"青白盐出乌、白两池,西羌擅其利"⑦。温泉池,又作温池,在灵州回乐县"南一百八十三里,周回三十一里"。⑧ 唐代置榷税使一员,推官两员,巡官两员,胥吏三十九人,防池官健及池户一百六十五户。大中四年(850)三月,因收复河陇,敕令度支收管其盐,仍差灵州分巡院官专勾当。至六年,敕隶威州,以新制置,未立课额。⑨ 红桃池,在灵州怀远县西三

---

① 史金波、白滨、黄振华:《文海研究》,中国社会科学出版社 1983 年版,第 538 页。
② 史金波、白滨、黄振华:《文海研究》,中国社会科学出版社 1983 年版,第 415 页。
③ 《续资治通鉴长编》卷五一四,哲宗元符二年八月辛巳条。
④ 《天盛改旧新定律令》卷一七《库局分转派门》。
⑤ 细项池,又名细岭池,瓦池,瓦窑池。《元和郡县图志》卷四《关内道四·盐州》记载唐末两池荒废,西夏是否恢复不得而知。
⑥ 《西夏纪事本末》卷首附《西夏地形图》与俄国收藏的《西夏地形图》均在灵、盐二州之间明确标出乌池、白池。
⑦ 《宋史》卷一八一《食货志下三·盐上》。
⑧ (唐)李吉甫:《元和郡县图志》卷四记。
⑨ 《唐会要》卷八八《盐铁使》。按《新唐书》卷三七《地理志一》:威州,本安乐州,县二,"温泉,上,本隶灵州,神龙元年置,大中四年来属,有盐池"。可见,大中四年先将温泉县划归威州,两年后即大中六年,又将回乐县温泉池"敕隶威州"。由于温泉池长期隶属回乐县,故《新唐书·食货志》所说的回乐池,很可能就是温泉池。

百二十里，盐色似桃花，故名。① 此外，夏州长泽县北五十里有胡洛池，"周回三十里，亦谓之独乐池，声相近也"。②

西夏西部河西走廊与阿拉善高原也有丰富的池盐资源。凉州姑臧县"武兴盐池、眉黛盐池，并在县界，百姓咸取给焉"。③ 甘州张掖县盐池"在县北九百三十里。其盐洁白甘美，随月亏盈，周回一百步"。④ 甘州东侧山丹县有红盐池，"山丹卫即张掖地，有池产红盐"。⑤ 沙州敦煌为唐五代归义军政权的统治中心，敦煌东四十七里有盐池，"池中盐常自生，百姓仰给焉"。⑥ 阿拉善高原东部著名的吉兰泰盐池，主要在明清时期开采，该地曾是西夏白马强镇军司所在地，党项人也有可能在这里进行过池盐生产。

西夏南部西安州碱隈川产盐，前揭"西人谓盐为碱，谓洼下处为隈"。⑦ 碱隈川即盐池川，"有盐池长十里，产红盐、白盐，如解池，可作畦种云。"⑧

---

① （唐）李吉甫：《元和郡县图志》卷四：灵州"怀远县，上，南至州一百二十五里，在州东北，隔河一百二十里。本名饮汗城，赫连勃勃以此为丽子园。后魏给百姓，立为怀远县。其城仪凤二年为河水汛损，三年于故城西更筑新城。县有盐池三所，隋废。红桃盐池，盐色似桃花，在县西三百二十里。武平盐池，在县西北十二里，河池盐池，在县东北一百四十五里"。

② （唐）李吉甫：《元和郡县图志》卷四《关内道四·夏州》。《新唐书·地理志》《太平寰宇记》亦持此观点。《旧唐书》卷四八《食货志上》认为："胡落池在丰州界，河东供军使收管，每年采盐约一万四千余石，供振武、天德两军及营田水运官健"。《新唐书》卷五四《食货志四》："安北都护府有胡落池，岁得盐万四千斛，以给振武、天德。"从胡洛池又名独乐池来看，当与汉代独乐县有关，而汉代独乐县在今陕西米脂县北，属银夏之地，故夏州长泽说较胜。参见郭正忠：《西夏地区古盐产资源考辨——兼论若干宁甘古盐池的位置》，《宁夏社会科学》1993 年第 6 期。

③ （唐）李吉甫：《元和郡县图志》卷四〇《陇右道下·凉州》。北凉人段龟龙《凉记》："有青盐山出盐，正方半寸，其形似石，甚甜美"（（宋）李昉《太平御览》卷八六五《饮食部》二三）。南朝梁元帝萧绎也说，凉州"有清池盐，正四方，广半寸，其形扶踈，似有人耕池旁地，取池水波种之，去勿回顾，即生此盐"（（宋）李昉《太平御览》卷八六五《饮食部》二三）。段龟龙与萧绎记述的凉州青盐池，也许就是后来的武兴、眉黛池。

④ （唐）李吉甫：《元和郡县图志》卷四〇《陇右道下·甘州》。南朝梁人任昉《述异记》卷下云："张掖有盐池，自然生盐，其盐多少，随月增减。"宋人乐史《太平寰宇记》卷一五二《陇右道》亦云：张掖"盐池周百步许，多少随人力以自增减。"

⑤ 《本草纲目》卷一一《金石部》。《秦边纪略》卷三曰："红盐味甘，坚类石，色如丹，谓之盐根，河西多有之。"明洪武中，"岁往采盐，以供大内"。

⑥ （唐）李吉甫：《元和郡县图志》卷四〇《陇右道下·沙州》。

⑦ 《续资治通鉴长编》卷五一四，哲宗元符二年八月辛巳条。

⑧ 《续资治通鉴长编》卷五一四，哲宗元符二年八月辛巳条。

元符年间（1098—1100）宋人进筑西安州后继续生产。[①] 西南河湟地区也出产盐，历史上湟中羌人"依西海、盐池左右"，[②] 西夏占领该地后当依然利用该地丰富的盐业资源。

（2）生产方法

西夏池盐生产方法"如解池，可作畦种云"。[③] 这种开畦灌水的"畦种法"早在秦汉时就已出现，[④] 至隋唐五代已成为北方池盐最重要的生产方法。唐"河东盐池是畦盐，作畦，若种韭一畦。天雨下，池中咸淡得均，即畎池中水上畔中，深一尺许，日暴之，五六日则成。盐若白矾石，大小如双陆及，则呼为畦盐"[⑤]。畦种法必须经整畦、引卤和晒制三道程序。整畦相当讲究，包括塍、井、沟、渠、路在内的一整套系统设施。[⑥] "但至其所，则见沟、塍、畦、畹之交错轮困，若稼若圃，敞兮匀匀，涣兮鳞鳞，逦纷属，不知其垠。"[⑦]

畦盐虽为人工灌种，但对自然气候却有很高的要求，雨水要适中，旱则没有足够的卤水，同时盐易板结；涝则卤水太淡，也不易结晶，只有适量的雨水，才能形成咸淡适中的盐卤，并在晒制中除去原来池水中苦涩的芒硝。另外，还要有适时的盐南风，使卤水迅速结晶。"每盐南风急，则宿皆成盐满

---

① （宋）方勺《泊宅编》卷中："西安有池产颗盐，周回三十里，四旁皆山，上列劲兵屯守。池中役夫三千余，悉亡命卒也，日支铁钱四百，亦多窃盐私贸。盖绝塞难得盐，自熙、河、兰、鄯以西，仰给于此。初得此池，戎人岁入寇，其后拓地六十里，斥堠尤谨，边患遂绝。"（宋）李之仪《姑溪居士后集》卷二〇《折渭州墓志铭》：崇宁间（1102—1106），泾原路经略安抚使、马步军都总管、知渭州折可适"展西安州，增置定戎寨，广平夏城为怀德，安兴定戎盐池，岁得盐七十万石"。从地望上看，西夏碱隈川盐池当为唐代的河池。唐代该池在会州（今甘肃靖远县）境，宋夏时又归属西安州（今宁夏海原县境），西去会州一百二十里，"春夏因雨水生盐，雨多盐少，雨少盐多，远望似河，故名河池"（《元和郡县图志》卷四《关内道四·会州》）。迄今海原县盐池乡仍有干盐池。

② 《后汉书》卷八七《西羌传》。

③ 《续资治通鉴长编》卷五一四，哲宗元符二年八月辛巳条。

④ 郭正忠：《中国盐业史·古代编》，人民出版社1997年版，第136页。

⑤ 《史记》卷一二九《货殖列传·正义》。

⑥ （清）王昶：《金石萃编》卷一〇三《大唐河东盐池灵庆公神祠碑》记载："旱理其埠，水营其高。五夫（幅）为塍，塍有渠；十井为沟，沟有路；臬之为畦，酾之为门。渍以浑流，灌以殊源"。

⑦ （唐）柳宗元：《河东先生集》卷一五《问答》。

畦。"① 正所谓"曰风曰雨，以积以凝"也。因此，每年只有在二三月垦畦，四月开始灌种，八月乃止。

宋代畦种制盐技术更趋成熟，夜间灌畦，白天晒制，"每南风起，盐结，须以杷翻转，令风吹，则坚实"。② 西夏池盐生产技术正是在继承唐宋的基础上发展起来的，③ 直至明清，西夏故地池盐仍然是"每年二月间，于池内开治坝畦，引水入池灌畦，风起波生，日晒成盐，用力极易。惟天旱少水，或雨水过溢，所产差少"。④

在人工畦种的同时，西夏天然采掘也值得称道，所谓天然采掘，顾名思义，系指纯粹由风吹日晒等自然条件形成于盐池卤泽之中，然后经人工采掘获得。由于受干旱少雨气候的影响，西夏许多地方的池盐毋须人工畦种，而成之自然，如前引沙州"池中盐常自生"。⑤ "盐在水中自为块片，人就水里漉出曝干。"⑥ 乌池"凿井深一二尺，去泥即到盐，掘取若至一丈，则著平石无盐矣。其色或白或青黑，名曰井盐"。⑦ 这里的"井盐"实际上是自然形成的池盐。

西夏池盐生产规模相当可观，开国皇帝李元昊曾公然提出每年向宋朝出售青盐十万石，⑧ 若以宋制每石五十斤计之，⑨ 则合五百万斤。尽管宋朝没有答应元昊的要求，公开的青盐贸易被禁止，但随之而来的走私问题始终没有能够解决，这批青盐的一大半实际上通过各种走私途径流入到宋朝。这只是

---

① （宋）唐慎微：《证类本草》卷四。

② （宋）江休复：《江邻几杂志》，漆侠先生在《宋代经济史》最先引用。

③ （唐）张守节《史证·正义》明确指出盐州乌池出产畦盐，并与同池中出产的井盐、花盐作了比较。见《史记》卷一二九《货殖列传·正义》。

④ 《雍正陕西通志》卷四一《盐法·产盐》。

⑤ （唐）李吉甫：《元和郡县图志》卷四〇《陇右道下·沙州》。

⑥ 沙州都督府图经·伯2005号，郑炳林《敦煌地理文书汇辑校注》，甘肃人民出版社1989年版，第9页。

⑦ 《史记》卷一二九《货殖列传·正义》。

⑧ 《宋史》卷二九五《孙甫传》。

⑨ 《宋史》卷一八一《食货志下三》。

出售到宋朝境内的青白盐，如果加上西夏自用部分，每年产量大致在二十万石，一千万斤左右。这个产量是完全可能的，前引宋朝夺取西夏碱隈川定戎盐池，"岁得盐七十万石"。清代花马大池年产盐八百万斤上下，"供汉中府所属各州县及延安、鄜州所属，并清涧一十五州县"。①

（3）征榷制度

自汉武帝确立盐铁专卖制度后，盐利在封建国家财政中占有极其重要的地位，所谓"天下之赋，盐利居半"。那么，西夏的盐利究竟有多少？史籍没有确切的记载，庆历年间西夏提出"每年入中青盐十万斛"，② 作为和宋朝议和的条件，谏官孙甫认为："西盐五、七万石，其直不下钱十余万贯"。③ 枢密副使韩琦、知制诰田况也指出："青盐十万斛，今只以解盐半价约之，已及二十余万贯。"④

由此看来，西夏青白盐利每年至少有数十万贯，这对一个"旱海"小邦来说，已是相当可观。"元昊数州之地，财用所出，并仰给于青盐"。⑤ 宋人何亮在《安边书》中写道："乌、白盐池，夏贼洎诸戎视之犹司命也。"⑥ 熟悉西夏内情的李继和曾指出："蕃戎所赖，止在青盐。"⑦

西夏的池盐生产大致由官府组织，依附于封建政权的"畦户"在官府的监督下进行生产，⑧ 所产池盐必须由官府统一征税后方能出售，"不许随意偷税，倘若违律时，偷税几何，当计其税，所逃之税数以偷盗法判断"。⑨

---

① 《嘉庆定边县志》卷五《财赋志》。
② 《续资治通鉴长编》卷一四六，仁宗庆历四年二月庚子条。
③ 《续资治通鉴长编》卷一四五，仁宗庆历三年十一月辛卯条。
④ 《续资治通鉴长编》卷一四六，仁宗庆历四年二月庚子条。
⑤ （宋）包拯：《包孝肃奏议》卷九《论杨守素》，文渊阁四库全书影印本。
⑥ 《续资治通鉴长编》卷四四，咸平二年六月戊午条。
⑦ 《宋史》卷二五七《李继和传》。
⑧ 《天盛改旧新定律令》卷七《为投诚者安置门》在规定对"逃跑重归投诚来者"的安置时，提到"织布、采金、织褐、□□、盐池出盐者"，显然"盐池出盐者"与织布、采金一样，属于依附官府的生产者。
⑨ 《天盛改旧新定律令》卷一八《盐池开闭门》。

　　为了控制池盐的生产与征榷，西夏特设盐务使、榷税使以及巡检使之类的职位。巡检使主要负责盐池的安全保卫，统领诸如唐朝"防池官健"之类的兵丁，昼夜巡逻盘查。① 另外，还设小监、出纳、掌斗，其中贺兰池等"七种一律二小监、二出纳、一掌斗"，杂金池等"九种一律一小监、二出纳、一掌斗"，② 具体负责过斗榷税。征榷的税率一般按品质来定，"乌池之盐者，一斗一百五十钱，其余各池一斗一百钱"。③ 这种榷税制度，很大程度上是对五代的继承。④

　　商贩向官府缴纳池盐专卖税后，运往西夏各地销售，或走私到宋朝。熙宁初"西界不稔，斛食倍贵，大段将牛、羊、青盐等物裹私博斛斗入番"。⑤ 夏天赐礼盛国庆三年、即宋熙宁四年（1071）三月，"大顺城管下蕃部数持生绢、白布、杂色罗锦被褥、腊茶等物，至西界辣浪和市，复于地名黑山岭，与首领岁美泥、咩乜悖讹等交易，博过青盐、乳香、羊货不少"。⑥ 诸如此类，不一而足。

　　上述为已经开采的盐池，至于没有开采的，则由官府统一保护起来，不许诸人偷采。"倘若闭护池中盐而盗抽者，依其盗抽多寡，当依所犯地界中已开池纳税次第法量之，以偷盗法判断。"⑦

---

　　① 《天盛改旧新定律令》卷一七《库局分转派门》规定："池大则派二巡检，池小则派一巡检，与池税院局分人共监护之。□池者，当就近次第总计，每三、四种当派一巡检。以下家主中不须派监池者"。

　　② 《天盛改旧新定律令》卷一七《库局分转派门》。

　　③ 《天盛改旧新定律令》卷一八《盐池开闭门》。

　　④ 《五代会要》卷二六《盐》记载，后周广顺二年（952）敕文曰："青白池务，素有定规，祇自近年，颇乖循守。比来青盐一石，抽税钱八百，盐一斗。白盐一石，抽税钱五百，盐五升。访闻改法以来，不便商贩。宜令庆州榷盐务，今后每青盐一石，依旧抽税八百，八十五陌，盐一斗。白盐一石，抽税钱五百，八十五陌，盐五升。此外，更不得别有邀求。"

　　⑤ （宋）文彦博：《潞公文集》卷一九《乞禁止汉人与西人私相交易》。

　　⑥ 《宋会要辑稿》食货三八之三一。

　　⑦ 《天盛改旧新定律令》卷一八《盐池开闭门》。

3. 皮毛加工制作

皮毛加工制作是党项人传统的手工业生产门类，内徙前他们过着"织犛牛尾及羖羢毛以为屋，服裘褐，披毡以为上饰"，不知稼穑的游牧生活。[①] 内徙后虽然部分党项人逐渐转向定居的农耕生活，但大多数仍以畜牧业为生。因此，皮毛加工既是官营手工生产，又是党项牧民普遍的家庭副业。

西夏的裘皮制品有皮衣、皮帽、皮褥等，其制作工序首先用硝水熟皮，然后根据不同需要，剪裁加工成各类衣物。有的制品，如牛皮靴之类，则用生皮制成。1972 年在甘肃省武威张义下西沟岘出土的西夏牛皮靴，就是用生牛皮制成，皮面上的牛毛尚存。[②] 黑水城出土裴松寿典麦契中的抵押物品有袄子裘、旧皮裘、苦皮等。[③]

毛制品主要有毡、褐、毯三种。毡是用牛羊及骆驼毛经弹化、浸湿、加热、挤压等工序制成的片状材料，具有良好的保温防潮性能。在制作过程中，还可一次性做成披毡、雨毡、毡帽、毡靴、毡袜或毡帐。羖羢（山羊）、犛牛毛制成的毡比较粗，绵羊、骆驼绒制成的毡为细绵毡。官营作坊毡匠领秋毛、春毛、夏毛、羔毛、驼毛制毡时，"十斤可耗减三斤"。[④] 元朝初年意大利人马可波罗在他的《行记》中记载，西夏古都中兴府"城中制造驼毛毡不少，是为世界最丽之毡；亦有白毡，为世界最良之毡，盖以白骆驼毛制之也。所制甚多，商人以之运售契丹及世界各地"。[⑤] 黑水城出土裴松寿典麦契中的抵押物品除皮裘外，还有白帐毡、马毯等。[⑥]

毛褐是用牲畜毛捻线织成的毛布，有粗细之分，绵羊线织成的较细，称

① 《隋书》卷八三《党项传》。
② 史金波、白滨、吴峰云：《西夏文物》，文物出版社 1988 年版，第 307—308 页。
③ 陈国灿：《西夏天庆间典当残契的复原》，《中国史研究》1980 年第 1 期。
④ 《天盛改旧新定律令》卷一七《物离库门》。
⑤ 冯承钧译：《马可波罗行记》第 72 章《额里哈牙国》，上海书店出版社 2001 年版，第 164 页。
⑥ 陈国灿：《西夏天庆间典当残契的复原》，《中国史研究》1980 年第 1 期。

为绵毛褐，羖羅毛线织成的为粗毛褐。在牧业和半农半牧区，捻线织褐成了人们最普遍的家庭副业。① 宁夏灵武西夏窑出土的纺轮既有褐釉、黑釉、青釉，又有素烧。② 甘肃武威张义下西沟岘山洞中发现西夏石纺轮，"平面近圆形，径 10 厘米，厚 3 厘米，中间有孔"。③ 这些各式各样的纺轮，充分反映了捻线织褐在西夏社会生活中的重要地位。西夏的毛褐制品有两大类，一类是将毛线织成毛布，然后缝制成衣服；另一类是直接用毛线编织衣、袜、帽以及盛装谷物的口袋以及行路驮运的褡裢。④

毛毯即氍毹，藏族人称为氆氇。《天盛改旧新定律令》卷一七《物离库门》规定："百斤绒毛为织锦事，三斤线渣，三十斤剪头毛线，前断碎散落可耗减三十三斤"，应该是织毯。该门还反映了一些官营毛纺织业的情况，"百斤毛已均匀，造为毛线时可耗减四十斤"，为官家染生毛线，由库局分人监督，"十斤可耗减一斤"。官营毛纺织业生产者主要为人身依附很强的"匠户"，其中一部分为服苦役的罪犯。

4. 丝麻棉织生产

西夏虽地处西北边陲，但其境内也种桑养蚕。《水经注》卷三曰："河水又北薄骨律镇城，城在河渚上，赫连果城也，桑果余林，仍列洲上。" 和西夏相邻的今黄河后套土默特平原亦产蚕，"土人饲之以制绸绢，所谓建昌绢者是也"。⑤ 唐朝前期"自安远门西尽唐境万二千里，间阎相望，桑麻翳野，天下

---

① （宋）庄绰《鸡肋编》卷上记载：北宋泾州"虽小儿皆能撚茸毛为线，织方胜花。一匹重只十四两者。宣和间，一匹铁钱至四百千"。

② 中国社会科学院考古研究所：《宁夏灵武窑发掘报告》，中国大百科全书出版社 1995 年版，第 72—74、106 页。

③ 史金波、白滨、吴峰云：《西夏文物》，文物出版社 1988 年版，第 310 页。

④ 褡裢是我国民间曾长期使用的一种口袋，农区用粗棉麻布编织，牧区和半农半牧区用粗毛线编织。长方形，中间开口，两端各成一个口袋，口边留有绳头，可以串连系扣。有大小两种，小者搭在肩上，用来盛放干粮及其他用品；大者搭在牲畜鞍上，用来盛装货物。（清）石玉昆《三侠五义》第 24 回：屈申接过银子褡裢，搭在驴鞍上面，乘上驴，竞奔万全山南。

⑤ 《光绪蒙古志》卷三《物产》。

称富庶者无如陇右"。① "安史之乱"后，吐蕃乘虚攻占河西陇右数十州之地，但该地的桑麻并没有因此中断，大中年间（847—859），沙州首领张义潮归唐时，敦煌一带"水流依旧种桑麻"。② 西夏文《圣立义海》也说河西一带的西边宝山"郊产丝宝也"。宜于植桑种麻的地理条件，为西夏丝麻纺织的发展奠定了坚实的基础。

西夏的丝织业也分官营与民营两种，官营由专门的织绢院负责，其生产程序大抵是先缫生丝，律令规定缫丝百斤，"九十八两实交中，优九十一两半，劣四两，混二两半"。接下来为纺线，纺上等好绢线，"一两中耗减三钱，下等织线十两中耗减六钱，不堪织绢用之混丝线渣为马鞍盖者，百两中耗减七两"。然后染色，生染一两无耗，当依法交。熟染时，白、银黄、肉红、粉碧、大红、石黄六色，一百两中交七十五两，"其余种种诸色皆本人交八十两熟"。

染好的绢线先由仓库保管，织绢工再向仓库领取。"女子领绣线时，一两中可耗减一钱半。""纺织之应用纬线、格子线等，二月一日于事着手领取，自置经纬线起，纺织罗帛，至十月一日止，所领线数一百两耗减三两"。③ 至此，富有民族特色的丝织品就生产出来了。

西夏丝织品种类繁多，据西夏汉文本《杂字》与《番汉合时掌中珠》记载：有绫罗、绣锦、绢丝、纱、紧丝、煮丝、彩帛、线罗、川锦等。1976 年在西夏陵区 108 号陪葬墓出土的工字绫、茂花闪色锦，1990 年在宁夏贺兰山拜寺口方塔出土的绢、绫、纱、罗、织锦等，这些丝织品有的是自己生产，有的是从宋金进口。④

---

①　《资治通鉴》卷二一六，天宝十二年。

②　王重民辑录，刘修业整理：《〈补全唐诗〉拾遗》，《中华文史论丛》1981 年第 4 期。

③　《天盛改旧新定律令》卷一七《物离库门》。

④　《宋史》卷四八六《食货志下八·互市舶法》记载：宋朝在榷场上"以缯帛、罗绮易驼马、牛羊、玉、毡毯、甘草"，俄藏黑水城出土西夏榷场文书记载夏金榷场上的等价物为川绢、北地绢，说明大量内地丝织品流入西夏，现出土的西夏丝织品中，有的是来自内地，非西夏生产。

　　麻布是西北地区重要的土产，归义军时期麻布的产量是棉布的三四倍。①
西夏建立后，继续种桑织布，华阳县税户缴纳的就有黄麻。② 西夏汉文《杂
字》农田部记有"桑麻"，《番汉合时掌中珠》地用下记有"麻稗"。西夏人
认为棉麻是细布，毛褐是粗布，③ 破旧的麻布可用来造纸。④ 我国古代麻类作
物主要有大麻、苎麻与葛麻，其中苎麻生性喜温好湿，适宜于热带、亚热带
气候生长，葛麻产地也多在南方，西夏的麻当是大麻。大麻适应性很强，不
论在干燥炎热地区还是在高寒地区都能生长，收割后子实可榨油、制烛或入
药，麻秆经杖击、剥皮、沤泡等工序，制成熟麻，方可纺线织布。官营麻布
生产中，十斤麻可耗减一斤。⑤ 个体农户生产的麻布除满足自身需要，有时还
在市场上出售，黑水城出土西夏文买卖税账，就记录买布二匹，税三斗
二升。⑥

　　棉花古代作白叠、白氎、白㲲，纺织成的棉布称氎布或㲲布。原产印度
和阿拉伯，魏晋以来在我国西域和敦煌地区就开始种棉织布。⑦ 西夏占据敦煌
后，当地的棉花种植和棉布生产并没有中断，《番汉合时掌中珠》记录白氎，

---

　　① 郑炳林：《唐五代敦煌手工业研究》，载《敦煌归义军史专题研究》，兰州大学出版社 1997
年版。

　　② 潘洁：《〈天盛律令·催缴租门〉一段西夏文缀合》，《宁夏社会科学》2012 年第 6 期；西夏
文《碎金》记载："棉麻线袋细，毛毡褐囊粗。断树斧斤头，芟割壮工镰。烧瓦要沙著，洗麻须
杖敲"。

　　③ 西夏文辞书《文海》"麻"释："此者麻草，可做纱布也。"（《文海研究》第 411 页）

　　④ 《文海》"纸"释："此者白净麻布、树皮等造纸也。"（《文海研究》第 497 页）

　　⑤ 《天盛改旧新定律令》卷一七《物离库门》。

　　⑥ 史金波：《西夏经济文书研究》附录"西夏经济文书录文、对译和意译"，社会科学文献出版
社 2017 年版，第 525—526 页。

　　⑦ 《梁书》卷五四《高昌传》记载高昌："多草木，草实如茧，茧中丝如细纑，名为白叠子，国
人多取织以为布。布甚软白，交市用焉"。《新唐书》卷二二一《高昌传》也记载"有草名白叠，撷
花可织为布"。敦煌文书 P.3212《辛丑年五月三日惠深㲲》记载："惠深听阿旧与立机㲲一匹，交小
师作汗衫"。《丙午年三界寺招提司法松入破历算会㲲残卷》记录除粟麦外，还有"二百尺布，一百一
十尺㲲"，布指麻布，㲲指棉布。《清泰三年沙州儭司教授福集舍衣状》记载唱卖官施衣物中等得布
58502 匹，得粗㲲 57 匹，计 1452 尺，细㲲 13 匹，计 325 尺。当时敦煌的㲲布和麻布的使用比例为
1：3 至 1：4 之间，这是一个很可观的数目。（郑炳林：《唐五代敦煌手工业研究》，载《敦煌归义军史
专题研究》，兰州大学出版社 1997 年版）

西夏纸含有破麻布的成分，① 就说明了这一点。

5. 瓷器和建材生产

制瓷是西夏建国后才发展起来的产业，根据20世纪70年代以来的考古发掘，现已探明的西夏瓷窑有宁夏灵武磁窑堡、灵武回民巷、贺兰山插旗口、银川缸瓷井以及甘肃武威古城乡五处。磁窑堡窑址在灵武市区东三十五公里处，占地面积约二万四千平方米，一、二期为西夏遗存，其中一期为西夏中期，器物有明显的宋金瓷的特点；二期为西夏晚期，有的一期器物在二期依然存在，只是略显粗糙些。② 回民巷窑距磁窑堡窑仅四公里，两窑产品基本相同，但回民巷发现较多的黄釉印花瓷。③

插旗口窑位于贺兰山深处，现在窑址内建有林场住房，从采集到的标本来看，其质量可能略高于磁窑堡窑。银川市郊缸瓷井砖瓦窑，亦生产部分瓷质建材，应是供应陵区和都城使用的。④ 武威古城窑是1992年发现的，出土大量瓷器及残片，其中一件瓮底外沿墨书"光定四年四月卅日郭善狗家瓮"。⑤

另外，近三十年来在内蒙古伊金霍洛旗、准噶尔旗出土了不少西夏瓷，⑥ 其胎质、釉色及造型均显粗糙，与灵武窑产品相比，也稍有差异。据此推测，在内蒙古后套地区可能也有西夏瓷窑存在。

西夏瓷窑不仅分布范围广，而且生产规模较大，技术较为先进。以灵武磁窑堡窑为例，在十四个探方、七百平米的掘面内，就有西夏窑炉三座，作坊八座。窑炉的形体大致与宋金时窑炉相似，并用煤作为燃料。从出土的窑

① ［俄］捷连提耶夫·卡坦斯基著：《西夏书籍业》，宁夏人民出版社2000年版，第15—16页。
② 中国社会科学院考古研究所：《宁夏灵武窑发掘报告》，中国大百科全书出版社1995年版，第168—169页。
③ 《宁夏灵武县回民巷瓷窑址调查》，《考古》1991年第3期。
④ 宁夏回族自治区博物馆：《银川缸瓷井西夏窑址》，《文物》1978年第8期。
⑤ 孙寿岭：《武威新发现的西夏瓷器》，《文物天地》1993年第1期。
⑥ 高毅、王志平：《内蒙古伊金霍洛旗发现西夏窖藏文物》，《考古》1987年第12期；伊克昭盟文物工作站：《准噶尔旗发现西夏窖藏》，《文物》1987年第8期。

具及产品造型来看，原始坯体分轮制与模制两种，大量圆形器具轮制成形，器物上的耳、把、嘴另作附件，待稍干后用泥浆粘接。人物、动物造型等模制，还有少数为手塑成形。西夏气候干燥，室外棚架晾坯容易干裂，故在室内用火炕烘坯并施釉，这不同于南方瓷窑，和宋代耀州窑如出一辙。

西夏瓷窑有官、民之分，官窑大致归砖瓦院之类的机构管理。缸瓷井窑址距西夏王陵约三公里，出土的建筑材料与西夏陵使用的完全相同，说明该窑是专门为修建西夏王陵而设置的，应属于官窑性质。灵武磁窑堡窑的产品有粗细之别，其中有的精品，如高质量的白瓷、剔花瓷以及大量的建筑材料，显然为官府生产，[①] 但大量的较粗的器物则为民用。贺兰山为西夏皇家林苑，插旗口窑的产品质量高于磁窑堡窑，可能供给官府或皇室。

西夏瓷装饰技法有施化妆土、剔刻、印花、点彩、镂空等。胎体上釉前涂上化妆土（白色浆料），稍干后再涂一层透明的釉，入窑烧即成白瓷。剔刻包括刻釉、剔刻釉、刻化妆土、剔刻化妆土，刻釉和剔刻釉均先在胎体上施釉（黑釉、褐釉、茶釉），待其稍干后，前者是在釉上刻划纹饰，后者是剔刻掉部分釉，形成纹饰。剔刻化妆土是在胎体上釉前涂上化妆土（白色浆料），稍干后再涂一层透明的釉，然后刻划或剔刻花。

印花主要在瓦当、滴水、莲花座等上单模压印而成，印花器皿仅见姜黄釉残片，灵武瓷窑堡西夏窑和回民巷西夏窑均有出土。[②] 点彩多在白釉、青釉的碗、盘、盆上用褐色颜料在胎体或化妆土上点成五点、六点或七点的梅花点纹，或点成九点菱形点纹，然后再施以透明釉。镂空是在坯体干燥前，用刻刀镂空成各种纹饰。

装烧技术主要表现在两个方面，一是采用了带孔的匣钵，既保护了坯体，又便于排除加热后钵内的气体，同时也使得空气流畅，使坯体受热均匀；二是采取了先进的顶碗（盘）覆烧法。这种覆烧法使用的窑具是一个上口小、

---

① （宋）曾巩《隆平集》卷二〇载：西夏"民居皆立屋，有官爵者始得覆之以瓦"。
② 《宁夏灵武县回民巷瓷窑址调查》，《考古》1991 年第 3 期。

下口大的喇叭形顶碗或顶盘，碗、盘的坯体施釉后，在内底刮掉一圈釉（俗称涩圈），然后倒扣在顶碗上，如此依次倒扣十余件，最后罩以开底式筒状匣钵。当然，顶碗覆烧法并不是西夏独创，当时北方宋、金诸窑普遍使用这种方法。较之过去的单件装烧，顶碗覆烧法大大提高了装窑量，为规模化生产创造了有利的条件。

西夏剔刻花四系扁壶

瓷器的种类更是各种各样，有碗、盘、盆、壶、瓶、罐、瓮、缸、钵、杯、盂、盒、炉、灯盏、器托、器盖、漏斗、铃、钩、纺轮等生活与生产用具；有砚、滴砚等文房用具；有棋子、瓷埙等娱乐用品；有人物、动物塑像；有瓷眼珠、擦擦、如意轮、金刚杵、念珠、莲花座等宗教用具；有瓦当、滴水、筒瓦、板瓦、白釉贴面、脊饰等建材；还有匣钵、顶碗、顶盘、顶钵、垫条、垫饼、垫圈、模子、刮板等窑具。这些瓷器归纳起来有两个显著的特点，一是生活用具占了绝大部分，反映了西夏金属原料缺乏，日用金属品只有靠瓷器来代替；二是有明显的游牧民族的特色，如带耳壶便于马鞍上系带，牛头埙是游牧民族喜爱的乐器，瓷纺轮、瓷铃、瓷钩是游牧民族常用的生产生活用具。[①]

西夏一般老百姓居住的是毡帐土屋，所需材料非常简单，但皇宫官衙、达官贵人的宅第则金碧辉煌。20 世纪 70 年代以来，考古工作者对位于银川市西郊的西夏陵进行了大规模的发掘，在采集与出土的文物中，建筑材料数量最多，使我们比较全面地了解西夏官式建筑材料的种类及特点。

---

① 以上参见中国社会科学院考古院研究所：《宁夏灵武窑发掘报告》，中国大百科全书出版社 1995 年版；马文宽：《宁夏灵武窑》，紫禁城出版社 1988 年版。

陶质建材。陶质建材以砖瓦为大宗，砖有长方形条砖、绳纹砖、菱格纹条砖、忍冬纹条砖、素面方砖、八瓣纹方砖、莲纹方砖、菱格龟背纹方砖等。瓦有筒瓦、板瓦两种，筒瓦又分一端有子口、两端平齐无子口、一端连有瓦当三型。板瓦规格亦不一，大者长近50厘米，小者长28厘米。瓦当有花卉纹与兽面纹两种，其中圆形兽面纹瓦当较为普遍。此外，还有兽面纹滴水、龙头饰、兽头饰、鸱吻等。

瓷质和琉璃建筑材料。出于装饰的需要，瓷、琉璃质建材种类繁多，有绿釉石榴纹方砖、绿釉龙纹砖、绿釉筒瓦、板瓦、条瓦、酱釉槽心瓦、白瓷瓦、绿釉兽面纹瓦当与石榴纹滴水等。装饰品有绿釉兽头饰、龙头饰、板瓦形兽头饰、尖喙兽头饰、立鸽、龙首鱼、鸱吻等。其中一鸱吻高1.5米，宽0.6米，厚0.3米，通体鱼鳞，尾出两鳍，头部呈张口吞脊之状。

石质建材。石质建材数量较少，主要有望柱、石螭首、石柱础、石兽头、石人、石狮等。望柱由柱头、柱身、柱座三部分组成。柱头为一束腰莲花座，座上蹲狮，柱身呈圆角方形，三面雕有缠柱龙纹，一面平素无纹，上下各有一长方形榫孔。

上述三种质地的建材中，琉璃与瓷制品占有相当大的比例，特别是兽形装饰品种类繁多，形制各异，不仅反映出西夏高超的陶瓷生产技术，同时也表明其建筑十分注意外部装饰。

6. 造纸和印刷

西夏纸张生产大致经历了一个逐渐发展的过程，早期大量使用宋纸，有时还利用宋代文书的背面来刻印，中期以后就很少用宋纸了，政府设立纸工院，[①]专门负责官营纸业生产。俄罗斯科学院东方文献研究所藏有大量的西夏文献，1963年研究人员把写本页边和个别残片上取下来的纸，送全苏制浆造纸工业

---

① 《天盛改旧新定律令》卷一〇《司序行文门》。

科学研究所实验室进行化验，然后得出 10 件纸样的分析数据，尽管这些纸薄厚、颜色、质量、纹路不尽相同，但所含成分却是一致的：（1）破亚麻布和棉布纸浆；（2）含有大麻纤维质的亚麻破布纸浆；（3）破棉布纸浆。卡坦斯基由此认为"西夏的纸主要是用破布制造"，[①] 这与我国古代敦煌乃至中亚、北非的纸非常相似。[②] 换言之，西夏纸与我国古代敦煌纸有着一致的承袭关系。[③]

除麻布、绳头外，西夏还存在用树皮制造皮纸。西夏自己的文献资料在提到西夏纸的成分时就指出："此者白净麻布、树皮等造纸也。"[④] 北京图书馆藏西夏文《瓜州审案记》的用纸原料是"木本韧皮纤维，粗帘纹，纸较薄，透眼较多"。[⑤] 当然，西夏地处西北干旱地带，木料和木本纤维比较缺乏，用木本韧皮造纸并不普遍。

西夏的印刷业可能是从印施宗教文献开始的，现存最早的西夏汉文刊本为夏天赐礼盛国庆五年（1073）刻印的《夹颂心经》，该刊本为经折装，系佛教徒陆文政私人发愿刻印。不论宗教文献还是世俗文献，其印刷方式不外乎活字与雕版两种。1991 年在宁夏贺兰山拜寺口方塔出土了一批珍贵的西夏文物，内有九册西夏文佛经《吉祥遍至口和本续》，蝴蝶装，二百余页，约十万字。据研究，该刊本版框栏线四角不衔接，留有大小不等的空隙；墨色浓淡不匀，背面透墨深浅有别；字型大小不一，笔法风格各异；个别版心线漏排；

---

① ［俄］捷连提耶夫·卡坦斯基：《西夏书籍业》，宁夏人民出版社 2000 年版，第 13—16 页。

② 1877—1879 年埃及出土的写本中，有用阿拉伯文写的纸本文书，相当于公元 791、874、900、909 年写的。20 世纪初，奥地利植物学者威斯纳对我国新疆、敦煌发掘的晋、南北朝纸和这些阿拉伯古纸写本作了显微分析，结果发现它们的原料都是废麻料（麻绳头与破麻布）或麻布与树皮混料，制作方法也一样。这就是说这些 8 至 10 世纪阿拉伯古纸的制造技术，是经我国西域传过去的。（见潘吉星：《中国造纸技术史稿》，文物出版社 1979 年版，第 154—155 页）。

③ 唐五代敦煌地区有许多纸坊，从事造纸的工匠称为纸匠。S. 542《壬戌年六月沙州诸寺丁口车牛役簿》：灵图寺寺户"葵曹八，纸匠"。P. 4640 号："十四日，支与纸匠造洗麻补粗布壹疋。" S. 5845《己亥年二月十七日某寺贷油面麻布》，"付纸匠"，"纸匠张留住贷面叁斗"。

④ 史金波、白滨、黄振华：《文海研究》，中国社会科学出版社 1983 年版，第 497 页。

⑤ 潘吉星：《中国造纸技术史稿》，文物出版社 1979 年版，第 141 页。

另外，《本续》卷五汉字页码"二十二""二十九"中的"二"字，《解补》第七页的"七"字均倒置。还有字行间有隔行夹片印痕，等等，这些都是活字印刷的特征，隔行夹片印痕还说明了不仅是活字，而且还是木活字。①

俄藏黑水城西夏文献中，也有字行排列不均匀，有些字歪斜得厉害的文献，这种歪斜不可能归咎于刻工的粗心或手艺不高，很可能是活字印刷本。②

近年在甘肃省武威新华乡出土的西夏文《维摩诘所说经》，"印墨有轻有重，经背透印深浅有别，有的字高于平面，有的字体肥大，所以印墨厚重，并有晕染现象，经背透墨也很明显。有的字体歪斜，还有的因字模放置不平，印出的字一半轻一半重"。显然，该印本为活字本。同时，"有的笔画生硬变形，竖不垂直，横不连贯，中间断折，半隐半现，体现了泥活字印刷所具有的特点"。③

1973 年英人格林斯塔在印度出版九卷本《西夏文大藏经》，其中收有《维摩诘所说经》，该经印制粗劣，字体大小有别，应是初期阶段的泥活字版。④ 武威出土的《维摩诘所说经》与西夏文大藏经中的《维摩诘所说经》可能是同一种泥活字版印本。

在我国古代印刷史上，虽然公认泥活字为北宋毕昇发明，但没有保留下任何实物，木活字过去一般认为是元代王桢创制。西夏泥活字本《维摩诘所说经》与木活字本《吉祥遍至口和本续》，不仅为宋夏时期的泥活字印刷找到了实物依据，更为重要的是把木活字印刷整整提前了一个朝代，这是我国古代科技史上一件了不起的大事。当然，活字印刷在西夏并不普遍，普遍而具有主导地位的印刷仍为雕版印刷。

雕版印刷大致分官府、寺院、民间三个系统。官府刻印即由专门的刻字

---

① 牛达生：《我国最早的木活字印本——西夏文佛经〈吉祥遍至口和本续〉》，《中国印刷》1994 年第 2 期。

② ［俄］捷连提耶夫·卡坦斯基：《西夏书籍业》，宁夏人民出版社 2000 年版，第 128 页。

③ 孙寿岭：《西夏泥活字版佛经》，《中国文物报》1994 年 3 月 27 日。

④ 孙昌盛：《西夏印刷业初探》，《宁夏大学学报》（哲学社会科学版）1992 年第 2 期。

司及各类教育文化机构组织的刻印。夏正德六年（1132）版西夏文辞书《音同》跋曰："今番文字者，乃为祖帝朝搜寻。为欲使繁盛，遂设刻字司，以番学士等为首，雕板流行于世。后刻工印匠不［晓？］事人等因贪小利，肆开文场，另为雕刻。彼既不谙文字，未得其正，致使印面首尾颠倒，左右混杂，学者惑之。义长见后，于心不安，故仔细校勘，虽不类归本杂乱之多，然因眼心不至，有疏略不妥处，智者莫嫌。正德壬子六年十月十五日完毕。"① 由此可见，刻字司至少在正德六年前就已设立。

由刻字司施印的书籍还有《类林》《圣立义海》《文海》《番汉合时掌中珠》等。《类林》卷四末尾记有"乾祐癸丑十二年（1181）六月二十日刻字司印"。《圣立义海》卷一末尾刻"乾祐壬寅十三年（1182）五月十日刻字司重新刻印"字样。此外，像《天盛改旧新定律令》《贞观玉镜将》等法律文献，也必然由官府刻字司刻印。

寺院刻书在西夏印刷业中占有非常重要的地位，前述夏天赐礼盛国庆五年（1073）由佛教徒陆文政发愿印施的《夹颂心经》，很可能由寺院刊刻。如果这个推测正确的话，那么寺院刻印早在1073年就已经开始，此后又有夏太安十年（1083）由大延寿寺演妙大德沙门守琼散施的《大方广佛华严经》；夏皇建元年（1210）众圣普化寺副使沙门李智宝印施《无量寿王经》。② 诸如此类，不一一列举。

贺兰山为景宗李元昊离宫和皇家林苑所在地，这里皇家寺院林立，其中贺兰山佛祖院规模最大，它曾组织刻印了全部汉文《大藏经》，即所谓的贺兰山佛祖院《西夏藏》。寺院刻书在文物考古中也得到了证实，1990年在宁夏贺兰县宏佛塔出土了两千余块西夏文佛经木雕版残块。③ 毫无疑问，宏佛塔所在

① 史金波、黄振华：《西夏文〈音同〉序跋考释》，《西夏文史论丛》（1），宁夏人民出版社1992年版，第11页。
② 史金波：《西夏佛教史略》附录一，宁夏人民出版社1988年版。
③ 宁夏回族自治区文物管理委员会办公室、贺兰县文化局编：《宁夏贺兰县宏佛塔清理简报》，《文物》1991年第8期。

的寺院，是西夏一个重要的佛经印施点。

民间刻印大致有两种类型，一是由个人出资雇人刊刻，如著名学者梁德养搜集编纂的《西夏谚语》，是在褐布商人蒲梁尼的赞助下，于乾祐十八年（1187）雕版印行的。另一种是民间刻坊刻印，在经济利益的驱使下，刻坊书贩常常私刻一些盗版书，如前所引，刻字司刊布《音同》后，一些刻工印匠"因贪小利，肆开文场，另为雕刻"，就属于这一类型。

西夏印刷业的发展还表现在刊印的数量上，据20世纪60年代苏联出版的《西夏文刊本和军本目录》统计，俄藏黑水城文献中，已考订出四百零五种、三千余件为西夏文本，其中刊本一千二百余件，尚未考订者还有五千余件。[①]印量最大的刊本为国主、皇后发愿施印的佛经。夏天盛十九年（1167），夏仁宗李仁孝为纪念曹太后"周忌之辰"，发愿印施《佛说圣佛母般若波罗蜜多心经》，"印造番汉共二万卷"。夏乾祐二十年（1189）是李仁孝登极五十周年，特刻印散施汉文《观弥勒菩萨上升兜率天经》十万卷，汉文《金刚经》《普贤行愿经》《观音经》各五万卷，共计二十五万卷。[②]

世俗著作印量虽小，但种类繁多，有译自汉文的《论语》《孟子》《类林》《孙子兵法》《黄公石三略》等，有《番汉合时掌中珠》《文海》《同音》《杂字》等辞书，有《西夏诗集》《新集锦合辞》《月月乐诗》等诗文集，有类书《圣立义海》，还有《天盛改旧新定律令》《亥年新法》《法则》《贞观玉镜将》等法律文献。

7. 制曲与酿酒

酿酒是党项羌人传统的生产行业，早在内徙前虽"不知稼穑，土无五谷"，但却开始"求大麦于他界，酝以为酒"。[③]内徙后特别是建国后，随着

---

① ［俄］戈尔巴切娃、克恰诺夫：《西夏文刊本和写本目录》，莫斯科东方学出版社1963年版。
② 史金波：《西夏佛教史略》，宁夏人民出版社1988年版，第96页。
③ 《旧唐书》卷一九八《党项羌传》。

农耕的学会与当地酿酒技术的影响，传统的酿酒业呈现出前所未有的生机。榆林窟西夏壁画《酿酒图》，绘有二妇人正在酿酒，一人坐于炉前炊火，炉火正旺，妇人目视灶上的酿酒器；另一人立于灶台旁，手持陶钵，回首看着烧火的妇人，若有所问。灶旁置酒壶、高足碗、木桶各一，生动而真实地再现了作坊酿酒的情景。[①]

酿酒用曲是西夏酿造谷物酒的重要方法，《文海》"曲"释："此者谷物研磨成面，令混以药草做曲，酿酒时散也。"[②] 这一解释透露出两方面信息：一是制曲原料以经过加工处理的麦类为主；[③] 二是制曲使用中草药。[④] 中草药含有许多有利于微生物生长的维生素，可以促进酒曲中的微生物更好地生长。[⑤] 由于制作方法与原料的差异，西夏的曲分麦曲、清水曲、百花曲、小曲等。[⑥] 酒的种类则更多，有麦酒、粟酒、畜酒、马奶酒、葡萄酒、小曲酒、醶酒等。

麦酒主要是传统的大麦酒，党项内迁前就开始"求大麦于他界，醞以为酒"。粟酒又称黄酒、米酒，是我国古代最普遍的饮用酒，它是以大米、粟米等谷物为原料，经过蒸煮、糖化和发酵、压滤而成的酿造酒。粟酒有数千年

---

① 一般认为《酿酒图》中的酿酒者是妇女，为家庭酿酒的生动写照。实际上与其说是家庭酿酒，不如说是手工作坊酿酒。西夏手工作坊既有男性生产者，又有女性生产者，因此，妇女酿酒并不能说明就是家庭酿酒，这是其一。其二，《天盛改旧新定律令》明确规定，诸人不许造曲及酿制小曲酒、醶酒、普康酒，因而西夏家庭酿酒没有普遍性，西夏大量存在作坊酿酒。其三，酿酒图中的酿酒设施非一般农牧民家庭力所能及，酿酒妇女也非农牧民家庭妇女的装束。由此断定，西夏《酿酒图》为作坊酿酒的生动写照。

② 史金波、白滨、黄振华：《文海研究》，中国社会科学出版社1983年版，第430页。

③ 《天盛改旧新定律令》卷一八《杂曲门》对此也有明确记载："诸处踏去曲者，大麦、麦二斗当以十五斤计，一斤当计三百钱卖之"。

④ 中原宋朝制曲也使用中草药，《北山酒经》卷中曰："小麦一石，磨白面六十斤，分作两榜栳，使道入头、蛇麻、花水共七升，拌和似麦饭，入下项药：白术二两半、川芎一两、白附子半两、瓜蒂一个、木香一钱半。"

⑤ 李华瑞：《西夏酿酒业初探》，《首届西夏学国际学术会议文集》，宁夏人民出版社1998年版。

⑥ 史金波：《西夏汉文〈杂字〉初探》，《中国民族史研究》（二），中央民族学院出版社1989年版。

的历史，但将其称为黄酒大致始于唐宋，[①] 西夏文《文海》将酒直接释为黄酒，[②] 反映出粟酒（黄酒）在西夏的重要地位。嗜酒又名芦酒，[③] "嗜"字口旁，可能是"吸"的别写，因用荻管吸饮，故又名芦酒。该酒多饮还醉，当属低度麦酒或粟酒。

马奶酒为包括党项在内的北方游牧民族特酿的一种酒，[④] 酿造方法有三：一是将锅置于灶上，盛酸奶水，锅上置一木桶，悬一罐或坛在桶内中空处，桶上再置一圆底锅，中盛冷水，用火烧下面锅使酸奶沸腾，蒸汽在上锅底冷却，凝结入罐或坛内，就是奶酒。漠北蒙古人用此法酿制；二是牧民"缝皮为袋，中盛牲乳，束其口，久而酿成。味微酸，谓之桐酒"；[⑤] 三是将"沸水贮于桶，俟其冷，浸酥酪，酥沉油浮，毋摇动，日以鲜乳汁滴之，以味酸为度，约数十日，成湩酒矣。味酸而腥，略带酒气"。[⑥] 西夏的马奶酒当是其中的一种或两种。

葡萄酒原产于地中海东岸和小亚、中亚地区，张骞凿空西域，葡萄与葡

---

① 敦煌文献 P. 4995《儿郎伟》："今载初修功德，社人说好谈量，糁饭早夜少吃，都来不饮黄汤"，黄汤即今黄酒（郑炳林：《唐五代敦煌酿酒业研究》，载《敦煌吐鲁番文献研究》，兰州大学出版社 1995 年版）。

② 史金波、白滨、黄振华：《文海研究》，中国社会科学出版社 1983 年版，第 472 页。《文海》中的"酿""酝酿"，夏、汉文《杂字》中的"蒸米"，《番汉合时掌中珠》中的"甑"等词语，直接反映了西夏黄酒生产的特点。"蒸米"可以解释为蒸煮米饭，以供食用，也可以解释为蒸煮好的米，以供酿酒之用。蒸米的目的是使白米的淀粉受热吸水糊化，有利于糖化酵菌的生成，是酿造黄酒（粟酒、米酒）的一道重要工序，"酿"释"盖也"、"闷也"，即将蒸煮好的原料加上酒曲，令其保温发酵的过程。"甑"，既是炊饪之器，又可释为蒸煮酒的酒器。

③ （宋）庄绰《鸡肋编》卷中记载："关右塞上有黄羊无角，色类獐麂，人取其皮以为衾褥。又夷人造嗜酒，以荻管吸于瓶中。老杜送从弟亚赴河西判官，诗云：黄羊饫不膻，芦酒多醉酣，盖谓此也"。

④ 其生产方法有三：《圣立义海·山之名义》云："焉支上山，冬夏降雪，炎夏不化，民庶灌耕，地冻，大麦、燕麦九月熟。利养羊马，饮马奶酒也。"《宋史》卷四九〇《高昌传》记载：宋雍熙年间（984—987）王延德出使西州，途经西夏北部大虫太子族境，该"族接契丹界，人衣尚锦绣，器用金银，马乳酿酒，饮之亦醉"。

⑤ （清）祁韵士：《西陲要略》卷四，三晋出版社 2015 年点校本。

⑥ （民国）徐珂：《清稗类钞·饮食类》，中华书局 2010 年版。

萄酒遂传入关中，① 并得到迅速推广，唐代葡萄酒成为文人笔下的驰名饮品。②
"安史之乱"后，西北社会经济遭到了很大的破坏，但种植葡萄与酿制葡萄酒
并没有因此中断。③ 西夏时期敦煌等地的葡萄酒生产得到了进一步发展，《天
盛改旧新定律令》中"普康酒"就是葡萄酒。古代西域葡萄酒的制法有曲酿
和蒸馏两种，④ 传到敦煌地区后亦大抵如此。

　　小曲酒，当用小曲酿制的酒。⑤ 酽酒当指味醇的麦酒或粟酒，《天盛改旧
新定律令》将其和葡萄酒、小曲酒并列，⑥ 就说明了这一点。

　　西夏榷酤制度大致上继承了唐五代，分官榷、买扑、民酤三种形式。官
榷，即由官府控制酒曲和酒的生产与销售，西夏汉文《杂字》载有曲务、酒
务。⑦ 《天盛改旧新定律令》将曲务分为踏曲与卖曲两部分，踏曲库负责生
产，⑧ 卖曲库负责销售。卖百斤粗曲，京师畿内可耗减一斤半，地边二斤；卖
百斤细曲，京畿耗减一斤，地边一斤半。⑨ 踏曲库一般设在京师及大都督府、
富清县、鸣沙军、官黑山、黑水等中心城镇，卖曲库的设置范围则比较广泛，
除上述地区外，还有定远县、回定堡、怀远县、临河县、会州、保静县、南

---

　　① 《本草纲目》卷三三《谷部》认为，汉代以前陇西旧有葡萄，但未入关耳，张骞始携籽种于
长安。
　　② 王翰《凉州词》："蒲萄美酒夜光杯，欲饮琵琶马上催。醉卧沙场君莫笑，古来征战几人回"。
元镇《西凉伎》："吾闻昔日西凉州，人烟扑地桑柘稠，蒲萄酒熟恣行乐，红艳青旗朱粉楼"。
　　③ 敦煌文书 S. 1316《年代不明（980—982）归义军衙内面油破用历》载：归义军官府在南沙庄
有葡萄园，每年逢结葡萄时节，都要举行赛神活动。P. 3468《驱傩文》记述的"有口则皆食蒲桃，欢
乐则无人不酸"，当是饮食葡萄酒。
　　④ 《本草纲目》卷三三《谷部》："酿者，取汁同曲，如常酿糯米饭法，无汁用干葡萄末亦可。
魏文帝所谓葡萄酿酒，甘于曲米，醉而易醒者也；烧者，取葡萄数十斤，同大曲酿酢，取入甑蒸之，
以器承其滴露红色可爱。古者西域造之，唐时破高昌，始得其法"。
　　⑤ 《天盛改旧新定律令》卷一八《杂曲门》规定："诸人不许造小曲"，也"不许酿饮小曲酒"。
　　⑥ 《天盛改旧新定律令》卷一八《杂曲门》："诸人不许酿酽酒、普康酒等，若违用□□，与酿
饮小曲酒之罪状、获举赏次第同样判断。"
　　⑦ 《续资治通鉴长编》卷一二八，仁宗康定元年九月壬申条记载："环庆副都部署任福等攻西贼
白豹城，克之，凡烧庐舍、酒务、仓草场、伪太尉衙。"司马光《涑水记闻》卷一二有相同的记载，
只是将酒务记为"酒税务"。
　　⑧ 《天盛改旧新定律令》卷一八《杂曲门》规定："踏曲库每年踏曲事中不好好踏，不细细磨，
粗磨致曲劣，又不依时为之等时，管事者局分大小、小监、库监、出纳、局分人等一律徒二年"。
　　⑨ 《天盛改旧新定律令》卷一七《物离库门》。

山九泽、五原郡、宥州、夏州、北院、文静、武威等地。

不同的曲库，吏员设置也不尽相同，如中兴府踏曲库设二提举、一小监、二出纳、一掌钥匙、四掌斗、六监库；鸣沙军、官黑山、黑水三种踏曲库二小监、二出纳、一掌秤、一掌斗、二监库；大都督府踏曲库二提举、二头监、二出纳、一掌钥匙、二掌斗、二监库；中兴府卖曲院二小监、二出纳、一掌钥匙、四监库。大都督府属卖曲税院二小监、二出纳、一掌钥匙、十拦头；定远县等十八种地方卖曲库一律设二小监、二出纳、四拦头。① 中兴府与大都督府设置"提举"一职，可能与踏曲规模有关，而卖曲库设"拦头"一职，则明确反映出酒曲专卖的强制性。②

酒务是官方负责生产和销售酒的机构，③ 也广泛设置各地，北宋环庆副部署任福曾夜入西夏白豹城，焚烧酒务。酒务酿造主要供给王室和各级官府，各种酒"置库内供给者，一斗可耗减一升。驮运供给者，一斗可耗减二升"。④ 当然，通过收取买卖税的形式，官酿酒也向民间销售。

买扑是一种酒税承包制度，即个人向官府承包某一特定区域的酒税，由其在这一地区酿酒酤卖。宋代买扑始于真宗大中祥符元年（1008），广泛实行于神宗及以后。起初"扑户相承，皆有定额，不许增抬价数"，后实行"实封投状制"，"募民愿买坊场者，听自立价，实封其价状告，为扃钥，纳期启封，视价高者给之"。⑤ 西夏汉文《杂字》论语部"投状"一词，很可能是买扑制

① 《天盛改旧新定律令》卷一七《库局分转派门》。

② 《天盛改旧新定律令》卷一八《杂曲门》规定：诸人不许私酿曲，倘若违律，私酿曲价值自一缗至二十缗，主犯分别判以十三杖至十二年徒刑，从犯判以十杖至十年徒刑；二十缗以上，主犯无期徒刑，从犯徒十二年，"买者知晓，则当比从犯减一等。若买者不知，勿治罪"。

③ 《续资治通鉴长编》卷一二八，仁宗康定元年九月壬申条记载："环庆副都部署任福等攻西贼白豹城，克之，凡烧庐舍、酒务、仓草场、伪太尉衙。"司马光《涑水记闻》卷一二有相同的记载，只是将酒务记为"酒税务"。

④ 《天盛改旧新定律令》卷一七《物离库门》。

⑤ 《续资治通鉴长编》卷二一七，神宗熙宁三年十一月甲午条附注。

度中的"实封投状"，因为北宋曾把这种投状买扑制广泛推行于西北沿边，[①]有的买扑户甚至把酒店开到边境，[②] 这样势必对西夏沿边榷酒制度产生深刻的影响。

民酤为民间自酿自销，官收其税。大中祥符三年（1010），德明"所部蕃族酿酒，召内属户饮之，欲诱其背畔"。[③] 这里的"蕃族酿酒"，就属于民间自酿自酤。西夏立国后加强对民间酿酒的控制，一是必须经官府许可，倘若不经官府许可，私自酿造至百斤，"有官罚马二，庶人徒三个月，百斤以上一律徒六个月"；[④] 二是必须使用官府卖曲库的酒曲，[⑤] 并专曲专用，不许向他人转卖。这样一来，西夏政权通过酒曲专卖和对扑买、民酤的税收，获得双重收入，这是统治者严禁酒、曲私酿的关键所在。

酿酒饮酒在西夏社会生活中占有重要的地位，元昊"每举兵，必率部长与猎，有获，则下马环坐饮，割鲜而食，各问所见，择取其长"。[⑥] 赵德明时，"所部蕃族酿酒，召内属户饮之，欲诱其背畔"[⑦]，就说明了这一点。

---

① 《宋会要辑稿》食货二〇之五载：大中祥符七年（1014）诏"应陕西诸州军县镇酒务，衙前及百姓诸色人等已增添课利买扑，转运司更招人添钱刬夺"。

② 《宋会要辑稿》食货二〇之五载："大中祥符五年六月，泾原路都钤辖曹玮言：沿边诸寨许令人户买扑酒店，直于寨外边上开沽，恐隐藏奸恶，乞行停废，从之。"

③ 《续资治通鉴长编》卷七三，真宗大中祥符三年五月癸卯条。

④ 《天盛改旧新定律令》卷一八《杂曲门》。

⑤ 《天盛改旧新定律令》卷一七《库局分转派门》规定："中兴府租院租钱及卖曲税钱等，每日之所得，每晚一番，五州地租院一个月一番，当告三司。"这里的"卖曲税钱"当是酒曲专卖收入。

⑥ 《宋史》卷四八五《夏国传上》。

⑦ 《续资治通鉴长编》卷七三，真宗大中祥符三年五月癸卯条。

九、西夏通货流通与商品交换

西夏建国后随着农牧业和手工业的发展，商业交换也迅速发展起来，府州军城所在地，既是政治军事中心，又是区域交换中心，凉州"武威当四冲地，车辙马迹，辐凑交会，日有千数"。① 金汤、白豹城皆为夏界和市处，"奸商往来，物皆丛聚"。② 交易的通货有马、牛、骆驼、羊、布帛、金银、钱币、交抄等多种形态。西夏的度量衡制略与宋同，唯有亩制小于宋朝。夏宋之间的贸易是两大部类之间的交换，西夏半农半牧经济的单一性和不平衡性，迫切需要用畜产品交换农副产品与手工业产品。北宋失去宜于养马之地，监马不振，迫切需要用茶绢等交换西部地区的马匹。因此，西夏前期对外商业活动，主要是和北宋的交换，后期主要是和入主中原金朝之间的交换。

（一）通货流通与度量衡亩制

1. 通货形态

西夏时期作为商品交换媒介的通货有马、牛、骆驼、羊、布帛、金银、钱币、交抄等多种形态。党项人内迁后长期处于"比物交换"阶段，羊马、

① 《重修护国寺感应塔碑铭》，罗福颐《西夏护国寺感应塔碑介绍》，载白滨编：《西夏史论文集》。
② 《续资治通鉴长编》卷一三五，仁宗庆历二年正月条。

绢帛往往充当交换的等价物。① 景德四年（1007），宋朝在保安军设置榷场，以
缯帛、罗绮易驼、马、牛、羊、玉、毡毯、甘草，以香药、瓷漆器、姜桂等物
易蜜蜡、麝脐、毛褐、羱羚角、硇砂、柴胡、苁蓉、红花、翎毛。② 建国以后，
虽然自己铸造货币，又广泛使用宋钱和前代货币，但比物交换依然长期存在。
熙宁四年（1071），宋朝关闭榷场，断绝宋朝境内和市，西夏在自己境内的辣浪
和市，用青盐、羊货、乳香交换宋朝大顺城蕃部携带的绢帛、腊茶等日用品。③
夏天盛廿二年（1170），黑水地区耶和女人用四峰骆驼，换取耶和氏宝引的二十
二亩土地以及土地上的三间茅舍两棵树。④ 西夏晚期十一件卖地文契中，全部
是用粮食交换，而不是货币交换。⑤ 夏金榷场贸易也是物物交换，西夏输出的
有毛褐、毛罗，输入的有绢帛、纸张、笔墨等，川绢和河北绢作为交换的等价
物，用来计算价格和扭算缴税。⑥ 因此在西夏人的观念中，商品交换常常是以
物易物。⑦ 不止西夏，既就货币经济发达的宋朝，也长期用茶、绢市马。⑧

---

　　① 《新唐书》卷二二一《党项传》："元和时复置宥州，护党项。至大和中浸强，数寇掠，然器
械钝苦，畏唐兵精，则以善马购铠，善羊货弓矢。……至开成末，种落愈繁，富贾人赍缯宝羁羊马"；
《宋史》卷一八六《食货志下八·互市舶法》：宋景德四年（1007）与西夏德明约和成立后，"于保安
军置榷场，以缯帛、罗绮易驼、马、牛、羊、玉、毡毯、甘草，以香药、瓷漆器、姜桂等物易蜜蜡、
麝脐、毛褐、羱羚角、硇砂、柴胡、苁蓉、红花、翎毛"。

　　② 《宋史》卷一八六《食货志下八·互市舶法》。

　　③ 《宋会要辑稿》食货三八之三一载：熙宁四年（1071）北宋"大顺城管下蕃部数持生绢、白
布、杂色罗锦、被褥、腊茶等物至西界辣浪和市，复于地名黑山岭，与首领岁美泥咩、乜悖诇等交易，
博过青盐、乳香、羊货不少"。

　　④ 黄振华：《西夏天盛廿二年卖地文契考释》，载白滨编：《西夏史论文集》。

　　⑤ 史金波：《西夏经济文书研究》，社会科学文献出版社 2017 年版，第 253—268 页。该契约均
有年款，其中八件为天庆元年（1194），另外三件分别为天庆三年、天庆五年、天庆七年。其中《天
庆寅年庆现罗成卖地契》记录："寅年二月一日立契者庆现罗成，向普渡寺属寺粮食经手者梁那征茂
及梁喇嘛等全部卖掉撒十石熟生地一块，及大小房舍、牛具、石笸门、五桅分、树园等，议价十石麦、
十石杂粮、十石糜，价、地等并无参差。"

　　⑥ 孙继民、许会玲：《西夏汉文"南边榷场使文书"再研究——以西夏榷场贸易制度为中心》，
《历史研究》2011 年第 4 期。

　　⑦ 《文海》"商"释："此者买卖也，贸易也，贩卖也，买卖也，货也，等物交换之谓"；"买
卖"释："买卖也，等物交换之谓也"；"贩卖"释："此者贩也，买卖也，商也，等物交换谓"；"易"
释："此者易也，商贾卖也，等物交换之谓"。（《文海研究》第 421、482、434、420 页）

　　⑧ 《宋史》卷一九八《兵十二·马政》载："先是，以铜钱给诸蕃马直，八年，有司言戎人得钱，
销铸为器，乃以布帛茶及他物易之"。参见杜建录：《宋代市马钱物考》，《固原师专学报》1992 年第 1 期。

　　铜钱用于交换至少在西夏建国前夕就已出现，景宗李元昊建国后，铜钱在西夏社会中使用更加广泛。宋夏陕西之战爆发后，宋朝关闭榷场，断绝和市，西夏境内物资紧张，"一绢之直为钱二千五百"；① "中兴府租院租钱及卖曲税钱等，每日之所得，每晚一番，五州地租院一个月一番，当告三司"；② 敌军入境，损失畜、人、物以钱计算；③ 以身还债，大男一日工价七十钱，小男及大妇一日工价五十钱，小妇一日工价三十钱；④ 举告犯罪赏以绢钱；⑤ 货币借贷受到法律保护；⑥ 有官品者因罪获杖刑时，可交铜钱免罚；⑦ 法律有关财物犯罪量刑往往以绢钱计算；⑧ 渡口摆渡者，需要向官府缴纳

---

　　① 《续资治通鉴长编》卷一三八，仁宗庆历二年十二月条。

　　② 《天盛改旧新定律令》卷一七《库局分转派门》。

　　③ 《天盛改旧新定律令》卷四《边地巡检门》规定：敌人入境，掠去人、畜、物计值一绢至五千绢，相关人员处以三个月至十二年徒刑，五千绢以上，一律当绞杀。

　　④ 《天盛改旧新定律令》卷三《盗赔偿返还门》。

　　⑤ 《天盛改旧新定律令》卷三《追赶通举告盗赏门》："告强盗赏赐法：依人数及物量分为两种，盗人多，物甚少，则一人二十绢，十人以上一律二百绢。"卷二《戴铁枷门》："戴铁枷者被头监及主管处他人等去掉铁枷时，不足一年者十三杖，一年至三年者当徒三个月，四年至六年者当徒六个月，三种长期徒刑当徒一年。对解去铁枷者举告时，举赏：一年之内当给五绢，一年至三年当给十绢，四年至六年当给十五绢，二种长期徒刑给二十绢"。卷一三《举虚实门》："诸人举他人，予举赏法一一分明以外，犯余种种杂罪时，获死罪赏五十绢，三种长期、无期等赏四十绢，自徒四年至徒六年赏三十绢，自徒一年至徒三年赏二十绢，月劳役十绢，杖罪五绢，当由犯罪者予之举赏"。

　　⑥ 《天盛改旧新定律令》卷三《催索债利门》规定："诸人对负债人当催索，不还则告局分处，当以强力搜取问讯。因负债不还给，十绢以下有官罚五绢钱，庶人十杖，十绢以上有官罚马一，庶人十三杖，债依法当索还。""放钱、谷物本而得利之法明以外，日交钱、月交钱、年交钱，执谷物本，年年交利等，本利相等以后，不允取超额"。

　　⑦ 《天盛改旧新定律令》卷二《罪情与官品当门》："庶人、有杂官等获杖罪时，及品'暗监'官以上至'拒邪'官，一律七、八杖交二绢钱，十杖交五绢钱，十三杖交七绢钱。"

　　⑧ 《天盛改旧新定律令》卷四《边地巡检门》：敌寇掳掠畜、人、物，价值一绢至四千绢，相关责任人处三个月至十二年徒刑，四千绢以上，一律当绞杀；卷八《烧伤杀门》："诸人无意失火，烧毁他人畜物、房舍、人口、粮食、草捆者，价值五十绢以下者，有官罚马一，庶人十三杖，五十绢以上至百绢徒六个月，百绢以上一律一年；卷一五《渠水门》："当值渠头并未无论昼夜在所属渠口，放弃职事，不好好监察，渠口破而水断时，损失自一绢至五十绢徒三个月，五十绢以上至一百五十绢徒六个月，一百五十绢以上至五百绢徒一年，五百绢以上至千绢徒二年，千绢以上至千五百绢徒三年，千五百绢以上至二千绢徒四年，二千绢以上至二千五百绢徒五年，二千五百绢以上至三千绢徒六年，三千绢以上至三千五百绢徒八年，三千五百绢以上至四千绢徒十年，四千绢以上至五千绢徒十二年，五千绢以上一律绞杀"。

税钱;① 布施缗钱者,可获得僧人或僧人头目资质;② 大小臣僚不来朝或朝见时不穿朝服,罚交缗钱;③ 府库所藏缗钱"绳索断,一缗可耗减二钱";④ 马院马病死,成年马肉价一缗,小马肉价五百钱,连同马皮一并上交三司,⑤ 等等,不胜列举。

铁钱是不足值的货币,其名义价值大于实际价值,因此,有严格的流通范围。西夏法律规定:"诸人不允将南院黑铁钱运来京师,及京师铜钱运往南院等,若违律时,多寡一律徒二年,举告赏当按杂罪举告得赏。"⑥ 夏汉合璧《凉州碑》西夏文铭文中的"南院",对应的是汉文铭文中的"右厢",⑦ 从河西走廊的武威、敦煌到内蒙古的河套均有西夏铁钱发现,特别是内蒙古出土数量巨大,仅达拉特旗盐店乡窖藏清理出乾祐元宝168131枚,天盛元宝14058枚⑧的情况来看,西夏铁钱流通范围远不止右厢南院,应包括黑水地区在内的西北部地区。⑨ 宋夏两国都在特定区域使用铁钱,而铜钱是硬通货,进入宋朝的西夏使人往往用铁钱兑换铜钱,以便进入都城交易。⑩

---

① 《天盛改旧新定律令》卷一一《渡船门》:"河水上置船舶处左右十里以内,不许诸人免税渡船。倘若违律时,当纳税三分,一分当交官,二分由举告者得。若罪税钱自五十至一缗,庶人七杖,有官罚钱三缗。罪税钱一缗以上至二缗,有官罚钱五缗,庶人十杖。二缗以上一律有官罚马一,庶人十三杖"。

② 《天盛改旧新定律令》卷一一《为僧道修寺庙门》:"舍一千缗者当得二僧人,衣绯一人。舍二千缗者当得三僧人,衣绯一人。自三千缗以上者一律当得五僧人,衣绯二人。"

③ 《天盛改旧新定律令》卷一二《内宫待命等头项门》。

④ 《天盛改旧新定律令》卷一七《物离库门》。

⑤ 《天盛改旧新定律令》卷一九《畜患病门》。

⑥ 《天盛改旧新定律令》卷七《敕禁门》。

⑦ 史金波:《西夏佛教史略》,宁夏人民出版社1988年版,第249、253页。

⑧ 牛达生:《浅论西夏铁钱及铁钱专用区的设置》,《中国钱币》2004年第1期。

⑨ 俄藏黑水城5949《乾祐二十七年卖使军奴仆契》:"乾祐甲辰二十七年三月二十四日,立契者讹一吉祥宝,自愿将自属使军、奴仆、军讹六人,卖与讹移法宝,价四百五十贯铁钱"。(史金波《西夏经济文书研究》附录"西夏经济文书录文、对译和意译",社会科学文献出版社2017年版,第650—652页)

⑩ 《续资治通鉴长编》卷四五七,哲宗元祐六年四月甲午条记载:"陕府系铜铁钱交界之处,西人之来,必须换易铜钱,方能东去。即今民间以铁钱千七百,始能换铜钱一千,遂致铁钱愈轻,铜钱愈重,百物随贵,为害最深"。

　　银在西夏也作为通货使用，夏毅宗李谅祚的近臣高怀正曾"贷银夏人"。① 西夏派往宋朝的贺正旦使"以钱银博买物色"。② 夏天赐礼盛国庆年间（1069—1073）审判文书记录，"铸银近万，乃持折验，诸处为贩"。③ 军功奖赏中既有银碗、银腰带之类的用品，又有作为通货使用的银锭。④ 甘肃武威西夏窖藏曾出土一批银锭，上面鉴刻官正、行人姓名、店铺字号、重量等铭文，⑤ 反映出银锭铸造、发行与流通使用情况。甘肃武威西夏墓出土木板题记，记载该墓地的大小、位置和购买墓地所花费的银两。⑥ 当地又一墓葬出土的西夏乾祐三年（1172）朱书汉文木板题记中，亦记载该墓地是用银两购置的。⑦ 所有这些都说明了银通货较为广泛地运用于社会生活各个方面。

　　交抄是北宋发行的纸币，便于携带，大大方便商业交换特别是长途贩运，除了内地商业使用外，还在沿边交换中使用。宋庆历五年（1045），三司担心流入西夏，请求严加禁止。⑧ 但宋夏沿边蕃部相连，在经济利益的驱动下，北

---

　　① 《续资治通鉴长编》卷一六二，仁宗庆历八年正月辛未条。

　　② 《宋会要辑稿》食货三八之三〇。

　　③ 陈炳应：《西夏文物研究》，宁夏人民出版社1985年版，第291页。

　　④ 《贞观玉镜将》规定：将官"俘获人、马、甲胄、旗、鼓、金等七种一千五百种以下，则不算挫敌锋。若俘获一千五百种以上，则算挫敌锋，乃加八官，当得八十两银碗，大锦上服一〔件〕，七两银腰带一条，银一锭，茶绢五百"。（陈炳应：《贞观玉镜将研究》，宁夏人民出版社1995年版，第97页）

　　⑤ 该银锭追回21块，上面鉴刻"使正""官正""行人任应和、窦献成秤""行人裴元、宋琦秤""赵铺记""夏家记""肆拾玖两捌钱""五十两六钱""四十六两六钱四铢""贰拾伍两捌钱""贰拾肆两肆钱""贰拾肆两叁钱正""真花银壹锭"等铭文。使正、官正，是官府审验后的鉴刻；行人裴元、宋琦秤，是行业验秤；赵铺记、夏家记，应是铸造银锭的店铺和作坊；真花银壹锭，应是银锭的成色；肆拾玖两捌钱，应是银锭重量，根据以上银锭的实际重量，一两折合克的幅度在37—42.8克之间。（黎大祥：《甘肃武威发现一批西夏通用银锭》，《中国钱币》1991年第4期）

　　⑥ 梁晓英：《对武威新出土的西夏木板画的浅见》，《陇右文博》1997年第2期。

　　⑦ 姚永春：《武威西郊西夏墓清理简报》，《陇右文博》2000年第2期。

　　⑧ 《宋会要辑稿》蕃夷七之二六：庆历五年七月十二日三司言："夏国、角厮啰差人诣阙进奉，虑于延、秦州、镇戎军沿路收买陕西粮草、交钞，乞行禁止。如违，卖者并牙人严断，没入之。告人每一抄赏钱五千，以犯人家财充。从之"。

宋境内蕃部手中的交抄,[①] 必然会在两国蕃部交换中使用,至少在他们之间的走私贸易中使用。

2. 铸钱

开国皇帝李元昊建官立制,应该铸有自己的年号钱,但出土西夏钱币最早是毅宗李谅祚铸造的西夏文福圣宝钱,至少第二代国主开始铸钱,一直到夏神宗李遵顼,前后 7 个朝代,其中仁宗李仁孝在位期间最多。[②] 这与文献记载夏仁宗天盛十年(1158)"始立通济监铸钱"[③] 相吻合。天盛以前铸钱由文思院兼掌,[④] 铸造量也很小,象征意义大于流通意义。天盛年间开始设立通济监,大规模铸造,在一定区域内流通。[⑤] 铸钱是国家的大事,由中央设置的钱监院统一掌管,任何地方官府和个人不许私铸或销铸为器,法律明确规定"诸人不允去敌界卖钱,及匠人铸钱,毁钱等。假若违律时,一百至三百钱徒三个月,五百钱以上至一缗徒六个月,二缗徒一年,三缗徒二年,四缗徒三年,五缗徒四年,六缗徒五年,七缗徒六年,八缗徒八年,九缗徒十年,十缗徒十二年,十缗以上一律当绞杀,从犯依次当各减一等"。[⑥]

---

① 《续资治通鉴长编》卷一五九,仁宗庆历六年十一月壬午条记载:鄜延蕃官刘化基因"掠蕃部嵬通等妇女羊马,又以官钞易马,与蕃部收息钱二百九十九千,法当死,为其尝有战功,特贷之";《续资治通鉴长编》卷一九八,仁宗嘉祐八年正月戊辰条,宰臣韩琦言:"秦州永宁寨以钞市马。自修古渭寨在永宁之西,而蕃、汉多互市其间,因置买马场,凡岁用缗钱十余万,荡然流入敌境,实耗国用。诏复置场永宁,罢古渭寨所置场,蕃部马至,径鬻于秦州";《宋会要辑稿》食货五五之三一:熙宁三年(1070年),诏令"将本司见管西川交子差人往彼转易物货,赴沿边置场,与西蕃市易"。

② 牛达生:《西夏钱币研究》,宁夏人民出版社 2013 年版,第 1 页。

③ 《宋史》卷四八六《夏国传下》。《天盛改旧新定律令》卷五《军持兵器供给门》中提到的"钱监院"当是"通济监"。

④ 陈炳应:《西夏货币制度述论》,《中国钱币》2002 年第 3 期。

⑤ 《天盛改旧新定律令》卷七《敕禁门》规定:"诸人不允将南院黑铁钱运来京师,及京师铜钱运往南院等,若违律时,多寡一律徒二年,举告赏当按杂罪举告得赏"。说明西夏对钱币流通有地域限制。

⑥ 《天盛改旧新定律令》卷七《敕禁门》。

3. 宋钱流通

天盛年间西夏大量铸钱，用于商品交换，但总体来看，由于原料缺乏，铸造的规模比较小，远远满足不了经济社会发展的需要，因此西夏境内主要流通宋钱，现存的西夏遗址与窖藏出土钱币中，北宋钱占绝大多数，有的高达97%，而西夏钱一般只有两三种，每种多为一两枚或三五枚，说明在西夏立国190年中，主要流通的不是自己铸造的货币，而是宋钱。①

宋夏关系的好坏以及宋朝"阑出"政策的宽严，往往决定宋钱流入量的多少。宁夏贺兰山大风沟、榆树台、滚钟口西夏窖藏钱币，"庆历重宝"只有四枚，占大量宋钱的极少数。② 显然与这一时期两国爆发战争，宋朝关闭榷场，断绝和市有密切的关系。宋神宗熙宁、元丰钱数量最多，占所有窖藏宋钱的20%多，这不仅因为熙丰年间铸钱量大，更为重要的是熙宁七年（1074）"颁行新敕，删去旧条，削除钱禁，以此边关重车而出，海舶饱载而回"③。"沿边州军钱出外界，但每贯收税钱而已"。④ 绍圣、元符间（1094—1100）连年用兵西夏，两国关系再度紧张，两国大规模贸易中断，出土的绍圣、元符宋钱的数量自然减少。宋室南渡，两国之间的经济交流被金朝阻断，所以在西夏窖藏、遗址中，很难见到南宋钱币。为了解决这一问题，西夏于天盛十年（1158）立通济监以铸钱。⑤

由于用于流通的钱币不足，西夏往往采取省陌来解决。省陌又称短陌，即不足百之钱当百，是解决货币不足的手段。灵武窑出土西夏瓷器中，有一块斜壁碗边上墨书"三十吊五十串"，"吊"作为货币计量单位，一吊一千文，"三十吊五十串"，可以理解为将三十吊钱分成五十串，每串六百文，也有可

① 杜建录：《西夏经济史》，中国社会科学出版社 2002 年版，第 232 页。
② 牛达生：《西夏钱币研究》，宁夏人民出版社 2013 年版，第 204—209 页。
③ 《宋史》卷一八〇《食货志下二·钱币》。
④ 《宋史》卷一八〇《食货志下二·钱币》。
⑤ 《宋史》卷四八六《夏国传下》。

能当时以六百文为一吊（贯），即三十足吊当作五十吊用。^① 唐朝曾以八十五为百，宋朝以七十七为百，^② 金朝以八十为百，如此看来，铜材料匮乏的西夏完全有可能以六十为百。

4. 度量衡制

度量衡是人类生产劳动、商业交换的重要手段，我国自秦朝统一度量衡后，历代一直沿用，不同的朝代的度量衡有增有减，但总的趋势是逐渐增长。^③ 唐代党项进入内地后，在生产和对外交换过程中，逐渐掌握中原地区的度量衡。西夏建国后，在继承中原地区度量衡的基础上，又进行了一定的变革，形成了自己的制度。

（1）度制

古代的长度单位有分、寸、尺、丈、寻、常、仞等，数学上长度细化到分、厘、毫、秒、忽，所谓"蚕所吐丝为忽，十忽为一秒，十秒为一毫，十毫为一厘，十厘为一分"，^④ 均为十进位制。到了宋代，把秒改为丝，清末把长度最小单位定到毫。西夏社会生活中主要使用分、寸、尺、丈等长度单位，《番汉合时掌中珠》记有一寸、一尺、一（丈）。西夏文《新集碎金置掌文》记有"褐绢量尺寸"。^⑤ 另外，还使用匹、段的概念，大体一匹等于三十五尺，^⑥ 匹、段只在丝、毛织品中使用，不作为一般意义上的长度单位。黑水城

---

① 张连喜、马文宽：《宁夏灵武磁窑堡出土钱币及墨书"吊"字瓷片》，《考古》1991年第12期。

② 《宋史》卷一八〇《食货志下二·钱币》："自唐天祐中，兵乱窘乏，以八十五钱为百。后唐天成中，减五钱。汉乾祐初，复减三钱。宋初，凡输官者亦用八十或八十五为百，然诸州私用则各随其俗，至有以四十八钱为百者。至是，诏所在用七十七钱为百"；《金史》卷四八《食货志三·钱币》："民间以八十为陌，谓之短钱，官用足陌，谓之长钱。大名男子斡鲁补者上言，谓官私所用钱，皆当以八十为陌，遂为定制"。

③ 梁方仲：《中国历代度量衡之变迁及其时代特征》，《中山大学学报》1980年第2期。

④ 《孙子算经》卷上。

⑤ 聂鸿音、史金波《西夏文本〈碎金〉研究》（《宁夏大学学报》1995年第2期）记载"解豆衡斗升，俞铁称斤两。褐绢量尺寸，大数估算得。分别号独一，结合千百亿"。

⑥ 孙继民、许会玲：《西夏榷场使文书所见西夏尺度关系研究》，《西夏研究》2011年第2期。

榷场文书将尺作"赤",如"河北绢三十三赤九寸""壹疋壹赤玖寸贰分""贰拾捌赤肆寸贰分半"。① 丈、尺、寸按十进位,和唐宋相同,② "河北绢三十三赤九寸"就清楚地说明了这一点。

迄今没有出土西夏尺之类的实物,《天盛改旧新定律令》卷一七《斗尺秤换卖门》也缺佚,③ 不过该律令卷七规定了"僧监副、判、权首领印一寸七分",④ 目前所见西夏首领印大都属于最低一级的司印,它们的边长5—6厘米不等,多数在5.2—5.3厘米之间,若平均边长5.3厘米,按首领印一寸七分计算,西夏的一寸约合3.12厘米。⑤ 据专家考证,唐代一寸3.11厘米,宋代一寸3.16厘米。⑥ 由此可见,西夏的尺寸接近唐宋制度。中国古代尺度由短而长,至唐代以后变化甚小,⑦ 西夏的尺度接近唐代,自然是情理之中的事。

(2)量制

西夏的容积基本计量单位为斛、斗、升、合,《天盛改旧新定律令》规定:"各税户家主各自地何时种、耕牛数、税种数、斛、斗、升、合、条草当明之,当使书一木牌上。一户当予一木牌",⑧ 西夏承唐制,合、升、斗、斛

---

① 杜建录、史金波:《西夏社会文书研究》"汉文西夏社会文书释文"编号307、313、352文书。

② 《宋刑统》卷第二十六"校斗秤不平"条"疏议":"度以秬黍中者,一黍之广为分,十分为寸,十寸为尺,一尺二寸为大尺一尺,十尺为丈"(法律出版社1999年版,第482页)。

③ 该门类只存"斗尺秤交旧换新""边中用斗尺秤""斗尺秤价增"等条目。

④ 《天盛改旧新定律令》卷七《敕禁门》。

⑤ 史金波:《西夏度量衡刍议》,《固原师专学报》2002年第2期。

⑥ 吴承洛:《中国度量衡史》,上海书店1937年版;丘光明:《中国度量衡》,新华出版社1993年版,第121—125页。

⑦ 梁方仲在《中国历代度量衡之变迁及其时代特征》(《中山大学学报》1980年第2期)一文中解释王国维的论断时指出:"如果在年代上说得更确切一点,应该是由于曹魏西晋以后,迄唐代中叶,五六百年间,政府征收的户调是绢、布,因此在这个时期内尺度不断地增长;尤以北朝的增率为最甚——自东晋至北魏不满三百年内,尺度便增长了几乎十分之三,这是增率最速的一段时候。其后,至唐代中叶,朝廷始不复以绢、布为户调正课,所以自宋金元迄清,八九百年来,尺度犹仍唐代之旧,没有多大的变动。"

⑧ 《天盛改旧新定律令》卷一五《纳领谷派遣计量小监门》。

是十进位，[1] 与宋一斛五斗不同。石本是重量单位，为 120 斤，但自秦汉开始，石也作为容量单位，与斛相等，西夏亦如此，斛、石通用。[2]

　　唐朝 1 升合 600 毫升，[3] 宋朝一升合 660 毫升。[4] 西夏制度略与唐宋相同，其一升究竟相当于唐代的 600 毫升，还是宋代的 660 毫升？一方面考虑到北宋每年给西夏大量岁赐，双方贸易往来频繁，另一方面方便对农民的剥削，[5] 应该是宋制的 660 毫升。经测定小麦 1 毫升约 0.82 克，大致推测西夏 1 升为 541 克，约合今 1.08 斤。当然，荞麦、糜、谷等杂粮一升的克数要少一些。

　　西夏还有更小的量的单位，《文海》"撮"字条"十粟一粒，十粒一圭，十圭一撮，十撮一抄，十抄一合，十合一升，算量起处是也"。[6] 这应该是对计量的认识，实际在日常生活中计量时，"合"以下几乎不使用。

（3）衡制

　　西夏一斤十六两，《文海》"斤"字条"称星十六两一斤也"。[7]《天盛改旧新定律令》规定锻打铁器时，打镬头、斧头等粗铁器一斤耗减八两，打灯炷、火炉、锹头等细铁器时一斤耗减十两，打刀剑、剪刀、枪下刃等水磨铁

---

　　① 俄藏编号 6377《西夏光定卯年（1219）贷粮契》记录："借一石五斗麦，每石有五斗利，共算为二石二斗五升"，显然一石是按十斗计算的。（史金波《西夏经济文书研究》附录"西夏经济文书录文、对译和意译"，社会科学文献出版社 2017 年版，第 551—553 页）

　　② 黑水城出土汉文典当文书有"共本利大麦一石九斗五升"、"共本利二石七斗"、"大麦一石三斗七升"等语，说明石与斛同，一石十斗，一斗十升。（陈国灿：《西夏天庆间典当残契的复原》，《中国史研究》1980 年第 1 期）

　　③ 吴慧：《魏晋南北朝隋唐的度量衡》，《中国社会经济史研究》1992 年第 3 期；胡戟：《唐代度量衡与亩里制度》，《西北大学学报》1980 年第 4 期。

　　④ 吴慧：《宋元的度量衡》，《中国社会经济史研究》1994 年第 1 期；邱隆《中国历代度量衡单位量值表及说明》（《中国计量》2006 年第 10 期）认为宋代一升 702 毫升。

　　⑤ 我国古代度量衡总体有增大的趋势，其中量的增率最大，首先是因为量器的大小最难于判定，它不像尺度可以凭眼和手作出适当的评验，故易于作弊。但最基本的理由，是由于我国田赋和地租一向征收的是农作物，它的历史最为长久，至少也有二千年以上。（梁方仲：《中国历代度量衡之变迁及其时代特征》，《中山大学学报》1980 年第 2 期）

　　⑥ 史金波、白滨、黄振华：《文海研究》，中国社会科学出版社 1993 年版，第 514 页。

　　⑦ 史金波、白滨、黄振华：《文海研究》，中国社会科学出版社 1993 年版，第 458 页。

器时一斤耗减十一两，① 可以印证《文海》所记一斤十六两。宁夏灵武市石坝
发现的西夏文银碗，分别在碗底用西夏文写明其重量是"三两"和"三两
半"，经实测，其重量是 114 克和 137.5 克，由此可知西夏"两"的单位值约
38—39 克，与宋朝"两"的单位值 39—40 克相近。② 西夏的 1 斤约 608—624
克，宋朝的 1 斤约 624—640 克，说明西夏在衡制方面"略与宋同"。③

《文海》"锰"字条"十棽一锰，十锰一铢，六铢一钱，四钱一两，此者
称算用是"。④ 其中"六铢一钱，四钱一两"，即 1 两合 24 铢，这是秦汉古制
的记录，在西夏天盛年间社会生活中并不实行。⑤《天盛改旧新定律令》规定
打造银耗减法，"上等、次等者，一律百两中可耗减五钱"，纺"上等好绢线
一两中耗减三钱；下等织线十两中耗减六钱"，⑥ 证明"钱"至"两"不是四
进位的。

（4）亩制

我国先秦一百平方步为一亩，秦统一后以二百四十平方步为一亩，一直
延续到清。⑦ 西夏的亩制与唐宋不尽相同，《文海》"亩"释："一边各五十
尺，四边二百尺算一亩"。⑧ 按西夏 1 尺 0.312 米计算，50 尺合 15.6 米，每亩

---

① 《天盛改旧新定律令》卷一七《物离库门》。
② 董居安：《宁夏石坝发现墨书西夏文银器》，《文物》1978 年第 12 期。
③ 《天盛改旧新定律令》卷一八《杂曲门》记载："诸处踏曲者，大麦、麦二斗当以十五斤计，
一斤当计三百钱卖之"。按：西夏 15 斤为 240 两（16 两×15 斤＝240 两），240 两为 9360 克（39 克×240
两＝9360 克）；20 升（2 斗）为 9360 克，1 升 468 克，与上述 1 升 541 克不同。也许西夏有大小升斗之
分，所谓大斗进，小斗出，这是卖出，用的是小斗，存疑待考。
④ 史金波、白滨、黄振华：《文海研究》，中国社会科学出版社 1993 年版，第 452 页。
⑤ 史金波：《西夏度量衡刍议》，《固原师专学报》2002 年第 2 期。
⑥ 《天盛改旧新定律令》卷一七《物离库门》，第 548、554 页。
⑦ （宋）王应麟《玉海》卷一七六引宋初窦俨语："小亩步百，周之制也；中亩二百四十，汉之
制也；大亩三百六十，齐之制也。今所用者，汉之中亩"；《盐铁论·未通篇》曰："古者制田百步为
亩，民井田而耕，什而籍一；……先帝哀怜百姓之愁苦，衣食不足，制田二百四十步而一亩，率三十
而税一"；《旧唐书·食货志》曰："武德七年（624），始定律令，以度田之制，五尺为步，步二百四
十为亩，亩百为顷。"
⑧ 史金波、白滨、黄振华：《文海研究》，中国社会科学出版社 1993 年版，第 534 页。

约合243平方米，即百平方步亩制。唐宋为240平方步亩制，每亩约600平方米，[①] 因此宋朝一亩为西夏2.4亩，也即西夏是小亩制。

　　和唐宋一样，西夏"百亩为一顷"，[②] 西夏农户缴纳麦草、粟草时也以地亩计算，以一顷五十亩一块地即150亩地为单位，交麦草七捆、粟草三十捆，捆绳四尺五寸。[③] 西夏疏浚引黄渠道的人工是以耕地的顷亩数派遣，"自一亩至十亩开五日，自十一亩至四十亩十五日，自四十一亩至七十五亩二十日，七十五亩以上至一百亩三十日，一百亩以上至一顷二十亩三十五日，一顷二十亩以上至一顷五十亩一整幅四十日。当依顷亩数计日，先完毕当先遣之"。[④]

　　西夏还有一种计量土地数量的方法，就是依据种子计算土地的面积。黑水城出土西夏户籍手实，记录移讹千男一家7口人，是一个较大的家庭，有四块田，可撒27斛种子，其中三块各撒7斛，一块撒6斛。另一件户籍手实记录梁行监一家男女18人，有可撒52斛的四块田，其中一块撒20斛，一块撒15斛，一块撒10斛，一块撒7斛。两个家庭都养有牲畜，其中前移讹千男家牧养3头骆驼、10头牛、80只羊；梁行监家牧养3匹马和32头骆驼。[⑤] 黑水城出土的土地买卖契约和租赁契约中，绝大部分用撒种子数量计算土地面积，[⑥] 而在缴纳赋税文书中，则以实际顷亩数统计，如"十亩税三斗七升半"

---

　　① 陈梦家《田制与里制》统计，先秦1亩约合今192平方米，西汉1亩约合今465平方米，唐1亩约合今522平方米，明朝1亩约合今608平方米，清朝1亩约合今614平方米，今1亩约合667平方米。宋代与唐略同，1亩约和520多平方米。（《考古》1966年第1期）考虑到古代尺度数据来源不同，往往有不同的记载，兹从史金波《西夏度量衡刍议》（《固原师专学报》2002年第2期）。

　　② 史金波、白滨、黄振华：《文海研究》，中国社会科学出版社1993年版，第550页。

　　③ 《天盛改旧新定律令》卷一五《催缴租门》。

　　④ 《天盛改旧新定律令》卷一五《催缴租门》。

　　⑤ 史金波：《西夏经济文书研究》附录"西夏经济文书录文、对译和意译"，社会科学文献出版社2017年版，第457—460页。

　　⑥ 俄藏黑水城12件西夏卖地契约中，其中出卖撒2石熟生地1件，撒20石熟生地2件，撒15石熟生地1件，撒8石熟生地1件，撒10石熟生地3件，撒5石熟生地2件，撒3石熟生地1件，23亩地1件，撒100石熟生地1件。租赁契约中，租出的土地有撒20石熟生地、撒15石熟生地、撒8石熟生地、撒85石熟生地，还有的直接写包租地一块。（史金波：《西夏经济文书研究》附录"西夏经济文书录文、对译和意译"，社会科学文献出版社2017年版，第584—618、558—673页）

"二十八亩税三斗五升""一顷五十亩税一石八斗七升半。"① 西夏法律明确规定按照耕地亩数和瘠肥缴纳田赋，"一亩：上等一斗，次等八升，中等六升，下等五升，末等三升"。② 由此看来，西夏民间在土地买卖中约定俗成，按照撒种子数量计算亩数，官府层面则按照中原地区传统，计亩纳税。这种按撒种子多少计量土地面积，在我国地广人稀的少数民族地区较为普遍流行。

我国西北地区谚语有"种一斗打一石"之说，唐宋北方一般年景下亩产一石左右，也即撒一斗种子地（一亩）大致收一石粮食，撒一石种子地大致收十石粮食，以此计算，27斛（石）可撒270宋亩土地。当然，这是个约数，撒小颗粒的谷子和大颗粒的大、小麦所需种子的数量差距很大，俄藏编号4199《西夏天庆丙辰年（1196）梁善因熊鸣卖地契》记录，立契人梁善因熊鸣出卖"十石撒处七十亩"地，③ 合计一亩撒种子1.42升，这似乎是撒大颗粒的荞麦种子。当然，西夏撒一石种子地的亩数应该有约定俗成的标准，因为西夏是百步亩制，不同于宋代240步亩制。

（二）国内商业交换

西夏建国前，党项人商业交换主要是和中原王朝的绢马贸易和沿边羌汉人民的互市，建国以后，随着奄有"岁无旱涝之虞"的河套与河西灌溉农业区，以及农牧业、手工业的发展和社会分工的扩大，国内商业交换迅速发展起来，特别是到了中后期，商品交换几乎渗透进西夏社会生活的方方面面。从都城兴庆府到灵、夏、甘、凉、肃、瓜、沙等中心城镇，既是居民、军队、

---

① 史金波：《西夏经济文书研究》附录"西夏经济文书录文、对译和意译"，社会科学文献出版社2017年版，第464—470页。

② 潘洁：《〈天盛改旧新定律令·催缴租门〉一段西夏文缀合》，《宁夏社会科学》2012年第6期。

③ 史金波：《西夏经济文书研究》附录"西夏经济文书录文、对译和意译"，社会科学文献出版社2017年版，第609—612页。

官府集中的地方，又是区域交换的中心，凉州"武威当四冲地，车辙马迹，辐凑交会，日有千数"①。

1. 酒肆店铺

前揭西夏酿酒有官民两种，中心城市乃至重要城镇，官府设置酒务或酒税务，管理酒的生产销售和征税，② 边远的地方则以承包酒税的形式由民间酿造和销售。官酿除保证给皇室、赏赐、宴饮及其他公务用酒外，大量面向酒肆销售，官府征税。文人墨客、官员士子、商旅兵丁是酒肆的常客，投奔西夏的张元、吴昊初到兴庆府后，"相与诣酒肆，剧饮终日"。③ 西夏官僚贵族和平民百姓婚丧嫁娶所用酒，④ 也主要来自市场交换，而非家庭酿造。俄藏黑水城西夏《酒价钱账》记录四斗酒价六斗大麦、一石酒价石五斗大麦、三斗酒价四斗五升大麦、二斗酒价三斗大麦。⑤ 当然随着交换的发展，各地市场上的酒也不完全是本地生产，黑水城的一款米酒就来自甘州。⑥

除酒肆外，在繁华的城镇中还有大大小小的饭馆、饼店、当铺、金银店、丝绸店之类的店铺，这些形形色色的店铺，有的是店家自己的，有的是租赁

---

① 《凉州重修护国寺感应塔碑铭（汉文）》。
② 《续资治通鉴长编》卷一二八，仁宗康定元年九月壬申条记载："环庆副都部署任福等攻西贼白豹城，克之，凡烧庐舍、酒务、仓草场、伪太尉衙。"司马光：《涑水记闻》卷一二有相同的记载，只是将酒务记为"酒税务"。
③ 《西夏书事》卷一四。
④ 《天盛改旧新定律令》卷八《为婚门》；（宋）上官融：《友会谈丛》卷下记载：麟州一带的党项族"凡育女稍长，靡有媒妁，暗有期会，家不之问。情之至者，必相挈奔逸于山岩掩映之处，并首而卧，绳带置头，各悉力紧之，倏忽双毙。二族方率亲属寻焉，见而不哭，谓男女之乐何足悲悼。用缯彩帛包其身，外裹之以毡，椎牛设祭，乃条其革，密加缠束。然后择峻岭架木，高丈余，呼为女棚。迁尸于上，云于飞升天也。二族于其下击鼓饮酒，数日而散"。
⑤ 史金波：《西夏经济文书研究》附录"西夏经济文书录文、对译和意译"，社会科学文献出版社 2017 年版，第 515—516 页。
⑥ 俄藏编号 4696-8 酒价钱账，写本长卷，开头有"甘州米酒来，已卖数单子"，说明这批米酒来自河西地区的甘州。（史金波：《西夏经济文书研究》，社会科学文献出版社 2017 年版，第 161—163 页）

的。西夏光定十二年（1222）正月，李春狗租赁到一间烧饼房，[①] 连同烧饼房一同出租的有炉鏊一个、大小铮二口、铁匙一张、馎饼剗一张、大小槛二个、大小岸三面、升房斗二面、大小口袋二个、小麦本柒石五斗。

金银店、丝绸店主要出售西夏自产或来自宋金的货物，西夏遣往宋朝的贡使，每次得绢五万余匹，"归鬻之其民，匹五六千，民大悦，一使所获，率不下二十万缗"。[②] 当然在这类店铺购买舶来品的顾客一般非贵即富，普通农牧民消费不起，他们只能通过集市地购买生活用品。夏金榷场上有一批专门从事买卖的商户，他们将收购来的特产，通过榷场牙人转售出去，换取金人的丝织品及其他日用品，[③] 然后通过相应的店铺来销售。

2. 集市交换

集市是西夏人民交易牲畜、粮食、毛褐、布匹、农器及其他生活日用品的重要渠道。俄藏黑水城文书中，有二十件牲畜买卖契约，甘肃武威亥母洞也发现西夏卖畜契。这些契约大多首尾完整，每件契约开始写明时间，然后是买畜人和卖畜人姓名，出卖牲畜品种、数量和价格，以及反悔处罚等，最后是立契人、同立契人、证人姓名画押，其中有的盖买卖税院朱印，表明该交易通过买卖税院缴过买卖税。黑水城还发现四件换畜契，是通过畜畜交换补差价形式的牲畜交换，契约开始写明时间，然后是双方畜主人姓名，交换牲畜品种和所补差价多少，以及反悔处罚等，最后是立契人、同立契人、证人姓名画押。这些大家畜买卖交换的时间有正月、二月、三月、四月、五月、九月、十一月、腊月，其中正月到三月居多，这段时间正是备耕和春耕时间，四、五月是晚秋作物播种时间。这一时期买畜主要用于农业生产，还有为了

---

① 《西夏光定十二年正月李春狗等扑买饼房契》，俄罗斯科学院东方文献研究所藏，俄藏编号ДХ18993。
② 《续资治通鉴长编》卷四〇五，哲宗元祐二年九月丁巳条。
③ 俄藏西夏榷场文书记录在榷场交易的西夏商户有的是西凉府住户，有的是镇夷郡住户。（杜建录、史金波：《西夏社会文书研究》下篇"汉文西夏社会文书释文"，第254—271页）

出租给缺乏耕畜的贫困农民，赚取高额租金，[①] 有的是购买幼畜用于扩大再生产。由于交易的年代和用途不同，牲畜的价格也不尽相同，兹列表如下：[②]

交易地点	交易时间	交易牲畜	交易价格
黑水地区	1194 年（天庆寅年）正月 29 日	2 头全齿红牛、1 头全齿黑牛	5 石麦、2 石杂
黑水地区	1194 年（天庆寅年）2 月 3 日	1 峰全齿母驼、1 匹马	2 石麦、3 石杂
黑水地区	1194 年（天庆寅年）2 月 3 日	1 峰 2 齿公驼	2 石大麦、1 石糜
黑水地区	1203 年（天庆亥年）2 月 25 日	1 匹 3 齿红马	1 石□斗杂
黑水地区	1203 年（天庆亥年）2 月 30 日	1 峰全齿母骆驼	6 石杂
黑水地区	1204 年（天庆子年）11 月 15 日	1 匹有绺母马	5 石杂
黑水地区	1204 年（天庆子年）11 月 16 日	1 匹 5 齿栗马	4 石杂
黑水地区	1205 年（天庆丑年）12 月 30 日	1 匹 4 齿红母马	7 石杂

---

①　俄藏黑水城文书中有五件雇畜契，其中五件在编号 Инв. No. 5124 长卷中，这几件雇畜契前面各有一件卖畜契，雇畜契的时间和卖畜契相同，说明普渡寺买到牲畜后，立即租给缺乏役畜的贫困农民，有的还是卖畜者本人。（史金波：《西夏文卖畜契和雇畜契研究》，《中华文史论丛》2014 年第 3 期）

②　史金波：《西夏经济文书研究》，社会科学文献出版社 2017 年版，第 310—311 页。

交易地点	交易时间	交易牲畜	交易价格
黑水地区	1213 年（光定酉年）5 月 30 日	1 头 4 齿生牛	4 石杂
黑水地区	1215 年（光定亥年）3 月 27 日	1 头 6 齿牛	9 石（实付 1 石，六月再付 8 石）
黑水地区	1216 年（光定子年）5 月 16 日	1 峰 2 齿母驼、6 峰 1 齿母驼、1 匹栗马	90 两银（合 10 贯钱）
武威地区	1225 年（乾定酉年）9 月	1 头全齿黑牛	65 贯钱
武威地区	1226 年（乾定戌年）4 月 8 日	1 头麻黄驴	50 贯钱

从表中可以看出，牲畜买卖大多是物物相易，大部分用来交换粮食，小部分用银两和铜钱交易。夏光定子年（1216）五月十六日，用九十两银购买一峰二齿母驼、六峰一齿母驼和一匹栗马，这个季节购买幼畜，显然是用于牧养。夏光定亥年（1215）三月二十七日，用九石粮食交换一头六齿牛，其中先交一石，六月二十日再付八石，显然是贫困农民为了播种，花大价钱购买耕畜。卖畜的原因都是万不得已的情况，有的是为换取维持生命的粮食，有的是为换取春播的种子，文书中一名贫困的农民把牲畜出卖给普渡寺，当即又以高额租金租回来，就充分说明了这一点。

至于换畜，一是出于牧业生产的目的，有的想养骆驼，有的想养马，有的想养驴，有的需要公畜，有的需要母畜，通过交换各取所需；二是出于农业生产的目的，夏天庆五年（1198），梁守护铁讹用一头全齿生白牛加一石杂粮，换取没移铁乐一头全齿生花牛。两头牛齿岁相同，可能肥瘦强弱不同，梁守护铁讹需要一头强健的牛来使用；三是其他方面的原因，夏天庆子年

（1204）二月二十四日，律移铁善用一峰骆驼加五石杂粮，换取酩布驴子盛一匹一齿马。一匹一岁小马驹，就能换取一峰骆驼加五石杂粮，当年讹七盛一匹有劈母马才换了五石杂粮，也许出于赔偿官畜的需要，^① 律移铁善花了大价钱，买了一匹小马驹。

土地买卖的规模比牲畜买卖有过之而无不及，目前所见黑水城田地买卖契约共十二件，^② 其中十件发生在生活困难的正月和二月，显然，这种买卖不是一般的商业交换，而是和卖畜一样，为了换取维持生命的粮食，或换取春播的种子，天庆寅年（1194）正月二十九日，梁老房西将自己撒十五石种子地卖给普渡寺，当天又从普渡寺租种了撒八石种子地，从自耕农变成了佃农，^③ 就充分说明了这一点。土地是不可移动的固定财产，不可能在集市上现场交换，但可以通过集市交流信息，然后买卖双方现场勘察、丈量并议定价格，签订买卖契约。除绝大部分用土地交换粮食外，还有交换牲畜，夏乾祐元年（1170），寡妇耶和氏宝引用撒二十二亩生熟地，外加三间房、两棵树，换取耶和米千的两峰全齿骆驼、一峰二齿骆驼和一头老牛。这是因为黑水地区半农半牧，农牧民有的想扩大牧业，有的想扩大农业，各取所需的结果。

3. 高利借贷

西夏高利借贷分有抵押借贷和无抵押借贷两种，有抵押借贷是借贷人将其财产抵押给典当行铺或其他放贷者，典借到期不赎者，抵押的财产任由放贷者处置。如果典借不到期，债主不和借债人商量，随意出卖借贷人抵押的财产，价值在十缗以内，有官罚马一，庶人十三杖，十缗以上一律徒一年。^④

---

① 《天盛改旧新定律令》卷一九《畜利限门》规定：国有母马每年必须保证 50% 的繁殖率，"不足者当令偿之，所超数年年当予牧人"。

② 多年来学界只运用俄罗斯专家克恰诺夫教授译释的《西夏天盛庚寅廿二年卖地文契》，20 世纪 90 年代以来，史金波先生在整理出版《俄藏黑水城文献》时，又发现 11 件，并进行考释研究。

③ 史金波：《西夏经济文书研究》，社会科学文献出版社 2017 年版，第 289 页。

④ 《天盛改旧新定律令》卷三《当铺门》。

抵押的财产有牲畜、裘皮、毡毯、衣物、帐毡、① 土地、房舍等动产和不动产，② 黑水城贷粮抵押有骆驼、牛、羊、毡等，借贷契约成立后，抵押的牲畜仍由借粮者牧养，若不能按时偿还时，由债主收取。③ 此外，还有人口抵押，他们或为借债人的妻、子，或为其所属使军、奴仆。④ 受儒家忠孝思想的影响，《天盛改旧新定律令》规定诸人不许因官私债典父母。⑤ 登记在册的披、甲、马等军事装备，也"不许使诸人处典当，违律者当罚钱交官。披、甲、马当给领属者，使典当者有官罚马一，庶人十三杖，不知者不治罪"。⑥

西夏放高利贷者有官府、⑦ 商人、官僚地主和寺院。由于资料的缘故，我们目前对官营高利贷的本钱与运作情况尚不清楚，但可以想见，它和宋朝官营高利贷一样，是由各级官府出资经营的。《太平治迹统类》卷一五载："牙头⑧吏史屈子者，狡猾，为众贷谅祚息钱，累岁不能偿。"⑨ 这里以国主谅祚名义经营的高利贷也许具有官贷性质。

出土文献中有关典当商人的记述比较丰富，《天盛改旧新定律令》专列《当铺门》，详细记述了典当商人的放贷程序及其他相关规定。内蒙古额济纳旗黑城出土的天庆年间典谷文契，也为我们提供了弥足珍贵的原始资料。文契都是天庆十一年（1204）五月书写的，各契按日相连，应是典当商人裴松

---

　　① 陈国灿：《西夏天庆间典当残契的复原》，《中国史研究》1980 年第 1 期。

　　② 《天盛改旧新定律令》卷三《当铺门》："官私所属畜物、房舍等到他处典当，失语而着火、被盗诈时，所无数依现卖法次等估价，当以物色相同所计钱还给，本利钱依法算取。"

　　③ 编号 4079-2 西夏文贷粮契："腊月三日，立契者卜小狗势先，自梁势功宝处借贷五石麦，十一石杂，共十六石。二全齿公母骆驼，一齿母骆驼抵押。日期定为九月一日还付。日过不付时，先有抵押骆驼数债实取，无异议。有争议反悔时，依官罚交杂粮、麦十五石。立契者卜小狗势，同立契梁回鹘泥，证人梁辰戊。"见史金波：《西夏经济文书研究》，社会科学文献出版社 2017 年版，第 378 页。

　　④ 《天盛改旧新定律令》卷一一《出典工门》。

　　⑤ 《天盛改旧新定律令》卷一一《出典工门》。

　　⑥ 《天盛改旧新定律令》卷六《官披甲马门》。

　　⑦ 《天盛改旧新定律令》卷三《催索债利门》载："诸人于官私处借债，本人不在，文书中未有，不允有名为于其处索债。""借官私所属债不能还，以人出力抵者，其日数，男女工价计量之法当与盗偿还工价相同。"

　　⑧ 牙头，由作衙头，房语酋长所在，这里指西夏都城兴庆府。

　　⑨ 《太平治迹统类》卷一五《神宗经制西夏》。

寿的典当契约底账，裴松寿就是典型的典当商人。据陈国灿先生对英藏黑水城出土的典当残契统计，裴松寿典出的大、小麦已有十四石之多，"如果按照黑水城出土的元代文书，即至元六年（1269）九月勒俺布一户有地一顷二十四亩，税粮三斗八升的文书来推算，仅这一部分粮食就需近四百亩土地作基础来提供，何况裴松寿支付的远不止此"。①

这是一般典当商的情况，至于官僚地主和寺院放贷，其资本远比这雄厚得多。黑水城出土西夏文借贷文契中的放贷人移讹成宝、千名奴小狗、罗名吉祥忠、耶和梁善随、兀尚般若山、嵬名佛护城就是党项地主首领。黑水城西夏借贷文契多次出现从使军处借贷。使军为依附主人的农奴，经济地位低下，他们应是主人放贷的经手者。②

西夏寺院有较为雄厚的经济基础，和地主商人相比，他们在高利放贷中有过之而无不及。1989年在甘肃省武威新华乡亥母寺洞遗址发现的《西夏乾定申年典糜契约》，记载乾定申年（1224）二月二十五日，立文约人没瑞隐藏犬向讹国师借糜子一斛，于同年九月一日归还。俄藏西夏文普渡寺9件借贷文契贷出30石3斗5升小麦，54石杂粮（大麦、粟、糜、谷等），这只是天庆寅年（1194）正月二十九日到二月二日的四天时间，试想青黄不接的二至五月都在放贷，几个月下来普渡寺一家寺院要贷出多少粮食。西夏境内若有1/3的寺院放贷，将是多大的数字。西夏时期特别是晚期，下层民众深深陷入高利贷的"铁桶"中。

西夏法律规定"诸人买卖及借债，以及其他类似与别人有各种事牵连时，各自自愿，可立文据"。③ 法律规定的文据一般由出借方收执，常常是日期相连，一纸书写多件，每件上书写要素基本相同，有借贷日期、借贷人和出借

① 陈国灿：《西夏天庆间典当残契的复原》，《中国史研究》1980年第1期。
② 史金波：《西夏粮食借贷契约研究》，载《中国社会科学院学术委员会集刊》第1辑，社会科学文献出版社2005年版，第186—204页。
③ 《天盛改旧新定律令》卷三《催索债利门》。

人姓名、借贷粮食钱物种类与数量、偿还期限及利息、违约处罚、书契人与证人姓名、画押等内容。粮食借贷集中在西夏后期，虽然不能排除出土文契不平衡的因素，但可以肯定，与西夏晚期战乱不断、民不聊生有很大关系。借贷的时间大都在青黄不接的季节，最早在腊月，也有正月，最多是二至五月。①

契尾当事人和相关人署名画押也基本一致，黑水城汉文典麦契或署立文人、同典人，或立文人、知见人，或立文人、书契人，或立文人、同典人、知见人。立文人是借贷人，同典人、同借人是连带责任人，也即保人，他们多是借贷人的妻子或直系亲属，如果"借债者不能还时，当催促同去借者"。②由于借贷须直系亲属担保的缘故，经常出现借贷者和担保人的身份互换。知见人是证人，他们或是借债人的邻里，或是亲友。书契人负责文契的书写，契约的正文和借贷人、同借人、证人的姓名是书契人一并写就，然后分别画押或画指。一般情况下，借贷人和同借人是画押，证人是画指，以示区别，也有证人是画押的。画押形式多种多样，画指对比手指，在指尖和指节位置画上横线，以为标记。

无论借贷人，还是保人、证人，都是具有民事能力的人，也即能够对自己的行为负责。使军是依附于贵族地主的农奴，而非奴隶，③他们有自己的财产，因此有借贷或担保的权利。④不过使军毕竟是依附民，在某种程度上和"私人"类同，或者就是"私人"，他们的民事行为还是有限的，《天盛改旧新定律令》规定"私人"是不能随便借债的，假若要借债，"当令好好寻执主者等。私人自能还债则当还债，自不能还债则执主者当还，执主者无力，则当罚借债主，不允私人用头监畜物中还债"。⑤

---

① 史金波：《西夏经济文书研究》，社会科学文献出版社 2017 年版，第 216—219 页。
② 《天盛改旧新定律令》卷三《催索债利门》。
③ 杜建录：《西夏经济史》，中国社会科学出版社 2002 年版，第 306 页。
④ 史金波：《西夏经济文书研究》，社会科学文献出版社 2017 年版，第 222 页。
⑤ 《天盛改旧新定律令》卷三《催索债利门》。

西夏货币有按年计息、按月计息或按日计息，即所谓的"日交钱、月交钱、年交钱"。① 按年计息，实际上并不是一整年，而是将月利息总计，一次写明本利总额。一般每月10%的利息，如果借三个月是30%的利息，借六个月是60%的利息，借十个月是一倍的利息。借贷者为了获得高额利息，往往按虚月计算，武威出土没水隐藏狗贷粮契，二月二十五日借，九月一日还，"一石有八斗利"，如果加上二月，共八个月，总利息80%，每月10%的利息。二月只有五天时间，也当作一个月计，反映出高利贷对贫困农牧民的盘剥是何等残酷。

《天盛改旧新定律令》卷三《催索债利门》也对借贷利息作了明确的规定："全国中诸人放官私钱、粮食本者，一缗收利五钱以下，及一斛收利一斛以下等，依情愿使有利，不准比其增加，其本利相等仍不还，则应告于有司，当催促借债者使还。""一缗收利五钱"，当是按天计算，② 一天是0.5%的利息，一个月是15%的利息，六个多月是100%的利息；贷粮利息按年计算，"一斛收利一斛"，即所谓的"倍称之息"或"本利相等"。"本利相等以后，不允取超额。若违律得多利时，有官罚马一，庶人十三杖。所超取利多少，当归还属者。"③

西夏的这种计息方法和利息率与同时代的宋朝基本一致。北宋中期陈舜俞曾指出："伏见民间出举财物，其以信好相结之人，月所取息不过一分半至二分。"④ 袁采对当时的高利贷也有如下记述："典质之家至有月息什而取一者，江西有借钱约一年偿还而作合子立约者，谓借一贯文约还两贯文。衢之开化借一秤禾而取两秤。浙西上户借一石米而收一石八斗。"⑤ 说明宋代高利贷月息以什一（10%）为主，年息多为"倍称之息"。当然，个别情况下也有

① 《天盛改旧新定律令》卷三《催索债利门》。
② 杜建录：《黑城出土的几件汉文西夏文书考释》，《中国史研究》2008年第4期。
③ 《天盛改旧新定律令》卷三《催索债利门》。
④ （宋）陈舜俞：《都官集》卷五《奉行青苗新法自劾奏状》。
⑤ （宋）袁采：《袁氏式范》卷下。

高的，"不两倍则三倍"。①

西夏统治者极力维护高利贷者的利益，他们运用法律手段，规定"诸人对负债人当催索，不还则告局分处，当以强力搜取问讯"。如果负债不还，十缗以下有官罚五缗钱，庶人十杖，十缗以上有官罚马一，庶人十三杖，债依法当偿还。② 如果在规定期限内仍不能偿还，则令借债人与同典人的妻子、媳、未嫁女等"出力典债"。出力典债的时间和"男女工价计量之法当与盗偿还工价相同"③，成年妇女每天按五十钱计，十至十五未成年内孩每天按三十钱计，"偿钱数与工价数相等时，当依旧往回"。④ 如果借债人"无妻子、子女、儿媳时，确不能偿债"时，将处以笞刑。欠一缗至二十缗笞四十，二十缗以上至五十缗笞六十，五十缗以上至百缗笞八十，百缗以上一律当笞一百。⑤

在阶级社会里，经济力量最强的总是臣服和奴役经济力量最弱的，经济力量弱的总是依附于经济力量强的。司马迁曾经指出："凡编户之民，富相什则卑下之，伯则畏惮之，千则役，万则仆，物之理也。"⑥ 西夏社会亦不例外，前述典债出力人实际上就是债主人的奴隶，他们在还清债务前是没有自由民地位的。如果典押处主人因其"不做活业者，击打等而致打死者徒一年，执械器而拷打逼迫致死者徒三年"。⑦ 但"诸典押出力人不许殴打、对抗、辱骂押处主人。若违律时，押处主人是庶人，则当面辱骂相争十三杖，殴打则徒一年，伤者当比他人殴打争斗相伤罪加三等，死亡则当绞杀。对有官人辱骂相争时徒一年，殴打则徒二年，伤时当比诸人殴打争斗相伤罪加五等，死则

---

① 漆侠：《宋代商业资本与高利贷资本》，载《宋史研究论文集》，河南人民出版社 1984 年版，第 19 页。
② 《天盛改旧新定律令》卷三《催索债利门》。
③ 《天盛改旧新定律令》卷三《催索债利门》。
④ 《天盛改旧新定律令》卷七《为投诚者安置门》。
⑤ 《天盛改旧新定律令》卷七《为投诚者安置门》。
⑥ 《史记》卷一二九《货殖列传》。
⑦ 《天盛改旧新定律令》卷一一《出典工门》。

以剑斩"。① 还有，"典押人奸淫押处主人之妻子、女、媳、姑、姊妹等时，当比第八卷上往他人妻处罪加三等。出力处人侵凌典押女时，比第九卷上当事人受人逼迫、未施枷索而在边司上为局分大小侵凌之罪情当减一等。"② 这无可争辩地告诉人们，西夏的典当史就是压迫史、奴役史。

　　综上所述，西夏的高利贷非常盛行，它在封建官府的庇护下，拼命地压榨贫困的牧民，使这些小生产者只能重复简单的再生产。更有甚者，他们中间相当一部分连简单的再生产也无法维持，仅有的一点土地、牲畜、房舍被剥夺后，变成高利贷控制下的债务奴隶或佃农。高利贷这一经济力量转化为超经济的强制力量，对西夏社会长期保留奴隶制残余起了重要的杠杆作用，这是对西夏高利贷的基本认识。③

（三）对外商业交换

1. 夏宋交换

　　西夏与北宋之间的商业贸易，是农牧两大部类经济之间的交换。北宋是我国封建社会经济文化高度发展时期，其经济发展水平远远超过西夏，但经济结构相对单一，以种植农业为主，畜牧业不发达，尤其是辽、夏政权相继崛起于北方和西北，失去辽阔的草原牧场，监马不振，正如群牧使欧阳修所说："唐世牧地，皆与马性相宜，西起陇右、金城、平凉、天水，外暨河曲之野，内则歧、幽、泾、宁，东接银、夏，又东至于楼烦，此唐养马之地也。以今考之，或陷没夷狄，或已为民田，皆不可复得。"④ 因此，养马监只能设在河南、河北地区，然而这一地区多"河防塘泺之患，而土多泻卤，戎马所屯，地利不足"。故有的养马监耗费甚巨，马却未尝孳息；有的有所孳息，但

---

① 《天盛改旧新定律令》卷一一《出典工门》。
② 《天盛改旧新定律令》卷一一《出典工门》。
③ 杜建录：《西夏高利贷初探》，《民族研究》1999 年第 2 期。
④ 《续资治通鉴长编》卷一九二，仁宗嘉祐五年八月甲申条。

不堪战斗，"驱之边境，未战而冻死者十八九"。① 另中书省、枢密院报告，神宗熙宁二年至五年（1069—1072），河南北十二监每年"出马一千六百四十匹，可给骑兵者二百六十四，余仅足配邮传"。② 号称养马最多的沙苑监，"占牧田九千余顷，刍粟、官曹岁费缗钱四十余万，而牧马止及六千。自元符元年至二年，亡失者三千九百"。③ 为此，宋政府曾采取"牧马于民"的措施，相继推行户马、保马、给地牧马诸法，但均没有显著效果。④ 在这种情况下，对外交换就必不可少了。

西夏建国后，虽据有黄河河套灌溉农业区和河西走廊半农半牧区，但畜牧业仍是其支柱产业，畜牧经济的单一性和发展不平衡性，迫切需要用畜产品交换农副产品与手工业产品，而与之相邻的契丹、回鹘、吐蕃诸部不能满足这种需求，因此西夏前期对外商业活动，主要是与北宋的商品贸易。正如宋人司马光所说："西夏所居，氐羌旧壤，地所产者，不过羊马毡毯。其国中用之不尽，其势必推其余与他国贸易。其三面皆戎狄，鬻之不售，唯中国者，羊马毡毯之所输，而茶彩百货之所自来也。故其民如婴儿，而中国乳哺之矣。"⑤ 当然，司马光夸大了西夏对北宋的经济依赖，确切地说，是夏宋两国在经济上的互补性，才维系了二者之间的商品交换，只不过宋朝急需的是马匹等军用物资，因此，除青白盐外，⑥ 断绝贸易对一般老百姓生活影响不大；西夏急需的是茶绢等生活日用品，如果禁止交换，立即物价上涨，影响到普通百姓的生活。

西夏与北宋商品交换有榷场贸易、和市贸易、贡使贸易和走私贸易四种方式。榷场贸易是夏宋双方在沿边指定地点进行的以官方为主的大宗货物交

---

① （宋）宋祁：《景文集》卷二九《论复河北广平两监澶郓两监》。
② 《宋史》卷一九八《兵志十二·马政》。
③ 《宋史》卷一九八《兵志十二·马政》。
④ 杜建录：《论宋代民间养马制度》，《固原师专学报》1993 年第 4 期。
⑤ （宋）司马光：《上哲宗乞还西夏六寨》，载（宋）赵汝愚编《宋朝诸臣奏议》卷一三八。
⑥ 杜建录：《宋夏青白盐问题》，《固原师专学报》1987 年第 1 期。

易。景德四年（1007），宋朝应西夏赵德明的请求，第一次在保安军设置榷场，以缯帛、罗绮易驼马、牛羊、玉、毡毯、甘草，以香药、瓷漆器、姜桂等物易蜜蜡、麝脐、毛褐、羱羚角、硇砂、柴胡、苁蓉、红花、翎毛。非官市者，还"听与民交易"。① 宋庆历六年（1046）宋夏两国除恢复保安军榷场外，又在镇戎军高平寨新设置了一处榷场。此外，在延州、麟州等处也设有榷场，但规模比保安军、镇戎军榷场要小，属于次一级的和市。②

为了掌握对外贸易的主动权，宋朝始终把榷场设在自己的境内，拒绝在西夏境内设置两国贸易榷场。③ 榷场的管理主要由宋朝承担，所需费用一度由三司直接拨付给榷场所在州军，由州军负责开支。④ 榷场交易的数额也由宋朝规定，⑤ 鄜延、泾原两路经略安抚司，分别指挥保安军、镇戎军处理榷场方面事务，保安军、镇戎军知军直接过问榷场交易情况。宋庆历七年（1047），保安军榷场迁到顺宁寨后，顺宁寨和镇戎军高平寨的寨官也参与榷场的管理。⑥

榷场的治安由所在地的巡检或都巡检负责，为了防止巡防军士和夏境亲朋故旧在榷场徇私，宋大中祥符八年（1015）八月，宋真宗诏令"沿边榷场巡守军健，并须用驻泊兵士，不得差本州军人"。⑦ 榷场所在地官员不能在"场内博买物色"。⑧ 榷场勾当官和榷场指挥使负责指挥榷场交易。⑨ 还有牙人

---

① 《宋史》卷一八六《食货志下八·互市舶法》。
② 杜建录：《宋夏商业贸易初探》，《宁夏社会科学》1988 年第 3 期。
③ 《宋史》卷四八五《夏国传上》记载：大中祥符八年，夏州赵德明"筑堡于石州浊轮谷，将建榷场，诏缘边安抚司止之"。
④ 《续资治通鉴长编》卷六八，真宗大中祥符元年四月甲寅条："增给保安军公用钱，是军最极边，以赵德明纳款置榷场，使人继至，而所费不充故也"。
⑤ 《续资治通鉴长编》卷一五九，仁宗庆历六年十月己酉条：庆历六年（1046），仁宗又诏"保安军、镇戎军榷场，岁各市马二千匹，博买羊一万口"。
⑥ 《续资治通鉴长编纪事本末》卷八三《种谔城绥州事》云：治平四年癸卯，"鄜延路经略司言，保安军杨定、都巡检侍其臻、顺宁寨张时庸与西人于界首议榷场事，被诱过界，并为杀"。这条记载反映出当时保安军官员与驻守顺宁寨的保安军北巡检、顺宁寨官共同处理有关榷场方面的事务。
⑦ 《宋会要辑稿》食货三八之二八。
⑧ 《宋会要辑稿》食货三八之二八。
⑨ 俄藏黑水城出土西夏榷场文书记载，在夏金榷场贸易中，西夏设有榷场使兼拘榷西凉府签判，由此推断西夏在对宋榷场中，也应有此类职官。

评定货色等级，兜揽成交。権场设有税务进行征税，征税方式为"官中止量收汉人税钱，西界自收番客税利"。① 西北远蕃卖马于宋，也须于"德明権场内，每匹纳买路绢一匹，大茶十斤"。② 和宋辽沿边権场一样，在交易过程中，有一些章则条例性的规定，这些贸易规定经双方商量，一旦确定下来，③ 就须依照执行，一般不会因権易官的变动而更改。権场贸易是夏宋关系的晴雨表，两国和好时，宋朝开放権场，一旦交恶则关闭権场，西夏只能依靠其他途径同宋朝交换。

和市，又称民市，主要是为了满足羌汉人民日常生活所需而设置的，其规模比権场要小，但也有固定的交易地点，并经双方官府认可，可以说是合法的市场。夏宋沿边久良津、吴堡、银星、金汤、白豹、虾蟆、折姜等地都设有和市。此外，还有西夏统治者单方面设立的或羌汉人民私设的和市，其中有的事后得到了宋朝的承认，宋人文彦博曾指出："自来蕃汉客旅博易往还之处，相度置立和市，须至两界首开置市场，差官监辖蕃汉客旅，除违禁物色外，令取便交相转易，官中止量收汉人税钱，西界自收蕃客税利。"④

和市在夏宋贸易中非常重要，一是它为数众多，在两国沿边密密排开，几乎所有蕃汉聚居地都有和市；二是它不仅设在宋朝境内，而且在西夏境内也广泛设置，如"麟、府州民多赍轻货，于夏州界擅立権场贸易"，⑤ 这里的権场就是和市。"环州永和寨西北一百二十里有折姜会，庆州东北百五十里有

① （宋）文彦博：《潞公文集》卷一九《奏西夏誓诏事》。

② 《宋会要辑稿》兵二四之一二。

③ （宋）张方平《乐全集》卷四〇《赠工部尚书蔡公墓志铭》："范文正公宣抚陕西、河东，荐公才，任烦要，徙通判泾州，除太常博士，易鄜州。夏人请置権场，通关市，命公会羌豪于延州，以定権法。"（文渊阁四库全书影印本）

④ （宋）文彦博：《潞公文集》卷一九《奏西夏誓诏事》。《续资治通鉴长编》卷五一，咸平五年正月甲子条记载，咸平五年，继迁所部在赤沙川、骆驼口"各置会贸易"，"会"就是一种定期的市场。《续资治通鉴长编》卷七二，真宗大中祥符二年十一月乙卯条记载，大中祥符二年十一月，河东缘边安抚司言："麟、府州民多赍轻货，于夏州界擅立権场贸易"。这里的権场实际上就是和市。

⑤ 《续资治通鉴长编》卷七二，真宗大中祥符二年十一月乙卯条。

金汤、白豹寨，皆贼界和市处也"，① 是宋人眼中"奸商往来，物皆丛聚"的集市。② 设在西夏境内的和市，宋朝往往鞭长莫及，既是战争年代，宋朝只能关闭其境内的榷场与和市，却断绝不了西夏境内的和市。③ 西夏对和市贸易非常重视，专设"管勾和市"一职进行管理。④

贡使贸易是西夏还贡奉使节携带大量货物，在宋朝境内进行的一种贸易。赵德明"称藩日久，岁遣人至京师货易，出入民间如家"。⑤ "入贡至京者纵其为市"。⑥ 一般情况下西夏贡使至都亭西驿，"除卖于官库外，余悉听与牙侩市人交易"。王安石变法期间，提举市易司奏请全部由市易务收购，"一切禁其私市"。这样就带来了两个问题，一是夏使不能在民间交易所需货物，很不乐意；二是西夏贺正旦等使人所需货物，"本务又不能尽有，不免责买于市肆"。为此，元丰二年（1079）三月宋神宗批示"宜令仍旧"，恢复了官库不收购的货物，听与民间交易。

和榷场贸易一样，贡使贸易也有明确的章则条例，熙丰间（1066—1085）苏辙曾"略取都亭及西驿所以待西、北人使约束，与同文馆待高丽例，轻重相比"，制定出北使、西使及高丽使条例，其中"西人诣阙贺正旦、圣节，到，许住二十日，非泛一十五日（如系商量事，候朝旨进发）；西人到阙，随行蕃落将不许出驿，或有买卖，于本驿承受使臣处出头，官为收买；西人到京买物，官定物价，比时估低小，量添分数供卖，所收加抬纳官"。⑦ 由于夏使的坚决反对，宋政府同意使馆官市后，允许与民交易，但使馆交易的价格往往低于市场价格，这是宋朝的一贯做法。早在大中祥符二年（1009）四月，宋真宗下诏："诸蕃贡物，咸令估价酬之。如闻左藏库减抑所直，目曰润官，

①　《续资治通鉴长编》卷一三四，仁宗庆历元年十月乙巳条。
②　《续资治通鉴长编》卷一三五，仁宗庆历二年正月条载范仲淹语。
③　杜建录：《西夏沿边堡寨述论》，《宁夏社会科学》1993 年第 5 期。
④　《续资治通鉴长编》卷一八五，仁宗嘉祐二年二月壬戌条。
⑤　（宋）苏舜钦：《苏学士文集》卷一六《韩公行状》，文渊阁四库全书影印本。
⑥　《宋史》卷一八六《食货志下八·互市舶法》。
⑦　（宋）苏辙：《栾城集》卷四五《乞裁损高丽事件札子》。

自今宜禁之。"① 压低价格，"减抑所直"，其结果是夏使减少或不带被低估的货物，② 影响两国的往来。

尽管如此，由于夏宋之间货物差价的缘故，西夏依然有巨额利润可赚。宋元祐二年（1087），宋人苏轼就明确指出："每一使赐予、贸易无虑得绢五万余匹，归鬻之，其直匹五六千，民大悦，一使所获率不下二十万缗。"③

走私贸易多种多样，一是和平年代，西夏通过各种手段从宋朝换取粮食、兵器、金、银、铜、铁、④ 货币、水银、丹漆等违禁物。这些货物有的是军用物资，有的是关乎经济安全，有的是西夏所紧缺，宋朝出于边防战备和限制西夏的原因，禁止出口，西夏则利用走私的形式来获取。粮食主要在沿边蕃汉百姓之间交易，但在宋人看来，"西界不稔，斛食倍贵，大段将牛、羊、青盐等物裹私博斛斗入蕃，不惟资假盗粮，兼妨沿边及时计置收籴军储"。⑤ 兵器是绝对禁止出口的，金银、铜铁、钱币阑出时严时宽。宋开宝三年（970）诏曰："铜铁不得阑出蕃界及化外"。⑥ "庆历初，阑出铜钱，视旧法第加其罪，钱千，为首者抵死。"⑦ "元丰八年，哲宗嗣位，复申钱币阑出之禁。"⑧ "大中

---

① 《续资治通鉴长编》卷七一，真宗大中祥符二年四月条。

② 嘉祐七年西夏贺正旦使至"所贸易约八万贯，安息香、玉、金精石之类，以估价钱，却将回。其余硇砂、琥珀、甘草之类，虽贱亦售。尽置罗帛之旧，价例太高，皆由所管内臣并行人抬压价例，亏损远人。其人至贺圣节，即不带安息香之类来，只及六万贯"（（宋）龚鼎臣：《东原录》，文渊阁四库全书影印本）。

③ （宋）苏轼：《经进东坡文集事略》卷三二《因擒鬼章论西羌夏人扎子》。

④ 《续资治通鉴长编》卷二四，太宗太平兴国八年十一月壬申条："盐铁使王明言：沿边岁运铜钱五千贯于灵州市马……戎人得铜钱，悉销铸为器，郡国岁铸钱，不能充其用……"（《续资治通鉴长编》卷二四，太宗太平兴国八年十一月壬申条）宋神宗时张方平也曾说："……自熙宁七年颁行新敕，删去旧条，削除钱禁，以此边关重车而出，海舶饱载而回，闻缘边州军钱出外界，但每贯收税钱而已。……钱本中国宝货，今乃与四夷共用。"（《宋史》卷一八〇《食货志下二·钱币》）

⑤ 熙宁年间文彦博曾指出，"检会累降指挥，沿边诸路经略安抚使严切禁止汉人与西界私相交易、博买，非不丁宁。近访闻诸路沿边因循习俗，不切禁止，常有蕃汉私相交易。盖缘官司不遵守条贯，明行赏罚，是致全无畏避，及无人发摘告陈。近又闻西界不稔，斛食倍贵，大段将牛、羊、青盐等物裹私博斛斗入蕃，不惟资假盗粮，兼妨沿边及时计置收籴军储，今欲再下逐路经略安抚司，依累降指挥施行。"（（宋）文彦博：《潞公文集》卷一九《乞禁止汉人与西人私相交易》）。

⑥ 《宋史》卷一八〇《食货志》。

⑦ 《宋史》卷一八〇《食货志》。

⑧ 《宋史》卷一八〇《食货志》。

祥符元年，帝以京城金银价贵，以问三司使丁谓，谓言多为西贼、回鹘所市人蕃。诏约束之。"① 宋景德二年（1005），诏"弛边民铁禁"。② 宋熙宁七年（1074）"颁行新敕，删去旧条，削除钱禁，以此边关重车而出，海舶饱载而回，闻沿边州军钱出外界，但每贯收税钱而已"。③ 大量宋钱的流入，推动了西夏货币经济的发展。

二是两国交恶时，宋朝关闭榷场，断绝宋朝境内的和市，为了弥补由此带来的经济困难和满足羌汉人民的日常生活，于沿边地区进行大量的走私活动。夏天赐礼盛国庆二年，即宋熙宁三年（1070），宋朝对西夏采取强硬政策，两国战事再起，宋朝拒绝夏使入境，关闭互市榷场，边境走私随之而起。次年双方商议恢复和市，神宗皇帝就此指出："近虽令陕西、河东诸路止绝蕃、汉百姓不得与西贼交易。访闻止是去冬及今春出兵之际，略能断绝，自后肆意往来，所在无复禁止。昨于三月中，有大顺城管下蕃部数持生绢、白布、杂色罗锦、被褥、腊茶等物至西界辣浪和市，复于地名黑山岭与首领岁美泥、咩比悖讹等交易，博过青盐、乳香、羊货不少。况近方令回使议立和市，苟私贩不绝，必无成就之理"。④

宋元祐二年（1087）二月，宋朝辅政大臣司马光在讨论西夏问题时指出："旧制官给客人公据，方听与西人交易，传闻近岁法禁疏阔，官吏弛慢，边民与西人交易者，日夕公行，彼西人，公则频遣使者，商贩中国，私则边鄙小民窃相交易，虽不获岁赐之物，公私无乏。所以得偃塞自肆，数年之间，似恭似慢，示不汲汲于事中国，由资用饶足，与事中国时无以异故也。"⑤ 走私贸易不仅影响到和市的设立，而且影响到西夏对宋的态度，可见其规模之大，影响之深刻。

---

① 《宋会要》刑法二之一六二。
② 《宋史》卷七《真宗纪》。
③ 《宋史》卷一八〇《食货志》。
④ 《宋会要辑稿》食货三八之三一。
⑤ 《续资治通鉴长编》卷三六五，哲宗元祐元年二月壬戌条。

西夏有时还动用武力，迫使宋朝边吏网开一面，允许私市。施昌言为环庆路经略使时，"亦禁私市，西人发兵压境，昌言遣使问其所以来之故，西人言：'无他事，只为交易不同。'使者惧其兵威，辄私许之"。①

三是西夏出使宋朝的外交官员及其随从人员利用各种机会进行走私活动。宋大中祥符五年（1012）二月，宋真宗听说"夏州贡奉人在道市物，颇或扰民"，遂"令所在有司，严示约束"。② 为了招徕远人，宋朝仅仅是约束不要扰民，而不是禁绝。在两国关系友好发展时，贡使夹私交易一直半遮半掩地存在着。大中祥符七年（1014）十一月，鄜延路钤辖张继能上言："赵德明进奉人，挟带私物，规免市征，望行条约。"真宗曰："戎人远来，获利无几，第如旧制可也。"③ 有时宋朝还专门调集货物，以备西夏使人私下交易。④ 当然，在很多情况下特别是两国关系不稳定时期，北宋严格禁止西夏使人夹私交易。⑤

四是宋朝边吏或百姓从西夏套取马匹等违禁货物。辽宋西夏金时期，宜于养马之地均在辽、夏、金境内，宋朝和沿边诸族茶马贸易以及夏宋榷场上马匹进口，⑥ 远远不能满足骑兵建设的需求，这种供需矛盾是从西夏走私马匹的主要动因。宋代西北地区活跃着一支专事马匹贸易的商队，他们从沿边吐蕃、党项地区以及西夏境内的游牧部落收购马匹，然后驱赶至沿边买马场或直接深入内地进行交换，西夏法律严格禁止马匹出口就说明了这一点。⑦

---

① 《续资治通鉴长编》卷三六五，哲宗元祐元年二月壬戌条。
② 《续资治通鉴长编》卷七七，真宗大中祥符五年二月丙辰条。
③ 《续资治通鉴长编》卷八三，真宗大中祥符七年十一月乙未条。
④ 《宋史》卷二八六《薛奎传》记载："赵元昊每遣亲至京师请奉予，吏因市物物，隐关算为奸利，（薛）奎廉得状，请留蜀道缣帛于关中，转致给之。"
⑤ 《宋会要》蕃夷七之四三记载："大观四年正月二十八日，夏国遣使入贡。五月四日，诏：'诸西人入贡，诸色人私有交易，编栏使臣不觉察者，徒二年。引伴官与同罪，管勾行李马驼使臣减一等，并不以赦降、去官原减。'"（上海古籍出版社 2014 年版，第 9964 页。）
⑥ 《续资治通鉴长编》卷一五九，仁宗庆历六年十二月己酉条。
⑦ 《天盛改旧新定律令》卷七《敕禁门》规定"牛、骆驼、马不论大小及铠甲、军披等到敌人中去卖时，庶人造意斩，从犯当得无期、长期徒刑，有官当以官品当"（法律出版社 2000 年版，第 284 页）。

　　五是西夏统治者有目的的走私。李继迁曾在赤沙、骆驼路等地"置会贸易"，[①] 这里的"会"就是西夏单方面设置的贸易市场。赵德明多遣人于庆州"赍违禁物窃市于边"。[②]

　　六是青白盐走私。青白盐是沿边羌汉人民进行交换的传统商品，宋太宗时为了困李继迁，采用郑文宝的建议，"绝其青盐，不入汉界，禁其粒食，不及蕃夷"。[③] 结果事与愿违，以致外则"戎人乏食，相率寇边"，内则"关、陇民无盐以食，境上骚扰"。[④] 归附宋朝的万余骑党项也叛去。在外扰内乱的情况下，宋太宗被迫派钱若水解除禁令，恢复青白盐的自由贸易。[⑤]

　　李继迁攻占灵州，易名西平府，将统治中心从平夏地区的夏州迁到河套平原的灵州，给宋朝带来了更大的威胁。为了使"蕃粟不能入贼境，而入于边虏"，[⑥] 再度禁止青白盐入内。几年后，李继迁在同西凉吐蕃的战斗中，中流矢身亡，李德明袭位，夏宋议和，德明提出开放青白盐贸易的要求。[⑦] 宋朝以其不肯遣子弟入质及归还灵州疆土为由，没有答应。但是终德明之世，两国关系亲密无间，"门市不讥，商贩如织"，北宋王朝务求绥靖，不愿惹是生非，在一定程度上默许了青白盐走私贸易。[⑧]

　　夏天授礼法延祚七年，即宋庆历四年（1044），历时七年的夏宋陕西之战结束，媾和条约规定，宋朝承认西夏立国，册元昊为夏国主，西夏承认依附宋朝；宋每年赐西夏绢十五万三千匹，银七万二千两，茶三万斤。议和过程中，西夏曾提出每年向宋朝出口十万石青盐，宋朝要维护食盐专卖利益，必

---

　　① 《续资治通鉴长编》卷五一，真宗咸平五年正月甲子条：陕西转运使刘琮言："访闻迁贼蕃部于赤沙、橐驼路各置会贸易，深虑诱熟户叛涣，请令本路部置潜军讨之"。
　　② 《续资治通鉴长编》卷七一，真宗大中祥符二年三月己卯条。
　　③ 《续资治通鉴长编》卷四二，太宗至道三年十二月辛丑条。
　　④ 《宋史》卷二七七《郑文宝传》。
　　⑤ 《宋史》卷四八五《夏国传上》。
　　⑥ 《续资治通鉴长编》卷五〇，真宗咸平四年十二月乙卯条。
　　⑦ 《续资治通鉴长编》卷六四，真宗景德三年九月丁卯条。
　　⑧ 杜建录：《宋夏青白盐问题》，《固原师专学报》1987 年第 1 期。

须把这十万石青盐全部包买过来，然而这样不仅要支付二十多万贯巨款，① 而且青盐味美价廉，一旦开禁，"则流于民间，无以堤防矣"，走私问题必然严重起来，"恐缘边蕃汉，尽食西界所贩青盐，无由禁止，解盐之利，日渐侵削，而陕西财用不得不屈矣"。② 另外，每年买青盐须给西夏二十万贯，再加上已答应的二十五万岁赐，高达四十余万，"与遗北敌物数相当"，恐引起辽朝增加岁币的贪求。③ 经过宋朝君臣反复讨论，认为不可。

青白盐公开贸易被禁止后，随之而来的便是严重的走私问题，宋朝没有禁青白盐时，沿边地区食盐便宜，禁盐后运河东解盐在陕西边地销售，其价格远远高于青盐，因此，边民必然冒法图利，"却入蕃界私贩青盐"，④ "往往犯法抵死而莫肯止"。⑤ 特别是"缘边属户，与西界蕃部交通为常，大率以青盐价贱而味甘，故食解盐者殊少。边臣多务宽其禁以图安辑，惟汉户犯者，坐配隶之刑，曾无虚月"。⑥ 大量青白盐实际上通过沿边属户及土著汉人走私到内地。

总之，宋朝在缘边设置榷场、和市进行贸易，在政治意图上含有通过经济手段安边绥远，同时也以断绝贸易来威胁或制裁西夏，是一种带有政治性的商业。西夏也为了取得经济利益，保境息民而中止战争，有时也为了贸易而发动战争。因此，宋夏商业贸易从总体上讲繁荣发展，但具体地来看，除李德明时期外，总是反反复复，榷场、和市、走私及贡使贸易四种形式有时并存，有时只存在一、二种。

在夏宋两国交换中，西夏输出物品有驼马牛羊等畜产品及毡毯、裘皮等副产品，麝脐、羱羚角、甘草、大黄、柴胡、苁蓉、红花等药物，来自中亚

---

① 《续资治通鉴长编》卷一四六，仁宗庆历四年二月庚子条。
② 《续资治通鉴长编》卷一四六，仁宗庆历四年二月庚子条。
③ 《续资治通鉴长编》卷一四五，仁宗庆历三年十一月辛卯条。
④ 《续资治通鉴长编》卷五四，真宗咸平六年三月辛亥条。
⑤ 《续资治通鉴长编》卷一八〇，仁宗至和二年七月丙子条。
⑥ 《续资治通鉴长编》卷一四六，仁宗庆历四年二月庚子条。

西域的安息香、玉石、金精石、硇砂、琥珀、蜜蜡、乳香、大石样金渡黑银花鞍辔、金渡黑银花香炉合，总的说来原料居多。输入物品有缯帛、罗绮、绢绒、布匹、被褥、幞头、帽子、锦袍、袭衣、茶叶、钱币、交抄、金银、银带、金带、金银器、瓷漆器、姜、桂、香药、薰衣香、龙脑、朱砂、谷物、米、面、酒、矾、曲以及图书、历日等，以加工成品居多，反映了宋夏两国经济生活水平和生产力发展状况。①

西夏与宋之间商业贸易的繁荣，对国内社会经济的发展有着积极的作用。首先，由于畜产品的大量输出，刺激和促进了传统畜牧经济的发展。西夏建国后，尽管农业生产得到蓬勃发展，但畜牧业仍在国民经济中占有举足轻重的地位，这固然与以游牧业为生的历史渊源和我国西北宜于牲畜牧养的地理条件有关，但扩大畜产品的出口，不能不说是一个很重要的原因。同时宋朝铁原料和手工业技术的输入，使西夏金属原料缺乏和生产技术落后的不足得以弥补，从而推动了西夏兵器、农具等金属制造业的发展，使西夏的农业生产得以飞速发展。尤其是铁的输入，为西夏农业生产提供了更多的犁，使更大面积的荒地开垦与农田耕作成为可能。

其二，宋夏大规模的贸易兴起后，榷场、和市上宋朝缗钱的大量输入，促进了西夏货币经济与城市商业的繁荣。据不完全统计，立国前后，宁夏、甘肃、内蒙古等省区十六个西夏墓葬、遗址、窖藏中，出土的宋朝货币品种多、数量大。从不太多的文献资料中看出，西夏建国后，宋朝货币确实在社会生活中占有越来越重要的地位，成为普遍的价值尺度、流通和贮藏手段。战争年代，宋朝关闭榷场，断绝和市，西夏货源断绝，物价暴涨，民间"尺布可直钱数百"，"一绢之直八九千钱"，有时甚至高达"五十余千"。② 宋人苏轼曾说：西夏"每一使至，赐予、贸易无虑得绢五万余匹，归鬻之其民，

---

① 杜建录：《宋夏商业贸易初探》，《宁夏社会科学》1988 年第 3 期。
② 《续资治通鉴长编》卷四〇五，哲宗元祐二年九月丁巳条。

匹五六千，民大悦。一使所获，率不下二十万缗。"① 王安石也说："今蕃户富者，往往蓄缗钱二三十万"。② 西夏人编著的辞书《文海》"金钱"释："钱也，卖种种买价值用是也"；"串"释："钱串也，连袋串也"；"缗"释："缗钱也，缗袋也"；"价"释："卖价之谓"，又"值也，计称用也"；"值"释："价也，卖买之所交付也"等，所有这些，都表明西夏在贸易时广泛使用货币。③ 货币在社会生活中的广泛使用，又促进了城市经济的发展，夏汉合璧的《凉州护国寺感应塔碑》记载："武威当四冲地，车辙马迹，辐凑交会，日有千数"，④ 反映出西夏城市经济的一般情况。

其三，西夏与宋商业贸易的繁荣发展，加速了党项西夏封建化的进程。"一个民族本身的整个内部结构，都取决于他的生产以及内部和对外交往的发展程度"。⑤ 西夏封建化的完成，固然是党项自身社会经济发展的结果，但与中原地区的经济文化交流也有着密不可分的关系。在中原文化的影响下，李继迁"潜设中官，全异羌夷之体，曲延儒士，渐行中国之风"；⑥ 李德明"礼文、仪节、律度、声音，无不遵依宋制"。⑦ 景宗李元昊建国时为了笼络蕃族大姓，创制文字，建立蕃学，但蕃学使用的教材是夏译儒家经典，在学习西夏文的过程中，传播了儒家思想。这正是元昊所需要的，因为他要建立的是封建君主国，而不是部落酋长国。

综上所述，作为商品交换的贸易，首先是由整个社会经济发展状况所决定的，同时又受到政治等上层建筑的左右。但贸易不是消极的东西，在一定的历史条件下，贸易的发展对生产、对整个社会经济的发展都具有极大的反

---

① 《续资治通鉴长编》卷四〇五，哲宗元祐二年九月丁巳条。
② 《宋史》卷一八六《食货志》。
③ 史金波、白滨、黄振华：《文海研究》，中国社会科学出版社 1983 年版，第 536、427、430、443 页。白滨：《从西夏文字典〈文海〉看西夏社会》，载《西夏史论文集》。
④ 罗福颐：《西夏护国寺感应塔碑介绍》，《文物》1981 年第 4、5 期。
⑤ 《马克思恩格斯全集》第 3 卷，人民出版社 1972 年版，第 24 页。
⑥ 《续资治通鉴长编》卷五〇，真宗咸平四年十二月丁卯条。
⑦ 《西夏纪》卷六。

作用，甚至对政治、民族关系都有一定的影响。尤其是国内两个民族政权之间的贸易往来，对于民族融合，对于中华民族经济共同体的形成和发展，都有着积极的影响。在榷场、和市、私市以及贡使贸易中，羌汉人民相互交流商品，是两国人民经济生活的共同要求，这种频繁的贸易往来，是维系中华民族共同体的紧密纽带。

2. 夏辽交换

夏辽两国的畜牧生产都很发达，在经济上缺乏互补性，因而双方的交换远不能同夏宋相比。但辽朝是西夏政治上的盟友，从辽统和四年（986）李继迁正式附辽起到辽朝灭亡百余年间，除景宗李元昊、毅宗李谅祚时有过短暂的争战外，西夏每年都按例八节贡献，故两国的贡使贸易是比较兴盛的。

辽统和八年（990）三月，李继迁遣使向辽朝进献的贡品有"细马二十匹，龐马二百匹，驼二百头，锦绮三百匹，织成锦褥被五匹，苁蓉、砰石、井盐各一千斤，沙狐皮一千张，兔鹘五只，犬子十只"①。以后遂为定制，只是在个别物品和数目上有所变化。辽朝回赐西夏的物品计有金腰带二条，细衣二袭，金涂鞍辔马二匹，素鞍辔马五匹，散马二十匹，弓箭、器仗二副，细锦绮罗绫二百匹，衣著绢一千匹，以及酒果食品。此外，契丹还赐西夏贡奉使节"金涂银带二条，衣二袭，锦绮三十匹，色绢一百匹，鞍辔马二匹，散马五匹，弓箭、器一副，酒果不定数。上节从人白银带一条，衣一袭，绢二十匹，马一匹；下节从人衣一袭，绢十匹，紫绫大衫一领"。② 辽朝为了笼络和褒奖夏国，还经常"优赐之"。③

辽重熙二年（1033），辽兴宗下令"禁夏国使沿路私市金铁"。④ 辽清宁

---

① 《契丹国志》卷二一《西夏国贡进物件》。
② 《契丹国志》卷二一《西夏国贡进物件》。
③ 《续资治通鉴长编》卷一四九，仁宗庆历四年五月甲申条引田况语。
④ 《辽史》卷一八《兴宗纪一》。

九年（1063），又"禁民鬻铜于夏"。① 从这两条禁令来看，西夏贡使一度在沿途和契丹人民做一些铜铁生意。同时也从一个侧面反映出，除铜铁等军用物资以外的商品是允许贡使交易的。

除上述贡使贸易外，辽朝还在云中西北过腰带上石椤坡、天德、云内、银瓮口地区设置贸易市场，让居住在这一带的鞑靼及契丹人同西夏进行畜产品以及日用百货的交换，"惟铁禁甚严，夏国与鞑靼人不得夹带交易"。②

3. 与回鹘及其他远蕃交换

西夏与西州回鹘的贸易相当兴盛，史载回鹘土产珠玉为最，帛有兜罗锦、毛毡、绒锦、注丝、熟绫、斜褐；药有腽肭脐（即麝香）、硇砂；香有乳香、安息、笃耨。其人善造宾铁刀剑、乌金银器，"多为商贾于燕，载以橐它（骆驼）过夏地，夏人率十而指一，必得其最上品者"。③ 除了抽取十分之一的过境税外，占据"贸易华夷"地位的西夏还积极同回鹘商人进行交换，《天盛改旧新定律令》规定，严禁向进入夏境的贸易使团出售武器、牲畜、粮食等违禁物。若违禁出售，"庶人造意斩，从犯当得无期、长期徒刑，有官当以官品当"。如果是向大食和西州商队出售违禁品，当减二等判断。大食和西州之使臣和商人，因"是客人给予罚罪"。大食和西州商队的驮畜死亡，或因交换的货物甚多而运力不足，或需要弓箭保护商队安全，或需要补充粮食等给养，经有关机构批准，可以购买。④

西夏北部的蒙古诸部及其他远蕃，自来以游牧为生，肉食乳饮，特别需要饮茶帮助消化，西夏利用自己的优越地位，大量从宋朝手中套购茶叶等物品，转手卖给他们，"以茶数斤，可以博羊一口"。⑤ 西夏的这种转手贸易，有

① 《辽史》卷一一五《西夏外纪》。
② 《西夏纪》卷二四引《西夏事略》，又见《大金国志》卷一三。
③ （宋）洪皓：《松漠纪闻》卷一，文渊阁四库全书影印本。
④ 《天盛改旧新定律令》卷七《敕禁门》。
⑤ 《续资治通鉴长编》卷一四九，仁宗庆历四年五月甲申条。

时还做在吐蕃与中原的交换上。在靠近西夏东部边境的鞑靼人聚居地区，辽、金都先后开设过榷场，为西夏和这一地区鞑靼人的交换创造了便利的条件。

4. 夏金交换

1127 年宋室南迁后，西夏对外交换的对象主要是入主中原的金朝，交换的形式仍以传统的贡使和榷场贸易为主。"天会议和"后，西夏奉金之使，道路相继，《北行日记》卷上载西夏的贡品有"礼物十二床，马二十匹，海东青七，细狗五"。金朝的回赐计有银、绢帛、绫罗、布衣、貂裘、金带、鞍辔、书匣等，其中以绢帛、绫罗的量最大。① 在以贡赐形式交换的同时，金朝还允许夏使在京城市场上与富商自由买卖，大定中（1161—1189），由于使者辄市禁物，金世宗下令只限于都亭贸易。② 夏乾祐二十一年，即金明昌元年（1190），新即位的金章宗又令"夏使馆内贸易且已"，③ 禁止了使馆贸易。这种轻率的决定，遭到了西夏的坚决反对，第二年金朝又恢复了夏使都亭贸易，但在时间上只限三天。

夏金榷场贸易规模较大，金皇统元年，即夏大庆二年（1141），应西夏仁宗李仁孝之请，金熙宗首先在云中西北过腰带上石椤坡、天德、云内、银瓮诸处置场互市。这一地区曾是夏辽贸易点，金朝占据后，在夏辽榷场的基础上，恢复和扩大了贸易。更难能可贵的是熙宗还在榷场上放宽了对铜铁出口的限制，④ 这是宋、辽两国都始终没能做到的。随后金朝又相继在东胜、环、庆、兰、绥德、保安等沿边州军设置了贸易榷场，其中个别是恢复北宋对西夏贸易的旧榷场。夏乾祐三年，即金大定十二年（1172），金世宗对宰相说："夏国以珠玉易我丝帛，是以无用易我有用也。"于是下令关闭保安、兰州两

---

① 《金史》卷三八《礼志》。
② 《金史》卷一三四《西夏传》。
③ 《金史》卷一三四《西夏传》。
④ 《大金国志》卷一三《熙宗孝成皇帝》四。

个规模较大的榷场。不久，金世宗又以西辽诸部不靖，而"边民私相越境，盗窃财畜，奸人托名榷场贸易，得以往来，恐为边患"为由，下令"复罢绥德榷场，止存东胜、环州而已"。① 后在仁宗李仁孝的恳求下，金世宗才同意"绥德建关市以通货财"，而以"地无枲丝"为辞，拒绝开放保安等榷场。② 直到夏天庆四年，即金承安二年（1197）才"复置兰州、保安榷场"。③

黑水城出土的西夏榷场文书，是研究夏金榷场贸易的珍贵资料。④ 来自于西夏镇夷郡、西凉府等地的住户（商户），携带毛褐等货物，和金朝商户交换丝织品及其他生活用品。和夏宋榷场一样，两国商户不能直接交易，而是由替头⑤评定货色等级，兜揽承交。

西夏统治者非常重视榷场贸易，由银牌安排所的安排官监管，⑥ 榷场使依据银牌安排官的"头子"（即公文），对商户携带货物搜检，确定没有违禁物品，然后交由替头兜揽承交。交易结束后，榷场使向银牌安排官呈文，写明按照银牌安排官的"头子"，将某州或某府住户（商户）某人携带货物依法搜检，没有发现违禁物品，由替头（牙人）负责成交，并按照规定扭算上税。接着总体开列住户（商户）原带货物名称数量，博买到川绢价某某疋，折充河北绢某某疋，收税川绢某某疋，折充河北绢某某疋。随后具体开列每位住户（商户）换回的货物种类、数量、价值、税额等。

---

① 《金史》卷一三四《西夏传》。

② 《金史》卷一三四《西夏传》。

③ 《金史》卷一三四《西夏传》。

④ 围绕黑水城出土西夏榷场文书发表大量研究成果，孙继民先生从英藏文献中考证出 2 件。相关研究见［日］佐藤贵保：《ロシア藏カラホト出土西夏文〈大方广仏华严经〉经帙文书の研究——西夏榷场使关连汉文文书群を中心に》，《东トルキスタン出土"胡汉文书"の综合调查》，日本平成 15 年度~17 年度科学研究费补助金（基盘研究［B］）研究成果报告书，研究课题番号 15401021，2006 年，第 61—76 页；杨富学、陈爱峰：《黑水城出土夏金榷场贸易文书研究》《中国史研究》2009 年第 2 期；杜建录：《黑城出土西夏榷场文书考释》，《中国经济史研究》2010 年第 1 期；孙继民、许会玲：《西夏汉文"南边榷场使文书"再研究》，《历史研究》2011 年第 4 期；许会玲：《西夏榷场使文书所见西夏尺度关系研究》，《西夏研究》2011 年第 2 期；张玉海、陈瑞青：《黑水城出土西夏榷场文书整理与研究》，凤凰出版社 2022 年版。

⑤ 替头，相当于宋夏榷场交易中的"牙人"。

⑥ 西夏在战争和重要事务中，派出持银牌官员，宋夏战争中，宋朝曾多次俘获西夏银牌天使。

川绢与河北绢作为榷场交易的价值尺度，充当着等价物的职能。交易税也是以川绢与河北绢计算的，税率大体在 2% 左右，下限 1.5%，上限 2.5%，①这个税率是比较低的，和西夏早期对回鹘商人的 10% 重税不能同日而语。②

夏金货物名目繁多，其中西夏输出的有羊马骆驼等畜产品③及毛褐、毛罗、白缨等副产品，珠玉、香料等来自西域的商品，以及柴胡、苁蓉、大黄等中药材。金朝输出的为绢帛、铁器、瓷器、纸张、笔墨、书籍以及茶、姜、椒、蜜等生活日用品。

---

① 许会玲：《西夏榷场使文书所见西夏尺度关系研究》，《西夏研究》2011 年第 2 期。
② （宋）洪皓：《松漠纪闻》卷一，文渊阁四库全书影印本。
③ 《金史》卷五〇《食货五·榷场》记载："大定三年，市马于夏国之榷场"。

十、西夏赋役制度

西夏赋役制度是对前代的继承和发展，唐代前期是以均田制为基础的租庸调制，所谓"有田则有租，有身则有庸，有户则有调"。[①] 租是向政府缴纳谷物，即田税；庸是向政府缴纳布帛以代劳役，所谓"输庸代役"；调是向政府缴纳绢麻布等产品。中唐以后随着均田制的破坏，租庸调制演变成"两税法"，人户按资产缴税。地主和农民的土地不是政府"授田"，故田赋是"税"而不是"租"。役是依据田亩多少直接出工，没有"输庸代役"。此外，土地占有者还缴纳一定数量的草。由此可见，西夏农户的主要负担是"税役草"，而不是"租庸草"。[②] 西夏在兵役之外的其他一些赋役剥削中，实行较为先进的"计亩输赋"与"计田出丁"。田赋是根据土地的瘠肥分五等按亩计之，牲畜税是计畜缴纳，五十只羊，五条牛"则当烙印一马"。水利工程所需的柴草是按田亩多少来征收，没有田地是不纳冬草的。兴修水利的民工也是计亩征调的，自一亩至一百五十亩，分别出五至四十个工日。西夏赋役这种落后与先进的混合，正是其社会特殊性的表现。

---

① （唐）陆贽：《陆宣公集》卷二二，浙江古籍出版社 1988 年版。
② 笔者将汉译本《天盛改旧新定律令》中"租庸草"改译为"税役草"，特此说明。

（一）赋税制度

1. 田赋

西夏赋税种类较多，主要有田赋、水税、畜产税、商税以及各种苛捐杂税，我们先看田赋。田赋即土地税，主要有税粮与税草两大类，税粮包括小麦、大麦、糜、粟、豆、稻等。[①] 糜、粟主要产于西夏旱作农业区，有的地方直接纳谷物，有的地方则令纳米，没有统一的规定。至迟在天盛年间（1149—1169），政府通过法令规定，此后租户家主人不须纳米，直接纳谷物。[②] 由于生产条件的差异，不同地区有不同的征收标准，黄河灌溉农业区依土地瘠肥分为五等缴纳，[③] 上等每亩一斗，次等八升，中等六升，下等五升，末等三升。[④] 边地半农半牧区则低于灌溉农业区，俄藏西夏耕地税账记录黑水

① 《宋史》卷四八六《夏国传下》记载，西夏"地饶五谷，尤宜稻麦"，在产水稻的河套地区，当缴稻谷。
② 《天盛改旧新定律令》卷一五《催缴租门》。
③ 《天盛改旧新定律令》卷一五《取闲地门》：诸人耕种弃地与不属官私之生地，三年内不纳税赋，三年过后，"当再遣人量之，当据苗情及相邻地之租法测度，一亩之地优劣依次应为五等租之高低何等，当为其一种，令依纳地租杂细次第法纳租"。
④ 潘洁：《〈天盛律令〉农业门整理研究》，上海古籍出版社 2016 年版，第 234 页。《天盛改旧新定律令》卷一五《收纳租门》规定："麦一种，灵武郡人当交纳。大麦一种，保静县人当交纳。黄麻、黄豆二种，华阳县家主当分别交纳。秫一种，临河县人当交纳。粟一种，治源县人当交纳。糜一种，定远、怀远二县人当交纳"。按：西夏税户家主，包括自耕农和地主，《天盛改旧新定律令》卷一五《地水杂罪门》规定："税户家主有种种地租庸草，催促中不速纳而住滞时，当捕种地者及门下人，依高低断以杖罪，当令其速纳。"这里的税户家主显然不是自耕农，而是占有大量土地的地主，为他们生产的"种地者及门下人"，不仅要缴纳定额地租或分成地租，还要为地主人缴纳土地税。

地区主要缴纳杂粮和小麦两种，每亩缴纳 1.25 升，① 其中大麦等杂粮占 75%，小麦占 25%，② 远低于黄河灌区每亩最低三升的规定。

黑水地区亩产量和田赋低于河套灌区，一方面发源于祁连山的黑河清澈见底，下游淤灌层的土壤不如黄河灌区肥沃；另一方面黑水径流量远小于黄河，时常出现渠水不至，土地沙化，不堪耕作的现象，③ 亩产量和税收必然低于河套灌区。夏宋沿边旱作农业区亩产量和税收也相对较低。

西夏农户买卖土地须向官府申报并办理赋税交割手续。"倘若卖处地中注销，买者自地中不注册时，税役草计价，以偷盗法判断。"④ 僧人、道士、大

---

① 黑水城出土西夏税粮文书，有的只存税粮数，有的保存田亩数和税粮数，兹据史金波先生整理补充，表列如下：

黑水城出土税粮文书所记亩税一览表

编号	田亩数	总税额	杂细粮比例	亩税
Инв. No. 1755	三十亩	三斗七［升半］	［杂三斗］，麦七升半（4∶1）	一升二合半
Инв. No. 1755	一顷五十亩	一石八斗七［升半］	［杂一］石五斗，麦三斗七升半（4∶1）	一升二合半
Инв. No. 1755	七十亩	八斗七升［半］	［杂七］斗，麦一斗七升半（4∶1）	一升二合半
Инв. No. 1178	一顷四十三亩	一石七斗八升七合［半］	［杂二］斗八升，麦七升（4∶1）	一升二合半
Инв. No. 1178	二十八亩	三斗五升		一升二合半
Инв. No. 1178	七十二亩	税九［斗］	［杂七］斗二升，麦一斗八升（4∶1）	一升二合半

② 史金波：《西夏经济文书研究》，社会科学文献出版社 2017 年版，第 85 页。

③ 元代大量土地碱硬不堪，内蒙古藏黑水城文书多有记录：编号 F125：W73，兀汝一户"地土五顷四伯七十垅，见种二百六十垅，麦子廿二石，碱硬不堪廿一石子地"，有一半土地已不能耕种。编号 F116：W242，"地土大半硝碱，不堪耕种"。编号 F116：W231，"未耕碱硬叁拾玖亩"。编号 F116：W25，"碱硬叁拾亩"。西夏时期亦大抵如此，《天盛改旧新定律令》卷一五《地水杂罪门》记录，税户家主土地沙化，不堪耕种时，经转运司大人、承旨实地考察和相邻地家主担保，可弃耕不种。

④ 《天盛改旧新定律令》卷一五《地水杂罪门》。

小臣僚也不例外。① 黑水城出土西夏土地买卖契约中，就明确记录连同地税随土地一并过户给买家，其中最高亩税3.3升，最低0.25升，大部分在一升多，② 和黑水城出土税粮文书中收取的田赋大体相当。

　　草为西夏土地税的重要组成部分，除冬草蓬子、夏莠及其他种草外，还

---

　　① 《天盛改旧新定律令》卷一五《租地门》规定：僧人、道士、诸大小臣僚等，因公索求农田司所属耕地及寺院中地、节亲主所属地等，"自买日始一年之内当告转运司，于地册上注册，依法为租佣草事。若隐之，逾一年不告，则所避租佣草数当计量，应比偷盗罪减一等，租佣草数当偿"。

　　② 统计数据来自《西夏经济文书研究》，史金波先生推算撒1石种子地约10亩，这个推算是符合实际的。黑水地区土地买卖过税虽大多在一升多，但还出现最高亩税3.3升，最低0.25升的情况，不同于正常纳税中的每亩1.25升。究其原因大致有三：一是黑水地区地广人稀，农民实际占有土地和官府地税册上土地数不完全一致；二是按照法律规定，新垦的生荒地三年内不纳税，三年后根据土地瘠肥情况，确定是五等地税中之一种（《天盛改旧新定律令》卷一五《取闲地门》），生熟地相混出卖，因此过户的地税较少；三是土地瘠肥不一。

西夏黑水地区土地买卖过税一览表

编号	时间	土地面积	折合亩数	过税数量	亩税额	土地价格
Инв. No. 5124	天庆寅年（1194）正月二十四日	撒20石种子生熟地	200亩	1斗麦，4斗杂	0.25升	15石杂粮、15石麦
Инв. No. 5124	天庆寅年（1194）正月二十九日	撒15石种子地	150亩	4斗麦，1石6斗杂	1.33升	6石麦、10石杂
Инв. No. 5124	天庆寅年（1194）正月二十九日	撒8石种子地	80亩	1斗麦，4斗杂	0.63升	4石麦、6石杂
Инв. No. 5124	天庆寅年（1194）二月一日	撒10石种子生熟地	100亩	1斗麦，4斗杂	0.5升	2石麦、2石糜、4石谷
Инв. No. 5124	天庆寅年（1194）二月一日	撒10石种子生熟地	100亩	2斗麦，8斗杂	1.0升	10石麦、10石杂、10石糜
Инв. No. 5124	天庆寅年（1194）二月二日	撒5石种子地	50亩	1斗4升麦，5斗6升杂	1.4升	4石麦、9石杂
Инв. No. 5124	天庆寅年（1194）二月二日	撒5石种子地	50亩	1斗麦，4斗杂	1.0升	1石麦、6石杂
Инв. No. 5124	天庆寅年（1194）二月六日	撒3石种子地	30亩	2斗麦，8斗杂	3.3升	5石杂
Инв. No. 4199	天庆丙辰（1196）六月十六日	撒10石种子地	70亩	租役草（没有具体数额）		5石杂

有麦草、粟草等谷物秸秆与谷糠；大概"一顷五十亩一块地，麦草七捆，粟草三十捆，捆绳四尺五寸，捆袋内以麦糠三斛入其中"，各自依"地税法"交官之所需处，"当入于三司库，逾期时与违纳税谷物之纳利相同"。① 税草以捆计算也在黑水出土税役草文书有反映，占田十亩至数十亩，缴纳草十捆至数十捆，50 多户的一溜，合计缴纳 2900 多捆。②

西夏法律规定"中兴府税院税钱及卖曲税钱等，每日之所得，每晚一番，五州地税院一个月一番，当告三司，依另列之磨勘法施行"。③ 可见在土地税中也开始征收货币。不过西夏的货币经济不发达，估计征收量不大。

为了纳税方便，按就近结合的原则，将纳税户即税户④家主组织起来，十户遣一小甲，五小甲遣一小监，二小监遣一农迁溜，分别由下臣、官吏、独诱、正军、辅主担任甲长、小监和迁溜。⑤ 一迁溜管附近几个村庄或一段渠道的农户，往往是自然的数字，而不是整 100 户。⑥ 在建立基层组织的基础上，对纳税土地登记造册，写明"税户家主各自种地多少，与耕牛几何记名，地税、冬草、条椽等何时纳之"等，⑦ 分别藏于中书、转运司、受纳司、皇城司、三司、农田司及所在郡县。税户家主则持有本户纳税簿册，其上"登录

① 《天盛改旧新定律令》卷一五《收纳租门》。

② 编号 Инв. No. 4067《户耕地租役草税账》："一户梁吉祥有上十亩地，税一斗二升半，杂一斗，麦二升半，役五日，草十捆"；编号 Инв. No. 8372《里溜地税粮草役账》："里溜吾移宝共五十四户，税三十六石六斗三升七合半，杂二十九石三斗一升，麦七石三斗二升七合半，役五十四人，草二千九百三十一捆；五十三户农人有杂细共三十六石二斗六升二合半，杂二十九石一斗，麦七石二斗五升二合半，役五十三人，草二千九百一捆。"（史金波：《西夏经济文书研究》附录"西夏经济文书录文、对译和意译"，社会科学文献出版社 2017 年版，第 476—477 页）

③ 《天盛改旧新定律令》卷一七《库监派遣调换门》。

④ "税户"原译"租户"，从文意看来，"税户"较贴切。（潘洁：《西夏税户家主考》，《宁夏社会科学》2016 年第 2 期）

⑤ 《天盛改旧新定律令》卷一五《纳领谷派遣计量小监门》。

⑥ 编号 4991-6《里溜人口税账》："里溜梁肃寂勾管五十九户全户及三十九人单身，男女大与小总计二百二十一人，税粮食五十六石四斗"。编号 6342-2《户籍账》："里溜饶尚般百勾管七十九户，共二百二十人，大一百八十人，小四十人"。（史金波：《西夏经济文书研究》附录"西夏经济文书录文、对译和意译"，社会科学文献出版社 2017 年版，第 484、455 页）

⑦ 《天盛改旧新定律令》卷一五《纳领谷派遣计量小监门》。

顷亩、升斗、草之数"，"家主当视其上依数纳之"，① 有的簿册是一木牌。②
为防止收税人贪赃枉法，税户家主依纳税牌的规定纳税后，收税人要给予收
据，并在"白册"上手记。③

西夏土地买卖频繁，为加强管理，防止土地买卖后地税流失，官府三年
通检一次，具体程序为：先由农迁溜、小监、小甲于各自所辖农户中推寻变
卖田地情况，逐一登记造册，上报所属郡县。各郡县于二月一日开始订正变
更情况，"一县写五面地册板簿，自己处及皇城、三司、转运司、中书等当分
别予之"。这期间需花七十天时间，到"四月十日当送转运司，分别为手记于
板簿。五月一日当送中书，十五日以内当校验，无参差，则中书大人亦当为
手记、置印。五月二十日当散予应予处"。④

土地税缴纳时间为秋后的九、十月，十一月一日各郡县就要将纳税的簿
册、凭据呈交转运司，转运司于十一月底以前引送磨勘司磨勘，磨勘司必须
在十二月底以前磨勘完毕。如果郡县迟呈转运司，转运司迟报磨勘司，磨勘
司逾期磨勘不毕，则要承担迟缓、延误之罪，自一日至五日十三杖，五日以
上至十日徒三个月，十日以上至二十日徒六个月，二十日以上一律徒一年。⑤
磨勘司"于腊月一日至月末一个月期间磨勘已毕时，所遗尾数地税当引送转
运司，当令所属郡县催促者再行催促"，如果再"于所予期限不完毕而住滞
时，局分人之罪与前述郡县人催促地税，转运司告凭据延误罪同样判断"⑥。

法律将催税官吏所催的赋税分为十分，其中九分已纳一分未纳者勿治罪，
八分纳二分未纳当徒六个月，七分纳三分未纳徒一年，六分纳四分未纳徒二
年，五分纳五分未纳徒三年，四分纳六分未纳徒四年，三分纳七分未纳徒五

---

① 《天盛改旧新定律令》卷一五《地水杂罪门》。
② 《天盛改旧新定律令》卷一五《纳领谷派遣计量小监门》中也有反映，"各租户家主各自地何
时种、耕牛数、租种数、斛斗升合、条草当明之，当使书一木牌上，一户当予一木牌"。
③ 《天盛改旧新定律令》卷一五《地水杂罪门》。
④ 《天盛改旧新定律令》卷一五《纳领谷派遣计量小监门》。
⑤ 《天盛改旧新定律令》卷一五《收纳租门》。
⑥ 《天盛改旧新定律令》卷一五《收纳租门》。

年，二分纳八分未纳徒六年，一分纳九分未纳徒八年，十分全未纳徒十年，若十分全已纳，则当加一官，获赏银五两、杂锦一匹。①

无论放弃或开垦耕地，都要报官府批准，并予以注销或注册。如果税户家主因河渠改道，土地沙化，不堪耕种时，经基层组织上报转运司，由转运司大人、承旨实地考察和相邻地家主担保，方可"明其顷亩数而奏报注销"。②弃地 3 年以后，如果有人"愿持而种之者，当告转运司，并当问邻界相接地之家主等，仔细推察审视，于弃地主人处明之，是实言则当予耕种谕文，著之簿册而当种之。三年已毕，当再遣人量之，当据苗情及相邻地之税法测度，一亩之地优劣依次应为五等税之高低何等，当为其一种，令依纳地税杂细次第法纳税"。③

为了鼓励生产，对新开垦荒地减免土地税。诸人对自属沼泽草地垦种着，垦一至一百亩，勿纳税草。超过一百亩者，所超之数当告转运司，"三年毕，堪种之，则一亩纳三升杂谷物，佣草依边等法为之"。④ 在田赋征收中，遇有灾伤年景，则根据灾情予以一定的减免。夏大庆四年（1143），夏、兴两州地震，夏仁宗下令，"二州人民遭地震地陷死者，二人免租税三年，一人免租税二年，伤者免租税一年"。⑤《天盛改旧新定律令》卷一五《纳领谷派遣计量小监门》中的"旱灾时征地税规定"条全佚，但从专列此条来看，肯定与受灾后减免地税有关。

2. 水税

水税按照灌溉田亩数来征收，实际是土地税的延伸。俄藏黑水城社会文书中，有两件西夏水税账，从中可以看出，西夏黑水地区灌溉水税大致每亩

---

① 《天盛改旧新定律令》卷一五《催租罪功门》。
② 《天盛改旧新定律令》卷一五《地水杂罪门》。
③ 《天盛改旧新定律令》卷一五《取闲地门》。
④ 《天盛改旧新定律令》卷一五《租地门》。
⑤ 《西夏书事》卷三五。

0.25 到 0.3 升左右,[①] 低于每亩 1.25 升的税粮。黄河河套灌区水流充足，亩产量和地税远高于黑水地区，相应的灌溉水税也应高于黑水地区。

3. 人口税

人口税是西夏重要税种，黑水城文书中发现八件人口税账，俄藏五件，英藏三件，有的只存每户人口税，有的先记录每溜总人口税，后面是分户人口税。无论哪种人口税账，不分男女，只分大小，大口三斗，小口一斗五升。[②] 人口税的征收离不开户口的统计，黑水城出土 100 多号西夏户籍和人口文书，包括户籍、里溜户籍账、户籍计账、户籍手实等，户籍手实以户为单位，详细记载户主姓名、身份、军抄、田亩、大小男女人口、牲畜、财产、房屋等。值得注意的是，西夏黑水地区大多是三四口人的小家庭，不少只有夫妻两人，只有个别是十几口人的大家庭,[③] 这和人口税账中每户人口基本一致。

---

① 灌溉水税一览表

编号	灌溉面积	水税	撒 1 石种子地水税	折合 1 亩水税
Инв. No. 1454-2（1）	撒 14 石种子地	4.375 石	3.125 斗	0.3125 升
Инв. No. 1454-2（2）	撒 2 石种子地	6.25 斗	3.125 斗	0.3125 升
Инв. No. 1454-2（3）	撒 4 石种子地	1.25 石	3.125 斗	0.3125 升
Инв. No. 1781-1（1）	撒 4 石种子地	1.0 石	2.5 斗	0.25 升
Инв. No. 1781-1（2）	撒 9 石种子地	2.25 石	2.5 斗	0.25 升
Инв. No. 1781-1（3）	撒 4 石种子地	1.0 石	2.5 斗	0.25 升

（据《西夏经济文书研究》统计）

② 俄藏编号 Инв. No. 4991《人口税账》："一户高铁圆，四口，一石五斗。男一，高铁圆，三斗；女三，七斗五升，二大，六斗，没啰氏铁男，张氏铁男。一小，高氏铁金，一斗五升。一户嵬移成西男，三口，七斗五升。男二，四斗五升，一大，成西男，三斗，一小，三宝犬，一斗五升；女大，卜氏显令，三斗。"英藏编号 Or. 12380-344（K. K.）："男七十九人，共计谷二十二石八斗［五升］，大七十三人，各三斗，共计谷二十一石九斗，小六人，各一斗五升，共九斗。"（史金波：《西夏经济文书研究》附录"西夏经济文书录文、对译和意译"，社会科学文献出版社 2017 年版，第 481—482、492 页）

③ 史金波：《西夏经济文书研究》附录"西夏经济文书录文、对译和意译"，社会科学文献出版社 2017 年版，第 434—463 页。

4. 畜产税

西夏的畜产税主要表现在个体牧民按畜产多少提供披、甲、马等军事装备，大致五十只羊、五头牛，"则当烙印一马，有百只羊、十条牛，则当寻马一及披、甲之一种。有二百只羊、十条牛者则当由私寻披、甲、马三种，当在册上注册"。① 此外，个体牧民和拥有马匹的自耕农还要为执符人提供乘骑，西夏法律规定：传达圣旨、报告敌情、点集兵马、引伴使人、要事奏告、催促种种物、大渠决口、催促修渠草工笨工等重大情况时派出的执符使人，"当骑诸家民所属私畜及官之牧场畜等有方便可骑乘者，不许差用一种官马"。② 官马当是入籍的军用马匹，不能随意征调，只有征调民马。如果捕乘的民马"于途中病患羸弱而死时，知其所在，允许不偿畜。边近则以畜尸、边远则以肉皮，依当地现卖法当卖之，卖价当还畜主人"。③ 这种近乎掠夺的征调，甚至比按牧畜多少缴纳披、甲、马还要沉重，因为它不是按畜产多少来摊派，即使只有一匹马，也有可能被捕乘并死在途中。可以想见，这对贫困的个体农牧民来说，是一个多么沉重的负担。

5. 买卖税

买卖税是西夏最早的财政收入，党项建国前就对过境的商人征税，黑水城出土的西夏"买卖税账"记录，买卖人口、布匹、骆驼、绵羊、羖羊均以粮食计税。④ 西夏盛行买卖婚姻，因而还征收所谓的媒人税与妇人价值税。⑤

---

① 《天盛改旧新定律令》卷五《季校门》。
② 《天盛改旧新定律令》卷一三《执符铁箭显贵言等失门》。
③ 《天盛改旧新定律令》卷一三《执符铁箭显贵言等失门》。
④ "卖买人税一石三斗""卖买骆驼税麦三斗""卖买布税一升""卖买二匹布，税三斗二升""卖买羊三只，税二斗八升""卖买羊一只，羖羊四只，税三斗二升""卖买羊七只，羖羊四只，税八斗二升"（《西夏经济文书研究》附录"西夏经济文书录文、对译和意译"，社会科学文献出版社2017年版，第521—527页）
⑤ 《天盛改旧新定律令》卷一八《缴买卖税门》。

党项建国前对过境的回鹘商人采取重税政策①，这种竭泽而渔的做法，一度迫使西域商人改道青唐路，建国后特别是西夏后期对西域商人采取种种鼓励政策，从西域商人抽取的货物成为夏宋贸易的重要商品。在宋夏沿边榷场、和市贸易中，一般是"汉收汉税，番收番税"，② 也即通常为研究者所引用的，"官中止量收汉人税钱，西界自收蓄客税利"。③ 黑水城出土的夏金榷场文书，记录榷场交易完成后，榷场税务根据西夏客商交易货物的价值扭算成川绢收税，往往一个客商收取数十匹到数百匹川绢，④ 这里的川绢是货币等价物。

6. 苛捐杂税

除以上赋税外，还有一些变相的负担，即各种摊派与和买。《天盛改旧新定律令》规定："无官方谕文，不许擅自于租户家主收取钱物、花红、麻皮等种种及摊派杂事。若违律摊派时，已纳官库内，则以纳税法判断，自食之则与枉法贪赃罪比较，从重判断。"这是禁止擅自摊派征收，如果报经中书、枢密批准，可以在修缮佛塔寺院、建造大城、修建官墓时收取钱物及摊派杂事。⑤ "和买"是以官府和国主需要为由，从广大农牧民手中收买杂物、牲畜及种种实物。本来按照法律规定，诸司如果派人"买种种官之物、杂财产、树草炭等，及临时买畜、物等，诸家主双方情愿，可买卖，不许强以逼迫买取"。⑥ 但在实际执行过程中，却常常是"压低家主之价值"，因此，变相成一种额外负担。

---

① （宋）洪皓《松漠纪闻》卷一："十而指一，必得其最上品者，贾人苦之，后以物美恶杂贮毛连中（毛连以羊毛缏之，单其中两头为袋，以毛绳或线封之，有甚粗者，有间以杂色毛者，则轻细），然所征亦不贳。其来浸熟，始厚赂税吏，密识其中下品者俾指之。"

② （宋）文彦博：《潞公文集》卷一九《奏西夏誓诏事》。

③ （宋）文彦博：《潞公文集》卷一九《奏陕西保毅军利害》。

④ 杜建录、史金波：《西夏社会文书研究》，上海古籍出版社 2012 年增订本，第 254—271 页。

⑤ 《天盛改旧新定律令》卷一五《催缴租门》。

⑥ 《天盛改旧新定律令》卷一七《急用不买门》。

（二）西夏的役

1. 兵役

西夏与契丹一样，在其社会经济关系中，最具有广泛性、普遍意义的莫过于兵役。[①] 西夏实行全民皆兵的部落兵制，《宋史》记载："其民一家号一帐，男年登十五为丁，率二丁取正军一人。每负担一人为一抄，负担者，随军杂役也。四丁为两抄，余号空丁。愿隶正军者，得射他丁为负担，无则许射正军之疲弱者为之。故壮者皆习战斗，而得正军为多。"[②] 西夏文军籍文书[③]和西夏法典《天盛改旧新定律令》则把在籍丁壮分为正军、辅主、负担三类，与《宋史》记载稍有不同，这可能是《宋史》取舍材料所致。但有一点是非常明确的，即男年十五以上为丁。不仅如此，西夏法典还进一步将丁限于年十五至七十，[④] "诸转院各种独诱年十五当及丁，年至七十入老人中"。[⑤] 为了保证兵源，男孩从十岁开始就要登记注册，如果年及十至十四不注册隐瞒时，隐一至三人徒三个月，三至五人徒六个月，六至九人徒一年，十人以上一律徒二年。若及丁，即年十五以上隐瞒不注册时，对隐瞒不报者的处罚更重。[⑥] 还有"诸人现在，而入死者注销"，"又以壮丁入转老弱"等，[⑦] 都将根据情节轻重，对有关人员进行严厉的处罚。

西夏的兵役之所以具有普遍意义，主要在于它几乎涵盖了西夏社会的各

---

① 漆侠：《契丹的役》，载邓广铭、王云海主编：《宋史研究论文集》，河南大学出版社 1993 年版。

② 《宋史》卷四八六《夏国传下》。

③ 史金波：《西夏文军籍文书考略——以俄藏黑水城出土军籍文书为例》，《中国史研究》2012 年第 4 期。

④ （宋）曾巩《隆平集》卷二〇载：其民"年六十以下，十五以上，皆自备介胄弓矢以行。"将丁限于年十五至六十之间。

⑤ 《天盛改旧新定律令》卷六《抄分合除籍门》。

⑥ 《天盛改旧新定律令》卷六《抄分合除籍门》。

⑦ 《天盛改旧新定律令》卷六《抄分合除籍门》。

个层面，《天盛改旧新定律令》卷五《军持兵器供给门》规定，自备和配发武器，平居各自从事生业，战时点集出征或禁卫国主的人员就有臣僚、牧主、农主、使军、下臣、各种匠、主簿、使人、真独诱、艺人行童、前宫内侍、阁门、杂院子、刻字、掌御旗、帐下内侍、出车、医人、向导、渠主、商人、回鹘通译、黑检主、船主、井匠、朝殿侍卫、占算、更夫、官巫、织褐、驮御柴、烧炭、宫监、主飞禽、御车主、牵骆驼、修城黑汉人、钱监院、绢织院、殿使、厨师、帐侍卫者、马侍卫、门楼主、案头、司吏、采金、种麻院子、番汉乐人、内官、马院、归义军院黑汉人、种染青、主杂物库，等等。

上述在籍丁壮，既有党项人，又有汉人、回鹘人和吐蕃人，从他们的身份地位来看，主要为农业、牧业和手工业生产者。至于由宗族首领和贵族地主组成的大小臣僚，带兵打仗是他们扩大财富的最好时机，因而他们应征入伍并不完全具有役的性质，而是一种义务。

兵役既然具有役的性质，戍边守城自然成为下层劳动者的一个负担。景宗李元昊建国时，即置兵戍守四境，"自河北至午腊蒻山七万人，以备契丹；河南洪州、白豹、安盐州、罗落、天都、惟精山等五万人，以备环、庆、镇戎、原州；左厢宥州路五万人，以备鄜、延、麟、府；右厢甘州路三万人，以备西蕃、回纥；贺兰驻兵五万、灵州五万人、兴州兴庆府七万人为镇守。"[①]这几十万"亦兵亦民"的部落兵，被轮流派往州城堡寨及边防哨卡上，"守大城者，当使军士、正军、辅主、寨妇等众人依所定聚集而住"。[②] 戍守堡寨者，由大小首领从所属军溜中派遣，[③] 大率"每寨实有八百余人，马四百匹"。[④]堡寨之下设边防哨卡，由兵丁巡逻放哨，严密监视敌军入侵或蕃人叛逃。如果发现敌情，当告"所属军溜及两相接旁检人等，其相接旁检人亦当告自己

---

① 《宋史》卷四八五《夏国传上》。
② 《天盛改旧新定律令》卷四《弃守大城门》。
③ 《天盛改旧新定律令》卷四《派守营垒城堡者门》。
④ 《续资治通鉴长编》卷四七一，哲宗元祐七年三月甲午条。

营垒堡城军溜"。① 巡逻兵丁相当辛苦，宋泾州总管黄绥"尝夜雪临边，顾有马迹，使逐得之，乃夏之逻人，当四更者，夏人逐更而巡，中国之备不及也"，② 就生动地说明了这一点。

除戍守边境外，点集出征是下层农牧民又一重负。西夏立国的189年中，与周边民族政权之间的战争断断续续没有停止过，而每次战争，几乎都签发数万乃至十几万的丁壮。夏天授礼法延祚三年（1040），"元昊自将精兵十万"，直攻渭州，逼怀远城。③ 夏天赐礼盛国庆二年（1070），西夏大举入环庆，攻大顺城、柔远砦、荔原堡，"兵多者号二十万，少者不下一二万"。④ 夏太安八年，即宋元丰五年（1082），宋朝深入夏境，于银、夏、宥三州交界处进筑永乐城，赐名银川砦。永乐控扼横山要害，乃宋夏必争之地，西夏起倾国之师来攻，兵多者"号三十万"。⑤ 夏永安元年，即宋元符元年（1098），小太后梁氏亲将三十万众与宋大战于平夏。⑥ 诸如此类，不胜例举。无休止的点集出征，给广大下层民众带来了沉重的灾难，诚如崇宗李乾顺时御史大夫谋宁克仁指出的："点集则害农时，争斗则伤民力，星辰示异，水旱告灾，山界数州非侵即削，近边列堡有战无耕，于是满目疮痍。"⑦

2. 夫役

夫役又称徭役，它的内容繁杂，项目众多，重要的有修治河渠桥道，版筑州城堡寨，修建宫阙王陵等。调派人夫出工服役是基层组织重要任务，"若违律不派役人时，有官罚马一，庶人十三杖"。⑧

---

① 《天盛改旧新定律令》卷四《边地巡检门》。
② （宋）陈师道：《后山谈丛》卷四。
③ 《宋史》卷四八五《夏国传上》。
④ 《宋史》卷四八五《夏国传下》。
⑤ 《宋史》卷四八六《夏国传下》。
⑥ 《续资治通鉴长编》卷五〇三，哲宗元符元年十月己亥条载章楶奏语。
⑦ 《西夏书事》卷三二。
⑧ 《天盛改旧新定律令》卷七《行职门》。

（1）修治河渠桥道

修治河渠是灌区农民经常性的夫役，每年春天的开渠大事，先由局分处提议，夫事小监、诸司及转运司大人、承旨、阁门、前宫侍等于宰相面前商定，派胜任的负责人修造垫板，使之牢固。[①] 修渠的人工根据占田多少来定，自1亩至10亩开5日，11亩至40亩15日，41亩至75亩20日，75亩以上至100亩30日，100亩以上至1顷20亩35日，1顷20亩以上至1顷50亩一整幅40日。"当依顷亩数计日，先完毕当先遣之"，最多"勿过四十日"。[②] 这种依据田亩数量出工的规定在西夏耕地税役草账也有明确反映，有的按户统计田亩数量和出工天数，有的按溜统计出工人数。[③] 有意义的是占田10亩出工5天，占田15—40亩出工15天，占田63—75亩出工20天，和法律规定完全一致。

按西夏的亩，"一边各五十尺，四边二百尺"，合二十五平方丈，即百步亩制。[④] 与宋朝二百四十步亩制相比，西夏的10亩约合宋朝的4.2亩，40亩约合16.6亩，75亩约合31.3亩，100亩约合42亩，120亩约合50亩，150亩约合62.5亩。根据漆先生研究，宋代占田百亩以内，产钱一贯上下约为自耕农民的上层或富裕农民。[⑤] 那么，上述按田出工者均属自耕农与半自耕农，也就是说西夏修渠劳役主要由个体农民来承担。在挖渠清淤的同时，诸税户家主还要承担唐徕、汉延等大渠上桥道的修治。至于"沿大渠干有各小桥，转运司亦当于税户家主中及时遣监者，依私修治，依次紧紧指挥，无论昼夜，

---

① 《天盛改旧新定律令》卷一五《催租罪功门》。
② 《天盛改旧新定律令》卷一五《春开渠事门》。
③ 俄藏编号 Инв. No. 4067《户耕地税役草税账》："一户梁吉祥有上十亩地，税一斗二升半，杂一斗，麦二升半。役五日，草十捆"；俄藏编号 Инв. No. 8372《户耕地税役草账》："里溜吾移宝共五十四户，税三十六石六斗三升七合半，杂二十九石三斗一升，麦七石三斗二升七合半。役五十四人，草二千九百三十一捆"；"五十三户，税农人有杂细共三十六石二斗六升二合半，杂二十九石一斗，麦七石二斗五升二合半。役五十三人，草二千九百一捆"。（《西夏经济文书研究》附录"西夏经济文书录文、对译和意译"，社会科学文献出版社2017年版，第471—477页）
④ 白滨：《从西夏文字典〈文海〉看西夏社会》，载《西夏史论文集》。
⑤ 漆侠：《宋代经济史》（上），上海人民出版社1987年版，第517—520页。

好好监察"。①

（2）版筑修缮堡寨州城

党项人本来以游牧为生，很少建筑城寨的，但立国以后，出于控扼战略要路、建立对宋用兵基地、防御宋朝进攻、防遏蕃部叛逃、发展与周边民族商业交换等原因，在沿边地区修筑了大量的堡寨。② 仅景宗李元昊为了对宋用兵，在临近宋朝的山险之地修筑堡寨三百余处。③ 因此，版筑、修缮堡寨成为党项人民一项沉重的负担。④ 除堡寨外，西夏还修建了不少大城，役使民夫修缮城垣、开掘城壕也成为州城长官的重要职责，如果州主、城守所属城上需涂泥时不好好涂泥，或城墙不修治，垒浅不开掘，都要根据情节轻重，判以罚马或有期徒刑。⑤

（3）修建宫阙王陵与寺院驿舍

西夏几迁都城，因而宫阙、府衙的修建任务相当繁重。宋朝归还夏州，李继迁修复寝庙，抚绥宗党。宋咸平五年（1002）攻占灵州后，认为该地北控河朔，南引庆凉，据诸路上游，扼西陲要害，遂易名西平府，遣部将立宗庙，置官衙，将政治中心由夏州迁到灵州西平府。然而西平府无险可守，不如怀远，西北有贺兰之固，黄河绕其东南，宋天禧四年（1020），德明又将都城由灵州西平府迁到兴州兴庆府。在二十年时间内，连续迁移了三次都城，每次迁移都要调发大量民夫筑城阙、建宫室、营殿宇。西夏建国后，统治者还多次役民夫对兴庆府进行扩建修缮。

在修建宫室殿宇的同时，西夏统治者还广建离宫，宋大中祥符三年

---

① 《天盛改旧新定律令》卷一五《桥道门》。
② 杜建录：《西夏沿边堡寨述论》，《宁夏社会科学》1993年第5期。
③ 《续资治通鉴长编》卷一三二，仁宗庆历元年五月甲戌条载田况奏语。
④ 《天盛改旧新定律令》卷七《行职门》："边地筑堡城时，职人已派，已招唤，不派笨工者及已派不往者，一律按不出军判断。内地筑堡城时，不派笨工及已派不往等罪，比边地筑堡城时不派笨工及已派不往之罪状当减一等"。
⑤ 《天盛改旧新定律令》卷四《修缮城垣和战具门》。

（1010），李德明"役民夫数万于鳌子山，大起宫室，绵亘二十余里，颇极壮丽"。① 景宗李元昊营修天都离宫，令新纳妃子没嚛氏居之。② 夏大安八年，即宋元丰四年（1081），宋军攻占天都山后，焚七大殿及府库馆舍，可见其工程规模之大。③ 贺兰山是西夏又一离宫所在地，宫室绵延数十里，台阁高十余丈，景宗李元昊日与诸妃游宴其中。

由九座帝陵与二百多座陪葬墓组成的西夏陵，规模宏大，气势非凡，是西夏又一重大的役民工程。佛教为西夏的国教，统治者除亲自主持大规模的译经活动外，还发民夫兴建寺院。景宗李元昊"于兴庆府东一十五里役民夫建高台寺及诸浮图，俱高数十丈，贮中国所赐《大藏经》，广延回鹘僧居之，演绎经文，易为蕃字"。④ 没藏氏"役兵民数万"，于"兴庆府西偏起大寺，贮经其中，赐额'承天'"。⑤

接待邻国使节的驿舍也是役民夫修建的，"景德议和"后，李德明以宋朝"恩礼优渥，天使频临，遂于绥、夏州建馆舍二：曰'承恩'，曰'迎晖'，五百里内，道路桥梁修治整饬"一新。

3. 差役

这里所说的差役即为职役。马端临概括宋代职役说："国初循旧制，衙前以主官物，里正、户长、乡书手以课督赋税，耆长、弓手、壮丁以逐捕盗贼，承符、人力、手力、散从官以奔走驱使，在县曹司至押录，在州曹司至孔目官，下至杂职、虞候、拣掏等人，各以乡户等第差充。"⑥ 西夏的职役亦大抵如此，但由于文献资料的缺乏，我们无从全面了解各种职役承担者的身份及

---

① 《西夏书事》卷九，大中祥符三年九月条。
② 《续资治通鉴长编》卷一六二，仁宗庆历八年正月辛未条。
③ 《续资治通鉴长编》卷三一九，神宗元丰四年十一月己丑条。
④ 《西夏书事》卷一八，庆历七年二月条。
⑤ 《西夏书事》卷一九，至和二年冬十月条。
⑥ 《文献通考》卷一二《职役考》。

其性质。《天盛改旧新定律令》卷一三《差遣人门》曰:"差人司内已派,不来而逃匿,寻而获之,稽缓自一日至二十日以内者,差人依往唤被告人稽缓法判断,二十日以上一律徒二年。"① 可见"差人"类似宋朝的承符、人力、手力,为西夏民众的一项沉重负担。

负责农田供水的渠头也是一项负担,供水期间,他们必须昼夜守护在渠口,假若"放弃职事,不好好监察,渠口破而水断时",损失一缗至五千缗,分别处以有期徒刑三个月至十二年,损失五千缗以上,一律当绞杀。② 至于仓库、税院、盐池、酒务的小监、出纳、指挥、拦头、掌斗、掌钥匙、提举、头监、都案也都属于职役的范畴,但他们却有食禄,"提举、头监一律三百,出纳二百,掌钥匙一百。司吏、指挥、拦头等七十"。③ 因此,对他们来讲,被差遣当职不完全或不是服役。

4. 其他劳役

(1) **苦役**。所谓苦役,即各类罪犯及其家属的强制劳动,它几乎涉及所有的国有生产部门与土木工程。《天盛改旧新定律令》规定:"国家内诸人犯种种罪,为苦役之遣送法除分明以外,守边堡、城、州、寨者正军、辅主因弃城一种而获劳役时",当于所属城内修造服苦役,若城内修造苦役无所为,"则当遣送城□头尾之官方采金、熔银铁,为其它苦役处令为苦役"。④ 上述是修造与坑冶方面的苦役,还有"因罪入为织褐、捆草、绣女子者",⑤ 或入为"舂米"等。⑥ 不过《天盛改旧新定律令》记载最多的是"入牧农主中",即发配到国有牧农场服苦役,前述"捆草"大致就属于这一类型。

---

① 《天盛改旧新定律令》卷一三《差遣人门》。
② 《天盛改旧新定律令》卷一五《灌渠门》。
③ 《天盛改旧新定律令》卷一七《物离库门》。
④ 《天盛改旧新定律令》卷二〇《罪则不同门》。
⑤ 《天盛改旧新定律令》卷一三《逃人门》。
⑥ 《天盛改旧新定律令》卷一五《收纳租门》。

（2）**官营手工业生产部门的劳役**。除上述苦役外，官营手工业生产部门的劳役大致还有两种类型，一是依附匠的劳动，依附于官府的手工业生产者一旦籍为"匠户"，除本人终身服役外，其子女也不能脱籍，世代束缚在官营手工业生产机构，这是人身依附极强的劳役剥削制度。另一是应役，即具有自由民身份的民间工匠定期到官营生产作坊的劳役，这种劳役一般集中在传统的毛纺织业及其他加工业。至于由官府专营的采盐、制曲、金属冶炼等行业，则主要由依附匠进行生产。

（3）**兵士养马**。西夏实行全民兵役制，有二丁者，取一人为正军，"凡正军给长生马、驼各一"。① 因此牧养军用"官马"是部落族帐的沉重负担。《天盛改旧新定律令》卷六《军人使亲礼门》载："诸父子所属官马当于各自属处养治，每年正月一日起，依四季由职管行监、大小溜首领等校阅，若官马膘弱未塌脊，一律笞二十；羸瘦而塌脊，则笞三十"，马"死则偿之"。②

尽管西夏赋役存在地域上的差异，大致牧区按畜产纳以披、甲、马，农区根据田亩缴以农副产品。但有一点是相同的，即不论是牧区的个体牧民还是农区的个体农民，他们都要承担繁重的兵役。换言之，役在西夏经济剥削中占有非常重要的地位。这是因为西夏生产力水平相对较低，生产的实物不是很丰富。在这样的情况下，役自然成为压榨各族劳动者的重要手段。这是其一。

其二，由于受中原宋朝的影响，开始在兵役之外的其他一些赋役剥削中，实行较为先进的"计亩输赋"与"计田出丁"。田赋是根据土地的瘠肥分五等按亩计之，牲畜税是计畜缴纳，五十只羊，五条牛"则当烙印一马"。水利工程所需的柴草是按田亩多少来征收，一亩当纳草"五尺捆一捆，十五亩四尺背之蒲苇、柳条、梦笋等一律当纳一捆"，③ 藏之库局，以备调用。若渠道涨

---

① 《宋史》卷四八六《夏国传下》。
② （宋）曾巩：《隆平集》卷二〇《夏国赵保吉传》。
③ 《天盛改旧新定律令》卷一五《灌渠门》。

水决口，"附近未置官之备草"，则就便提取私草，"草主人有田地则当计入冬草中"，"未有田地则依捆现卖法计价，官方予之"。① 显然，没有田地是不纳冬草的。兴修水利的民工也是计亩征调的，自一亩至一百五十亩，分别出五至四十个工日。西夏赋役这种落后与先进的混合，正是其社会特殊性的表现。

① 《天盛改旧新定律令》卷一五《地水杂罪门》。

十一、西夏典章制度

　　西夏的皇室制度和职官制度仿照中原而立，无论谥号、庙号、墓号，还是中书省、枢密院、御史台、宣徽院、皇城司、三司、开封府等机构设置一如宋制，开封府是兴庆府的府衙。宋朝以每年二十五万的"岁赐"，换取夏宋交聘中，夏使称西夏语译官名，而不直接称汉官名，形成了西夏历史上特有的"蕃官名号"。全民皆兵的部落兵制是西夏兵制的最大特点，所谓"人人能斗击，无复兵民之别，有事则举国皆来"。① 李元昊开国时设十二监军司，后又增加到十八监军司，"委豪右分统其众"。② 西夏中期在监军司之上设统军司，统军司长官由中央选派，进一步加强了对地方豪酋的控制。西夏重视法制建设，景宗李元昊"案上置法律"，袭封后"明号令，以兵法勒诸部"。李元昊以后，各朝不断修律，保存下来的有崇宗贞观年间（1101—1113）的《贞观玉镜将》、仁宗天盛年间（1149—1169）的《天盛改旧新定律令》以及12 世纪至 13 世纪的《法则》《亥年新法》等。

---

① 《续资治通鉴长编》卷二一七，神宗熙宁三年十一月乙卯条。
② 《宋史》卷四八五《夏国传上》。

（一）西夏皇室制度

1. 皇帝制度

宋天圣六年（1028）李德明立子李元昊为太子，从此确立了国主嫡长子继承制。成书于夏天盛年间（1149—1169）的法律规定，"皇帝之长子者，年幼时曰皇子，长成时依次升顺：国王、太子等应令取何名，依时节朝廷计行"。皇太子以下皇子长成后，应封诸王、三公等何种名号，亦"依时节朝廷分别实行"。① 由于种种原因，除景宗、惠宗、崇宗、仁宗、桓宗五帝外，其他诸帝均非嫡出。

皇帝拥有至高无上的权力，是西夏的最高统治者，西夏文《官阶封号表》残卷正中首列太皇帝，然后依次为皇帝、皇太子、上品、下品、六品、七品，"皇帝之'皇'为'天'意，皇帝即天帝，示其地位至高无上"。② 皇帝至高无上的权力地位是神圣不可侵犯的，如果"谋逆官家（皇帝），触毁王座者，有同谋以及无同谋，肇始分明，行为已显明者，不论主从一律皆以剑斩，家门子兄弟节亲连坐"，畜物没收入官。③ 作为封建帝王，皇帝在法律上享有种种特权，帝之族亲犯罪，"服五个月至九个月丧服当减四等，服三个月丧服当减三等，未入服当减二等"；帝之姻亲犯罪，也给予相应的议减。④

2. 后妃制度

西夏实行一后多妃制，西夏文《官阶封号表》有太皇太后、太皇妃、皇太后、太后、皇后、嫔妃等后妃等级与名号。⑤ 李德明娶三姓，卫慕氏、咩迷

---

① 《天盛改旧新定律令》卷一〇《司序行文门》。
② 史金波：《西夏文〈官阶封号表〉考释》，载《中国民族古文字研究》第三辑，天津古籍出版社 1991 年版。
③ 《天盛改旧新定律令》卷一《谋逆门》。
④ 《天盛改旧新定律令》卷二《八议门》。
⑤ 史金波：《西夏文〈官阶封号表〉考释》，载《中国民族古文字研究》第三辑。

氏、讹藏屈怀氏，宋天圣六年（1028）立卫慕氏为后。景宗李元昊凡七娶，一曰米母氏，即母舅女卫慕氏，二曰索氏，三曰都罗氏，四曰咩迷氏，五曰野利氏，六曰耶律氏，七曰没啰氏。① 夏天授礼法延祚元年（1038），景宗李元昊尊母卫慕氏为皇太后，立妃野利氏为皇后。崇宗李乾顺向慕汉文化，先后纳汉人女曹氏、任氏为妃，夏大德四年（1138）又立任氏为后。还有出身党项大族的罔氏"聪慧知书，爱行汉礼"，夏仁宗见其贤，乃立为后。

西夏皇帝多幼年嗣位，往往形成了母后临朝，外戚专权的局面。毅宗李谅祚周岁即位，母后没藏氏摄政，没藏氏没藏讹庞任国相。惠宗李秉常八岁即位，母后梁氏垂帘听政，梁氏弟梁乙埋任国相，梁乙埋女为皇后。崇宗李乾顺即位后，第二代梁太后摄政，国相梁乙埋的儿子梁乙逋自立为相，形成了西夏历史上"一门二后"的局面。

3. 宫廷制度

西夏宫廷制度仿照唐宋而建立，② 景宗李元昊立国时，以六日为常参，九日为起居，均由宰相押班，百官穿朝服，以次序朝谒，行三拜礼。如果执笏不端，行立不正，不穿朝服以及不按时上朝，根据情节轻重予以处罚。夏仁宗天盛年间（1149—1169），宫廷制度趋于成熟，大小臣僚若不来上朝，或虽来而不穿朝服，则依律给予严惩。"节亲、宰相等一番不来罚五缗，不服朝服罚三缗。二番不来罚七缗，不服朝服罚五缗。自三番以上不来一律罚十缗，不服朝服罚七缗；驸马、次等司正、中书枢密承旨等，一番不来罚三缗，不服朝服罚二缗。二番不来罚五缗，不服朝服罚四缗。自三番以上不来一律罚七缗，不服朝服罚五缗。"律令对中等司正、次等司承旨以下有品官以及杂官

---

① 《续资治通鉴长编》卷一六二，仁宗庆历八年正月辛未条；《宋史》卷四八五《夏国传上》作五娶。

② 《宋史》卷四八六《夏国传下》："朝贺之仪，杂用唐、宋，而乐之器与曲则唐也"。《续资治通鉴长编》卷一二四，仁宗宝元二年九月条载：宋宝元二年（1039）九月直集贤院富弼上奏，"比来放出宫女，任其所如，元昊重币市之，纳诸左右，不惟朝廷之事为其备详，至于宫禁之私亦所窥测。"

和未任职位官不来朝，或不服朝服也有明确的处罚规定。

汉臣僚上朝须戴汉式头巾，皇帝坐奏殿时，"奏者不许过于御道，违律时有官罚马一，庶人十三杖"。①

内宿、帐门后宿、门楼主、内宫承旨、神策、前内侍、外卫等宿卫人员或把守门禁，或昼夜巡逻，或御前待命，他们的素质及忠诚情况，直接关系到皇帝的安危。因此，必须人根清洁，并有"只关者"担保，方可充任。宿卫人员不按时集中，放弃职守，迟到一日徒一个月，二日徒两个月，三日以上徒三个月，是首领则加重处罚；当值时若饮酒，庶人徒一个月，有官罚马二。②

内宫待命人员入宫，需持"内宫待命"牌，并经门禁人员查验，报请相关负责人同意后方可入内；"除因公奉旨带刀、剑、弓箭、枪、铁杖种种武器以外，不许诸人随意带武器来内宫"；假传圣旨入宫者以谋逆罪论；于内宫内射箭、投掷从重判断；不许服丧服、披发、冬戴凉笠入内宫；不准在宫中擅自燃火；非当值内宿人员不许随意在宫中夜宿；内宫殿门、帐下门、宫大门、城门应按时关闭；医人、小监依宫中规定出入，不准自行出入御药房；"内宫库局分人每日领取钥匙者，晚夕则当依法交还"；当值庖人、仆役、采薪灌水者不许至帐下，若传送食馔，当经诸门上宫女、都监、小监依次传递；内宫中匠人所用工具，当由守门内宿持送，等等。③

（二）西夏职官制度

1. 机构品级与职数

《天盛改旧新定律令》卷一〇《司序行文门》，将中央与地方机构按品级

---

① 《天盛改旧新定律令》卷一二《内宫待命等头项门》。
② 《天盛改旧新定律令》卷一二《内宫待命等头项门》。
③ 《天盛改旧新定律令》卷一二《内宫待命等头项门》。

划分为上次中下末五等，并对各司官员的职数做出明确规定：

上等司职数。中书、枢密各六大人、六承旨。

次等司职数。中兴府、殿前司二司八正、八承旨；御史、大都督府、西凉府三司六正、六承旨；三司四正、八承旨；内宿司六承旨；宣徽、皇城司、甀匣司三司一律四正、四承旨；阁门司四奏知；御庖厨司三大人；道士功德司一正、一副、一判、二承旨；在家功德司六国师、二合管、四副、六判、六承旨；出家功德司六国师、二合管、六变道提点、六承旨；府夷州、中府州一正、一副、一同判、一经判。

中等司职数。都磨勘司、农田司、受纳司、大恒历司一律四正、四承旨；都转运司六正、八承旨；群牧司、陈告司六正、六承旨；磨勘军案四正；鸣沙城司一城主、一副、一通判、一城守；审刑司二正、二承旨；前宫侍司六承旨；养贤务、资善务、回夷务三司一律二正、二承旨；华阳县、治源县二司一律四大人；五原郡一城主、一副、一通判、一城守；圣容提举司一正、一副；东院、五原郡、韦州、大都督府、鸣沙郡、西寿、卓啰、南院、西院、肃州、瓜州、沙州、黑水、啰庞岭、官黑山、北院、年斜、南北二地中、石州二十种司一律刺史一人；京师工院二正、二副、四承旨；卜算院、医人院二司依事设职，大人数不定；石州、东院、西寿、韦州、卓啰、南院、西院、沙州、啰庞岭、官黑山、北院、年斜等12种监军司一律二正、一副、二同判、四习判；肃州、瓜州、黑水、北地中、南地中五种监军司一律一正、一副、二同判、三习判；虎控军、威地军、大通军、宣威军四种军一安抚、一同判、二习判、一行主。

下等司职数。行宫司四正；择人司四承旨；南院行宫三司四正、四承旨；西院、大都督府二种转运司四正、四承旨；南院转运司四正、六承旨；寺庙山、卓啰、肃州、瓜州、沙州、黑水六种转运司二正、二承旨；北院、南院、肃州三种工院一正、一副、二承旨；西院、沙州二种经治寺二大人、二承旨；官黑山转运司二正、四承旨；马院三承旨；永便、孤山、魅拒、西宁、边净、末监、胜全、信同、应建、争止、甘州、龙州、远摄、合乐、真武县、年晋城、定功城、卫边城、折昌城、开边城、富清县、河西县、安持寨等 23 种地边城司一律一城主、一通判、一城观、一行主；西院城司一城主、一同判、一城守；定远县、怀远县、临河县、保静县、灵武郡等五种郡县一律二城主、二通判、二经判。

末等司职数。木工院、砖瓦院、纸工院 3 种一律四头监；刻字司、织绢院二种一律二头监；造房司、制药司、铁工院、做首饰院、番乐人院、汉乐人院等六种依事设职，大人数不定；讹尼寨一寨主、一副；出车院二小监；绥远寨、西明寨、常威寨、镇国寨、定国寨、宣德堡、安远堡、夏州、凉州 9 种一寨主、一寨副、一行主；宥州城司一城主。

五等司以外的巫提点、执飞禽提点派遣大人 1 至 2 人。前述诸司的都案、案头亦有明确规定。①

西夏的职官特色鲜明，一是地方州主、城主以及规模较大的寨主往往带朝官衔或使衔，夏天授礼法延祚三年、即宋康定元年（1040）九月，宋环庆路副部署任福偷袭白豹城成功，"凡烧庐舍、酒务、仓草场、伪太尉衙"。② 这里太尉衙是白豹城城主衙门，因为带太尉衔，任福等称太尉衙，而不称城主衙，以显示自己的战绩。见于史籍记载的还有指挥使、防御使、刺史、团练使、左右侍禁等数十员，则不分羌汉均可充任。③

二是重视财赋征收与监管，在京畿中兴府、大都督府设置都转运司，和群牧司、农田司平行，属中等司；在沙州、黑水、官黑山、卓啰、南院、西院、肃州、瓜州、寺庙山等地设置转运司，和地边城司平行，属下等司。

三是加强官营手工生产管理，将木工院、砖瓦院、纸工院、刻字司、织绢院、造房司、制药司、铁工院、做首饰院等纳入职官体系。

---

① 见《天盛改旧新定律令》卷一〇《司序行文门》。
② 《续资治通鉴长编》卷一二八，仁宗康定元年九月壬申条。
③ 《续资治通鉴长编》《宋史》及宋人笔记文集有关宋夏争战、交聘记载中，多提到这些官名。

2. 官吏的选任

夏天授礼法延祚元年（1038），景宗李元昊称帝建国，立文武班，"分命蕃汉人为之"，初步建立起官吏选拔任用制度。西夏中期以后，随着社会的进步与中央集权的加强，官吏的选任制度日趋健全，形成了科举、恩荫、世袭以及铨选并存的选官制度。

（1）**世袭**。世袭是党项部落制下的一种选官制度。西夏建国后长期保留党项社会的部落制度，大大小小的部落首领世代承袭，"父死子继，兄死弟袭，家无正亲，则又推其旁属之强者以为族首，多或数百，虽族首年幼，第其本门中妇女之令亦皆信服。"① 宋人范纯粹也曾指出："臣观边人之性，以种族为贵贱，故部酋之死，其后世之继袭者，虽乡稚之子，亦足以服老长之众，何哉？风俗使之然也。"② 这些世代承袭的部落首领，又世代为各级军政首领，③ 景宗李元昊"置十二监军司，委豪右分统其众"。④ "发兵以银牌召部长面受约束"。⑤ 西夏中期以后，尽管封建中央集权得到进一步加强，但世袭制度仍继续保留下来，《天盛改旧新定律令》卷一〇《官军敕门》规定："国内官、军、抄等子孙中，大姓可袭，小姓不许袭，若违律小姓袭时，有官罚马一，庶人十三杖"。同时混生子亦"不许袭抄、官、军，当以自亲子袭"。"诸人袭官、求官、由官家赐官等，文官经报中书，武官经报枢密，分别奏而得之。"

（2）**恩荫察举**。恩荫察举是比世袭进步的选官制度，它既照顾家世出身，又考察能力才干。夏贞观十二年（1112），崇宗李乾顺"命选人以资格进，凡

---

① 《宋史》卷一九一《兵志五》。
② 《续资治通鉴长编》卷三八九，哲宗元祐元年十月戊戌条。
③ 《西夏书事》卷一五："元昊以官爵縻下，沿边逐族首领管三五百帐，悉署观察、团练之号。"
④ 《宋史》卷四八五《夏国传上》。
⑤ 《宋史》卷四八五《夏国传上》。

宗族、世家议功、议亲，俱加番汉一等，工文学者，尤以不次擢"，① 就具有恩荫察举性质。当时宗室李仁忠、李仁礼"通蕃、汉字，有才思，善歌咏。始任秘书监，继擢仁忠礼部郎中、仁礼河南转运使"。夏元德二年（1120）"二人自陈先世功"，崇宗李乾顺乃封仁忠为濮王，仁礼为舒王。②

（3）科举。夏人庆四年（1147），仁宗李仁孝"策举人，始立唱名法"。③这是史书最早关于西夏科举取士的记载。其实早在夏仁宗开科取士之前，夏景宗建蕃学，"于蕃、汉官僚子弟内选俊秀者入学教之，俟习学成效，出题试问，观其所对精通，所书端正，量授官职，并令诸州各置蕃学，设教授训之"。④ 就已经具有科考取士的性质，只不过没有科考之名罢了。西夏的科举分番汉两种，番科考西夏文儒经，汉科考汉文儒经，所谓"番科经赋与汉等，特文字异耳"。⑤ 西夏后期许多名臣政要乃至国主都是通过科举考试发达的。夏仁宗时名相斡道冲，八岁以《尚书》中童子举，成年后通《五经》，为蕃汉教授，官至中书宰相。⑥ 第八代皇帝神宗李遵顼，"始以宗室策试进士及第，为大都督府主"。⑦ 夏神宗时吏部尚书权鼎雄亦是进士及第，"天庆（1194—1205）中举进士，以文学名授翰林学士"。⑧ 夏末名臣高智耀，"字显道，曾大父西夏进士第一人"。⑨ 智耀又"登本国进士第，夏亡，隐贺兰山"。⑩ 幼年投靠成吉思汗的西夏皇室子弟察罕，其父曲也怯祖也"于夏国尝举进士第一人"。⑪ 西夏后期出身科考的既有帝王将相，又有文人学士，有的还一门两代

① 《西夏书事》卷三二。
② 《西夏书事》卷三三。
③ 《宋史》卷四八六《夏国传下》。
④ 《西夏书事》卷一三。
⑤ （元）佚名：《庙学典礼》卷一《秀才免差发》。
⑥ （元）虞集：《道园学古录》卷四，《摛藻堂四库全书荟要》本。
⑦ 《宋史》卷四八六《夏国传下》。
⑧ 《西夏书事》卷四一。
⑨ （元）虞集：《道园类稿》卷二五。
⑩ 《元史》卷一二五《高智耀传》。
⑪ （元）虞集：《道园类稿》卷四二。

中进士，不过从《天盛改旧新定律令》来看，这一时期西夏选官的主要途径不是科举，而是铨选。

（4）**铨选**。铨选是在较大范围内考察选拔官吏，根据《天盛改旧新定律令》规定，中书、枢密都案当于本司正案头及经略、次等司正都案中遣；经略使处都案于中书、枢案正案头及次等司都案、经略本司正案头中遣；次等司都案于中书、枢密、经略使司正案头、中等司正都案以及本司正案头中遣；中等司都案于次等司正案头派正都案及权案头；下等司都案于中等司正案头、中书、枢密司吏等派正都案，于中等司权案头、次等司司吏等派权都案；末等司都案于下等司、本司正案头、次等司司吏等派正都案及权案头，中等司司吏等派权都案。

上述为吏员选派，诸司大人的铨选也有规定，京师诸司大人、承旨及任职人等遣往地边任监军、习判、城主、通判、城守等时，是临时任职则京师现职务保留，如果是正式任职，"则前京师所任职处不许有名"。若违律时，有官罚马一、庶人十三杖。"节亲、宰相遣别职上提点时，当报中书、枢密，然后当置诸司上"。"节亲、宰相之外，其他臣僚往为地边正统时，当报中书、枢密、经略司等，然后置诸司上。副统者，当报中书、枢密、经略、正统等处，与次等司传导，然后置诸司上"。①

与西夏同时代的宋朝禁止它官转入中书门下两省及御史台，而由皇帝特别恩授，②《天盛改旧新定律令》没有它官转入中书、枢密的规定，从景宗李元昊建国时以嵬名守全、张陟、张绛、杨廓、徐敏宗、张文显辈主谋议，以钟鼎臣典文书，以成逋、克成赏、如定多多马、窦惟吉等主兵马，野利仁荣主蕃学③的情况来看，这些重要职位当由皇帝特别恩授。

① 上见《天盛改旧新定律令》卷一〇《司序行文门》。
② 《中国法制通史》（宋代卷），法律出版社1999年版，第108页。
③ 《宋史》卷四八五《夏国传上》。

3. 考核与奖励

西夏官员一般任期三年，三年期满后，则根据不同情况确定是否留任或迁转，其中中书、枢密承旨、诸司大人承旨、边中刺史、军主、同判、习判、边中诸城主、通判、城计、边中诸司都案、夜禁、铸铁等提点、渠水、捕盗等三年已满当迁转；中书、枢密大人、诸司案头、司吏三年期满后继续留任，不予迁转；中书、枢密都案及京师诸司都案，"三年完毕应不应续转，依时节奏报实行"。①

此外，某些专业技术岗位，他人无法替代，因而也需留任，不能迁转，如史院、医人院、乐人院、卜算院等依事设职，勿续转；铁工院、造房院、制药司、首饰院、砖瓦院、纸工院等"有匠人大人者勿续转，非匠人，其余官吏中所遣则当续转"。②

在确定迁转还是留任的同时，还对三年来的绩效进行考核，如果三年内"无住滞，不误入轻杂，则中书、枢密、经略等别计官赏，其余依次赐次中下末四等人得官赏；次等升一级，大锦一匹，银十五两，茶绢十。中等升一级，大锦一匹，银十两，绢三段，茶四坨。下等升一级，杂花锦一匹，银七两，茶三坨，绢二段。末等升一级，紧丝一匹，银五两，茶绢二。中书、枢密都案依下等司正法则得官赏"。③

倘若任职期间受到降官、罚马处分，当按照文武次第报送中书、枢密，记录在案。三年迁转考核时，降一官，遭罚马者，罚一次者可得官，不得赏，罚二次者得半赏，不得官，罚三次官、赏皆不得。④

---

① 《天盛改旧新定律令》卷一〇《续转赏门》。
② 《天盛改旧新定律令》卷一〇《司序行文门》。
③ 《天盛改旧新定律令》卷一〇《续转赏门》。
④ 《天盛改旧新定律令》卷一〇《续转赏门》。

4. 赴任规定

官吏任命后，必须在规定期限内赴任，若逾期不赴任，将受到法律的制裁。其中大人、承旨、习判、都案、案头等逾期一二日罚五斤铁。三四日罚十斤铁，五日至三十日分别处以十三杖至三年徒刑；司吏、使人、都监不赴司职时，一日至十个月以上笞十五至徒三年。

对因故不能赴任的宽限，须经严格的报批手续，京师所属诸司大人、承旨延期一至十日经阁门司奏报，十日以上经中书奏报。诸司都案二十日期间当报属司、二十日以上当报中书，中书、枢密都大人酌计限期。其余案头、司吏等当报于本司中大人，应酌计给予宽限。边中正副统、刺史、监军、习判等宽限在二十日以内，由所属经略酌计，二十日以上者，则要有谕文，"当以文武次第奏报中书、枢密所职管处定宽限期"。国师、法师、禅师、功德司大人、副判、承旨、道士功德司大人、承旨等宽限十日，寺检校、僧监、众主宽限二十日，当报所属功德司，"二十日以上则当告变。国师、法师、禅师等司内不管者，径直当报中书，依所报次第限之"。①

（三）西夏军事制度

1. 军队统御系统与军种

夏景宗李元昊开国时，在中央设枢密院、翊卫司、飞龙院等机构。枢密院是最高的军事机构，秉承皇帝的旨意，处理军机，统御全国的军事力量，长贰有枢密使、左右枢密使、都枢密使、枢密都招讨使、枢密都承旨、枢密副都承旨、枢密直学士等；翊卫司掌宫廷宿卫，扈从车驾；飞龙院掌御马供养事宜。在地方上置十二监军司，后增加到十八监军司，监军司设都统军、副统军、监军使，由党项豪酋充任，其下设指挥使、教练使、左右侍禁等数

---

① 上见《天盛改旧新定律令》卷一〇《失职宽限变告门》。

十员，则不分番汉，均可充任。

西夏中期以后，又在中央设置殿前司、内宿司、皇城司、马院司，① 代替了前期翊卫司与飞龙院的职能。地方在监军司之上设经略司，地方重大军务、政务、财务一般都要报经经略司同意。② 此外，还设统军司、正统司，③ 夏光定九年，即金兴定三年（1219）二月，金国"元帅左都监承立，以绥德、保安之境，各获夏人统军司文移来上，其辞虽涉不逊，而皆有保境息民之言"。④ 从机构名称来看，这一时期很可能是枢密院掌调兵权，经略司、皇城司、统军司、正统司、监军司等掌领兵权，相互制约，最终听命于皇帝。

西夏军队从性质与任务上，可分为皇帝侍卫军、兴灵镇戍军、擒生军、监军司兵四种。⑤ 皇帝侍卫军由皇帝直接掌握，景宗李元昊建国之初，"选豪族善弓马五千人迭直，号六班直，月给米二石。铁骑三千，分十部。"⑥ 这十部的队长分别是：一妹勒，二浪讹遇移，三细赏香埋，四里里奴，五杂熟屈得鸡，六隈才浪罗，七细母屈勿，八李讹移岩名，九细母嵬名，十没罗埋布。景宗"每出入，前后环拥，设备甚严"。⑦

西夏前期"贺兰驻兵五万，灵州五万人、兴州兴庆府七万人为镇守"，⑧ 这17万镇守中，"精练者又二万五千，别副以兵七万为资赡"。⑨ 一般军队一名正军配备一名负赡，二万五千兴灵兵却配有七万负赡，每名正军配备三名

---

① 《天盛改旧新定律令》卷一〇《司序行文门》。

② 《天盛改旧新定律令》规定，马、牛、羊、驼四种官畜患病时，"隶属于经略者，当速告经略处，不隶属于经略者，当速告群牧司"。（卷一九《畜患病门》）边中诸司所属种种官畜、谷物的供给、借领、交还等，当依各自地程远近，"自三个月至一年一番当告中书、枢密所管事处。附属于经略者，当经经略使处依次转告，不附属于经略使处，当各自来状"。（卷一七《库局分转派门》）

③ （西夏）骨勒茂才：《番汉合时掌中珠》"人事下"，宁夏人民出版社1989年版。

④ 《金史》卷一五《宣宗纪》。

⑤ 参见陈炳应《西夏军队的兵种兵员初探》，《固原师专学报》1989年第1期。

⑥ 《宋史》卷四八五《夏国传上》。

⑦ （宋）田况：《儒林公议》卷上；《天盛改旧新定律令》卷一二《内宫待命等头项门》对侍卫待命的职责作了详细的规定；传世的西夏符牌中有"内宿待命"和"后门宫寝待命"等腰牌。

⑧ 《宋史》卷四八五《夏国传上》。

⑨ 《宋史》卷四八六《夏国传下》。

负赡，可见其精练程度。

擒生军是执行特别突击任务的精兵，景宗李元昊时"分兵为左右厢，诸酋各选精骑，目为生刚捉生"。[①] 这当为"擒生军"的前身，后来出于对外战争的需要，将它们扩编到十万人，以备战时点集调遣。[②]

监军司兵具有边防与镇守地方双重性质，景宗李元昊时的十二个监军司分别是左厢神勇军司，驻今陕西府谷县无定河西；石州祥祐军司，驻今陕西横山东北无定河畔；宥州嘉宁军司，驻今内蒙古鄂托克前旗宥州古城；韦州静塞军司，驻今宁夏同心县韦州镇；西寿保泰军司，驻今宁夏海原县高崖乡草场古城；卓啰和南军司，驻今甘肃永登县庄浪河西南；右厢朝顺军司，驻今甘肃武威西北；甘州甘肃军司，驻今甘肃张掖市甘州区；黑水镇燕军司，驻今内蒙古额济纳旗黑水古城；白马强镇军司，驻今内蒙古阿拉善盟左旗北；黑山威福军司，驻今内蒙古阴山南。

从皇帝侍卫军、兴灵镇戍军、擒生军、监军司军的装备、技能以及作战方式上看，西夏的军队又可分为骑兵、步兵、炮兵、水兵与强弩兵，其中骑兵最为重要。由党项"豪强子弟亲信者"组成的精锐骑兵又称"铁骑"或"铁鹞子"，战斗中"以铁骑为前军，乘善马，重甲，刺斫不入。用钩索绞联，虽死马上不坠"。[③] 他们"百里而走，千里而期，最能倏往忽来，若电击云飞"。[④] 夏天祐民安三年（1092），西夏在一次攻宋战役中，以"铁鹞子数万迫近洪德砦"。[⑤] 说明西夏铁骑的数量是相当可观的。

西夏步兵人数最多，最精锐的步兵由山间部落组成，叫做"步跋子"，

---

① （宋）田况：《儒林公议》卷上。西夏的擒生军相当于宋朝西北沿边的捉生军，《续资治通鉴长编》卷一二三，仁宗宝元二年四月丁卯条记载："环庆钤辖高继嵩言，今元昊将举兵寇延安，请令石、隰州发五关塞捉生兵，夜济大河，入定仙岭铁茄平，设伏掩袭。从之。"显然，捉生军是完成急难险重任务的生力军。

② 《宋史》卷四八六《夏国传下》。

③ 《宋史》卷四八六《夏国传下》。

④ 《宋史》卷一九〇《兵志四》。

⑤ 《续资治通鉴长编》卷四七九，哲宗元祐七年十二月壬申条附注。

"上下山坡，出入溪涧，最能逾高超远，轻足善走"。在山谷深险之处与敌军作战，"多用'步跋子'以为击刺掩袭之用"。①

西夏"有炮手二百人，号'泼喜'，陡立旋风炮于骆驼鞍，纵石如拳。"②水军设在大河两岸，人数虽少，但比较活跃。夏天赐礼盛国庆二年，即宋熙宁三年（1070）宋朝令吕公弼设防，以阻西夏水军于石州渡河。③夏天祐民安二年，即宋元祐六年（1091），"西界水贼数十人浮渡过河，射伤伏路人"。④西夏出产良弓，夏景宗与宋军交战中，始纵铁骑冲击宋军，"继以步奚挽强注射，锋不可当"。⑤夏崇宗李乾顺时，根据晋王嵬名察哥建议，单独设置强弩军，"平居则带弓而锄，临戎则分番而进"。⑥

2. 全民皆兵的部落兵制

全民皆兵的部落兵制是西夏兵制的最大特点，所谓"人人能斗击，无复兵民之别，有事则举国皆来"。⑦ "其民一家号一帐，男年登十五为丁，率二丁取正军一人。每负赡一人为一抄。负赡者，随军杂役也。四丁为两抄，余号空丁。愿隶正军者，得射他丁为负赡，无则许射正军之疲弱者为之。故壮者皆习战斗，而得正军为多。"⑧

部落兵制的另一特点是军抄由长门继承，若袭抄长门（长子）年幼，将由辅主代为正军，"待彼长成，则本人当掌职"。如果"案头、司吏之儿子长门不识文字，则当以本抄中幼门节亲通晓文字者承袭案头、司吏抄官。若违律应袭抄官而不使袭抄官时，则袭者、命袭者有官罚马一，庶人十三杖。其

---

① 《宋史》卷一九〇《兵志四》。
② 《宋史》卷四八六《夏国传下》。
③ 《宋会要辑稿》方域八之二七。
④ 《续资治通鉴长编》卷四六四，哲宗元祐六年八月癸丑条。
⑤ 《宋史》卷二九二《王尧臣传》。
⑥ 《西夏书事》卷三一。
⑦ 《续资治通鉴长编》卷二一七，神宗熙宁三年十一月乙卯条。
⑧ 《宋史》卷四八六《夏国传下》。

应袭抄者袭抄"。内宿、后卫、神策、内宫侍、臣僚、稗官、巫、阴阳等待命者革职时，"可遣同姓五服最近亲为继。若无，则遣同姓辅主或不同姓辅主谁最勇健强悍者为继抄"。①

六十抄以上的军溜，"掌军首领可与成年儿孙共议，依自愿分拨同姓类三十抄给予"。掌军首领所统人众势单力薄，不能单独成溜时，则按部溜盈能相同顺序，允许自愿则结合为"班"，② 即在同部类中合并重组，以维护部落兵制。

在部落兵制下，各级军事长官实际上是大大小小的部落首领，前述夏景宗"置十二监军司，委豪右分统其众"。③ 监军司设都统军、副统军、监军使各一员，均由宗族大首领充任。④ 统军、监军之下，为统领数百帐乃至上千帐的团练、观察与刺史。⑤

统领百十帐的盈能、副溜、行监、舍监一般为中小首领，其中"盈能、副溜有应派遣时，监军司大人应亲自按所属同院溜顺序，于各首领处遴选。当派遣先后战斗有名、勇健有殊功、能行军规命令、人□□□折服、无非议者。"小首领的任命须经"所属首领、族父等同意，自有二十抄者可设小首领一人，十抄可设舍监一人。彼勇健强悍堪任者亦可擢为首领，盈能等"。由境外"引领本族部来投诚，自共统摄者，若统摄十抄以上，则当为所统摄军首领"。若十抄以下，或"叛逃往敌界复归来投，统摄来归者则不得为首领，可置于旧有首领属下"。⑥

豪族大酋通过层层的军事组织，实现对部族的控制，并在族内有很高的

---

① 上见《天盛改旧新定律令》卷六《抄分合除籍门》。
② 《天盛改旧新定律令》卷六《行监溜首领舍监等派遣门》。
③ 《宋史》卷四八五《夏国传上》。
④ 《宋史》卷四八六《夏国传下》载，宋元丰四年"追袭其统军仁多唛丁"，元丰七年"杀其首领仁多唛丁"。显然西夏统军仁多唛丁为党项宗族大首领。
⑤ 《西夏书事》卷一五载，"元昊以官爵縻下，沿边逐族首领管三五百帐，悉署观察、团练之号。"
⑥ 《天盛改旧新定律令》卷六《行监溜首领舍监等派遣门》。

威望，"西贼首领，各将种落之兵，谓之一溜，少长服习，盖如臂之使指。既成行列，举手掩口，然后敢食，虑酋长遥见。"① 夏永安元年，即宋元符元年（1098），宋将折可适俘获西夏天都统军嵬名阿埋与监军妹勒都逋，"其诸族帐首领见捕获此二人，接续扶携老幼争来投降，并欲依附都逋等"。②

为了保证全民皆兵的部落兵制落到实处，西夏实行严格的兵役登记制度，男子年十五成丁，开始服兵役，"年至七十入老人中"。男孩子从十岁开始就要登记注册，"若违律，年及十至十四不注册隐瞒时，隐者正军隐一至三人者，徒三个月；三至五人者，徒六个月；六至九人者，徒一年；十人以上一律徒二年。首领、主簿等知情，则当比正军罪减一等，不知情者不治罪。"若及丁即年十五以上隐瞒不注册时，正军隐一至二人，徒四年；三至五人，徒五年；六至九人，徒六年；十人以上一律徒八年。"及丁籍册上犹著年幼者，当比丁壮不注册罪减一等。彼二种首领、主簿知晓隐言者，则当比正军罪减一等，不知情者不治罪"。

老弱残疾可以免服兵役，但必须进行严格审查，要"于大人面前验校，医人当看检，是实，则可使请只关、担保者，应入转弱中"。如果逃避兵役，"以壮丁入转老弱，亦按人数多少、年岁长幼，比及丁不注册隐瞒之正军、首领、主簿知闻之罪状当依次各加一等"。还有"诸人现在，而入死者注销，及丁则当绞杀，未及丁则依钱量按偷盗法判断"。③

现役丁壮的名册由专职主簿负责登记，大致一百抄以内遣主簿一人，一百抄以上一律遣二人。每年纳军籍磨勘时，"畿内四十日，地中五十日，边地两个月以内皆当磨勘完毕"。然后按照"畿内三月一日，中地四月一日，边境六月一日等三种日期"，上报中央磨勘。如果地方监军司行动迟缓，没能在规定期限内上报，延误一至五日勿治罪，五日以上至一个月，监军、习判各罚

---

① 《续资治通鉴长编》卷一三二，仁宗庆历元年五月甲戌条。
② 《续资治通鉴长编》卷五〇五，哲宗元符二年正月甲辰条。
③ 上见《天盛改旧新定律令》卷六《抄分合除籍门》。

马一，都案罚钱七缗。一个月以上，监军、习判各降一官，并罚一马，都案罚一马。① 此外，群牧司、农田司、功德司三司所属人马注销时，"当经由所属司，每隔三月报送殿前司一次，其中不按时报送延误者，其大小局分人等有住滞，则依迟误文书罪判断"。②

3. 战具配备与后勤保障制度

西夏军队的战具分国家配备与自备两种，"凡正军给长生马、驼各一。团练使以上，帐一、弓一、箭五百、马一、橐驼五，旗、鼓、枪、剑、棍椁、秒袋、披毡、浑脱、背索、锹钁、斤斧、箭牌、铁爪篱各一。刺史以下，无帐无旗鼓，人各橐驼一、箭三百、幕梁一。兵三人同一幕梁。幕梁，织毛为幕，而以木架。"③

汉文文献的这段记载过于简略，从西夏文文献来看，至少在西夏中期，正军以外的辅军乃至负担兵都配给战具，而且由于兵种与任务不同，所配战具也不尽相同。如只给正军配备官马，独诱、臣僚、帐门后宿、内宿后卫、神策内外侍配备甲胄。④ 牧、农主的披、甲、马原则上由个人自备，"以五十只羊、五条牛计量，实有则当烙印一马。有百只羊、十条牛则当寻马一及披、甲之一种，有二百只羊、十条牛者，则当由私寻披、甲、马三种，当在册上注册。"⑤ 使军的披、甲、马三种，"当按等级搜寻，披、甲二种毋须注册，按牧农主法当著于列队溜上，有损失无力偿修则不偿，但官马应作记号，永久注册。"⑥

牧、农主、使军以外的军马，主要来源于国有牧场与有官人犯罪时缴纳

---

① 《天盛改旧新定律令》卷六《纳军籍磨勘门》。
② 《天盛改旧新定律令》卷六《抄分合除籍门》。
③ 《宋史》卷四八六《夏国传下》。
④ 《天盛改旧新定律令》卷五《军持兵器供给门》。
⑤ 《天盛改旧新定律令》卷五《季校门》。
⑥ 《天盛改旧新定律令》卷五《军持兵器供给门》。

的罚马。"诸人有受罚马者，当交所属司，隶属于经略者当告经略处。经略使当行所属司，军卒无马者当令申领，于殿前司导送，册上当著为正编。若军卒无马者不申领，则当就近送于官之牧场，群牧司当行之，牧册上当著。"①

兵器甲胄的质地和规格务求一律，"披、甲、袋，应以毡加褐布、革、兽皮等为之"；枪，"杆部一共长十一尺"；甲，"胸五，头宽八寸，长一尺四寸"。

配备或自备的武器装备由本人保管使用，不得损坏、丢失、转借、出卖、交换。损毁必须在规定的期限内赔偿，补偿官马"一律当印从驹至有齿之良马。膘弱、塌脊者，齿不合格及老马等不得印验。若违律者，有官罚马一，庶人十三杖"。若出卖时，"所得钱数以偷盗罪论处"。买者、助卖者依盗窃从犯论处。书文契者已知是官披、甲、马，但受贿书写，"则依知盗分财律论处。未受贿则有官罚马一，庶人十三杖。不知者不治罪"。

大小首领依仗权势强行交换军卒著籍的披、甲、马时，若价值相等徒四年。价值不等，"则所得超利依偷盗法则及前有罪，依其重者判断"。无室贫男无力养治官马、坚甲，应报告所属首领，与子嗣断绝，披、甲、马无人继承者一样，当由同院（部类）中勇健刚强之人养治。但"无室贫男尚属勇健能战者，则披、甲、马毋须移换。可于原地就近官廪谷物支拨若干，以资助养治"。如果同部类中无人请领无室贫男与子嗣断绝者的官马，可由不同部类中无官马、坚甲者请领，"同院不同院无请领者，则当交官"。②

西夏大部分军队是没有后勤给养的，亦兵亦民的部落兵制，"其民皆兵，居不縻饮食，动不勤转饷"。③ "建官置兵，不用禄食，每举众犯边，一毫之物，皆出其下，风集云散，未尝聚养"。④ 当然，这里的"未尝聚养"与"不

---

① 《天盛改旧新定律令》卷二〇《罪则不同门》。
② 上见《天盛改旧新定律令》卷六《官披甲马门》。
③ 《宋史》卷三一七《钱即传》。
④ 《续资治通鉴长编》卷一三四，仁宗庆历元年十一月乙亥条。

糜饮食"指的是平时，战时还是有部分给养。横山地区多马宜稼，西夏在这里窖藏的粮食，就是用来供给攻宋军队的，所谓"缘边与贼山界（横山）相接，人民繁庶，每来入寇，则科率粮糗，多出其间"。[1] 西夏的常备军与特种部队是要靠政府供给的，皇帝侍卫军就"月给米二石"。[2]

4. 军法与军赏

军法是肃整军纪，维护和加强军队战斗力的重要手段，"法也者，驭兵之器也"。[3] 西夏统治者非常重视军法的制定与运用，景宗李元昊袭封之初，即"明号令，以兵法勒诸部"。[4] 崇宗贞观年间（1101—1113）修成的军事法典《贞观玉镜将》，仁宗天盛年间（1149—1169）颁行有大量军事法内容的《天盛改旧新定律令》。从这两部法律来看，西夏军法涉及边防守备与用兵行师诸多方面，如"州主、城守、通判弃城，造意等有官无官，及在城中之正副溜中无官等，一律以剑斩。其中正副溜有官者，官、职、军皆当革除，徒十二年。正首领、权检校等职、军皆革，徒六年。小首领、舍监、末驱等当革职，徒二年，有官则以官品当。其下军卒，正军十三杖，辅主、寨妇勿治罪"。[5]

点集不到者徒六年，"两度不往，徒十年，三度不往者，无期徒刑"。[6]

正副将阵亡，护卫、首领、押队、亲随俱斩，"满门充牧农人"。"队人一律杖二十，面上刺字，终身监禁"。[7]

亡失兵马、铠甲、旗、鼓、金一至二分，主将降三官，罚五马，副将降二官，罚三马；二至三分，主将降五官，罚七马，副将降三官，罚五马；五分以上，主将当斩，副将革官、职、军；六分以上，主副将均斩。虚报军功

---

① 《续资治通鉴长编》卷一三二，仁宗庆历元年五月甲戌条。
② 《宋史》卷四八五《夏国传上》。
③ 《雪山集》卷六《兴国四营记》。
④ 《宋史》卷四八五《夏国传上》。
⑤ 《天盛改旧新定律令》卷四《弃守大城门》。
⑥ 《天盛改旧新定律令》卷六《发兵集校门》。
⑦ 陈炳应：《贞观玉镜将研究》，宁夏人民出版社1995年版，第89页。

一至三千件，贬官罚马；三千件以上者，一律处以极刑。察军战斗中擅离职守者，斩。主旗鼓者丢失旗、鼓、金而逃回，斩。军卒诬告他人虚报功者，斩。①

西夏重俘获，轻首级，"战胜而得首级者，不过赐酒一杯，酥酪数斤"。②但"得大将，覆大军，则其首领往往不次拔而用之"。③"俘获人、马、铠甲、旗、鼓、金等七种一千五百种以下者，勿算作挫敌军锋，而按［俘获的］物品数量领取官赏。俘获一千五百种以上，则按挫敌军锋，大败敌人计算"，主将加七官，赏一百两银碗，五十两金碗，衣服一袭十带，十两金腰带一条，银鞍鞯一副，银一锭，茶绢一千；副将加七官，赏一百两银碗，三十两金碗，衣服一袭八带，七两金腰带一条，银鞍鞯一副，银一锭，茶绢八百；行将加八官，赏八十两银碗，大锦上服一件，七两银腰带一条，银一锭，茶绢五百；步骑佐将加十官，赏七十两银碗，大锦上服一件，银一锭，茶绢三百五十；正首领、权检校等加十二官，赏七十两银碗，大锦上服一件，银一锭，茶绢三百；小首领、押队、帐将、队长、左右亲随等加□官，赏六十两银碗，大锦上服一件，茶绢二百五十；军卒加十五官，赏五十两银碗，大锦上服一件，茶绢二百。私人（私属）则改变身份，当得官、军。④

（四）西夏司法制度

1. 诉讼制度

西夏的诉讼主要为刑事诉讼，即使民事案件，也是用刑律判断。法律明确支持受害人自诉，"诸人对负债人当催索，不还则告局分处，当以强力搜取

① 陈炳应：《贞观玉镜将研究》，宁夏人民出版社 1995 年版，第 79—94 页。
② 《梁溪集》卷一四四《御戎论》，文渊阁四库全书影印本。
③ 《梁溪集》卷一四四《御戎论》，文渊阁四库全书影印本。
④ 陈炳应：《贞观玉镜将研究》，宁夏人民出版社 1995 年版，第 94—100 页。

问讯"。① 自诉是有时限的，同时先告未审毕，"不许越司另告他处"。② 重诉时"不许状上增状"，但"因谋逆、失孝德礼、背叛等三种语有所增，则当依法寻问"。③

举告的范围非常广泛，盗杀牛、骆驼、马、骡、驴，他人举告时，"依诸人因告举杂盗赏法，当由犯罪者出钱给予"。④ "诸种种部人丁院籍上不注册时，举发赏一至二人二十缗，三至五人三十缗，六至九人四十缗，十人以上一律五十缗"。⑤ 对卖敕禁品举告赏，"当与强盗持不持武器之得告赏法相同"。⑥ 诸人举私造曲，自杖罪至无期徒刑，分别赏五缗至一百缗，"当由各犯罪者依罪情次等承当予之"。⑦ 举"获死罪赏五十缗，三种长期、无期等赏四十缗，自徒四年至徒六年赏三十缗，自徒一年至徒三年赏二十缗，月劳役十缗，杖罪五缗，当由犯罪者予之"。⑧

亲属、卑幼、使军、奴仆的举告权是有限制的，其中子孙可举曾祖父、祖父母、父母、庶母谋逆、失孝德礼、叛逃、恶毒等罪；妻子、媳可举公婆、丈夫谋逆、失孝德礼、叛逃、内宫淫乱、恶毒、内乱、盗中杀人、有意杀人等罪，九个月至一年丧服亲相互检举也在此范围；使军、奴仆可举头监十恶中获死、长期徒刑以及盗取官畜谷物、匿卖官马铠甲、铸钱敛钱等种种中的死罪，盗窃及变卖敕禁、私制曲中的长期徒刑及死罪，不注册十人以上成丁男子而获长期徒刑以及匿逃人中十门以上获死罪等。⑨ 除上述罪行外，亲属、卑幼、使军、奴仆不可举告尊长、主人、上司所犯其他种种罪，若违律举告，

---

① 《天盛改旧新定律令》卷三《催债利门》。
② 《天盛改旧新定律令》卷九《越司曲断有罪担保门》。
③ 《天盛改旧新定律令》卷一一《草果重讼门》。
④ 《天盛改旧新定律令》卷二《盗杀牛骆驼马门》。
⑤ 《天盛改旧新定律令》卷六《抄分合除籍门》。
⑥ 《天盛改旧新定律令》卷七《敕禁门》。
⑦ 《天盛改旧新定律令》卷一八《杂曲门》。
⑧ 《天盛改旧新定律令》卷一三《举虚实门》。
⑨ 《天盛改旧新定律令》卷一三《许举不许举门》。

则依法惩处。

举告不实者要反坐，如"诸人自叛逃以上三种举言虚者，判断已至，则本人不论主从，不论官，依谋逆法判断，家门当连"，判断未至，则受不受问杖一样，举虚者造意以剑斩之，家门当连坐。从犯不论官，当绞杀，家门勿连坐。其他十恶罪及种种杂罪举虚者，"被告人已被缚制，则受未受问杖一律与所举罪相当"。①

2. 拘捕传讯与囚禁

我国古代法律无拘留与逮捕之别，这里说的拘捕实即逮捕。依照律令，盗案发生后立即派出捕盗巡检追捕，三日内派出都巡检督促检查，十日以内缉盗归案。② 邻里有协助拘捕罪犯的义务，③ 被拘捕者遇有官民拘捕时，应束手就擒，不可拒捕或逃脱，否则就可能被拘捕人处死，而且在这种情况下，拘捕人不承担任何刑事责任。如"诸人已为盗诈时，畜物主人及喊捕者求别人帮助，于盗人逃后追赶，除先追者外，其他人见其盗追赶者，将盗人射、刺、杖、砍，盗人死伤时，追者不治罪。若盗人自还给，请捕，已入手后，贪人畜物，若以错置无理而杀时"，则要处罪。④

传讯轻微犯罪人及证人的"差人"从近便的军首领、迁溜检校、巡检、监军司人中派遣，并依地程远近，给予限期。如果"差人"逾期，稽缓一日至五日七杖，六日至十日十三杖，十一日至二十日十五杖，二十日以上一律十七杖。

被传讯者接到传讯后，应按规定时间到传唤处，不得拒绝传唤，更不得殴打差人。若"上谕往唤人，任司位人不来唤处而打差人者判无期徒刑，唤

---

① 《天盛改旧新定律令》卷一三《举虚实门》。
② 《天盛改旧新定律令》卷一三《派大小巡检门》。
③ 《天盛改旧新定律令》卷三《追赶捕举告盗赏门》。
④ 《天盛改旧新定律令》卷三《追赶捕举告盗赏门》。

虽来而打差人则徒五年，不来唤处亦不打差人则徒三年。是不任司位人，则比前述任司位之罪状当减一等。无圣旨，诸司往唤被告人，不来唤处而打差人者徒二年，来唤处而打差人者徒一年，不来唤处不打差人则徒六个月"。上述处罚只适合于被传唤人无罪或比打差人罪小，如果被传唤人之罪比打差人罪重或与之相等，"则依推问虚供法判断"。[①]

判决前的犯罪嫌疑人享有基本的生存权，他们入狱后先从官库中支取食粮，囚"主人到来时，当依原用若干还之"，囚无主人，则由官方供给；牢房当开天窗，以保持空气清洁，冬季应有草席、蒲席；牢房燃料原则自备，实无力者由官方供给；贫弱囚徒由官府供给御寒衣物；囚患病当请医治疗。如果"囚犯有病不医，夺取囚之食粮、衣服等而致囚死时"，局分大小均要承罪，其中死一至五人，大人、承旨徒一年，五至十人徒二年，十至十五人徒三年，十五至二十人徒四年，二十人以上一律徒五年。

除十恶罪及杂罪中获死罪者不许担保外，其他获长短期徒刑者有疾病、恶疮、妇人孕子等，则遣人按视，"是实则当令只关，暂接担保，疾病恶疮愈，产子一个月后再当推问"。若不允可以担保的恶疾、孕子囚犯保外就医而先行判断，致其"死时徒三年，落胎儿则徒二年，未致者有官罚马一，庶人十三杖。视者作伪未受贿，则与判断者相同，受贿则以枉法贪赃论，与前述罪比较，从其重者判断"。[②]

3. 审判制度

西夏审判管辖主要是级别管辖，至于地区管辖则很少涉及。"不系属于经略之啰庞岭监军司者，自杖罪至六年劳役于其处判断。获死罪、长期徒刑、黜官、革职、军等行文书，应奏报中书、枢密，回文来时方可判断"；隶属于经略司的边中监军司、府、军、郡、县审判中，获死、无期之罪，"于所属刺

---

① 《天盛改旧新定律令》卷一三《差遣人门》。
② 上见《天盛改旧新定律令》卷九《行狱杖门》。

史审刑"，报经经略司，以待谕文；京师各司审判中，获死、无期徒刑"当奏报于中书、枢密所管事处，赐予谕文"。① 无论何司办案，死刑、长期徒刑在四十日以内，劳役二十日以内，其余大小公事十日以内问毕判断。"若彼期间问判不毕时，局分中都案、案头、司吏，庶人十三杖，有官罚马一"。②

证据是审判案的重要依据，它包括人证、物证。西夏法律规定，不是任何人在任何情况下都可以成为证人的，证人的主体资格受到法律的限制，这种限制主要有两方面，一是同居相隐的成员对一般犯罪不能互相作证；二是年龄八十以上、十岁以下和重病患者不能作证。③

证人要对其证言负法律责任，作伪证是要反坐的，"诸人自叛逃以上三种举言虚者，判断已至，则本人不论主从，不论官，依谋逆法判断，家门当连"。"十恶及余种种杂罪等举虚者，被告人已被缚制，则受未受问杖一律与所举罪相当。"④ 在审判过程中，常常是一纸传票，证人"立便到来"，当堂取问。⑤

西夏审判非常重视物证，并把它作为定罪的重要依据。死伤要"医人看验"，⑥ 捉奸要捉双，如果通奸者"一处住时捕及有知证等依法寻问，非一处住，无知证，则不许接状寻问"。⑦ 捉贼要捉赃，失主于他人处搜出赃物，"则可捕捉盗人，与畜物一起当于局分处告发"。⑧ 取证验证必须经司内大人指挥，若大人没有指挥，"不许预先遣人取证据物，违律时有官罚马一，庶人十三杖"。⑨

---

① 《天盛改旧新定律令》卷九《事过问典迟门》。
② 《天盛改旧新定律令》卷九《诸司判罪门》。
③ 《天盛改旧新定律令》卷一三《许举不许举门》。
④ 《天盛改旧新定律令》卷一三《举虚实门》。
⑤ 《番汉合时掌中珠》（甲种本），见《俄藏黑水城文献》第 10 册，上海古籍出版社 1999 年版。
⑥ 《番汉合时掌中珠》（甲种本），见《俄藏黑水城文献》第 10 册。
⑦ 《天盛改旧新定律令》卷八《侵凌妻门》。
⑧ 《天盛改旧新定律令》卷三《搜盗踪迹门》。
⑨ 《天盛改旧新定律令》卷九《越司曲断有罪担保门》。

刑讯逼供不是任何条件下都可以使用，只有在证人所言"与告者同"，而人犯仍"不肯招承"的情况下，方可"凌持打拷"。① 刑讯工具有杖、枷、铁索、铁锁等，"杖以柏、柳、桑木为之，长三尺一寸，头宽一寸九分，头厚薄八分，杆粗细皆为八分，自杖腰至头表面应置筋皮若干，一共实为十两，当写新年日。木枷长三尺九寸，宽三寸半，厚一寸半"。铁索、铁锁形制不详，"京师令三司为之，边中令其处罚贪中为之。木枷、大杖等上当置有官字烙印"。

刑讯一般是三番拷问，每番拷问的笞杖数，"当言于大人处并置司写"。如果违律自行拷打时，有官罚马一，庶人十三杖；若超笞三十以内有官罚马一，庶人十三杖，三十以上至六十徒三个月，六十以上至九十徒六个月，九十以上一律徒一年；若"于已受问杖番数以外，再令自一番至三番以上屡屡悬木上，已令受苦楚，则依次加一等"。三番已拷而不实，则当奏报。

拷囚致死有两种情况，一是"依法打拷而致死者，未有异意，限杖未超，则罪勿治"。另一是滥施刑讯而致死，则要治罪，其中杖限超过而杖死时，徒二年。怀有他意而"无理打拷死者，依有意杀法判断。若他人说项，受贿徇情而无理打拷，令杖数超而死时，依枉法借故杀法判断"。

贵族官僚享有减免刑讯的特权，"节亲、宰相、诸司大人、承旨、大小臣僚、行监、溜首领等于家因私（即私罪）入牢狱，不许置木枷、铁索、行大杖，若违律时徒一年。其中行一种大杖者，有官罚马一，庶人十三杖"。②

诸人对判决不服，可以向上级机关申诉，其程序是：局分都案、案头、司吏枉误时，当告于所属司大人，所属司大人有枉误时，则入状于瓯匦司，瓯匦司人亦枉误，则当依文武次第报于中书、枢密。"中书、枢密人亦枉误，则可告御前而转司，另遣细问者奏量实行。其中无故越司而告御前并击鼓等

---

①　《番汉合时掌中珠》（甲种本），见《俄藏黑水城文献》第10册。
②　上见《天盛改旧新定律令》卷九《行狱杖门》。

时，徒三个月，情由当问于局分"。① 上诉不实要加刑，其中徒五年以内者加一等。徒五年以上者，"不需于现承罪上加之，而依为伪证法，获徒六年时笞六十，获三种长期、无期徒刑等笞八十，应获死罪笞一百"。②

重大案件的终审权在皇帝手中，如果诸司未奏而擅自判断，将严惩不贷。十恶罪依律应杀，但不奏擅自杀，杀人者不论官，一律当绞；"诸人因杂罪依律应杀，不奏擅自判断时，庶人当绞杀"；无期徒刑及三种长期徒刑中，应奏不奏，擅自判断，以及不应赎而赎与应赎未使赎等，当以人数多少判断，一人徒三年，二人徒五年，三人以上一律徒六年，有官可以官品当；还有"诸司所判断中，原罪虽应获死，然而若按应减，有官等减除后，不及死，而应得长期、短期徒刑，有能与官职当者，一律当告奏。若违律不奏而判断时，徒一年"。③

为了维护封建司法秩序，法律规定审判官贪赃枉判，本无罪而治罪，是杖罪而判劳役，获长期徒刑而令承死罪等，"枉者当承全罪"；"有杖罪而加杖数，应获劳役而加年数，是三种长期、无期徒刑而依次加之等，枉法者当自承所加之罪"；"有重罪者减半，亦所减半多少，由枉罪者自承之"。审判中虽未受贿徇情，问诉讼人情节亦充足，"然未得实情"，错判误判时亦要给予一定的惩处。

---

① 《天盛改旧新定律令》卷九《越司曲断有罪担保门》。
② 《天盛改旧新定律令》卷九《越司曲断有罪担保门》。
③ 《天盛改旧新定律令》卷二《不奏判断门》。